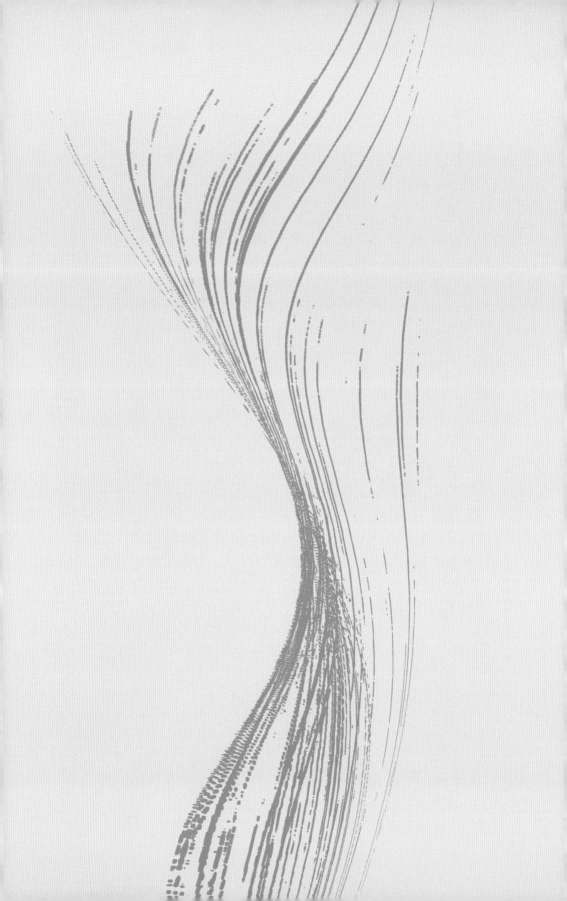

理解中国公共政策
丛书

政策过程
理论与实践研究

第三卷

徐增阳　蔡长昆 等 著

Research on Theory
and Practice of Policy Process

社会科学文献出版社
SOCIAL SCIENCES ACADEMIC PRESS (CHINA)

目　录

导论　中国需要更好的政策过程理论

第一节　中国拥有本土化的公共政策理论吗？

一　中国政策过程理论的进展

政策过程理论是公共管理学科的重要议题。西方政策过程理论的研究起始于 20 世纪中期，迄今为止已经历了启发理论阶段、理论建立和发展阶段、理论集成创新阶段。在启发理论阶段，以拉斯韦尔提出的七阶段理论为代表（哈罗德·D. 拉斯韦尔，1956），学者们关注政策过程的不同阶段和环节，但未形成系统的理论框架。在理论建立和发展阶段，学者们对政策过程的各个阶段进行了更深入的研究，同时对阶段启发理论进行了质疑和反思，试图建立概括性的理论框架，以更好地解释政策过程。萨巴蒂尔（Sabatier，2017）认为，传统的阶段启发理论侧重于描述政策过程的线性阶段，忽视了政策过程的动态性和复杂性。他基于当时的理论进展，挑选了七种理论框架作为第二代政策过程理论的核心。在理论集成创新阶段，学者们尝试整合早期的理论，并引入新的理论视角和方法，以解决传统理论的局限性问题。这一时期的代表性理论有制度集体行动框架（Feiock，2013）、稳健性框架（Anderies and Janssen，2013）、集体学习框架（Heikkila and Gerlak，2013）、解释学框架（Shanahan et al.，2013），以及政策体制理论（May and Jochim，2013）等。

这些政策理论为中国政策过程理论的发展提供了重要的理论指引，其发展历程本身也为中国的政策过程理论提供了启示。西方政策过程理论经历了从初期较为松散的启发式框架，到中期更加系统化、逻辑性强的分析框架，再发展到强调概念性、清晰度和解释力的第三代理论框架。在这个发展过程中，学术界形成了一套研究者们普遍认同的研究假设、研究范畴以及对关键概念和变量的一般性的、具有共识的定义。

相较于西方，中国政策过程理论的研究起步较晚，经过近30年的发展，研究者从议程设置、政策制定、政策执行、政策扩散、政策反馈、政策变迁等议题入手进行了丰富的本土化研究。他们借鉴和运用不同的政策过程理论，对中国政策过程各阶段的因果机制、模式特征、发展规律等方面进行了深入的研究，并提出了众多具有代表性的理论，例如以陈玲等（2010）为代表的"共识决策模型"；以王绍光等（2014）为代表的"集思广益型"决策模式；以贺东航、孔繁斌（2011）为代表的"政治势能"理论；以周雪光（2008；2012）为代表的"共谋"理论和运动式治理理论等。此外，还有一些学者提出颇具影响力的概念和理论模型，诸如"选择性执行"（O'Brien and Li，1999）、"政策调适"（蔡长昆、李悦箫，2021）、"路径-激励分析框架"（杨宏山，2014）、"层级推动-策略响应"（王亚华，2013）、"共识民主模型"（杨光斌，2017）、"裁量-反馈模型"（赵静，2022）等。这些研究以中国的政策过程经验为基础，代表了中国政策过程理论研究的持续进展。

与此同时，随着国外政策过程理论的成熟以及这些理论的引入，中国的政策过程研究者将大量的经典政策过程理论——诸如多源流框架、间断-均衡理论、倡导者联盟理论、政策创新与扩散模型、政策设计理论——引入到了中国情境。一方面，研究者们广泛地使用这些政策过程理论，为中国的特定政策议题以及中国的政策过程研究增添了多样化的理论工具包。另一方面，中国的研究者并不仅仅是被动的理论"使用者"；他们也在积极地尝试修正和拓展西方政策过程理论，在增添了中国经验的同时，为政策过程理论提供了"中国"变量。基于中国的政策经验，这些研究进一步尝试修正并增加中国独特的变量，从而拓宽了政策过程理论的应用范畴，提升了政策过程理论的解释力。

二　困境中的中国政策过程理论：本土化问题

虽然中国学者在政策过程理论本土化研究中取得了显著成果，但是随着研究的深入，中国政策过程理论的自主知识建构似乎陷入了基础困境。一方面，政策过程研究的不均衡和理论使用的不适配极大地限制了中国政策过程理论的发展；另一方面，缺乏中国政策过程框架的理论自觉也限制了中国的本土化的、竞争性的政策过程理论的发展。未来的政策过程研究亟待研究者突破现有局限，构建中国自主的政策过程理论知识体系。

首先，现有中国政策过程研究呈现碎片化的特征，还未形成中国整体性政策过程理论。一方面，政策过程是一个周期长且涉及多元主体的复杂过程。政策过程涉及政策问题的识别、议程设置、政策制定、政策执行、评估以及反馈等多个环节，在不同的环节涉及决策者、执行者、目标群体等多元参与主体，他们的互动过程非常复杂。另一方面，中国独特的国家-社会关系结构、治理体系以及政府治理的条块结构，使得中国的政策过程的运作逻辑显著异于西方国家。这意味着，无论是基于西方国家的政策过程划分还是其提出的政策过程理论，在中国具体使用过程中都有可能"水土不服"。因此，在缺乏相对统一和整体的政策过程理论指引的情况下，中国学者难以观察政策的全过程。他们只能通过观察特定阶段的某个议题，总结和归纳中国政策过程的"片段"特征，从而导致中国政策过程研究呈现碎片化的特征，未能形成具有整体性特征的中国政策过程理论。

其次，中国政策过程研究中存在概念内卷的现象，限制了政策过程理论的知识积累。针对特定的政策过程，中国的政策研究者往往以提供新的概念作为研究的核心理论目标。诚然，概念提炼是对政策实践规律的高度归纳，是在缺乏可用的系统的政策过程理论的基础上建构政策过程知识体系。然而，中国的政策过程研究并不均衡，某些议题被倾注了不恰当的注意力；更为严重的是，那些被倾注了更多注意力的领域恰恰也是经验资料可得性更高、理论指导更多的议题领域。围绕这些领域，研究者提出了大量的新概念。然而，这些"新"的概念更像是"新瓶装旧酒"：利用新的"标签"给老旧的经验"制造创新"，造成了概念内卷，即有概念没创新、有创新无突破。例如，在政策执行领域，有学者提出了运动式治理的概念，与之相仿的概念还有运动式执法、动员式治理、运动型治理、运动式应对等。这些概念所映射的经验事实可能是有差异的，但是，不同学者对于这些概念的内涵和外延的界定不同，他们也规避对不同概念间的横向边界的澄清和建构，导致这些概念之间的理论关联并不清晰。在政策试点研究领域，亦存在相同的现象。例如，研究者提出了政策试点、政策实验、政策试验、实验治理等相似但不同的概念，但他们之间的经验以及概念间边界的差异并不清晰。概念内卷使得一些基本的概念不断扩展和泛化，以至于失去了概念的精确性和明确性。不仅如此，有些学者为了追求学术"深度"，创造一些晦涩难懂的新术语，增加了理论累积和交流的障碍。在概念内卷的情况下，研究者更多地集中于对自己提出的概念进行理解和阐释，而不是寻找理论和方法的突破，对概念间进行深入的比较。概念内卷最终限制了中国政策过程理论持续性的知识积累。

最后，中国政策过程理论研究缺乏具有引导性的理论框架。虽然中国政策过程理论取得了前所未有的发展，但整体而言，现有研究依旧主要沿用西方政策过程理论范式，缺乏本土化的、具有引导性的理论框架。不同学者借鉴和运用不同的理论框架来解释中国的政策实践问题，导致研究成果之间缺乏整合性和一致性。这种在一定理论范式内讨论政策实践的研究倾向，不可避免地使不同理论之间形成壁垒，难以实现理论之间的有效对话，从而不能全面揭示中国政策过程的整体性规律。与此同时，基于西方治理情境提出的政策过程理论本就缺乏对中国政策过程实践的深入解释力，然而，本土化的竞争性理论框架尚未完全形成。

三 本土化的政策知识框架如何建构？

由此可见，中国的政策过程研究确实陷入了某种理论发展的困顿之中：以西方国家的理论作为指引获得碎片化知识在某种程度上限制了中国自主的政策过程理论的提出。如何整合不同阶段、不同因素、不同视角，建构具有中国经验特征的、引导性的概念框架，为中国政策过程研究提供系统的理论指导，是未来中国政策过程理论本土化需要重点努力的方向。

本书的第三卷即试图回应这一目标：将中国政策过程的自主性的基础知识进行整合，通过调用更具有开放性和包容性的多样化理论工具，尝试针对中国特殊的政策过程经验，实现对中国政策过程的指引性概念框架的建构。需要说明的是，本书无意于将所有的中国政策过程囊括到统一的分析框架之中；也无意于借鉴任何单一的政策过程理论。本书只是尝试将那些独具中国特色的政策过程"摘取"出来，并松散地调用多样化的理论视角，以实现中国本土化理论框架的建构。我们希望通过这些整合性努力，为未来中国的政策过程研究建立一些基本的概念性框架指引，从而可以促进中国政策过程研究的累积、发展，最终实现中国式政策过程理论的建构。

第二节 理论愿景：建构中国政策过程理论的合法性

一 理论发展的阶段

对于理论的后发者来说，被成熟的理论框架牵引几乎是无法摆脱的理论宿命。理论是重要的：理论可以为经验问题的理解和阐释提供基本的概念工具。这是知识进步所必需的。但是，理论又是"狭隘"的。任何理论基本上都预设了其基本的假设、切割问题的基本透镜以及某些先入为主的看待问题的方式。所以，对于任何一个后发者来说，成熟的社会科学理论都会面临内生的悖论。突破这种悖论是所有后发的社会科学研究者需要承担的责任。

在理论发展和学术研究中，这种突破一般遵循如下的进阶之路，这也代表了理论贡献的三重境界：追随者（Followers）、发展-整合者（Integrators）和重构者（Reconstructors）。这三种境界反映了研究者在理论创新和知识贡献方面的不同角色和层次。在中国政策过程理论的研究中，这三种理论境界可以具体表现为：追随者专注于应用现有的政策分析框架来研究中国政策过程议题，这些议题往往基于原有理论框架的预设；发展-整合者则尝试在中国的政策过程情境下，结合不同的理论视角和概念来分析中国政策过程；重构者基于对中国政策实践的深入理解，将中国的政策过程实践嵌入到中国的治理体系和结构中，在广泛且批判性地吸纳政策过程理论和其他可用理论视角的基础上，建构自主的政策过程理论体系。但是，遗憾的是，根据第二卷的研究结果，中国政策过程理论的研究仍处于追随者和发展-整合者阶段；虽然某些学者零散地进行了一些理论重构的尝试，但无论是数量还是质量都非常有限。为此，中国政策过程理论研究需要对既有的政策过程理论进行批判性吸收，对中国独特的政策实践进行理论化诠释，最终实现对政策过程知识体系的反向建构。

二　理论合法性的学科建构

我们认为，中国政策过程理论研究的核心目标是：任何政策过程理论都应该通过理论背景的适用性论证；如果既有的政策过程理论不能对中国政策过程实践作出有效解释，那么基于中国政策过程而发展出的理论知识，则能在特定的政策过程议程的研究中获得理论上的合法性。所谓理论上的合法性，是指基于中国的政策过程研究的政策过程经验、理论框架和理论结论，能够被视为普遍的国际公共政策理论知识生产的理所当然的组成部分。这种理论合法性的初级形态是：中国的特定的经验或者特定的变量和要素能够获得理论承认——这些要素并不需要"削足适履"地引入西方的理论框架来理解。合法性的中间形态是：中国大量的核心政策过程经验不需要在西方学者的理论预设的基础上寻求对问题的合法性论证。例如，中国的政策过程中的央地关系、中国的动员式政策实践等本身作为经验和理论问题可以获得"理所应当"的研究。例如，已有研究对中国的政策扩散问题、政策实验以及政策动员等问题已经进行了较为广泛的理论探索。

合法性的高级形态体现在：中国的政策过程研究议程及其理论结论能够获取基础的合法性。研究者在探讨研究问题时，可以直接聚焦于中国的政策过程问题。中国政策过程研究所形成的理论，至少能够在整个政策过程理论体系中确立其自身的合法性。最终，比较政策分析的基础将被重构：政策理论将不再区分中国或西方；通过深入的比较分析，理论的边界扩展应成为理论发展的目标。

我们主张，这也是国际政策知识学科需要实现的理论跨越。在政策过程理论知识的生产已经全球化的情形下，公共管理和公共政策知识的国际化，而非西方化，本就是国际公共管理学界需要进行的理论努力。超越比较公共行政或者公共政策的研究，如何实现知识生产的真正全球化，这本身就是需要解决突破的问题（Liu et al., 2024）。

第三节　理论重构的路径

如前所言，本卷的目标是基于中国相对独特的政策过程经验进行理论框架的建构，这些建构有多重目标。一方面，对于某些拥有丰富研究成果的经验，我们可以对"内卷"的、碎片化的概念进行理论框架整理，从而促成对独特的中国政策过程理论的累积性研究。另一方面，我们希望，这些理论框架能够被视为对当下西方政策过程理论的基础性挑战，并在某种程度上实现基于中国政策过程经验的理论重构。

需要说明的是，这样的重构是建立在中国不同的政策过程的特殊性之上的。不同的政策过程，其对中国的治理结构的"嵌入程度"不同，或者说，其独立于原有政策过程理论的程度不同；同时，不同的政策过程，其"中国特性"也存在差异。这就意味着，中国的某些政策过程研究的基本议题并不需要理论重构。例如，类似于政策执行研究，虽然中国的地方政府具有独特性，但是，西方政策执行理论本就提供了一系列可用的基本概念和理论框架，可以比较充分地理解和阐释中国的政策实践。当然，增加中国地方政府的制度、体制和场域的变量是重要的。但是，总体来说，这些理论的修正甚至是重构似乎并没有真正再造公共政策执行领域的知识结构。

然而，对于一些独特的中国政策经验，例如中国的实验性体制，以及中国独特的情境性变量，如央地关系体制、中国的党政关系，以及中国共产党作为关键的政策参与者对政策过程产生的重要影响等，却难以用西方政策过程的概念或理论框架进行解释。因此，中国政策过程理论的研究仍需要基于中国的特殊经验进行反思和理论重构；我们希望，这些理论的重构能使我们从知识的消费者转变为知识的生产者，实现对政策过程理论的反向建构。

中国政策过程的几乎每一个环节都会产生一些独特的中国政策知识。本卷按照中国政策过程的基本逻辑，以中国政策的独特经验作为研究基础，对中国政策过程中的决策、政策设计、政策动员、政策调适、政策创新、实验治理、政策过程的央地关系、政策变迁等研究议题进行了理论讨论。通过对以上内容的深入分析和讨论，本卷旨在构建一个全面、系统且具有解释力的中国政策过程概念框架，为理解和分析中国独特的政策过程提供理论支持和实践指导。基于此，经过对前两卷内容的系统整理，本卷主要选择了如下内容作为理论重构的对象：中国独特的政策形成模式、作为中国式政策设计的政策整合、中国政策执行过程中的调适模式、政策目标实现过程中的动员式治理、中国政策企业家、中国的实验体制、中国央地关系中的政策系统以及中国独特的政策变迁模式。

　　针对每一个独特的中国政策过程议题，其基本的呈现脉络为：首先，对该研究议题在中国的研究现状进行知识图谱的分析；其次，从现有研究中提炼中国概念，辨析不同的理论视角；再次，在辨析不同的核心影响要素的基础上，通过调用多样化的理论框架，构建能够充分解释中国特定政策过程现象的概念框架；最后，在概念框架的指引下，通过对特定领域知识进展的再整理，从而更好地理解和分析中国政策过程的实践。我们预期，这样的梳理既是对当下"内卷"、碎片化和无理论累积的研究进行的一次理论上的清理，也是建构独特的中国政策过程理论的起点和基础。

第一章　中国的多样化决策模式

第一节　问题的提出

决策和政策形成过程是一个国家重要的政治过程，它决定了一个国家的重大决策和规则是由哪个主体经过什么样的程序或方式颁布和出台的。目前关于中国决策或政策形成过程的研究分为两大视角：政治学视角和政策视角。政治学视角的核心是关注政治因素，从早期的精英决策模式、派系模型、组织结构决策研究，到后来的利益权力视角、理性学习视角（薛澜、林泽梁，2013）和动态过程视角（薛金刚，2020）。政治学视角涌现出了许多具有影响力的理论模型，如社会法团主义、碎片化威权主义及其发展（Mertha，2009；2010）、"上下来去"政策学习与过程模型（宁骚，2012）、共识型决策框架（樊鹏，2011；王绍光、樊鹏，2011；陈玲等，2010）、回应式决策模型（赵静、薛澜，2017）等。政策视角从政策的角度出发，沿着西方政策过程理论的脉络，进行中国情境下的本土化。例如，等级制下的政策试验（Heilmann，2008），采纳倡导联盟框架（Li and Christopher，2019）、多源流框架（Van den Dool，2023）、间断均衡理论（van den Dool and Li，2023）等对中国政策过程的研究。

中国的政策或决策过程呈现各种模式并存的特点（王绍光，2006；朱亚鹏，2010；陈学飞、张蔚萌，2004），以上所有的视角和理论都能够在一定程度上解释中国的决策模式，但是仍然无法完全解释中国的决策过程。这可能是因为中国本身的决策过程是多样化的，并不局限于某一种模式。对于不同的政策或决策领域，面临着不同的情境，中国的决策模式可能是不同的。如是，中国存在哪些多样化的政策形成或决策模式？影响这些政策形成或决策模式的因素有哪些？以及在什么样的因素和情境下更可能出现何种政策形成或决策模式？

为了回答上述问题，本章尝试建构一个分析框架，以整合上述视角和研究，从而更清晰地探讨和理解中国的决策模式。作为决策模式的重要环节和内在组成要素，问题建构和议程设置共同构成了决策模式，也构成了本书的分析框架。这有助于我们理解中国多样化的决策模式，以及科学决策的可能性，并进一步发掘中国政策模式的治理智慧。

第二节　当下的研究

随着国内政策过程研究的持续深化与拓展，中国决策过程也取得了显著的发展与进步。一方面，中国决策模式总体上经历了从精英决策到大众参与决策的变迁历程，其中依托的公共管理思想由完全理性向有限理性转变，由工具理性向价值理性转变。另一方面，中国决策模式的研究历经了精英研究、官僚组织研究、政治参与研究三个阶段，呈现多样化的特点。在回顾中国决策过程的理论演进和研究视角的基础上，本章将总结与评估多样化的中国决策模式，尝试建构一个整体的决策框架，以整合决策机制与影响因素。

一　决策过程的理论视角

（一）理性主义模型

理性主义是理解政策过程研究的基准理论。在政策形成过程中，理性主义强调政策偏好、备选方案及其选择。在理性主义视角下，政策过程的步骤演进具有必然性、政策过程的阶段存在次序性。因此，政策过程可被视为寻找最佳方案的理性分析的循环过程。这一模型特别关注政策分析的技术属性（Howlett and Ramesh，2003）。

具体来说，在问题建构中，理性指能够识别、判断、评估实际理由以及使人的行为符合特定目的等方面的智慧（Schattschneider，1960）。理性模型强调政策科学应立足于对现实的分析，通过使用科学的分析方法解释社会问题。以理性主义为原则的政策选择通过严格对比社会效益与社会成本，将社会收益最大化作为政策制定的目标。实证主义的"科学-理性"视角已经广泛应用于社会治理的实践中，政府官员不仅习惯性地遵循理性主义的思想来认识政策问题，且严格按照科学的标准评价问题。总之，实证主义政策问题建构建立在理性人假设的基础上，对社会问题的分析以理性为原则、以追求效率和产出为目标，寻找解决问题的最优方案（靳永翥、刘强强，2016）。问题建构的核心内容就是运用科学与理性的思维，使用概念、模型、因果机制推断将复杂的社会问题简化。

理性主义下的议程设置深受技术理性的主导，追求效率和速度的最大化，关注手段与方法的合理性，追求逻辑性和技术的合理性。Howlett 和 Ramesh（2003）指出，由于理性主义认为可以通过技术理性明确政策目标，包括目标规划、目标函数都能够得到清晰的界定，所以备选方案就是基于政策目标制定的"最优"行动方案（Kingdon，1984）。理性政策过程就是向着这一目标展开行动。理性主义指导下的议程设置将功利主义和结果主义贯穿于政策过程中。总之，理性主义的议程设置在一定程度上是非现实的，但能够通过不断学习、试错直至适应政策情境（Dye，1984）。

理性决策理论分为"完全理性"与"有限理性"两种模型。其中，完全理性决策追求最优解。实际上，苛刻的假设与要求使得这种决策条件难以实现。在对完全理性决策模型的纠偏中，"有限理性"决策模式成为一种代表性的理念。有限理性在决策过程中的表现包括：①在情报活动阶段，人的决策行为往往受到知觉选择性的支配；②在设计活动阶段，人们寻求满意的决策方案；③在抉择活动阶段，决策者在遇到满意方案时便会终止搜索行为；④在审查活动阶段，决策者会根据反馈信息修订方案。完全理性追求最优决策，而有限理性则推导出满意决策的结果（Simon，1997）。其次，受实证主义的影响，在公共机构的管理实践中主要采用技术式的政策分析，强调将政治和社会问题转化为技术问题（Frank，2007）。具体来说，决策者使用经验识别问题，制定目标、形成规划；然后测量每一个备选方案的成本收益，最终选择效率和效益最高的替代方案。

（二）渐进主义

对理性决策模型的反对从未停歇，随着对理论假设与政策实践的对比反思，一些人认为渐进决策模型更符合追求民主的时代进程。林德布洛姆反对将决策看作是体制框架内理性规划的过程，提出了决策实质上是连续的、非理性的（Lindblom，1959）。在解释美国政治过程时，林德布洛姆反思了"如何决策"与"如何统治"的问题。在系统考察了公民、政党、利益集团领袖、行政官员后，他提出了"政策梯子"理论。这一理论强调，政策制定者无法全面了解政策选项与潜在影响，并且其认知能力有限，因此政策制定者倾向于采取小规模的、渐进的调整方式应对问题（Lindblom，1959）。

在渐进主义视角下，政策议程的设置是一个永无止境的渐进过程。基于有限理性，林德布洛姆认为政策制定不存在最优解，政策主体只能依据经验渐进式地改变或调整政策。事实上，渐进主义仍是建立在理性主义基础上的，与理性主义是"枝"与"根"的关系。作为理性主义的改进，渐进主义模型提出后受到了广泛的讨论。Bendor 认为渐进主义是"应用性理论"，渐进主义强调从现实出发，根据实践不断调整设计，以解决实际问题（Bendor，2015）。

渐进主义决策模式认为新政策是对旧政策的补充和修正。一方面，决策过程是一个不断探索、逐步前进的过程；另一方面，决策过程也是一个涉及利益冲突和价值分配的政治过程。具体地，政策制定通常涉及多个利益相关者和机构之间的相互调整和妥协。每个参与者在推进自身利益的同时也会考虑到其他参与者的利益，通过协商和妥协逐步达成共识，最终寻求既有决策能够逐步地、小幅度地、部分地实现预期目标（Lindblom，1979）。

渐进主义模型为政策过程研究提供了一个新的视角，它也为其他理论，如间断均衡理论的产生奠定了基础（李文钊，2017）。为了解释政策长期变化与突变间的关系，鲍姆加特纳和琼斯两人提出了"间断均衡理论"。该理论建立在政策是一种长期保持局部均衡的稳定状态与在短时间发生突变的交替状态的基础之上，当新的突变发生后，政治系统又处于一种新的局部均衡状态。政策"间断"取决于政府精英的注意力、政治系统偏好强度的分配和公众对特定政策的关心程度，当这些维持稳定性的力量发生变化时，会导致现有政策垄断的崩溃和政策形象的变化，从而产生政策突变的现象（Baumgartner and Jones，2010）。

（三）政治模型

基于对技术理性的反思，戴维·伊斯顿认为政策性质取决于价值在政治上是如何被分配或决定的，也就是说政策决策的政治过程本质上是民主制度的展开或运作模式（Easton，1999）。政治分析模型认为政策过程本质上是政治过程，不同的利益集团、党派、政治精英等的权力在经济、政治、社会的环境或背景中相互影响。

林德布洛姆通过分析美国政府政策制定过程，发现政治学家忽略了政治在决策过程中的影响。他认为之前政策制定过程主要存在两方面的价值标准：效率、对民众控制的反应能力。事实上，这两个价值标准常常表现为相矛盾的决策取向（Lindblom，1979）。林德布洛姆有针对性地提出了"战略性决策"的方案。这种决策方式允许参与者通过协商或投票的方式来替代政策分析。具体地，在某种程度上参与者为了各自的利益经由所在党派而进入政策制定过程。另外，政治活动中决策者、中间集团、公民等多种角色为权力游戏增添了复杂性，这是因为利益集团相互竞争、博弈，为制定政策带来了不少问题（Lindblom，1959）。此外，民众对权力作用的控制建立在选举制度和政策议题的基础上，而这种基于投票权的决策方式决定了公众的影响力十分微弱。因而，决策过程实际上是政治过程（Easton，1999）。

垃圾桶模型延续了"有限理性"的假设，并将"模糊性"假设引入决策模型中。科恩认为，组织的决策是无序的，问题、偏好与解决方案之间缺乏一致的逻辑推演关系。因此，组织的决策过程表现为"组织化的无序"，具有模糊偏好、技术不明、参与流动的特征。在"组织化的无序"状态中达成决策，往往需要问题、解决方案、参与者和决策四个各自独立的因素共同作用（Cohen et al.，1972）。其中，问题产生于组织的内外。决策者可以自由地进出决策场域。但问题和解决方法要结合成为政策决定需要一定的决策机会。当决策机会到来时，政策之窗会开启一个"垃圾桶"。此时，组织内部所有信息有机会碰撞在一起，通过"垃圾桶"中的配对从而产生决策。总而言之，垃圾桶模型认为组织决策是各种因素混合交叉的结果（March and Olsen，1976）。

二 中国决策过程的研究进程

（一）精英研究（20世纪50~60年代）

新中国成立初期至改革开放前，我国政策制定模式主要表现为内部集体决策模式。其中，中共中央设置政策议程，由国家领导人领导，国务院设计方案，党中央集体决策。然而，早期的内部集体决策机制并未得以持续。20世纪50年代后期，政策制定的权力逐渐由党内权力精英掌握，且重大决策往往取决于党的领袖。

本质上，中国精英决策模式与西方精英决策模式具有相同的内涵，即将社会划分为拥有权力的少数精英和多数无权利的群众，所制定的政策反映的也是精英的利益（魏淑艳，2006）。古斯顿（David Guston）认为"政府-科学家"是科技政策决策模式的核心特征，政府与科学家两主体被视为形成了抽象的委托-代理关系：作为委托人的政府要求作为代理人的科学家执行某种科学研究或政策咨询任务（Guston，2000）。相较之下，中国精英决策视角聚焦于执政党领导下的国家与政府的运作模式、结构和关系形态，主要关注：①共产主义政权的性质，②共产主义政权对中国经济社会发展的影响。基本的结论围绕着高层领袖在政府决策中的决定性作用。

显然，中国精英决策模式与西方以政府-科学家二元为主体的、遵循了完全理性决策的模型略有不同。拥有专业知识背景的精英，包括科学家、政府官员共同主导政策制定过程，西方精英决策模式所受的质疑来自公民对科学家以及科学权威的不信任（苏竣等，2014）。

（二）官僚组织研究（20世纪70~90年代）

为了缓解经济上的通胀、消除政治上的腐败、适应社会上大规模的人口流动等问题，中国进行了政治改革。通过将政治机构本身转变为"核心"，取代个人的"核心"领导人地位，决策模式发展为官僚组织的"集体决策"（Baumgartner and Jones，2010）。而派系研究对政策过程结构性因素的关注仍局限于非正式制度领域，忽略了官僚组织等正式制度的作用。不仅如此，一些学者发现，早期的中国政策过程模型并不能简单地用"理性模型"或"权力模型"来解释。通过观察经验，官僚决策行为用"碎片化的威权主义"来概括更为贴切（March，1976）。该模型认为，在中国政治体制中，权力并非集中在单一的决策机构或个人手中，而是分散在政府部门、利益集团以及党派之间。政策的制定与决策产生于不同权力中心之间的竞争与合作，同时政策路径依赖也会影响未来的政策选择（Lieberthal，1989）。显然，中国政策制定过程是相对封闭的，政治系统之外的利益相关者也不在分析之内，只有政治系统内部的行动者能够影响政策制定过程；事实上，即使在系统内部，不同政府部门出于追求自身利益的目的而难以达成一致。总的来说，中国政策制定过程缺乏社会力量的参与，表现出威权主义的特征。

随着互联网的普及和社交媒体的兴起，"碎片化的威权主义"发展到2.0 阶段。2.0 阶段与"碎片化的威权主义"的区别在于：一方面，2.0 版更加突出数字化技术和社交媒体在政策决策中的作用；另一方面，2.0 版强调公众利用新技术、新工具参与政治决策的新动态，以及政府对数字化处理和公民意见与舆论的反应（Zhu，2019；Yang，2020）。

相对于精英研究，官僚组织研究中决策的产生相对开放，但在各主体间政策制定的信息存在不对称，这可能导致决策的非透明性和不确定性。从核心议题上看，官僚组织研究主要关注中国政府的内在机制和政策过程。

（三）政治参与研究

以政府官员、科学家为核心的政策分析精英模式不断受到质疑。为了顺应民主化潮流、应对政策的"合法性"危机，并学习中国改革开放的先进经验，决策理念开始转向"更加注重公平"，这也符合了西方公共管理思想脉络从"工具理论性"向"价值理性"的转变。王绍光将中国政治系统分为内外六个圈层，其中内三圈是掌握政治话语权的群体，包括各级政策制定者；外三圈是指政策研究者、利益团体、公众等，这些群体参与政策制定但不起决定性作用。这种决策模式被称作"共识性决策"（王绍光、樊鹏，2011）。相比于中国政策制定过程研究的其他阶段，参与政策决策的主体包括了精英以外的人，这种决策的民主性明显提升。王绍光认为，这种"开门"的决策机制通过把精英与公众之间的"进善之门"打开，能够保障政策制定的民主性和科学性。然而，广泛的政治参与固然重要，但政策制定"内圈"中各层级决策者如何互动对政策的有效出台更为重要（魏淑艳，

2006）。

经过长期探索，中国政策实践逐渐走向了"集思广益"的模式。非精英的公众开始参与到政策过程中，政策主体更为广泛、表达更为多元。这种转变为我国的决策提供了多渠道的信息资源，有效缓解了信息不对称问题；基于协商与共识的政策方案也能从根本上克服个人决断的主观性、片面性（王绍光等，2014）。总之，政治参与的研究主要以精英政治、政治参与为研究视角，探究中国决策体制的特征。

三 中国决策的模式

当下学界在前人理论框架的基础上，结合中国在转型期政策过程的经验材料，针对中国政策过程的研究提出并总结了多样化的理论视角和框架，主要有利益权力视角、理性学习视角等（薛澜、林泽梁，2013；薛澜、陈玲，2005）和动态过程视角（薛金刚，2020）。

（一）权力-利益视角

权力-利益视角认为中国政策过程是各类利益主体在权力结构下的利益博弈结果，具有代表性的理论有"多元主义""官僚政治""公共选择理论"（薛澜、林泽梁，2013）。从中央-地方关系来看，选择性执行（O'Brien and Li，1999）、决策删减-执行协商（赵静，2022）和顶层设计（Ahlers，2022；蔡长昆、王玉，2019）也是中国决策过程中的突出模式，为地方酌情处理、灵活调整和自下而上的创新留出了一定的空间，以提升政策执行的有效性。由于地方资源禀赋和社会文化环境的多样性与复杂性，中央在决策时难以事无巨细地规定好所有事项，而是为执行留有一定的可操作空间。面对中央出台的政策，地方政府在缺乏足够的资源、精力和注意力应对和执行时，就会出现选择性执行。而地方也会利用这些政策空间去操纵行为和策略性地协商，以实现对上负责和自身能力的平衡。

顶层设计是基于指导理论（Steering Theory），对碎片化威权主义解释中国政策过程的有益补充和进一步发展。在中国政策过程中，政策往往是在中央"顶层"完成设计，而地方政府则负责政策执行。中央负责"掌舵"，而把具体的"划桨"工作留给了地方政府（Bache，2012）。顶层设计本质上是中央集权的体现，中央强制要求地方政府在政治上服从，地方政府需要对上负责。如果政府外部的合作网络或自治效率低下，各级政府都可以通过直接干涉来恢复引导（Scharpf，1989）。中国国情复杂且规模庞大，为了保证政策的一致性，中央需要元指导，并依赖自上而下的命令链和控制链层层指导，确保政策的执行符合中央意志（Schubert and Alpermann，2019）。

（二）理性学习视角

理性学习视角将中国政策过程视为智库和"技术官僚"基于公共目标进行理性学习的过程，具有代表性的理论和模式包括政策试验、政策学习和政策扩散。在政策学习与试验中，也经历了从央地间复杂互动到部门间横向学习（朱旭峰、赵慧，2015），甚至跨越"联盟"的学习过程。其中，央地政策互动的形式具有多样性，包括中央主导下的择优、央地互商以及地方试验创新自下而上的政策学习模式（苏利阳、王毅，2016）。自下而上的政策学习模式在讨论中形成了许多理论模型，如"上下来去"政策学习与过程模型（宁骚，2012）、央地政策学习模型（田华文、魏淑艳，2015），这些模型都反映了中央如何从地方创新试验的结果中获取经验并做出相对应的行为反应。

此外，政策制定模式发生了改变，从"部门端菜-地方买单"，即中央主管部门出台和制定政策，地方政府负责具体的政策执行，转变为"地方点菜-中央端菜-地方买单"，即政策制定主体不再仅仅是中央，而是地方可以提出议题，再与中央共同磋商，合作完成政策的制定，最后再由地方政府执行。这种模式被称为交互式统筹决策模式（陈升等，2023），它增进了决策过程中中央与地方政府之间的协商和互动。

在议程设置阶段，地方政府可以根据当地情况和需求"点菜"，即提出自己的备选议题，而无须过多考虑部门利益，再由中央介入，参与并协商进行政策设计，最后由政策领域相关主导部门根据整体利益明确提出政策方案，而不是根据部门利益或地方利益做出折中或模糊的处理（何艳玲、肖芸，2021）。

（三）动态过程视角

动态过程视角将政策过程视为"协商的威权主义"，不仅囊括了"碎片化威权主义"的部门协商，而且随着政府外部利益主体的政治参与活动逐渐增多，社会因素也被纳入到政策过程的分析中，企业、媒体、非政府组织等也被嵌入其中，发展出了修正之后的"碎片化威权主义 2.0"（Mertha，2009；2010），更加突出了社会这一外部主体与政策的互动。共识决策解释框架，揭示了政策共同体、智库和利益相关者参与政策过程，并通过达成政策制定与执行的共识来出台与实施政策（陈玲等，2010）。共识型决策模式的核心观点在于问题建构、议程设置和决策过程本质上是达成共识的过程，寻求共识也是中国政策过程的重要特征（陈玲，2006）。共识型决策模式是指决策过程中的各个主体广泛参与，并就某一个政策问题、议程和备选方案达成一致认可的过程。这种模式充分允许和包容了更广泛的决策主体和利益相关者协商政策相关议题。这些参与者都处于平等的地位，能够畅所欲言地表达自身的利益诉求、建议和智慧。在这一过程中，经过反复且广泛的商讨和论证，尽量减少分歧，寻求广泛的共识和认可，最终做出的决策是各方共同认可和努力的结果（樊鹏，2013）。政府、媒体、公众等社会力量、专家智库、行业协会都要深度参与，不断地更新和充盈政策议题的相关知识（陈玲等，2010）。

此外，专家智库也被作为一个特殊主体进行讨论。智库凭借其专业化的优势，在数据分析、行为实验、模拟仿真、循证检验方面参与决策过程。我国特色新型智库基础相对薄弱，但在专业方面得到了一定程度的发展。为应对多元利益及政策冲突，出现了一种新型的决策咨询机构——协商式智库（陈振明、黄元灿，2019）。这类智库通过"协商-共识"会议发起相关方的参与、对话与协商，运用冲突解决方法和技术寻求共识，最终为决策提供辅助（李亚，2021）。

总的来说，专家可以通过"顾问"的身份，直接与政府内部产生联系来影响政策过程，或者通过"倡导者"的身份，通过引导民意选择间接影响政策（Zhu，2011）。关于专家作用的讨论，有学者从政策网络的损失者嵌入性和政策问题的知识复杂性两个维度，将专家参与的模式概括为迂回启迪模式、直接咨询模式、外锁模式和专家社会运动模式。损失者嵌入性强、主要追求利益且具有资源优势的专家倾向于直接和激进的参与方式；反之，损失者嵌入性弱、追求学术价值和地位且缺乏资源的专家倾向于间接或保守的参与方式。具体而言，迂回启迪模式下，专家受到政策网络中利益受损者的阻碍，只能通过舆论施压的方式进行参与。直接咨询模式则是决策者主动寻求专家意见，且政策网络中利益受损者阻力较小。外锁模式类似于关门模式，政策问题简单但受到政策网络中利益受损者阻力较大，决策由决策者直接做出。专家社会运动模式虽然没有强大的利益受损者阻力，但决策者也不重视专家，专家被迫使用动员等激进的方式参与决策（朱旭峰，2012）。总体来说，专家智库在中国决策过程中的作用有限，明显受到政府政策目标和利益的影响，而且专业化的专家智库发展相对不充分，导致其提出的学术建议和构想往往缺乏足够的实践性，难以直接纳入政策制定的备选方案之中（于永达、药宁，2013）。

四　研究评述

通过对决策理论以及中国决策历程的分视角、分阶段的分析，可以发现中国政策过程或决策模式研究非常多样，发掘和提出了丰富的理论和模型，目前最受认可的是顶层设计和共识型决策模式。这些决策模式彼此之间往往并不是泾渭分明的，常常有要素重叠。例如，"执行协商"是一种典型的学习模式，不仅仅是中央-地方关系模型，也是一种互动模式。某些决策模式之间能够互相转化。例如政策实验借用碎片化威权主义作为结构和制度背景，而碎片化威权主义中需要考虑部门协商、专家的参与以及国家和社会之间的互动。不同模式往往是针对某一个政策领域、在某种情境中形成的，具有很强的情境性。模式本身的形成，以及模式之间的转化都会受到各种各样因素的影响，例如政策目标的属性、政策问题本身的属性、政策工具的清晰性等。但是，当下关于中国政策形成和决策模式的研究并没有充分地讨论这些多样化模式之间的关联，也并没有在影响因素和决策模式之间建立理论关联，即无法回答什么影响因素和情境更可能会导致何种决策模式。

第三节　问题建构-议程设置：一个决策模式的框架

政策形成亦称为政策制定、政策规划，是指从问题界定、方案选择到合法化的过程（陈振明，2004）。根据政策实践经验的总结，政策形成过程难以用某一个阶段完全概括。关于决策的研究则更关注与议程设置相关的议题。问题凸显（Issue Emergence）、议程设定（Agenda Setting）、备选方案的选择（Alternative Selection）三个阶段已经成为政策形成"教科书般"的共识（Birkland，2019）。问题建构、议程设置以及决策过程相互关联、相互影响，前一阶段的结果往往对后续阶段的发展造成影响。因而，整个政策过程或决策过程经由三个步骤完成：问题建构、议程设置和选择方案。这三者也是组成决策模式的内在要素。但是，选择方案这一阶段往往很少单独受到关注，而是直接放在了整体的决策过程模式研究中。而且，选择方案往往是更为"隐秘"的，直接由决策者做出决定。因而，这一阶段不单独讨论。在此基础上，本书搭建问题建构-议程设置的决策过程框架（见图 1-1），抽出这两个维度里的关键要素，以深入探究中国多样化的决策模式及其过程，以及影响这些多样化决策模式的因素。

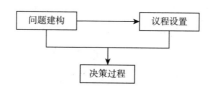

图 1-1　决策过程的组成要素

资料来源：作者自制。

一　问题建构

问题建构是指从感知、搜索、界定到描述问题的连续的动态过程。问题建构是政策形成的起点，如何界定、理解和解释问题决定了目标群体如何感知政策，也决定了整个政策过程的发展和走向。

政策问题的构建是政策相关主体就有关社会现象或问题的性质、范围、程度、真实性和迫切性等方面，在各种具有分歧的想法和认知中反复协商确认直至达成共识的过程。政策问题的建构是整个政策过程的逻辑起点，这关乎社会问题或现象能够被注意到并进入政策议程（李强彬、刘敏婵，2008）。从这个意义上来说，政策问题的构建过程是先发现问题，再将个人化的问题上升到社会一般性问题，进而让社会问题进化成公众认可且涉及公众利益的社会公共问题，最后进入议程设置转变为公共政策问题（严强、王强，2002）。这一过程中的每个阶段都有"门槛"，从问题上升到社会公共问题完成整个问题建构的跨域，需要满足三种情况：第一，问题必须是社会的普遍问题，并且受到广泛关注或感知，公众对于此问题的存在是有一定共识的；第二，大部分公众都倾向于有必要对此问题采取行动，以改变现状；第三，公众普遍认定此问题属于政府职能范围内，政府有权且应当关注到这个问题，并采取相应的行动（林水波等，1997）。因而，公共政策问题已经经过系列的转化，成为被公众广泛地意识和感知、产生一定的社会关注和影响力，并经由政府或公共权威认定需要制定公共政策解决的问题。从问题觉察和认知到问题确认和框定的转化过程本质上就是政策问题构建过程（钱再见，2013）。这涉及如何吸引决策者的注意力一步步上升为社会问题、社会公共问题最后如何成为政策问题、解决政策问题的政策方案如何形成以及备选方案的挑选（詹姆斯·安德森，1990）。这一过程只需要经历从差异性到相似性，并最后达成共识的阶段（靳永翥、刘强强，2016）。

问题建构本质上是一种权力，它决定了某一个社会现象是否能够被感知并被视为政策问题来对待，以及政策问题如何被目标群体所理解和认知。在这一过程中，最常使用的工具是政策话语。根据话语理论，话语具有诠释、框定和批判的功能，这些功能有助于问题的建构。首先，在诠释方面，话语通过象征性符号将问题表达和诠释出来。其次，话语通过其内在的力量，提供一种认知方式并形成一套约束性规则，用以框定和编码具体的情境和行为。这一过程往往由话语联盟发挥主导作用，话语联盟被视为解决集体行动问题的一种方案。话语联盟感知到相同的话语能量场，通过竞争、联合、交易、限制等方式形成，它们因共同的符号、信念和信仰而结合在一起，是一个意义价值和实践策略相统一的复杂整体。话语联盟的框架本身构成了政策场域里的规则，能够约束行动者的行为。个体在话语联盟中感知到的知识、信息和框架，以及自身所处的位置，都会影响到其对政策话语的感知，进而外化为行为。话语联盟主要包括政府官员、专家和媒体（保罗·A. 萨巴蒂尔，2004）。

问题建构主要从主体（方向）和工具两个维度来明晰。问题建构的主体取决于国家与社会之间的关系。关于问题建构主体的理论假设，在20世纪早期盛行的多元主义有意识地弱化了国家的地位，认为代表社会的利益集团具有重要的作用，整个问题建构的主体呈现"百花齐放"的格局。每个利益集团拥有平等的机会能够通过竞争性的表达代表不同的群体发声，并影响问题的建构和政策进程。多元主义更偏向于价值分析，企图体现民主的价值追求，但是无法解释政治现实。在20世纪70年代，法团主义推翻了多元主义的基本假设，转向以国家为中心的假设，认为国家主导了问题建构权。法团主义强调了国家作为行动主体的重要性。到了20世纪后期，政策网络提倡"去中心化"的主张，将利益集团和国家全部重塑为问题建构中的行动主体。社会和国家共同支配政策问题的建构权（张康之、向玉琼，2014）。此外，在互联网高速发展的今天，网络舆情作为媒体和公众的信息补充渠道，与其他政治流产生互动，共同发挥作用（朱水成、李正明，2012）。

科学理性主义主张问题建构应该自上而下，由高层通过科学的方式建构问题，再推广及下。建构论则倡导利用政策话语进行自下而上的问题建构（靳永翥、刘强强，2017）。这是两种不同的问题建构方向。政策主体的确认基本上决定了问题建构的方向。如果社会现象由公众发现，经由媒体发酵，最终上升为政策问题，那么问题建构是自下而上的。如果政策问题直接由政府提出，并界定和明晰政策问题的核心信息，那么问题建构是自上而下的。因而，从根本上来讲，问题建构的核心是不同主体所代表的方向问题；主体与方向本质上是统一的。

二 议程设置

议程设置是建构好或正在建构的政策问题吸引政府和决策者注意，并正式进入政府和决策者出台相关政策的考量范围，即决策者正式议程的过程。政策议程设置是连接政策问题和决策的关键环节，其核心在于对决策者注意力的竞争。议程设置的权力与决策的权力并重，共同构成了"权力的两面"（Stone，1962）。参考学界关于议程设置模式的讨论，议程设置主要从参与主体和参与程度两个维度进行划分。

首先，根据参与议程设置的主体的不同，现有研究将议程设置的模式划分为公众议程、媒体议程和政策议程。一方面，三类议程在注意力分配方面存在较大的差异。具体表现在，政府为了促进公众与政府更直接地政策沟通，媒体作为第四权力能够显著影响公众的注意力，扩大影响范围，这有助于让政策网络中的各个主体注意到特定的政策问题。在中国的情境下，政府议程是最权威有力的政策议程，公众议程和媒体议程往往需要进入或转换成政府议程才能够真正地进入决策过程。另一方面，公众议程、媒体议程和政策议程三者是渐进调适的。地方政策议程既会通过公众议程和媒体议程的互动来不断调整，也会根据中央政策议程的启动进行修整（董石桃、蒋鸽，2020）。

不过，学界也会将议程设置的主体分为政府、专家和公众（包括媒体）。政府与公众议程设置和上述讨论一致。而专家在议程设置方面的作用逐渐受到重视和强调。专家智库作为"顾问"的身份，直接与政府产生联系，从内部影响政策过程，或者作为"倡导者"，通过民意选择间接影响政策（Zhu，2011）。另一种观点则认为专家的决策影响力较为有限，其原因在于在动机意愿、信息占有、时间约束、话语体系、行动逻辑五个方面存在难以调和的矛盾（肖滨、费久浩，2020）。

中国的决策系统由两大核心部分组成：政府官方系统与非政府官方系统。该系统显著地体现了集中式与自上而下的特征，其中中央政府在整个政策议程的设置过程中占据着主导性的地位。在这一框架下，虽然公民和专家也享有一定的参与机会，但其参与的程度及影响力相对有限。具体而言，他们往往难以直接与官方的政策制定者进行互动，从而在政策形成过程中发挥的作用较为间接。

另一方面，根据民众的参与程度和互动方式的不同，议程设置可归纳为内部模式、外部模式和互动模式。这三者的核心区别在于不同主体在整个决策过程中扮演的角色的差异。内部模式主要是"关门"型封闭决策，以政府为参与和决策的绝对主导。外部模式则关注政府外部社会力量的参与及其所扮演的重要角色。社会力量突破了原本封闭的决策过程，以外部压力的方式吸引政府决策者的注意力，将社会公众关注的公共问题成功纳入政策议程中。互动模式则包含参与式、协商型、多元互动式等模式。在议程设置中，政府和社会力量共同发挥作用，并且产生频繁的互动，这种互动共同影响议程设置。在参与式议程设置中，主体之间的信任是互动的基础机制，需要参与者彼此信任、观念行为一致才能形成（孙峰，2020）。协商型政策议程模式强调体制内的协商，通过吸纳公众利益诉求来创建议程。这一模式本质上仍由政府主导，体制内外主体相互"借力"，以实现集权与分权的结合与平衡。但是，多元主体影响力和权力不同容易导致议程建构过程中的话语操纵与垄断（周义程、刘伟，2009）。不同于传统的权威主导模式和精英控制模式，多元互动模式强调具有相对平等地位的多元主体经过博弈与协商达成政策共识，进而将特定社会问题推入决策程序，因此更具有开放性、多元性和形式多样性，且更适应政府变革（刘伟，2012）。这一模式需要独立通畅和多样化的谏言渠道，从而使得多元参与主体之间能够形成良性互动（房莉杰，2017）。互动模式改变了政府主导的传统议程形成模式，将多元利益主体纳入议程创建过程，同时，议程的体制内输入转变为体制内、外双向输入（刘伟，2008）。

由此可以延伸出关于议程设置方向的讨论。根据议程提出者的不同，主要分为两种方向：自上而下和自下而上。一派重点关注议程设置的自上而下路径。从制度结构视角来看，中国的决策过程可以被概念化为碎片化威权主义（Mertha，2010），并进一步发展成碎片化威权主义 2.0（Mertha，2009），议程设置由中央和政府牢牢把控，呈现自上而下的趋势。政府在议程设置和决策方面具有绝对的主导权，但绝非唯一力量。媒体、非政府组织等社会力量能够突破等级制影响，参与政府的决策过程，但是作用有限。这也呈现"回应性"或"救火"的特征（赵静、薛澜，2017）。只有当焦点事件出现，触发政策之窗，促进政治流、政策流和问题流三股源流完成结合，政策问题才会引发广泛关注，吸引政府注意力，进而进入政策议程。

另一派认为，中国政策议程设置模式有时被认为呈现"自下而上"的特征，公共议程和媒体议程的作用相互交织，共同推动政策议程（陈姣娥、王国华，2013）。公众议程可能需要借助媒体的力量转化成媒体议程，吸引政府的关注，进而反馈到政府并进入政府议程。中国决策过程设定了严格的程序，重视汲取民众和专家的意见（Almén，2010）。这个新智库通过"直接-主动参与""直接-被动参与""间接-主动参与""间接-被动参与"四种模式，发挥了传统智库所不具备的巨大价值，起到了重要作用（Chen and Fu，2017）。

议程设置模式的讨论卷帙浩繁，最为经典和具有代表性的是根据主体和民众参与度两个维度特征进行分类，将中国公共政策议程设置分为关门模式（由政府提出，民众参与度低）、内参模式（由专家智库提出，民众参与度低）、上书模式（由民众提出，但民众参与度低）、动员模式（由政府提出，民众参与度高）、借力模式（由专家智库提出，民众参与度高）和外压模式（由民众提出，民众参与度高）这六种。这些模式都是针对不同政策领域和政策环境而提出的。

其中，外压模式是讨论度最高的，也是中国政策过程中最常被观察到的现象。在 20 世纪 90 年代前，在中国的政治现实中，外压模式寥寥无几。但是在 90 年代之后，随着专家智库、媒体、社会组织和民众等社会力量的崛起，外压模式反而层出叠见（王绍光，2006）。为此，学界开始关注外压模式，进一步发展出了很多学术概念，如"压力-回应"模式、回应式议程设置模式等。

议程设置的机制与策略主要是指政策问题是如何被纳入政策议程的过程，包括操作方式和方法选择等。目前学界的讨论主要包括共识机制、触发机制和话语机制。学界渐渐认为议程设置模式的核心在于列出政策议题、按照重要性或决策者偏好排序，最终寻求并达成共识。重要性排序本质上是政策问题和议题在不断竞争中脱颖而出的过程，最终少数成功的政策议题被提上日程（Cobb et al.，1976）。因此，议程设置本质上是在差异中寻求和达成共识的过程，尤其是需要与具有议程设置权的政府精英达成共识，促使特定的政策议题能够进入他们的重要性和优先级排序的首位。在这种意义上，共识成为一种议程设置的机制和路径，并在此基础上发展出了共识型议程设置模式。与上述议程设置模式相结合，有学者据此探索出了三条路径：官僚路径、上书路径和协商路径。这三种路径层层推进，步步接力，直至达成共识（徐晓新、张秀兰，2016）。

触发机制是以多源流理论为基础，聚焦于如何打开政策之窗，使得政治、政策和问题三股源流汇集到一起。最常见的触发机制包括焦点事件、政策企业家的出现以及权力的博弈。第一，焦点事件聚焦于社会问题中的具体利益诉求，利用媒体的"无形之手"迅速传播和发酵，点燃社会舆论，加剧了政策问题的暴露。因此，社会问题转化为公共议题，并积累了足够的注意力，迫使政府将其提上议程（王国华、武晗，2019）。但是，焦点事件也会由于问题感知中决策者的注意力分配，问题界定中政策问题、信息和环境的模糊性，以及问题筛选中决策者面临的风险等因素而失灵（武晗、王国华，2021）。此外，网络舆论不仅从政策系统外部对政策议程的设置施加影响，还嵌入政策系统之中对政策议程的设置进行驱动。如果实质性回应缺失叠加危机升级，舆论压力的增强会促使三个源流从轻松耦合向深度耦合进行转变，并最终形成政策（陈贵梧、林晓虹，2021）。网络和新媒体的发展同样影响了政府议程设置过程。新媒体同样能够基于虚拟接触的互动成为主流，并促使各主体的地位趋于平等，让网络民意占据政治源流。网络提升了政策问题被纳入决策议程的概率（魏淑艳、孙峰，2016）。第二，政策企业家是三股源流汇合的重要推动力，议题需要由政策企业家充分发掘自身和周围的资源，制定和利用各种可行的战略，抓住政治机会，以影响议程设置和政策形成（Weisser，1991）。第三，政府官员、专家学者和社会组织都能够吸引公众的注意力，直接或间接地成为政策议程的推动力，区别在于采用不同的途径和产生不同程度的影响力（朱亚鹏、肖棣文，2012）。这是由于不同类型的非政府组织拥有不同的"权力距"。官方的非政府组织内嵌于政治系统，权力距离较小，可以直接参与决策（鲁先锋，2013）。而社会力量只能通过合作或间接的方式推动议程设置。因而，议程设置需要多方主体对利益分歧进行协调以形成共识，才可打开政策之窗（唐斌，2017）。

最后，话语已经成为政策形成乃至政策过程中的重要机制。传统议程设置的表达结构表现出"中心-边缘"的特点，处于政治边缘的力量很难进入权力中心地带。换言之，议程设置的话语权被政府精英掌握，其他社会群体的声音被屏蔽在政治体系的外围。与传统结构不同的是，网络表达具有去中心化的特点（刘然，2017）。在互联网时代中，公民网络话语表达对政策议程建构的影响不断增强。主要表现为：在政策议题初步形成阶段，网络话语表达模式构建了以互联网为主的"点对点"的互动平台；在扩散阶段，网络话语扩大了政策议题的范围，提升了其强度和可见度，促使社会问题向体制议题过渡；在调整与最终确定阶段，关键人物助力公共政策建构（许阳，2014）。从话语表达的角度看，提问方式的不同导致了差异性的政策建议，进一步影响了公共政策的议程安排（张海柱，2013a）。从注意力竞争的视角看，政策议程设置本质上是主观诠释与意义赋予的互动过程。意义竞争的获胜者能够获得社会公众的广泛接受，进而吸引决策者的注意力，从而使某些问题最终进入政策议程之中（张海柱，2013b）。而话语则是意义赋予最直观的方式，能够框定公众和决策者对于特定政策议题的认知。

三　决策模式：基于问题建构−议程设置的框架

关于中国决策过程模式的讨论，国外和国内的研究路径和脉络存在差异。国外主要聚焦于政策过程理论的脉络来讨论，国内则是围绕议程设置和决策本土化概念来讨论。国内研究尤其注重对于议程设置的讨论，将议程设置作为决策过程的核心阶段，并发展出注意力分配等被广泛认可的概念。国内研究并没有将议程设置与决策的边界划定清晰，以至于部分学者在运用理论和概念时经常出现混淆的情况（曾明、姜正华，2021）。

为了探究中国多样化政策形成的机制及其影响因素，本书搭建了"问题建构−议程设置"框架，以深入理解中国的决策过程和模式，并试图揭示中国多样化决策模式背后的形成机制。为了使"问题建构−议程设置"框架与影响因素的联结更为紧密，本章尝试根据"问题建构−议程设置"两个阶段的要素，进一步将决策模式类型化，以便更系统地理解各种决策模式，并探讨"什么样的问题建构和议程设置会导致什么样的决策模式"这一问题。问题建构的关键要素包括主体和工具，其核心讨论的是由不同主体导致的不同建构方向，这些方向可以大致分为自上而下和自下而上两类。问题建构的主体主要可以分为三类：公众、企业和社会组织等社会力量，以及政府和专业机构。鉴于中国的决策过程具有显著的中央主导特征，实际的问题建构方向主要体现为自上而下和自下而上两种。议程设置的关键要素是主体和民众参与程度，即议程设置的方向和民众参与的程度。议程设置的主体或议题提出者主要包括专家、民众和政府。同样地，议程设置的方向本质上也只有自上而下和自下而上两种。民众参与度则可以分为参与度高和参与度低两种。

在中国的决策模式中，主体主要包括以国家−社会关系视角下的社会主体，如专家、媒体、公众、社会组织、企业等，以及政府。这些都是中国政策形成过程或决策中的重要参与主体。在政策形成的不同阶段，针对不同的政策问题，不同的主体发挥着不同程度的作用，彼此之间的关系也不同。例如，共识型决策模式（陈玲等，2010）和集思广益型决策模式（鄢一龙等，2013）提倡所有社会和政府主体都参与进来，各个社会群体就特定的政策问题提出各自的政策偏好，在协商和讨论的互动过程中能否达成共识，这也是政策能否出台的最重要标准之一。而外压模式（王绍光，2006）和回应式决策（赵静、薛澜，2017）则更强调政府面对外部社会压力时对于某个焦点事件或突发状况的回应。政府间互动视角下的"上下来去"模式（宁骚，2012）和自下而上的央地政策模式本质上仍旧关注政府在决策中的主导和重要地位，探讨中央和地方政府之间的互动如何影响中国的决策过程，但是这些研究不再将政府视为"铁板一块"，而是认为政府是由不同层级、不同部门之间耦合的碎片化结构所构成。

中国的决策模式包含着各种各样的机制，在这里主要讨论的是话语建构机制、共识建立机制和注意力分配机制。话语建构机制主要是对特定政策问题的界定和诠释进行话语表达、符号传递和叙事。政府、媒体和专家学者凭借在政策网络中的地位及其拥有的政治资源、信号传递资源和专业知识权威，往往在话语建构中占据重要地位，而公众的话语表达在多数情况下需要间接地通过政府、媒体和专家学者进行，或者受到这三者的操纵和建构（张海柱，2015）。共识建立机制的核心是聚集共识。中国的决策过程具有较强的渐进主义色彩，强调共识的重要性（Weiss，1992），并不断通过磋商和试错来加强学习和调整。中国的重大决策都是基于广泛的共识做出的，能够形成统一且明确的共识是政策能够形成的决定性因素。中国领导层内部的权力在横向和纵向层面都是分散的，共识对决策过程至关重要（Lieberthal and Oksenberg，1988）。如果在中央领导层无法形成明确统一的政策偏好和共识，提案会被"退回"以建立新一轮共识（Bo，2009）。达成共识的重要手段是讨价还价（Lampton，1987）和不断地磨合与沟通（王绍光、樊鹏，2011）。注意力分配也是决策模式中的重要机制，在常规制度下，一般由外部的社会舆论压力或焦点事件触发并打乱决策者本身的优先级排序。基于有限理性模型、垃圾桶模型和多源流模型，由于时间、精力和资源的限制，政府的理性和注意力是有限且稀缺的。一方面，政府需要对上负责以应对绩效考核和晋升压力，尤其是"领导高度重视"的事项，需要对中央或重要领导的注意力进行管理（庞明礼，2019）。另一方面，政府还需要应对和回应社会舆论和焦点事件，呈现"救火"和回应性，更倾向于解决当前政策议程上较为紧急的问题（Colebatch，2018）。

　　综上所述，根据这两个阶段中的三个要素，决策模式被分成 8 种（如图 1-2 所示）：高位动员、顶层设计、社会参与、社会协调、政社协商、焦点敦促、外压推动和上书请命。

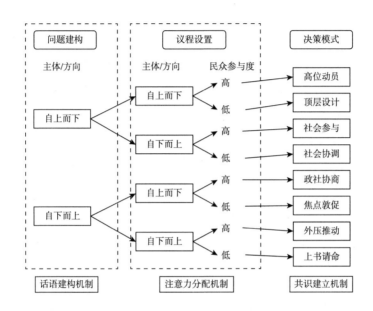

图 1-2　决策模式分类

资料来源：作者自制。

　　高位动员模式即政府提出政策问题并直接推动议程设置，民众参与度高的决策过程。这种模式一般适用于政府和社会公众共同关注的、与民生息息相关的重要政策领域，例如由中央发起和评测、地方试验并择优扩散的试点政策。

　　顶层设计模式是政府提出政策问题，社会推动议程设置，民众参与度低的决策过程。这种模式适用于对于国家共同体而言非常重要的政策，或者无法由单一政府部门或社会自身处理和解决的跨界社会问题，需要由政府统一把控。

　　社会参与模式是指政府提出政策问题，社会推动议程设置，民众参与度高的决策过程。这种模式适用于政府关注某个政策议题，在提出议题时，也需要社会参与进来，或者社会也开始关注到这个议题，并广泛地参与，例如网约车政策。政府着手想要监管网约车和共享经济，爆出了网约车的安全和出租车罢工等焦点事件，使得政策最终迅速落地。

社会协调模式则是政府提出政策问题，社会推动议程设置，民众参与度低的决策过程。这种模式适用于政府关注某个政策，社会也有关注，但整体参与度不高的情形。这种模式在现实中出现得较少，一般如果政策问题由政府提出，而社会参与了议程设置，通常社会的参与更多地只是为了解决政治合法性的问题，只是象征性或符号性的参与，本质上整个决策过程仍由政府主导和把控。

政社协商模式是指社会提出政策问题，政府推动议程设置，民众参与度高的决策过程。这种模式适用于公众或专家学者发现某个政策问题，公众通过媒体和社会舆论造势，专家学者则可以通过写咨政报告或与政府直接联系等方式，吸引政府的注意力，多元决策主体共同参与和协商完成决策。

焦点敦促模式即为社会提出政策问题，政府推动议程设置，民众参与度低的决策过程。这种模式适用于社会关注的政策议题，但是解决该政策问题超出了社会或某个群体的能力，希望直接由政府出面解决，且政府完全有能力很快解决。这种模式更多地出现在小范围的焦点事件上，例如群体信访上访等，地方政府出于维稳的考虑，选择在影响减至最小限度内快速处理该政策问题。

外压推动模式是指社会提出政策问题并推动议程设置，民众参与度高的决策过程。这种模式适用于情节严重的焦点事件或公共危机，在事件初期政府没有及时发现，直到爆发，造成了广泛的社会舆论压力，政府不得不出面回应，对应快速点燃的焦点事件。

上书请命模式则是社会提出政策问题并推动议程设置，民众参与度低的决策过程。这种模式适用于问题显著性低但社会非常关注的政策议题，这些议题在政府议程上排序优先级靠后，难以在第一时间引起政府关注。由公众、社会强有力的推动，公众可能以让渡权力或妥协的方式解决该政策议题，或者直接由舆论造势利用强大的外部压力直接解决该政策议题，例如某些网络舆论的焦点事件。

第四节　决策模式的影响因素

一　政策场域的问题属性

（一）问题的动态性和不确定性

政策问题本身的发展进程各不相同，因此政策问题的类型也有所不同。借鉴危机的类型学，根据开始和结束的速度快慢，政策问题可以分为四类：快速燃烧型（Fast-burning）、长久笼罩型（Long-shadow）、宣泄型（Cathartic）和蔓延型（Creeping or Slow-Burning）（'t Hart and Boin，2001；Boin et al.，2020）。快速燃烧型政策问题是指开始快、结束也快的问题，包括一些突发事件引发的公共危机、焦点事件等。这一类政策问题往往是突然间由某一个社会事件暴露出来的，整体发展进程很快，相对来说问题的根源没那么复杂，容易解决。长久笼罩型政策问题是指开始快、结束得很慢的政策问题。相较于快速燃烧型政策问题，这一类政策问题发生得突然，但问题根源更复杂、更难处理。宣泄型的政策问题是开始得慢，但结束得很快。这类问题等待完全浮现出来，再一鼓作气直接解决即可。蔓延型政策问题是开始慢、结束也慢。这一类政策问题往往最复杂、最难处理，问题根源复杂，并且可能与很多其他社会问题相互纠缠。

不同属性的政策问题动态发展各异，不确定性程度也不尽相同。这会极大地影响决策模式和政策形成过程。例如，长久笼罩型政策问题和蔓延型政策问题更为复杂，牵涉的机构和范围可能更广，需要多部门协调共同处理，而且需要尽快处理，否则时间拖得越长，问题越严重。而快速燃烧型政策问题和宣泄型政策问题则适合在问题发酵到一定程度后，集中统一解决。

（二）问题的显著性

政策问题的显著性是指政策问题能够被公众、社会和决策者所感知到的严重和迫切程度。这包含两个要点：一是问题本身的严重性和解决的迫切性，二是这些特性能被感知到的程度。垃圾桶模型和多源流框架正好解决了这一问题，这两个理论认为，问题能够被注意到并提上政策议程，本质上是竞争注意力的过程。因此，政策问题越显著，社会和决策者越有机会感知和注意到，政策问题也就更容易被提上日程。这种显著性多半与焦点事件有关。一方面，政策问题的显著性取决于问题本身的严重程度、急迫程度和波及范围；另一方面，问题建构和议程设置可以建构问题的显著性，通过强调和突出特定议题的重要性与显著性，并借助媒体发酵舆论，促使政策议题的讨论和走向成为整个社会关注的焦点，迫使政府投入注意力，将政策议题提上日程，最终获得公众的支持和认可（李旭，2017）。

（三）目标的清晰性

政策目标的清晰程度直接决定了该政策问题的建构难易程度，进而影响到其进入议程设置的进程。政策目标越清晰，决策参与者的关注就更聚焦，更容易吸引到具有相同共识的政策共同体和政策联盟，从而能够快速在问题建构上达成共识，并聚集更多的共识拥有者。政策共同体齐心协力促进政策议程，以打开政策窗口，将其推入政策议程，进入决策程序。另外，政策目标的清晰度高，考虑到执行起来会更容易，政府更偏好推动这类政策进入议程。

（四）工具的清晰性

在决策过程中，政策议题所需的政策工具越清晰、越易得、实操性越强，则该政策议题被纳入政策议程的可能性越高。解决政策问题、提出解决方案本质上是在挑选政策工具的过程（张润君、任伊扬，2012）。决策者会考虑政策议题是否能够被妥善解决：如果解决方案不明朗，甚至暂时没有合适有效的政策工具，决策者更可能搁置这一政策议题。否则，政策出台后解决社会问题的效果不佳，浪费社会资源，不利于决策者正面形象的建立。因而，决策者会倾向于关注和选择那些政策工具更清晰的政策议题。

二　政策场域的主体与权力结构

决策和政策形成都是发生在特定的政策系统之内，系统的结构会显著影响政策形成过程。具体来说，系统结构影响决策主体，以及决策主体如何筛选、建构和框架化政策问题。

（一）决策主体

问题建构本身并不是一个客观的过程，而是一个被建构的过程，即政策问题被赋予特定意义或被突出某个特性的过程。政策制定者可以"操纵对问题的主流理解"，同时影响对其拥有决策权的机构（Baumgartner and Jones，2010）。因而，政策问题本质上是观念和政治的产物。而议程设置也是竞争决策者注意力的过程，选择备选方案则是由决策者直接抉择或由决策者选择以什么样的方式进行，主动权完全掌握在决策者手中。这些主体和观念等都是政策系统的一部分。因而，政策系统结构会塑造对问题的理解方式。

在问题建构、议程设置中，决策主体是非常关键的要素，决定了整体决策的方向。决策主体分为两类：国家和社会。国家主要包括各级政府，社会则主要包括社会组织、媒体、企业和公众等。专家是一种特殊的主体，同时具有国家和社会双重身份。专家既可以受到政府邀请，为特定的政策问题和方案提供支持，利用自身的专业权威和知识提升决策的合法性和科学性，提高公众和社会对政策的接纳度和认可度，此时，专家学者是作为国家方提出政策议题和方案；又可以根据自身研究或专长，在媒体、田野调查中发现问题，主动提出政策问题，并以咨政报告等形式上报给政府。此时，专家学者是作为社会方主动发现问题并提出政策议题和方案。当然，现实中会有更复杂的情况，例如，政府虽然邀请专家研究某项议题，但却为专家学者留有充足的自主权和政策空间，提供资源供专家学者自己发现并提出问题。

（二）权力结构

无论是社会还是国家，这些决策主体都身处于特定的结构情境之中。驱使他们做出决策的往往并不全然是自身的性格和禀赋，更多地取决于所处的位置和环境。结构化理论（Giddens，1984）提出了"结构的双重性"（Barley and Tolbert，1997；Sewell，1992；Scott，2001）的概念，即结构同时具有赋能和约束的双重功能（Giddens，1984），并通过行为者在各种环境中调动规则和资源来维持，而这些规则和资源能进行不断生产和再生产。结构既能够决定和约束决策者的行为，同时也会留有空间，赋能给决策者，使得决策者拥有一定的主动权和自主权，做出"自选动作"。在决策过程中，最重要的结构因素就是权力结果。决策者对于问题的解读和框定是选择性的，决策者的注意力投放也是选择性的，他们会选择性地突出政策问题中值得关注的某个维度，以此来简化对政策问题的理解，从而调和问题复杂性与决策者精力时间有限性之间的张力（孙发锋，2021）。

首先，问题建构决定了如何去界定、认知和框定特定的政策问题。建构权本质上是权力博弈的政治过程，其中政治和权力扮演着关键角色。拥有相对权力优势的精英能够操纵和引导问题的框定，获取广泛的政治认可，并提升自己的政治地位。问题建构的行为主体利用政治话语包装和建构某一政策问题，隐藏或凸显其某一特征，以增强公众对该政策问题的情感支持、认同或厌恶，从而塑造公众对政策问题的认知，使其有利于满足权力优势者的利益。同时，通过选择特定的政策问题并分析其根源，促使后期政策的权力和资源分配偏向或有利于拥有权力优势的主体。而且这种权力具有锁入性，拥有权力优势的主体利用问题建构的权力能够不断动员和吸引新的政府部门或决策者参与这一过程。而这种参与者的扩大则会导致许多不同机构视角和观念的卷入，从而基于不同的职位和立场对政策问题本身产生非常多具有差异性的理解和想法，这会进一步复杂化问题建构的过程，引来更多的政治和权力博弈（孙发锋，2021）。

其次，议程设置的过程亦是如此，权力结构能够决定注意力分配的规则。诸多社会问题和公共问题同时存在，如何使某一个特定的政策问题脱颖而出，这就需要吸引决策者的注意力。而注意力争夺的过程既与问题建构有关，即如何将问题建构得符合议程设置者的利益，或者如何突出其急迫性、紧迫性以及影响范围的广泛性；同时又与政策之窗或焦点事件有关。当政策之窗打开时，政治流、问题流和政策流相互汇合，政策议题最容易进入政府议程之中。所有的政策问题和信息都会被各种各样的特征或维度结构化（布赖恩·琼斯，2010），即政策问题本身及其相关的信息往往具有多样的属性和特征。这种复杂性和多样性与决策者时间和精力的有限性之间形成了张力。因此，决策者只能在同一时间内关注有限的政策议题，同时针对同一个政策议题只能关注某些特定的、突出的特性和方面，而无法做到面面俱到（孙发锋，2021）。在特定的时间点，决策者选择将注意力投放到哪一个政策议题，以及这个政策议题的哪个层面，这种注意力的选择性投放需要问题建构者思考如何去吸引和管理决策者的注意力，而这往往取决于整体政策系统的偏好以及权力博弈的结果。

根据组织学视角，权力结构能够影响政府作为关键决策者如何确定政策议题的优先级，以及在不确定的决策环境中如何分配注意力。"多委托多任务"的政府内部激励机制导致代理人的激励强度取决于委托人在政策系统中的权力地位，这进一步加剧了政府部门之间的注意力竞争（练宏，2016）。对上负责和绩效评价机制同样影响政府内部的注意力分配。政府部门更容易将注意力投放给"短平快"式政策议题，因为这类议题绩效容易测量，能够迅速得到绩效结果的正反馈，更容易帮助当权者在绩效竞争和晋升锦标赛中胜出（赖诗攀，2020）。晋升激励也会促使政府决策者对不同的政策领域采取差异化的注意力分配策略。最典型的是与"一票否决"项相关的政策议题，它们在议程事项中的优先级遥遥领先，远高于其他政策领域，包括跨界问题（张程，2020）。同时，由于经济绩效在整个晋升绩效指标中所占比重较高，政府更重视能够促进经济发展的公共服务和产品，为自己的晋升助力（张永军、梁东黎，2010）。作为一种特殊情况，运动式治理能够借助高位的权威自上而下推动，迫使下级部门将注意力投放到某一特定的领域。

事实上，权力结构还会决定决策者或政策议题提出者能够掌握的资源，以及受到政治权力制约的程度。某些政策议题由于其与政府的接近度和负责人的资源拥有量，而更可能进入政策议程，例如国安、政治安全等政策议题（Yang，2010）。多数互联网慈善众筹项目也能够成为议程设置或产生政策影响，因为这些项目能够对政府所关注的事项起到补充作用（Tsai and Wang，2019）。

在我国的决策过程中，中央扮演着关键角色。在议程设置阶段，社会问题能否进入到政府议程，取决于中央的政治取向和目标。中央领导的态度是政策窗口开启与否的重要开关，同时能够影响政策的社会建构和走向。因而，自上而下的政策推力非常强劲（萨巴蒂尔，2004）。近年来，由于社会力量的增强，代表着不同群体利益的政策联盟开始尝试利用内参模式或借力模式来将政策议题推入政策议程中。即便如此，这些政策共同体仍旧是通过影响中央的态度来间接地影响决策进程，尤其是在一些需要大刀阔斧进行改革的政策领域，这种现象尤为突出（于永达、药宁，2013）。

三　政策契合度：原有的政策安排

政策问题是否与原有的政策系统和政策安排相契合，决定了决策的整体范式是渐进型的还是突变型。如果政策问题及其解决方案与原有的政策安排具有接续性，那么决策应当是渐进性的。决策会继续依托原有的政策安排，采取修正、修整或修补的策略，面临的决策阻碍较小，所需资源也更少。如果政策问题及其解决方案与原有的政策安排不相契合，甚至要打破原有的政策安排，那么决策就属于突变型，面临的决策压力也就较大。

由于我国执政党秉持的政策目标和理念具有高度一致性，政府更偏好具有连贯性的政策方案，对于政策是否存续的标准也更为严苛，极少出现政策反复，甚至政策目标完全相反的情况。这就要求新政策本身需要与原有政策目标和工具具有一定的一致性和契合度，这体现了我国路径依赖和渐进型决策模式的特征。吸取苏联"休克式疗法"的失败经验，我国对于激进型改革持有非常谨慎和排斥的态度（王绍光，2006），激进型政策往往都被置于政府议程优先级排序的最后端。

四　外部压力：焦点事件

外部因素也会影响政策过程，尤其是议程设置模式。焦点事件就是其中最为典型的外部压力，也是中国政策的关键触发因素。在议程设置模式之后，我们讨论了外压模式和回应式议程设置模式，这些模式都具有强烈的外部压力导向。外部的压力使得政府不得不进行回应，而这往往依赖于焦点事件的发生。在焦点事件的压力下，政府会直接将政策问题纳入议程中，并置于相当重要的位置（赵静、薛澜，2017）。这种模式本质上是一种"倒逼"机制：政府由于缺乏行政能力和足够的精力，难以主动进行问题识别和利益协调，只能通过使政策问题严重化，吸引到广泛且足够的关注，反过来对政府施压，迫使政府采取行动。这也建立在中国的执政理念和行政问责制度化的基础上，即政府必须回应民意和解决民生问题。聚焦自然灾害、社会舆论问题和严重犯罪等事件，能更有效地重塑明确的政策形象，动员新的参与者加入政策制定过程，并引起公众关注。因而，中国政府对焦点事件的反应通常是快速有效的（费久浩，2021）。这种模式常与多源流框架结合。焦点事件多表现为突然发生且引起大规模注意的事件，能够揭示特定区域或群体的利益受损，反映普遍存在的社会问题（Birkland，1998）。焦点事件往往能够加速和促进政策问题进入议程设置阶段（Jones and Baumgartner，2005；Kingdon，2003）。尤其是当中央政府明确认可或者发出认可信号的焦点事件，能够迅速助推政策之窗的打开，从而推进政策问题成功纳入政策议程（韩志明，2019）。多源流理论的核心关切点在于为什么有些政策问题能够被关注，而另一些政策问题则被忽视，这本质上是政府注意力分配的问题。多源流从问题流、政策流和政治流三者能否汇合的角度，讨论了政策问题被关注并被提上日程的条件。关注度低的问题往往需要危机的发生，才有可能吸引决策者和公众的注意力，并被提上议程（金登，2017）。

事实上，这种模式也很好地缓解了问题的复杂性、多样性与决策者时间精力之间的张力。外部压力是一种强有力的将特定政策议题挤入政府议程的机制，而且外部压力足够大往往也意味着该政策议题确实影响范围广、影响程度深。当外部压力以焦点事件等方式传递到政府时，政府被迫或不得不关注相关的政策议题，回应外部焦点事件，进而将相关政策议题纳入决策程序的议程设置过程。该模式能够在一定程度上反映公众议程的内容与排序，解决大量政策问题，同时构建了政府的回应性形象（赵静、薛澜，2017）。

此外，焦点事件能够有效地推动某些在政府常规议程中排序靠后和优先级较低的政策议题进入政策议程，并展现出具体的利益诉求（王国华、武晗，2019）。焦点事件触发具有不可预测性，因此，在促进政策议程的设置以制定政策方面，政策企业家在问题、信息、政策三股源流汇聚的过程中发挥着催化作用（方浩、杨建，2019）。国家领导人对政策议程的重视和注意力分配是三流汇聚的关键节点（彭向刚，2020）。国家领导人深入地方调研时发现了当地的发展问题，此后不断提高对该问题的关注度并吸收专家与公众的意见，快速疏通议题三流，并打开政策之窗，使政策议程设置得以实现。除此之外，议题的创造取决于政策企业家的资源和战略以及特定问题的政治机会。

五 社会环境

决策过程的发生是嵌入到整体的社会大环境中的，决策参与者和主体本身及其行为都具有情境性。首先，社会环境会影响决策者和参与者对政策问题的认知。政策问题本身是被建构出来的，而"建构"的依据就是社会文化背景中被默认和默许的认知和理解。通过符号、话语等意义承载物，决策者构筑叙事，塑造公众和社会对于特定政策议题的理解（Tonkiss and Skelcher，2015）。其次，社会环境不是一成不变的。为了适应和回应不断变化的社会环境，决策者和参与者需要学习以往积累的实践和经验，不断地调整和修补政策目标和政策工具（王绍光，2008）。最后，社会环境中的时代背景亦是形成议程设置模式的原因。网络社会的发展造就了网民这一群体的出现，意见领袖能够引导网民的关注、情绪和舆论走向，从而更容易引爆焦点事件（费久浩，2015）。网络的发展也会使公众接触信息的渠道变多，信息更密集，更容易碰撞出差异和共识，情绪也更容易被引导和激发。

六 技术

信息技术最核心的影响机制是打破了原有的决策系统结构和信息渠道，驱使原本由政府绝对主导的单中心、自上而下的决策流程转变为开放式或半开放式的决策流程，冲击了原本的封闭式决策过程。关于决策和政策的信息不再被垄断，公众和社会能够利用信息技术从四面八方获得更多接触和获取信息的渠道、交流知识的平台、表达诉求的出口（向玉琼，2012），差异得以扩散，同时共识也更容易传播和凝聚。

在网络时代，作为传播媒介的自媒体的重要性不断凸显。借助于自媒体这只"无形之手"，微小的社会问题能够迅速传播、发酵，点燃社会舆论，进而发展为焦点事件；同时，焦点事件激活了政策沉淀，加快了政策问题的暴露。于是，社会问题转化为公共议题，最终触发了政策议程。在此背景下，如果政府不能及时作出实质性回应，那么危机就可能升级，舆论压力也会随之增大，继而促使现有政策发生改变。

在中国的情境中，信息技术的作用受到政府管理。政府会有效地引导和监督舆论走向，避免某些极端言论和意识形态偏差言论对社会稳定造成不利影响（李丹林，2012）。某些真实性和准确性存疑但传播较广的政策议题很难被官方媒体报道，进而难以被公众感知到（陈姣娥、王国华，2013）。但是，近年来互联网新媒体的兴起则明显提升了信息技术对决策的影响力。新媒体允许每个网民都成为信息源，在监管框架内选择发布身边的敏感事件，暴露部分社会问题，从而使其被政府和社会感知。

第五节　结论与讨论

在问题建构和议程设置这两个过程维度的基础上，我们将其进一步细化为三个小维度，并共同建构出八种决策模式：高位动员、顶层设计、社会参与、社会协调、政社协商、焦点敦促、外压推动以及上书请命。随后，本书又深入探讨了影响决策过程的多种因素，包括政策场域的问题属性、主体与权力结构、外部压力的焦点事件、原有的政策安排、社会环境以及技术等。这一节旨在将中国多样化的决策模式与影响因素相结合，尝试在不同的影响因素和决策模式之间建立理论上的关联，以探讨在不同因素和情境下更可能出现的决策模式。鉴于决策的影响因素众多且影响机制复杂，本书在此只能初步建立影响因素与决策模式之间的理论关联，并围绕决策模式的维度和要素提出具有建设性、开放性和讨论价值的命题。

如第四节所言，问题建构过程中的核心要素是主体，议程设置过程中的核心要素是主体和民众参与度，整个决策过程的主要机制包括话语建构、建立共识和注意力分配。以政策场域内部与外部为标准，政策场域的问题本身属性、主体与权力结构，以及与原有政策安排的契合程度都可以归类于政策场域内部的因素。而社会环境、外部压力和技术因素则可归类至政策场域外部。

政策场域内部的因素会同时影响到问题建构和议程设置的决策过程。政策问题本身的属性既会影响问题建构，问题的动态性和不确定性也会影响到问题界定和定义是否可被操纵，以及被建构的难易程度，最主要的还是会影响共识达成的难易程度。如果政策问题是明确、清晰且显著的，那么政策问题就容易被建构，也就更容易成功进入政策议程。政策问题的显著程度对政策议程设置的影响更为突出，当政策问题非常显著时，更容易吸引政府和社会的注意力。当政策问题更清晰、确定和显著，且政策工具和目标也更清晰时，单独的政策问题属性只能决定政策问题是否能够被成功地建构并进入议程，但是无法直接推断出会出现哪种具体的决策模式类型，还需要结合政策场域的其他因素来判断。

政策场域中决策主体与权力结构会极大地影响议程设置这一过程。决策主体的地位及其在整个政策系统中的权力相对优势，直接决定了他所拥有的政治和权力资源，这些资源作为吸引和影响关键决策者注意力分配的筹码，用来推进议程设置。一般而言，政府在议程设置中具有较大的相对权力优势。中央政府作为最高领导层能够直接决定政策议程的优先排序，地方政府具有信息和资源等方面的优势，同样拥有影响政策议程进程的能力（王婷，2017）。但是，专家作为特殊的社会力量，拥有知识权威和资源，有能力影响议程设置。而媒体拥有信息渠道和表达的权力，能够迅速地反映社会需求和公众利益，通过不断提升报道的曝光度、代表性和深刻性，引起社会的广泛关注和反响（季建林，2008），反过来迫使政府回应，使得大众议程和媒体议程转化为政府议程。

命题 1：政策问题越明晰和显著，问题提出和议程建构的主体在政策系统中具有更高的权力优势，政策问题更容易进入政策议程，并成功形成公共政策。不同的主体决定了不同的问题建构和议程设置的方向。

政策场域中政策问题的动态性和不确定性展示了不同的发展进程，由此导致了不同的决策过程。

命题 2.1：当政策问题开始快、结束也快，属于快速燃烧型政策问题时，这一类政策问题整体发展进程迅速，较容易解决，更可能出现小范围的焦点事件，直接由政府进行问题建构，政府和社会都可以推动议程设置。此时根据外部压力大小或者焦点事件影响程度，会出现两种情况：如果焦点事件影响小，政府倾向于快速解决，不需要民众的参与，此时更可能采取上书请命的决策模式。如果焦点事件影响较大，可能需要民众的参与，此时更可能采取外压推动的决策模式。

命题 2.2：当政策问题开始快但结束慢，属于长久笼罩型政策问题的时候，问题相对更复杂、更难处理，需要政府与民众之间的相互参与。社会力量不具有单独的处理能力，需要政府的资源作为支撑和主导。此时会出现两种情况：当政策问题的处理需要民众参与度高的时候，此时会出现政社协商模式；当政府的能力能够完全应对政策问题的处理时，此时民众参与度低，更可能出现焦点敦促模式。

命题 2.3：当政府问题开始慢、结束却很快，属于宣泄型政策问题的时候，往往较好处理，只不过问题浮现得较慢，政府一般有足够的能力解决，不太需要民众参与。此时会出现两种情况：如果在政策问题发酵过程中，影响力较大，造成较大的外部压力或焦点事件，则议程设置由社会推动，更可能出现社会协调模式。如果在政策问题发酵过程中，影响力并未扩大，则继续由政府把控政策议程，更可能出现顶层设计模式。

命题 2.4：当政策问题开始慢、结束也慢，属于蔓延型政策问题的时候，政策问题慢慢发酵，政策问题已经与其他社会问题相互缠绕，处理起来棘手且复杂。这一类政策问题往往最复杂、最难处理，问题根源复杂，且很可能关系到民生问题，会出现一些外部的压力，此时政府需要集中解决，公众参与度一般都较高。此时会出现两种情况：当政府始终把控着决策的时候，更可能出现高位动员模式；当政策影响力在发酵中逐步扩大并出现焦点事件等外部压力的时候，议程设置由社会力量推动，更可能出现社会参与模式。

政策方案是否与原有政策安排契合以及契合程度同样能够影响决策过程，尤其是中国政府的决策整体具有较强的渐进主义色彩，一般会更偏好渐进型决策。

命题 3：当政策方案与原有政策安排更契合时，更容易进入政府的政策议程，从而更符合中国对于渐进型决策模式的偏好。当政策安排与原有政策安排不契合，甚至出现矛盾和冲突时，决策多半会推翻已有政策，更可能出现激进型决策模式。

外部压力是最为直接的影响因素。当外部压力非常大，出现了焦点事件时，一般政策问题的提出和议程设置的推动者更有可能是社会，包括专家、公众、媒体等社会力量，而不是政府。因此，更有可能出现政社协商、焦点敦促、外压推动和上书请命这四种决策模式。

命题 4.1：如果政策问题需要民众的参与才能得到更好的解决，民众的参与度相对来说可能会更高，此时决策模式更可能是政社协商和外压推动模式。社会力量参与并活跃于整个决策过程，包括问题建构和议程设置。

命题 4.2：如果政策问题的处理不太需要民众参与，民众参与度相对较低，此时决策模式更可能是焦点敦促和上书请命模式。

社会环境和技术的应用对决策过程的影响方式更间接和隐晦，且能够影响决策整个过程，包括问题建构和议程设置。

命题 5：社会环境既能够在问题建构环节塑造社会和政府部门对于特定政策议题的认知，也能够在议程设置环节形塑政府部门和社会对于不同政策问题的优先级排序。

命题 6：技术的应用能够在问题建构环节拓宽政府和社会捕捉信息的渠道，使得政策问题更容易被突出，问题更显著，更容易进入议程设置。同时，技术的出现更容易产生焦点事件等外部压力，促使某些政策问题进入政策议程，同时吸引政府的注意力。

综上所述，这些影响因素并不是独立地影响决策模式，例如问题的显著性和外部压力之间具有较强关联，以及技术的应用给焦点事件的出现提供了更多的契机，而社会环境本身能够塑造主体的认知从而影响议程设置的优先项排序和偏好等。也正是这些影响因素本身的复杂性，以及因素之间的相互交织和复杂互动，才导致了决策主体对于决策模式的多样化选择。

结　语

本章主要围绕中国政策的形成过程和决策机制，梳理了政策过程的理论视角、中国决策过程的研究进程以及中国的决策模式，包括政治学视角的理性主义、渐进主义和政治模型，还有政策过程视角下的等级制试验、顶层设计等。通过这些梳理和综述，我们发现相关研究关于中国决策模式的学术概念之间存在要素重合的现象，不同模式之间也有着千丝万缕的联系。这些决策模式和概念往往是在不同情境下，针对不同的案例或政策领域提出的，其形成会受到各种各样因素的影响，具有很强的情境性。然而，当前的研究并未在不同的影响因素与不同决策模式之间建立起足够的理论关联，并进行深入的讨论。

为了更深入地研究何种影响因素会导致何种决策模式，本章以"问题建构-议程设置"作为分析框架，依据问题建构中的主体要素、议程设置中的主体要素以及民众参与度要素这三个维度，将中国的多样化决策模式进行类型学划分，得出八种中国决策模式：高位动员、顶层设计、社会参与、社会协调、政社协商、焦点敦促、外压推动和上书请命。

此外，为了更好地探讨中国决策模式的形成过程，本章继续探讨并归类了中国决策模式的影响因素，具体包括政策场域中政策问题本身的属性、主体及其权力结构、与原有政策安排的契合度、外部压力、社会环境和技术等。这些影响因素并不是独立地影响决策模式的形成，而是以一种互相交织和互动的方式共同作用于决策主体对不同决策模式的选择。在此基础上，本章以尝试提出开放性命题的方式，探索在影响因素与中国多样化决策模式之间建立理论关联的途径，为进一步深入研究多样化决策模式的形成机制提供有益的参考。

第二章 通过政策整合进行政策设计

引　言

作为衔接议程设置、决策与政策执行和供给的中间环节，中国式政策设计质量在国家治理效能转换中扮演着非常重要的角色。进一步理解中国式政策设计，对于提高公共政策的科学性与民主性、提升我国的政策质量和治理效能具有重要意义。

历经 20 余年的持续推进与不断发展，政策设计已然成为中国政策过程的核心研究议题。学者们不断围绕"中国是如何进行政策设计"这一问题展开相关探讨，但当下对中国式政策设计的研究较为松散，缺乏系统性。在多样化理论的冲击下，现有研究相对零散地讨论了中国的政策工具选择、目标群体建构、政策组合耦合以及央地主体及其设计模式，整体呈现高度"追随"西方的特征。尽管研究者们基于中国制度结构情境提出了中国变量、拓展了理论命题，并取得了一定的理论进展，但这些进展仍然对中国经验的解释力略显不足。

从政策设计过程来看，作为中国式政策设计的关键环节与特殊模式，政策整合是应对层出不穷的复杂"棘手问题"（Wicked Problem）的重要调适机制。面对新的、复杂的"棘手问题"，中国式政策设计通过系统性匹配与动态性调适政策元素及不同政策子系统，提高了中国政策系统的整体效应。即以政策整合模式调适了不同的政策关系、实现了对整体性需求的有效回应，这是最为核心的中国经验。然而，中国是如何通过政策整合实现中国式政策设计的呢？这一问题尚未得到明确回应。政策整合模式对于深入理解中国式政策设计极为关键。基于此，为进一步探寻中国式政策设计的根本内核，本章的理论目标是在现有基础上构建一个系统性的理论框架，以全面揭示政策整合作为中国式政策设计及其调适模式是如何运作与实现的。

为了打开中国政策整合模式的研究之门，本章将按照如下逻辑展开：第一部分简要回顾了中国式政策设计研究进展及其不足，以此作为研究的起点；第二部分借助政策体制视角提出了政策属性这一核心变量，并建构了系统性的中国政策整合模式理论框架；第三部分深入论证了不同政策属性组合条件下中国的差异化政策整合模式的生成过程及其影响机制；第四部分讨论了理论框架的有效性，并进一步探寻中国式政策设计的未来走向；最后，对本章的主要结论及其理论启示进行总结。

第一节　中国式政策设计研究概述

一　当下进展

作为实现特定政策目标的重要方式与调适手段，中国政策设计的主体与模式、政策工具选择、目标群体建构、政策组合耦合等要素，在很大程度上影响着中国式政策设计的质量及其解决复杂问题的实际效果。在高度"追随"西方政策设计理论，并存在多样化理论视角的背景下，当前关于"中国是如何进行政策设计"的讨论，围绕着政策工具、目标群体与政策设计、政策组合耦合机制、央地主体及其设计模式四个议题零散地展开。

（一）政策工具

作为中国式政策设计的核心内容和关键要素，政策工具研究流入中国并且在中国情境发生了流变。作为"使用者"的中国经验直接沿用西方主流的工具分类标准（唐庆鹏、钱再见，2013；文宏、李凤山，2023；朱春奎等，2011；谢小芹、张春梅，2024；湛中林、严强；2015；卓越、郑逸芳；2020），共同揭示了中国特定领域政策工具组合的结构性不均衡及其负面效应、评估了地方层级的环境（郭沁、陈昌文；2023；黄新华、于潇，2018；王红梅，2016；王红梅、王振杰，2016；郑石明、罗凯方，2017；要蓉蓉等，2023；武祯妮等，2021；宫晓辰、孙涛，2021；邓集文，2015）、经济（姚海琳、张翠虹，2018；尹明，2017；张军涛、马宁宁，2018）和社会（陈宝胜，2022）政策领域中单一工具及工具组合有效性（王立剑、邸晓东，2022；曹建云等，2020；Zhang et al.，2023；何裕捷，2024；王晓红等，2024）及其效果差异（江亚洲、郁建兴，2020；李强、王亚仓，2022），进一步拓展了政策工具理论在中国研究情境的应用领域。作为"追随者"，中国经验一方面通过持续引介政策工具理论来增加理论供给（张新文、杜春林，2014；贾路南，2017；郭随磊、魏淑艳，2017；顾建光、吴明华，2007；刘媛，2010；孙志建，2011；姜国兵，2008；李玲玲，2008；陈振明、和经纬，2006；顾建光，2006；黄伟，2008；吴法，2004；方卫华、周华，2007；张新文，2008；钱再见，2010；臧雷振、任婧楠，2023），并探寻中国政策工具知识边界与缺口以推动自身发展（黄红华，2010；韦彩玲、杨臣，2012；陈振明、张敏，2017；罗哲、单学鹏，2022）；另一方面遵循着理论发展脉络提出了中国政策工具选择的问题，选择性借用多样化理论视角阐释了政策属性（湛中林，2015；周建青、张世政，2023；杨代福，2009a；崔先维，2010）、政策环境（田华文，2020；王婷，2018；李超显、黄健柏，2017；王辉，2015；杨代福，2009b；丁煌、杨代福，2009；翟文康、谭西涵，2022；刘培伟，2014；郑石明，2009；王家峰，2009；唐贤兴，2009a、2009b；吕志奎，2006）、观念（Guan and Delman，2017）和政治因素（邓集文，2012a；2012b）如何影响中国的政策工具选择（王辉，2014；彭勃、杨铭奕，2023；李强彬等，2023；胡项连，2024），顺从过程主义、权变主义到建构主义的研究路径去打开中国政策工具选择的内在机制，在一定程度上忽视了政策历史因素在其中的影响。另沿用西方的政策工具概念衡量中国工具创新程度（杨代福、丁煌，2011），致使诸多中国特色政策工具没有进入主流研究视野。零散"发展"中的中国研究利用了中国经验零散的调适政策工具理论，研究目标以中国特定政策领域经验为基础提出了中国的政策工具分类标准（邢华、邢普耀，2018）；聚焦中国的央地关系或者中国的条块结构情境，通过增加央地关系视角着重阐释了中国制度结构因素对政策工具选择的影响（谢小芹、姜敏，2021；王英伟，2020；赵德余，2012；徐国冲等，2023；Liu and Van De Walle，2023），把中国变量加入到工具选择因素中；捕捉和讨论了中国的政策工具创新经验（韩博天，2013；周望，2013；赵慧，2019；臧雷振、徐湘林，2014；李尧磊，2023），为打开中国工具创新机制奠定基础。从理论贡献来看，该类研究增加中国变量、提升理论解释力，零散地实现了政策工具理论在中国情境的发展与尝试。

首先，进一步审视中国政策工具理论跨越程度，不规范使用与不恰当理解导致理论应用完整度较低；其次，从理论发展层次看，中国研究呈现选择性"追随"的特征，尽管在理论上有零散的拓展与推进，尚未达到严格意义上的"发展"及"重构"层次、理论发展略显不足；第三是缺乏和"滥用"方法论致使中国研究的方法严谨性较低；最后，因使用与追随自身较为松散的政策工具理论知识（Capano and Howlett，2020）去应对碎片化的中国经验，进一步导致理论的累积性弱。由此可见，形成系统化的中国特色政策工具理论知识成为未来研究的取向，讨论中国是通过哪些政策工具实现政策整合以及如何实现、政策属性是否及如何影响中国整合工具的选择等问题显得尤为重要。

（二）目标群体与政策设计

作为政策行为调整的主要对象和政策利益分配的承担者，目标群体是中国式政策设计的主要内容。聚焦目标群体的社会建构机制及其如何影响政策设计问题，现有研究围绕着目标群体社会建构与政策设计框架的中国价值、配置命题、社会建构变迁命题、政策变迁命题和反馈命题展开，在理论上实现了从引介使用、持续追随，逐渐走向发展创新的研究脉络。

作为极具影响力的政策过程理论之一，目标群体建构与政策设计框架对于理解中国政策过程具有重要启示与借鉴价值，引介该框架为打开中国式政策设计提供了独特的理论视角（张海柱，2017；李文钊，2019；朱亚鹏、李斯旸，2017）。从理论贡献来看，学者基于不同政策场域的中国经验（王庆华、张海柱，2012；何小舟、刘水云，2021；王庆歌、孔繁斌，2022；郭磊、胡晓蒙，2020）提出和扩展了目标群体建构与政策设计框架的不同理论命题（李斯旸、朱亚鹏，2021；Zhu and Ding，2022；张友浪、王培杰，2022；王培杰等，2024；李毅，2019），并添加新的建构条件（制度变量）构建出新的理论模型和分析框架（蔡长昆、王玉，2019）。这些研究都充分彰显了目标群体社会建构与政策设计框架在中国情境中的生命力，同时，众多学者致力于理论的本土化改造与创新，推动了该框架的完善与发展。需要进一步说明的是：尽管取得了一定进展，中国的目标群体与政策设计研究都是在借鉴与追随的过程中，与西方互动所产生的结果。

（三）政策组合耦合机制

首先，从不同的耦合程度来看，当下研究首先就中国政策协调机制形成了成功与失败的两极性争议。一部分学者基于权力-利益视角认为中国政策协调的结构性机制形成了良好的政策效应与高效资源配置，实现了积极协调。在政治权威推动之下（陈永杰、胡沛验，2022；曹海军、陈宇奇，2022），通过议事协调机构（胡业飞，2018；刘鹏、刘志鹏，2022）、部际及省部际联席会议（朱德米，2009）和部门协议（朱春奎、毛万磊，2015）等不同组织形式运作（张楠迪扬等，2022；王铮，2023），建立一致性目标与行动、减少政策冲突。随之有不少学者以气候政策（Yu，2004）、科技政策（Huang et al.，2023）、就业与住房政策（Shen and Li，2022）为案例对此观点进行论证。另一派学者则主张中国政策协调是失败的，在社会政策领域存在"反协同"这一独特的中国现象（朱光喜，2015），还存在大气（赵新峰、袁宗威，2014；赵新峰等，2019；姜玲等，2017）及水污染（陈冠宇、王佃利，2023；Zhang et al.，2012）的治理碎片化、京津冀区域协同（李雪伟等，2019）程度低等困境。

其次，就最优耦合机制而言，中国的政策整合过程、机制与模式还处于"黑箱"之中。中国政策整合研究正值萌芽，已有研究识别出了中国特定政策领域中政策主体、对象和目标等要素的整合趋势（刘鑫、汪典典，2021；钱再见，2010；蒋俊杰，2015），并针对碎片化现状提炼政策整合的现实路径（徐勇，2008；韩冬梅，2016；王辉、刘惠敏，2023b；戴卫东、余洋，2021；蔡英辉，2012）。另有学者尝试引介政策组合（张剑、李鑫，2022）及政策整合理论（王辉、刘惠敏，2023a），为分析中国深层次的政策整合治理结构奠定了理论基础。由于不断受第四代政策设计理论的影响，中国的政策整合现象及整合逻辑开始在其他政策过程研究议题中"初露锋芒"（Cai and Tang，2023；蔡长昆、李一凡，2023；Shen and Ahlers，2019；杨斌，2024）。然而，当下对于"中国的政策整合过程是什么样的？""什么因素会影响中国的政策整合？""中国的政策整合是以什么机制实现的？""中国的政策整合具有什么模式特征？""如何通过政策整合模式实现中国式政策设计的？究竟是成功还是失败？"等诸多问题亟待回答。

（四）央地主体及其设计模式

随着学者逐渐认知到中国式政策设计具有碎片化特征（张帆、薛澜，2015；戴卫东、余洋，2021）——政策目标不一致、政策工具不连贯，中国威权体制的碎片化和薄弱化成为制约中国式政策设计与执行的重要原因（Marks，2010）。这就意味着，中国政治体制是理解中国式政策设计过程的重要基础，进一步地，央地关系成为理解中国式政策设计的核心视角。

作为中国政治体制中纵向上权力与资源配置的基本关系，理解中央与地方政府的关系有助于理解中国式政策设计过程。现有研究倾向于从央地关系视角深入阐释中国的"顶层设计–地方细则"模式（蔡长昆、王玉，2019；Mei and Liu，2014）和地方政府政策设计模式及其差异，概括了"在执行中规划"（叶托、薛琬烨，2019）和"地方性试验"（Qian，2017；庄贵阳，2020）两种地方进行政策再设计的核心策略，识别出了政社关系结构（政策环境）（方琦、范斌，2016）、交易成本（管兵、夏瑛，2016）和地方政府的政策能力（Wen，2017）三大影响因素。

在独特的制度情境中，央地互动下的"顶层设计–地方细则"模式是中国式政策设计逻辑的重要组成部分。这一模式精准地回答了在中国式政策设计中，中央和地方政府作为核心设计主体分别扮演了什么角色、中央政府如何进行政策设计、中央的顶层设计会对地方的政策细则产生什么影响、地方政府的政策"再设计"逻辑是什么等一系列重要问题，并进一步揭示了在中国式政策设计过程中中央政府把控政策议程及有效兼顾地方"灵活性"的国家治理逻辑。但是，该模式并未完整地诠释中国式政策设计是如何进行整体性调适以有效回应复杂性"棘手问题"的，尤其对于中国特殊的政策设计模式以及核心经验的回应不够充分，亟待扩展出更具解释力、更为丰富的理论视角，以剖析中国式政策设计的根本内核。

二 研究不足

（一）零散地剥离中国式政策设计，尚未触及根本内核

当前的中国式政策设计研究系统性较弱、结构松散，多样化的理论视角和研究议题之间存在理论壁垒，还未能实现知识的持续性积累与突破性

的理论发展。整体上看，现有研究零散地剥离着中国式政策设计过程，尚未触及其根本内核。

自引介兴起到推进发展，中国式政策设计研究"使用"与"追随"着自身较为松散的西方政策设计理论去应对碎片化的中国经验，从政策工具选择、目标群体建构、政策组合耦合和央地主体及其设计模式等不同议题、不同理论视角和不同政策领域出发，分别回答了中国如何进行政策设计的问题。尽管当下的中国式政策设计研究基于中国央地结构情境添加了中国变量，拓展了理论命题并建构了理论框架与模型，试图揭示中国政策工具选择的内在机制、捕捉中国工具组合结构的不均衡、工具效果的差异和特色工具的创新经验，尝试揭示不同程度的政策组合耦合机制，回答中国式政策设计对目标群体政策利益与负担分配、社会建构变迁的影响，以及中国式政策设计及其变迁的反馈效应，也提出了中国的"顶层设计-地方细则"设计逻辑、地方再设计策略及其差异。但是，现有研究仍然是零散地剥离着中国式政策设计过程，并未触及其根本内核。当前研究仍然缺乏一个系统性理论框架作为指引，以深入剖析与诠释独特的中国经验。

随着"棘手问题"复杂性（complexity）、跨边界性（cross-cutting）和不确定性（uncertainty）的不断提升，原有政策设置和治理结构被打破，推动着中国式政策设计从碎片化逐渐走向整体性调适。过去的碎片化政策设计仅仅强调通过调整政策工具以实现政策目标与目标群体需求的匹配来解决政策问题，包括实现目标的单一工具选择、分散的政策设计反馈效应等（吴文强、岳经纶，2022）。碎片化的政策设计难以形成有效合力去打破"棘手问题"的相互锁定效应，无法消除"渐进改革"所面临的政策困境与怪圈。为了有效回应整体性需求，中国式政策设计开始通过系统性匹配与动态性调适政策元素以及政策子系统来提高政策系统的整体效应，诸如"间断整合"决策主体（刘鑫、汪典典，2021），统一不同层级不同部门的政策观念（钱再见，2010），强化地方政府政策管理与协调能力（唐贤兴、田恒，2014），组合与优化工具以减少政策冲突并保持一致性（蒋俊杰，2015）等方式灵活地调适了不同的政策关系（蔡英辉，2012）。这种走向整合性的政策设计过程是中国式政策设计的根本内核，标志着特殊的政策整合模式成为中国应对"棘手问题"的重要调适机制。然而，当下的研究并未全面和完整地揭示这种调适机制的整体性规律——面对日渐复杂且特殊的"棘手问题"，中国式政策设计是如何通过政策整合实现整体性调适与有效回应的？这一问题尚未得到解答，中国的政策整合模式亟待探索。

（二）中国经验被不同维度所切割，核心经验亟待诠释

除系统性较弱、结构松散之外，当前的中国式政策设计研究"使用"者与"追随"者利用自身较为松散的西方政策设计理论去应对碎片化的中国经验，呈现理论增量不足、核心的中国整合经验缺乏精准诠释等特征。

由于被不同政策领域（如社会政策、环境政策等）、不同政府层级（中央与地方）、不同理论视角（工具主义、建构主义和制度主义）以及不同研究议题（如政策工具、目标群体与政策设计、政策组合耦合、央地主体及其设计模式等）所"切割"，中国式政策设计经验呈现碎片化特征，大量关于中国政策工具的研究散落在政策过程研究范畴之外。在不断使用、追随和发展西方理论的互动过程中，基于碎片化经验的中国式政策设计研究形成了对政策工具的理念性理解偏差和范式性预设，这导致了不规范使用与不恰当理解，所得出的研究结论理论贡献并不突出。具体表现为以下几点。首先，基于同一领域政策经验的特定政策工具效用评估存在两极争议；另外，半数研究从不同政策经验中共同捕捉到中国政策工具组合结构不均衡及其负面效应，这种高度集中的研究造成了大量的重复性工作，没有形成积累，难以突破现有理论。其次，中国式政策设计的目标群体建构逻辑与政策组合耦合机制被不同领域政策的经验所切割，中国式政策设计模式受到央地关系视角的局限。最后，不同政策及其子系统之间存在巨大差异，经验的碎片性也在一定程度上阻碍了中国式政策设计研究的发展。

在独特的制度情境与较长的政策链条之下，中国式政策设计是如何实现对政策元素的系统性匹配与动态性调适的？也就是说，中国式政策设计是如何整合不同政策元素或者政策子系统，以提高政策效应的？然而，现有研究并未就这一最为核心的中国经验展开深入探讨，需要从整体上进一步把控中国式政策设计的整合与调适过程。而若想从中国的政策链条中提

炼出特色经验并实现理论创新，利用政策整合过程串联起碎片化的中国经验，便成为中国式政策设计研究的最佳突破口。

（三）当前对政策属性的讨论不足，忽视了其深刻影响

作为政策自身内在特征、内容、性质的体现，政策属性会对中国式政策设计及其过程产生重要影响。重构政策问题意味着需要重识因果关系，调整政策偏好会改变政策方案的优先顺序，考量政策成本将促进政策新陈代谢，为工具选择提供更多机会。然而，已有的中国式政策设计研究对于政策属性的讨论不足，在一定程度上忽视了政策自身属性与特征对中国式政策设计的深刻影响。

从问题属性来看，大多研究将日益复杂多变的政策问题纳入具体政策情境作为研究起点，却忽略了政策问题属性也是推动中国式政策设计发生变迁的关键性条件变量。尤其在原有的政策设置下，政策问题的显著性不断对中国式政策设计的合理性和有效性提出挑战，意味着它是影响特定目标下政策工具选择及其效果的重要因素。另有研究从交易成本、理性主义、政策学习以及央地关系的视角探讨了政策属性对中国政策工具选择的影响，但焦点仅限于目标与工具的匹配程度，而工具选择已然成为一个系统性问题。不过，也有研究从受益者、助推目标、公民社会参与、实施者、助推技术、透明性及替代技术七个政策属性维度系统分析了公众对助推型政策设计的偏好（胡赛全等，2022），但这种讨论显然是十分有限的。

政策属性影响中国式政策设计的要素、机制和过程仍需要被进一步探究——哪些维度的政策属性产生了影响？不同政策属性的整合程度以及不同政策属性间的匹配程度如何影响中国政策整合模式的有效性？这一系列问题还没有被纳入到当下的讨论中。实际上，政策属性能够充分反映政策的差异性（Rogers，2003），也正是由于不同政策及其子系统存在巨大差异，决定了政策属性对于理解中国式政策设计的重要性。政策子系统的复杂性、制度结构以及包括权力安排等在内的原有政策设置，会深刻地影响中国政策整合模式，关注这些细节有助于进一步解释中国式政策设计过程。

第二节 政策体制、政策属性与政策整合理论框架

一 政策体制视角

一个明确、合理的理论视角可以帮助我们深入理解中国的政策整合过程以及影响政策整合的核心要素。政策体制（Policy Regime）似乎是一个不错的起点。政策体制本质就是为了解决跨边界的政策问题，该视角的最大优势在于可以适用于不同层次、不同组合和不同领域的"棘手问题"（Weaver，2010；May et al.，2011；Goldthau and LaBelle，2016；Henstra，2017；郭磊、沈劲茗，2021；岳经纶、范昕，2021；郭磊、金慧颖，2022），高度契合了本章的核心问题。在借鉴了分析政治体制为什么持久的静态路径基础上，政策体制视角更为强调解决问题的过程，并且吸收了政策和制度变迁的动态理论。整体来看，政策体制视角为深入理解政策整合提供了有力的分析工具，帮助本章厘清了核心的整合要素。

（一）政策体制视角及其要件

学者 Carter Wilson 所提出的政策体制是一个解释政策变迁的综合性政策分析框架，侧重于分析政策长期稳定与短期变化的影响因素（Wilson，2000）。政策体制是围绕特定问题而形成的，Wilson 在梳理静态的构成要素的基础上，对动态的变迁过程进行了解释。从体制构成要素来看，包括政策范式（Policy Paradigms）、权力安排（Power Arrangements）和组织架构（Organization）。首先，政策范式指政策体制背后的意识形态，既影响着问题的界定，也影响着解决方案的提出；其次，权力安排涉及某个政策领域中国家行动者与非国家行动者的关系，通常一个或多个支持新政策体制的利益集团或者说利益相关者的出现，会对该政策领域的权力结构带来重要影响；最后，组织架构是指政府内部的组织、决策安排和执行结构，涉及各类政策行动者在政策制定和政策执行中的相互关系。从体制变迁过程来看，权力、范式和组织三个要素可以解释政策稳定与政策变迁。稳定的权力安排、占主导地位的政策范式、组织架构以及依赖于政策体制的公职人员和决策者都是为了维持政策稳定而运作的。当政策体制受到压力源

（stressor）的影响时，就会发生重大的政策变化。这些压力源有潜力展现出主导性政策范式的异常，促成权力转移并造成合法性危机。当权力联盟发生转移、主导性范式出现失信、替代性范式得以发展、新组织安排得以形成以及新政策目标得以确立时，政策范式就会发生变化。随着新政策范式、新权力格局和新组织架构的形成，新的政策体制也就出现了。在这个过程中，冲击现有体制的压力源是关键，诸如自然或人为灾难、新发现、丑闻、累积性社会趋势、媒体关注度增加等。这些压力源能够对组织架构、主导的政策范式施加压力，同时提升新问题的可见性。

在 Wilson 的研究基础之上，Jochim 和 May 将政策体制视为解决特定政策问题治理安排的总和，并进一步拓展政策体制为兼具解构和评价功能的研究视角，前者包含观念（ideas）、制度安排（Institutional Arrangements）和利益（Interests）三个维度，后者包含政策合法性（Policy Legitimacy）、政策一致性（Policy Coherence）和政策持久性（Policy Durability）三个维度（Jochim and May，2010）。从政策体制构成要素来看，首先，观念指政策目标的共识，观念共享是政策体制的黏合剂，为治理提供方向和组织原则。在分析时，需要考虑观念是否得到支持、其意义如何。其次，制度规定了解决一系列问题的执行结构和制度设计，构成了权威（authority）、注意力（attention）、信息流（information flows）和组织关系（relationships）。在分析时，重点考虑制度安排在多大程度上培养了结构诱导性凝聚力，即制度设计在多大程度上引导注意力、信息流和组织关系来支持政策目标，以及制度设计是否在相关权威之间建立了有效联系。最后，利益支持则涉及对政策提出支持或反对的组织或团体，影响着政策体制的治理能力。新的政策体制需要新的政治行动者联盟对组织观念加以拥护才能得以维持（May and Jochim，2013）。观念共享是政策体制的黏合剂，制度安排是政策结构的内聚力，利益支持则是治理能力的来源。政策行动者如何推进政策观念，制度安排如何加强政策内聚力，以及政策是否能够获得利益支持，三者相互作用，共同决定了政策能否成功（May，2015）。作为政策评价的指标，政策合法性的核心是政治行动者所做承诺的适当性和公正性，其评估主要涉及制度背后的观念力量、所涉机构的权威以及制度的利益支持。较强的政策体制通过被广泛接受的观念、体现这些观念的制度安排以及超过反对意见的利益支持来提高合法性。政策一致性是指解决一组特定政策问题或针对目标群体的行动的一致性。制度安排为政策执行和遵从提供激励与约束，确保政策目标得以实现，政策问题得以解决，利益分配符合政策设计。政策持久性被视为政治承诺在一段时间内的可持续性，它会在政策无法实现公共目标或产生负面影响时受到削弱。关键因素是体制结构和资金到位的路径依赖、利益支持以及监督者对政策的抵制与削弱程度。

本章认为：政策体制视角下的政策整合，本质就是跨越不同政策子系统的政策体制建构过程及其结果。可以借助政策体制视角，对中国政策整合问题进行有效拆解和深入分析。

（二）观念、权力与主体要素

政策体制及其在政策过程中"维系"政策的能力提供了一个连贯的分析框架，将现有政策整合研究中那些已经明晰但被分散用来解释不同维度整合过程的分析要素串联起来。Jochim 和 May 证明了政策体制构成要素具有整合功能（May and Jochim，2013），Cejudo 和 Michel 也从政策体制构成要素的角度拆解了整合过程是如何发生的（Cejudo and Michel，2023）：问题及其预期解决方案是如何被理解的；责任是如何分配的；决策者是如何引导信息、权力和关系以确保整体回应的；以及政治支持是如何促进整合政策的设计和执行的。政策体制的不同构成要素能够有效维持政策整合，这进一步佐证了 Jochim 和 May 的观点。在此基础上，政策体制视角有助于本章厘清核心的整合要素，即观念、主体与权力。

首先，观念要素明确了原有的碎片化政策结构的边界。观念决定了问题的界定、解决方案以及所涉及的政府行动者，并塑造制度的发展方向、推动利益相关者的行动。观念要素也被称为政策框架（Policy Frames），Candel 和 Biesbroek 认为跨领域问题塑造了宏观治理系统的政治场域和决策者的行动（Candel and Biesbroek，2016），通过政策框架，行动者对政策问题形成共识性理解。观念要素在塑造规则、规范、组织结构的同时，这些规则、规范和组织结构也会反过来影响观念要素。

其次，主体要素强调了组织机构对其工具的调整是整合过程的关键。在政策整合过程中，协调不同政策行动主体之间的关系非常重要。由于受到政策观念的影响，组织间协调的核心在于不同组织机构在解决问题的过程中对其工具进行不断的调适。

(三) 动态性解释的不足之处

尽管政策体制视角为本章理解政策整合提供了有力的分析工具，并进一步帮助本章厘清了核心整合要素，但无法回避的问题是：政策体制视角在解释动态性方面存在不足，既有的静态研究从根本上忽略了政策体制本身就是不断被建构的。既有研究都是从静态角度出发，认为政策体制中不同构成要素共同促进了政策的长期稳定与短期变迁，却忽略了政策体制本身的建构问题：政策体制是如何被建构的？主体、权力和观念要素分别被如何建构？三者之间又是如何互动的？

以此为基础，本章从动态性视角将政策体制视为一个不断被建构的过程，认为一旦政策体制存在建构问题就意味着：第一，从结果的角度看，主体、权力和观念要素组合形成的政策体制在不同情境之下存在差异；第二，主体、权力和观念要素被建构的过程各不相同；第三，主体、权力和观念要素之间的关系在整个动态建构过程中也是变化的，进而形成了不同的政策体制结果。上述这些建构问题被现有研究所忽视，意味着政策体制视角对政策整合的动态性解释尚有不足。

政策体制视角在解释动态性方面的不足，将会导致无法进一步拆解多样化的政策体制逻辑。为了增强政策体制视角的解释力，本章回溯到政策设计理论的根源，并添加新的动态化理论要件。本章提出，政策属性会深刻地影响政策体制本身被建构的过程，政策属性所包括的问题显著性、目标连贯性和工具一致性三个要件驱动了政策体制构成要素的变化，进而导致了不同政策体制建构的结果，即政策整合。

二 政策属性变量

为了弥补政策体制视角在动态性解释方面的不足，本章回溯到政策设计理论的根源，引入了"政策属性"这一核心变量，以进一步理解多样化的政策体制建构逻辑，即政策整合模式。本章认为：政策属性决定并影响了主体、权力和观念要素，以及这些要素之间的互动方式。

政策设计视角下的政策整合，是指通过调适或使用新政策组合来取代现有体制或组合中的特定政策要素，如政策目标、政策对象以及现有政策工具与目标的匹配程度。整合的目的在于：避免孤立对待关联体制和组合中的要素，从而导致适得其反或次优的政策结果（Rayner and Howlett，2009）。在这种情况下，政策设计涉及调整、替换或取代某些既定政策要素，克服这些政策要素的"粘性"（stickiness）对于实现政策整合至关重要。其本质在于，通过整合不同政策属性来最大限度地减少政策冲突，提高政策回应的一致性、协调性和连贯性（Knill et al.，2020）。

政策整合需要识别、判定政策问题的性质与特征，还包括确定政策目标、选择政策工具以及涉及政府层级范围等不同政策属性（Givoni，2014；Kern and Howlett，2009）。其目的是使决策者能够设计出提高工具之间互补性、降低不一致性的政策组合（Howlett et al.，2017）。政策整合不仅仅是追求更加一致且有效的政策组合结果，更是一个调整政策组合和协调不同政策属性的动态过程。

当下对政策整合研究的最大抨击在于：政策设计研究路径难以解释动态的政策整合过程（Cejudo and Trein，2023）。但是，这样的批判忽略了政策设计具有能够深入解释动态过程的核心要素：政策属性（Hogl et al.，2016）。政策目标与政策工具不相匹配，导致了层叠（layering）、漂移（drift）、转换（conversion）和替换（displacement）的动态变迁过程。政策设计研究路径强调这种变迁过程是由内生的政策属性间的张力与冲突导致的（Howlett and Rayner，2013）。原有政策要素具有的明显"韧性"（resilience）往往导致次优设计，其中包含不连贯的目标或不一致的工具，从而有可能导致政策失败。在此基础上，Rayner 和 Howlett 认为政策整合是对长期性的政策层叠或政策漂移的回应，也进一步明确了整合政策的最佳标准：政策目标连贯性（Policy Coherence）和政策工具一致性（Policy Consistency）（Rayner and Howlett，2009b）。除了共识性的政策目标之外，政策工具组合也是一致的，在实现政策目标过程中相互补充与支持。在政策问题重要性不断凸显的情境下，连贯目标与一致工具相互匹配的政策整合过程才能有效解决跨边界的复杂政策问题，实现最优的政策结果。相反，面对棘手程度高、重要性高的政策问题，政策目标共识程度低或政策工具碎片化都会导致次优整合结果。

无论是从静态的政策组合设计产出还是从动态的政策变迁过程来看，

政策属性都是影响政策整合的核心变量，其中包括了三个重要维度：政策问题显著性、政策目标连贯性以及政策工具一致性。

（一）政策问题显著性：问题重要程度

政策整合旨在有效解决跨边界的复杂政策问题，这些政策问题的特征在于：问题本身是"棘手"的，具有高度模糊性、不确定性和复杂性（Rittel and Webber，1973；Termeer et al.，2015），对现行的政策体制造成巨大冲击。当前研究已经证实，政策问题的性质是影响政策整合的重要因素之一（Biesbroek et al.，2013；Runhaar et al.，2018），既可能产生积极影响，也可能产生消极影响。政策问题本身的性质可能会使某些整合阻碍因素更加顽固，或者凸显其他阻碍因素，甚至是诱发新的阻碍因素（Runhaar et al.，2012）。但需要注意的是，很多政策学者将政策问题的性质视为整合研究的根本出发点，却极少探讨政策问题的性质如何影响整合过程与结果。

跨边界的政策问题性质从根本上影响了政府解决问题的政策能力、政策整合意愿与"雄心"，也影响了政府制定共同政策目标以及确定适当政策工具的范围（Nordbeck et al.，2023）。延续该思路，Cejudo 和 Trein 明确了政策问题显著性是政策整合的动力（Cejudo and Trein，2023）。所谓的问题显著性，是指整合过程中某个政策问题的相对重要程度。不同学者从不同经验出发，证明了问题显著性有助于政策整合。Kefeli 等在乌拉圭林业政策整合的研究中证明，随着政策问题在国际上显著性的提升，会改变不同倡导联盟的政治支持程度，推动占主导地位的倡导联盟改变政策观念，进而实现整合（Kefeli et al.，2023）。Sarti 的意大利移民政策整合研究表明，问题显著性和党争极化（Political Parties Polarization）会影响移民社会融合政策在地方的执行（Sarti，2023）。Lambelet 在空间规划、铁路和产业聚集政策整合过程中发现，新政策议程的显著性造成了非预期性政策整合，维护铁路基础设施问题的重要性促进了地方政策的整合（Lambelet，2023）。综上所述，政策问题属性是政策整合的根本动力，政策问题显著性决定了共同政策目标的制定与一致政策工具的选择。所以，本章认为政策属性影响整合过程与整合结果的第一个维度是政策问题显著性，即问题重要程度，并将其纳入理论框架。

（二）政策目标连贯性：目标共识程度

政策目标是解释政策整合过程的一个重要因素（Nordbeck et al.，2023）。无论是短期、中期还是长期政策目标，都直接或间接受到政策问题性质的影响。政策目标包括两个维度：其一，政策子系统范围；其二，多重政策目标间的连贯性。从政策子系统范围来看，在某个具有显著性的政策问题作为目标的情况下，整合程度越低，政策目标越会被限定在某些特定政策领域；整合程度高，则意味着子系统数量增加、政策范围扩大以及政策目标多样化。政策目标的连贯性是指不同政策子系统是否共同促进特定政策目标，换句话说，政策目标共识程度决定了政策整合的程度。

那么，如何进一步衡量政策目标连贯性的程度？Candel 和 Biesbroek 将其分为强连贯性与弱连贯性两类（Candel and Biesbroek，2016）。弱连贯性（Weak Coherence）是指政策子系统间的政策目标没有达成共识或共识程度很低，这种连贯性是通过消极协调机制实现的。强连贯性（Strong Coherence）则是指政策子系统通过减少外部性、寻求协同效应、整合政策战略等方式来协调政策目标，以共同解决跨领域问题，这种连贯性是通过积极协调机制实现的，即各子系统进行整体性共同合作。在此基础上，Nordbeck 等学者将政策目标连贯性划分为互补、中立与冲突三种不同形式，不同的目标连贯性会对政策整合过程产生不同的影响（Nordbeck et al.，2023）。在高度共识的情况下，互补政策目标会促使利益相关者采用软性政策工具来推动政策整合，强化非正式的、和谐的部门间协商机制及其协同作用。在目标互不影响的中立状态下，利益相关者会维持友好协商、采用正式的组织工具，并侧重于以激励性工具来促进政策整合。相反，相互冲突的政策目标则会促使决策者采用更为正式的谈判机制，并依赖于硬性的监管工具。上述研究结论在验证政策目标连贯性程度对政策整合产生不同影响的基础上，也进一步印证了不同程度的政策目标连贯性对政策工具选择的影响。

整体来看，政策目标关系是解释政策整合过程的重要因素，政策目标连贯性要求在政策工具组合选择上保持高度一致性。所以，本章认为政策属性影响整合过程与整合结果的第二个维度是政策目标连贯性，即目标共识程度，并将其纳入理论框架。

（三）政策工具一致性：工具碎片化程度

政策工具是实现政策整合的核心要素，其性质直接影响政策整合的过程及结果。围绕政策工具展开的讨论，从微观的特定工具选择、宏观的协调制度，到政策组合设计，无不凸显着政策工具在实现政策整合中的核心地位。从政策整合过程来看，政策工具维度涵盖了三个层面：其一，子系统工具范畴；其二，维持政策系统的程序性工具；其三，政策工具的一致性。首先，从子系统工具范畴来看，整合程度越高，涉及的子系统范围越广，不同政策子系统解决问题的工具也越多样（Howlett，2009）。其次，从程序性工具来看，程序性工具采取跨边界组织结构或高层权威的形式，监督、指导与协调不同子系统，执行与维持工具组合的一致性，进而提升政策整合程度（Lafferty and Hovden，2003）。最后，与上述二者相比，最为重要的是政策工具的一致性。换句话说，政策工具的一致性程度，直接决定了政策能否得以高度整合。政策工具的一致性是指，为了实现特定整合目标，各子系统长期发展出一组相互补充与配合的有效工具组合（Gunningham and Sinclair，1999；Howlett and Rayner，2007），这包括政策系统整体的一致性和政策子系统间的一致性。

如何衡量政策工具一致性程度？首先，从强一致性来看，其可划分为政策工具的消极协调（即消除子系统政策工具的外部性）和积极协调（即政策工具协同，政策系统整体采用统一的工具组合）（Scharpf，1994）。政策工具的积极协调也被学者 Howlett 和 Rayner 称为新治理安排（New Governance Arrangements）（Howlett and Rayner，2007）和整合政策战略（Integrated Policy Strategies）（Rayner and Howlett，2009），他们主张用全新且高度一致的工具组合替代子系统现有的工具组合，这些工具组合是由渐进的政策层叠过程产生的（Howlett and Rayner，2006）。其次，弱一致性是指政策工具的碎片化，即不同部门采用各自不同的工具组合（Gunningham et al.，1998）。政策碎片化是政策分层过程的结果。政策工具组合的一致性旨在实现政策目标的连贯性，并且政策目标连贯性与政策工具一致性相匹配是政策整合的最佳标准，能够有效解决跨边界的复杂性政策问题，实现最优的政策整合结果。最后，Rayner 和 Howlett 基于政策工具组合和多重政策目标的特征，进一步阐释了政策整合的属性。

整体来看，政策工具一致性与政策目标连贯性的匹配状况直接决定政策整合的程度。所以，本章认为政策属性影响整合过程与整合结果的第三个维度是政策工具一致性，即工具碎片化程度，并将其纳入理论框架。政策目标连贯性与政策工具一致性匹配类型见表2-1。

表2-1　政策目标连贯性与政策工具一致性匹配类型

		政策工具组合	
		一致性	碎片化
多重政策目标	连贯性	政策整合	政策漂移
	不连贯性	政策转换	政策层叠

资料来源：Howlett, M., and Rayner, J. (2007). Design principles for policy mixes: Cohesion and coherence in 'New Governance Arrangements'. *Policy and Society*, 26(4), 1-18.

三　理论框架构建

围绕核心的研究问题，本章借助政策体制视角，将政策整合视为跨越不同政策子系统的政策体制建构的过程及其结果，进一步厘清了发挥整合作用的主体、权力和观念等要素。为了弥补政策体制视角在动态性解释方面的不足，本章通过回溯政策设计的理论根源，引入了"政策属性"这一核心变量，认为政策属性决定并影响着主体、权力和观念要素以及三者之间的互动方式，在动态建构过程中形成了不同的整合路径与整合结构。其中，政策属性包含政策问题显著性、政策目标连贯性和政策工具一致性三个重要维度。

为进一步理解政策整合作为中国式政策设计及其调适模式是如何运作与实现的，本章在有效整合政策体制与政策设计两个理论视角的基础上，构建了系统性的中国政策整合模式分析框架（见图2-1），深入分析与解释政策属性是否以及如何影响中国政策整合模式，以揭示中国式政策设计的根本内核。

本章所建构的理论框架首先假设已然给定与实现了政策整合结果，然后进一步追问中国的政策整合是如何实现的，尝试去厘清实现整合的要件是什么，解释理论要件是如何发挥效用以及会对政策整合过程本身产生什么影响。详细来看，理论框架包括了以下几个基本分析要素：外部压力源

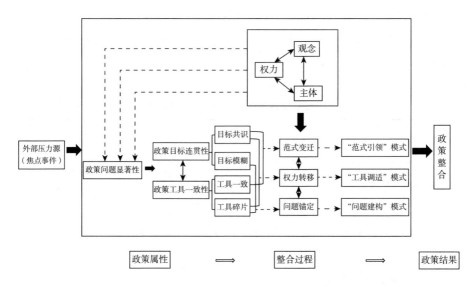

图 2-1 基于政策属性的整合模式分析框架

资料来源：作者自制。

（焦点事件）、政策属性（政策问题显著性、政策目标连贯性、政策工具一致性）、整合要素（主体、权力、观念）、整合机制（范式变迁机制、权力转移机制、问题锚定机制）、整合模式（"范式引领"模式、"工具调适"模式、"问题建构"模式）与政策结果（政策整合）。该框架围绕"政策整合过程是如何发生的""政策属性通过何种机制以及如何对政策整合产生影响""不同整合机制又如何催生了不同政策整合模式？"三个递进式的问题展开，依次表现为政策整合过程、政策整合机制及政策整合模式。

需要特别说明的是，该理论框架中的政策问题显著性、政策目标连贯性、政策工具一致性既可以是内生要素，同时也可能是外生变量，这与原有的政策子系统结构紧密相关。作为研究的基本前提，政策属性变量的三个维度在本质上既是外生的又是内生的，既可以是客观的也可以是被不断建构的，具体由包括特定政策场域以及政策子系统的复杂性、制度结构以及权力安排等在内的原有政策设置所决定。在中国的情境之下，整合的起点是原有政策系统属性，受到某种外生冲击后才会逐渐走向整合的过程。这意味着只有在原有结构性安排的基础上，问题显著性、目标连贯性和工具一致性才可以被进一步界定：问题的重要性需要被建构，目标共识是在主体之间进行某种复杂的协商后达成的，工具的碎片化程度也与原有的政策设置有关。不仅如此，政策属性会在动态的整合过程中不断发生变化，因此需要进一步从动态性过程的角度进行讨论，因为政策整合最终是通过多样化机制对问题、目标、工具的基础性结构进行调整，以实现政策系统的整体一致性。

第三节　政策整合过程、机制与模式

一　政策整合过程

政策整合是如何发生的？从整合过程的最初起点来看，当焦点事件等外部压力源冲击政策体制时，会在一定程度上削弱原有的政策结构，从而创造出整合最基础的条件。受到外部压力源的刺激，政策观念会随之发生转变，可能是对主流政策范式的修补、调整甚至是替换，这也就意味着政策范式变迁是以问题锚定和议程升格为标志的。跨领域的"棘手问题"不断对组织结构造成压力，同时促成了权力安排的变化，权力开始以不同形式发生转移。随着政策范式变迁和新的权力格局出现，不同组织机构之间采用正式或非正式的协调机制，在不同政策领域和政策部门间建立相互关系，随之新组织安排得以形成、新政策目标得以确立。为了实现对跨领域"棘手问题"的整体性回应，组织机构通过学习机制不断对其政策工具进行调整。政策整合过程的完成，是以新政策范式产生、新权力格局形成和新组织架构出现为标志的。

从动态性角度来看，政策属性对政策整合的影响过程大致可以分为两个阶段：其一，在外部压力源的刺激下，产生了非同时性、差异化的整合起点，并相应形成了三种不同的整合路径；其二，在政策属性的不同组合作用下，最终产生了共同性的政策整合结果，这表明中国的政策整合存在差异化模式。

（一）外部压力源刺激下的差异化整合起点

当外部压力源（即焦点事件）冲击了原有政策体制时，原有政策子系统结构中的主体、权力与观念要素会随之开始发生变化，这也就意味着政策整合的开始。需要特别说明的是，主体、权力与观念要素变化的非同时性决定了政策整合过程会有不同的起点，进而分别形成三种整合路径。

多重外部压力源的刺激对原有政策体制造成了巨大冲击，政策设置中的主体、权力与观念要素开始逐渐松动并发生变化，这些要素的变化进一步推动了政策显著性的提升。一旦"棘手问题"的重要性程度提升，即政策问题的显著性发生变化，也就意味着政策整合过程的启动。此外，内生性的冲击也会提升政策问题的显著性，并使其不断被建构，从而引导其走向整合过程。需要重点强调的是：主体、权力与观念要素的变化并非同时发生，最先发生变化的核心要素决定了政策整合过程的起点，由此形成了三种整合路径：以观念要素为指引的整合路径和以权力要素为指引的整合路径和以主体要素为指引的整合路径。

（二）不同属性组合作用下的共同整合结果

在不同要素作为指引的整合路径下，伴随着政策问题显著性的不断提升，政策目标连贯性与政策工具一致性形成了三种政策属性组合类型，即目标共识与工具一致、目标共识与工具碎片化、目标模糊与工具碎片化。基于不同政策属性组合的共同性整合结果，展现了中国政策整合模式的差异性。

在"棘手"政策问题重要性不断凸显、亟待解决的情况下，决策者需要制定共同政策目标以及确定适当政策工具的范围。在整合议程设计过程中，政策目标连贯性可能出现目标共识（强连贯性）和目标模糊（弱连贯性）两种情况，政策工具选择也会出现工具一致（强一致性）和工具碎片化（弱一致性）两种不同类型的组合。也就意味着，在三种不同的整合路径下，政策属性两个维度的匹配程度会形成不同组合类型（详见图2-2）。按照理论逻辑应该存在第四种类型：目标模糊与工具一致，但由于该类型"工具追随问题"的情况较为极端，故本章不进行讨论。

在三种政策属性组合类型的不同作用下会产生共同的政策结果，即建构出新的政策体制、实现了政策整合。在政策整合过程中，本章发现了中国的政策整合存在差异化模式。

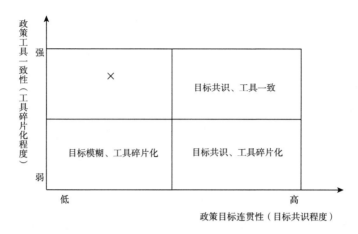

图 2-2　政策属性的组合类型

资料来源：作者自制。

二　政策整合机制

政策属性是通过什么机制影响政策整合过程的？本章认为，三种政策属性组合类型在不同整合路径中的作用机制存在差异，即它们之间的整合机制各不相同。分别从三种整合路径来看：当观念要素最先发生变化时，政策属性组合成了目标共识和工具一致类型，此时政策整合过程是通过范式变迁机制来引领权力结构和工具间关系的改变的；当权力要素最先发生变化时，政策属性组合成了目标共识与工具碎片化类型，此时政策整合过程是通过权力转移机制实现的，具体表现为通过升格、建立机构等方式实现决策权转移，催生出新的权力格局，并通过学习机制不断调整工具；当主体要素最先发生变化时，政策属性组合成了目标模糊与工具碎片化类型，此时政策整合过程是由问题锚定机制实现的，跨领域问题没有达成共识会产生巨大争议，因此需要通过不断建构问题、阶段性建构目标，进而形成新的权力结构和政策观念。

（一）范式变迁机制

原有的子系统结构受到某种外生压力源冲击时，政策的稳定性和有效性会不断降低，作为政策体制粘合剂的观念要素往往会最先松动。当观念要素发生显著变化时，会推动政策问题显著性的提高、形成目标共识和一致的工具组合类型。政策整合过程是通过范式变迁机制来引领权力结构与工具间关系改变的，这一过程可能是对主流范式的修补、调整甚至是替换，其核心逻辑在于问题稳定化。

随着政策观念要素的松动，某些政策问题引发了更多的关注和讨论，其重要程度得以提升。问题显著性的提升有利于这些"棘手问题"被纳入政策议程，为政策整合创造了基础条件。为了应对观念变迁和明显提高的问题显著性，政策制定者需要重新组合政策属性，形成新的目标共识和工具一致性，这涉及重新定义政策目标、调整政策原则、选择新的政策工具等。政策观念的更新与变化不仅促使政策制定与设计者重新审视和调整政策目标，为了提高政策有效性及适应性也会选择和引入新工具、优化工具组合。

在问题显著、目标共识与工具一致的组合情况下，实现政策整合是通过范式性变革的方式来调整权力结构、优化不同组织机构主体间的工具关系的。一方面，范式变迁机制表现为推动了权力结构的调整。随着政策观念的更新与变迁，决策者重新界定问题、提出解决方案，并重新分配权力、调和不同利益关系，赋予某些特定政策部门更多决策权以适应新政策目标及工具需求。调适之后的权力格局有助于确保整合性政策的设计过程及其执行更加高效。另一方面，范式变迁机制表现为调适了不同主体间的关系、优化了政策工具及其组合。在政策观念的影响下，组织间关系协调的核心在于不同组织机构在解决问题过程中对其工具进行调整与优化组合，这有助于提高政策的针对性和有效性，更好地解决"棘手问题"。

总之，观念要素的变化是政策整合过程中的关键驱动力。在原有政策设置的基础上，范式变迁机制引领着权力结构的调整，实现了不同主体间工具关系的变革，持续推进着政策整合过程。在产出整合结果之后，观念要素仍将有效地黏合整合后的新政策体制结构。

（二）权力转移机制

作为政策整合的重要动力，当权力要素开始松动并最先对问题显著性发生作用时，政策属性会组合成目标共识与工具碎片化类型。政策整合过程是通过权力转移机制实现的，具体表现为组织升格、机构建立与重组，重新划定组织机构的职能边界、明确组织间关系以及改变组织结构。这一过程实现了决策权的转移，催生出新的权力格局，并通过学习机制不断调适工具及其组合。权力要素因此形成了新政策结构的内聚力，进一步促进了观念共享。

受焦点事件的影响，权力要素通过识别和强化问题的显著性，成为推动政策整合的首要因素，促使政策制定者关注并回应这些"棘手问题"。随着权力要素的松动，政策属性会重新组合，形成新的目标共识，包括对问题的新理解、新目标的设定以及新工具的选择。另外，由于不同工具分散在不同组织机构或政策部门，在整合过程中需要着重整合这些碎片化的工具，以提高政策协同效应。

在问题显著、目标共识与工具碎片化的组合情况下，政策整合通过权力转移机制来重新分配决策权，具体表现为以下两方面。一方面，通过组织升格与重组的方式重新划定职能边界，形成新的组织结构。为了优化资源配置、提高政策效能，权力转移机制提升了某些组织机构的地位或者组建了新机构来应对特定的政策挑战。随着组织结构的调整，重新划定组织机构的职能边界不仅能有效调和组织间关系，还能够减少政策重叠与冲突。另一方面，引入学习机制不断调适政策工具及其组合。为了适应新的权力格局和政策环境，通过动态性学习过程，对政策工具及其组合不断进行调适与优化。权力要素不仅影响政策工具的选择和组织结构的调整，还有助于形成新政策结构的内聚力，维系着政策的稳定性和连续性，进一步推动了组织内部及组织间的观念共享与融合。

从触发政策整合的初始动力到形成新政策结构的内聚力，权力要素贯穿整个政策整合过程。它通过权力转移机制实现组织升格与重组，划定职能边界，进而改变组织结构，催生出新的权力格局。而后，通过学习机制不断调适工具及其组合。新权力格局与组织架构的出现，又强化了观念共享，维系了政策整合结果的稳定。

（三）问题锚定机制

在复杂的政策环境中，主体要素会影响政策属性、整合过程及其结果，引发一系列连锁反应。在原有的政策设置基础上，当主体要素最先发生变化、对问题显著性产生影响时，政策属性会组合成目标模糊与工具碎片化类型。由于跨领域问题没有达成共识会产生巨大争议，政策整合是通过问题锚定机制不断建构问题、设定阶段性目标，进一步引导与调整组织机构的注意力（权利与资源）、信息及关系，从而催生出新的权力格局和政策观念。

主体要素对于政策问题显著性具有一定的认知和反应能力，将某些极重要的政策问题予以关注和识别作为政策整合过程的起点。随着主体要素的变化，原有政策属性会发生显著变化，呈现目标模糊、工具碎片化等新特征。目标模糊是指具体的政策目标及其预期效果不够清晰，工具碎片化则意味着政策手段被分散在不同主体手中，缺乏统一性和协调性。

在问题显著、目标模糊和工具碎片化的情境下，政策整合通过问题锚定机制来界定问题的核心与边界，并设定阶段性政策目标。问题建构是一个持续性的动态过程，它会随着新信息的出现和决策者对问题的深化理解而不断调整与完善。随之，决策者会阶段性地逐步建构具体政策目标，以保持政策的灵活性和适应性。另外，在不断建构问题的基础上，通过引导注意力、优化信息沟通和重塑组织间关系等方式来应对共识缺口与争议。在跨领域的"棘手问题"上，不同主体可能会由于利益、价值观或认知的差异而难以达成共识，这会导致整合过程中出现巨大争议，而争议又会促使某些主体获得更大影响力。在此情况下，问题锚定机制将会重新分配决策权、催生出新的权力结构，并且引入和更新政策观念，以推进政策整合过程。

政策整合是一个复杂的动态过程，主体要素需要通过问题锚定机制实现动态性的问题建构，设定阶段性目标，并且要通过引导注意力、优化信息沟通和重塑组织间关系等方式来应对不同主体之间的共识缺口与争议，从而形成新的权力格局和政策观念，最终实现有效的政策整合。

三 政策整合模式

在不同整合机制作用下是如何形成差异化的政策整合模式的？从前文可知，政策属性会深刻影响中国的政策整合。当外部压力源冲击政策体制时，原有的政策子系统结构中的主体、观念与权力等核心要素成为差异化的整合起点，并分别形成了三种整合路径。在不同要素指引下，政策属性形成了三种组合类型，且这三种类型的整合机制存在差异。在这些不同整合机制的作用下，实现了共同性的政策整合结果，从而形成了三种差异化的中国政策整合模式。

差异化的中国政策整合模式是在主体、观念与权力核心要素相互作用下形成的，每种整合模式具有特定的适用性条件，需要深入理解不同核心要素、不同政策属性组合、不同整合机制等诸多组合条件（见表2-2）。

表2-2 不同政策属性组合条件下的整合机制与模式

政策问题显著性	政策目标连贯性	政策工具一致性	整合机制	整合模式
+	+	+	范式变迁机制	"范式引领"模式
+	+	-	权力转移机制	"工具调适"模式
+	-	-	问题锚定机制	"问题建构"模式

资料来源：作者自制。

（一）"范式引领"模式

从整合过程来看，在强政策问题显著性、高政策目标连贯性、强政策工具一致性的组合条件下，观念要素先为指引的政策整合过程是通过范式变迁机制来实现的。通过政策观念更新及范式变迁引领权力结构与工具间关系改变，最终实现政策整合结果，形成了中国政策整合的"范式引领"模式。

作为特定的整合方式，"范式引领"模式体现了中国的政策整合特点，即在强烈的问题意识、一致的工具组合以及明确的目标导向下，通过观念更新和范式变迁实现政策系统整合与调适。该模式有助于形成协调一致的政策体制结构，提高政策有效性和解决复杂问题能力。

（二）"工具调适"模式

在强政策问题显著性、高政策目标连贯性、弱政策工具一致性的组合条件下，权力要素先为指引的政策整合过程是通过权力转移机制实现的。通过权力转移机制进行组织升级与重建，从而实现决策权的重新分配、催生出新的权力格局。在创建新的权力格局之后，组织会通过不同的学习形式对工具及其组合进行不断调适，最终实现政策整合结果，形成了中国政策整合的"工具调适"模式。

权力是政策整合的根本动力，进一步来看"工具调适"模式在中国政策整合过程中的独特作用，该模式强调了组织机构对政策工具及其组合的调整是整合过程的关键。作为中国特色社会主义事业领导核心的中国共产党，在中国政策整合中具有重要地位和独特作用。

（三）"问题建构"模式

在强政策问题显著性、低政策目标连贯性、弱政策工具一致性的组合条件下，主体要素先为指引的政策整合过程是通过问题锚定机制实现的。通过对问题的动态性建构、阶段性设定目标，进一步引导与调整组织间注意力（权力与资源）、信息及关系，从而催生出新的权力格局和政策观念，最终实现政策整合结果，形成了中国政策整合的"问题建构"模式。

主体要素是推动政策整合过程的关键，在"问题建构"整合模式中，不同主体之间的问题共识缺口与争议在一定程度上会阻碍政策整合结果的实现。

第四节　结论与讨论

一　框架的有效性

本章在整合政策体制视角和回溯政策设计理论根源的基础上，尝试构建了系统性理论框架，对中国政策整合的过程、机制与模式进行透视和剖析，以揭示中国政策整合的运作过程与实现路径。假设已然给定与实现了政策整合结果，然后进一步追问政策属性变量是如何影响中国政策整合过程，厘清了实现政策整合的三个理论要件（主体、权力、观念），解释了在三种政策属性组合条件下理论要件的差异化作用机制，及其所形成的差异化整合模式。

从有效性来看，该理论框架为打开中国政策整合过程的内部机制与模式奠定了充分的理论基础。具体表现为：首先，本章探寻到了实现中国政策整合的一些松散的理论要件、核心变量及其条件组合，但对于这些理论要件、核心变量及其他条件组合会以什么样的作用方式、遵循何种运作逻辑等问题，需要回到特定的政策子系统结构中去全面剖析与深入研究。另外，尽管本章已然识别出了中国政策整合的内部机制与模式，但松散的条件如何互动才能够激活、促使特定整合机制与模式的形成仍然尚未可知。

其次，该理论框架的价值在于尝试加入过程机制要件、拓展了政策体制框架的动态性解释。本章有机整合了政策属性与政策体制，并利用政策属性回应了当下对政策整合的最大抨击，与政策整合研究进行了深入的理论对话。

最后，该理论框架的启示在于：作为中国政策设计模式的政策整合具有整体性调适能力，但是政策整合一定是有效的吗？该理论框架是在给定整合结果的情况下去阐释中国如何实现整合的，并未就政策整合是否有效展开讨论，也意味着本章所建构的理论框架对于政策整合结果的解释力有待商榷。

二 未来研究展望

一是尽管本章找出了理论要件、核心变量及其条件组合，识别了中国政策整合的内部机制与模式，但对于条件如何互动才能够激活、促使特定的整合机制与整合模式形成，尚不明晰；系统性理论框架是否得以实现，也尚未可知。尝试进行更多的理论比较与归纳、进一步完善理论框架，是未来中国式政策设计研究的努力方向。

二是未来的中国式政策设计研究需要重视对理论框架的验证，通过进行更多的理论比较与归纳，进一步明确不同的条件组合及其互动机制会导致怎样的政策整合过程与结果，并充分利用丰富的中国政策实践经验加以佐证。

三是本章所建构的理论框架为打开中国的政策整合之门提供了坚实的理论基础。持续聚焦中国独特的制度情境，未来的中国式政策设计研究可以在现有的政策整合基础上，进一步讨论中国的政策变迁历史、中国式政策设计过程以及中国的政策规划机制，等等。

结　语

围绕"中国是如何进行政策设计"的问题，现有研究零散地讨论了中国的政策工具选择、目标群体建构、政策组合耦合机制以及央地主体及其设计模式，整体呈现高度"追随"的特征。尽管取得了一些零散的理论进展，但中国式政策设计研究的解释力仍略显不足：尚未触及根本内核，核心经验亟待诠释，同时在一定程度上忽视了政策属性的深刻影响。关于中国是如何通过政策整合实现中国式政策设计的问题，尚未得到明确的回应。

借助政策体制视角，本章对政策整合的概念及其内涵进行了界定和阐释，并进一步厘清了发挥整合作用的主体、权力和观念要素。本章还引入了政策属性变量，认为政策属性决定和影响了主体、权力与观念要素以及三者之间的互动。需要说明的是，三者既可以是内生要素同时也可能是外生变量，这与原有的政策子系统结构紧密相关。在此基础上，围绕"政策整合过程是如何发生的""政策属性通过何种机制以及如何对政策整合产生影响""不同整合机制又如何催生了不同政策整合模式"三个递进式的问题展开。

从政策整合过程来看，新政策范式、新权力格局和新组织架构的出现标志政策整合过程的完成。政策属性对政策整合的影响过程大致经历了两个阶段：其一，政策体制面临外来压力冲击时，原有政策子系统中的核心要素成为整合的起点，进而形成了不同的整合路径；其二，在不同整合路径下，政策属性形成了三种组合类型并对应着三种不同的整合机制，实现了共同性的整合结果，最终产生了三种不同的政策整合模式。

从政策整合机制来看，目标共识与工具一致、目标共识与工具碎片化、目标模糊与工具碎片化三种政策属性组合类型在不同整合路径中的作用机制具有差异。在观念、权力和主体三种不同要素分别最先发生变化时，政策属性组合也随之形成不同的类型，进而引发了不同的政策整合过程，而不同的政策整合过程具有各自不同的实现机制。

从政策整合模式来看，在政策问题显著性、政策目标连贯性和政策工具一致性的不同组合条件下，不同要素先为指引的政策整合，通过"范式变迁""权力转移""问题锚定"等不同的实现机制，促成了"范式引领""工具调适""问题建构"等不同的政策模式。

本章尝试构建的理论框架为剖析中国政策整合过程的内在机制与运作模式提供了支持。首先，本章找出了一些松散的理论要件、核心变量及其条件组合，识别了中国政策整合的内部机制与模式，但对于条件的互动、作用方式与运作逻辑等问题，需要回到特定政策子系统结构中去讨论。其次，本章构建了一个系统性的理论框架来解释中国政策整合的内部过程，其价值在于有效整合了政策属性与政策体制，在拓展了政策体制框架的同时，利用政策属性回应了当下的抨击，并与政策整合研究进行了深入的理论对话。最后，在对既有研究进行澄清、探讨与发展的过程中，本章的理论启示在于：政策整合作为中国政策设计模式，具有整体性调适能力，但政策整合的结果却未必有效。这一框架对于政策整合结果的解释力还有待提升。在此基础上，未来的中国式政策设计研究需要重视通过理论比较与归纳去进一步完善理论框架，并充分利用丰富的中国经验对理论框架进行验证。另外，未来研究可以立足于现有的政策整合理论基础，去讨论中国的政策变迁、中国式政策设计过程以及政策规划机制等相关议题。

第三章　地方政府的政策调适：
情境、过程与策略

引　言

　　地方政府是实现国家治理目标的重要场域，也是推动中央政策执行的关键主体。地方政府的有效治理对于实现国家治理现代化至关重要。因此，地方政府如何在实现中央政策目标的同时兼顾自身治理需求，已成为学界关注的重要议题。

　　政策调适作为地方政府在执行中央政策过程中的一种主动行为，旨在促使中央政策落地并实现其政策目标，同时兼顾地方政府的治理目标。在当前复杂多变的政策环境下，地方政府如何根据具体情境选择政策执行调适策略，以推进政策的有效执行，既是一个实践问题，也是一个值得深入研究的理论问题。

　　随着政策科学的不断发展，越来越多的学者开始关注地方政府在政策执行过程中的策略性行为。然而，目前关于地方政府政策调适的研究仍显得零散且不够系统。现有研究更多地聚焦于地方政府如何利用某种行为调适策略实现有效治理，而对于地方政府在何种政策情境下才会采取调适行为，以及哪些政策调适措施能够有效推动政策执行等问题，并未做出系统的研究。因此，本章旨在通过整合现有研究成果，构建一个概念框架，以更好地理解和解释地方政府在政策执行过程中的策略性调适行为。

　　本章将沿着以下框架展开。第一部分为政策调适的概念和策略，首先对政策调适的概念进行辨析，明确其内涵和外延，确定本书的研究范畴；其次对政策调适的策略进行梳理和归纳。第二部分构建了一个概念性框架，对现有多样化的研究视角和理论进展进行系统梳理，分析影响多样化调适策略的因素。第三部分为地方政府政策调适策略的影响因素分析，从政策属性、外源压力和内生动力的三个维度进行归纳。第四部分讨论了地方政府政策调适的逻辑，论证地方政府政策调适的政策情境与调适策略之间的理论关联。最后，对本书得出的结论进行总结，讨论需要进一步研究的空间。

本章构建了地方政府政策调适的理论框架，并深入探讨地方政府在政策执行过程中的行为逻辑，旨在为地方政府在政策执行过程中提供理论指导和实践支持。首先，本章有助于丰富政策科学领域的理论体系，为政策执行研究提供新的视角。其次，通过深入分析地方政府的政策调适行为，本章有助于提升地方政府在政策执行过程中的自主性和创新性，进而推动地方政府治理能力的提升。最后，本章对于促进政策的有效实施和实现政策目标具有重要意义，同时也有助于地方政府的可持续发展。

第一节　政策调适的概念和策略

一　政策调适的概念

在压力型体制的约束下，地方政府面临来自上级的考核与问责压力，同时还受到来自社会层面的治理压力。在如此复杂且充满不确定性的政策情境下，地方政府往往需要依托自身自主性，采取一系列的策略性调适行为，推动政策的落实，从而实现自身的治理目标。既有研究用"选择性执行""政策变通""政策调适""适应性执行"等不同的概念描述地方政府的策略性行为。但是，这些不同的概念内涵高度重叠，而边界却并不清晰，导致概念混用现象经常发生，从而在一定程度上限制了理论的进一步拓展。因此，有必要对以上概念进行区分，厘清不同概念之间的差异，以更好地明确本书的研究范畴。

欧博文和李连江较早地提出"选择性执行"的概念，指出政策执行主体受制于上级政策压力与社会治理压力，有选择性地实施符合自身利益与价值观的政策，而忽视其他复杂而难以实施的政策（O'Brien and Li，1999）。在此概念的基础上，也有学者提出"相机执行"（徐建牛、施高键，2021）"自保式执行"（李棉管，2019）等概念。"选择性执行"的概念更加侧重于政策执行主体消极的行为结果，而对行为过程，即政策执行主体主动采取何种行为策略实施政策未作过多的阐释。

庄垂生（2000）较早地对政策变通的概念进行了界定，指出政策变通是指在政策执行过程中，政策执行者未经原政策制定者同意与准许，自行变更原政策内容并加以推行的一种政策行为。政策变通不是对原政策不折不扣地执行，而是针对原政策的原则与目标进行部分或形式上的遵从。"政策变通"的概念强调的是未经上级允许而变更原有政策内容的行为策略。根据早期文献的论述，"政策变通"更多地包含消极的含义。有学者指出，"政策变通"的本质是形式上的遵从与实际上的偏离（张翔，2021），并且大量文献指出"政策变通"行为会导致政策执行偏差。随着研究的深入，有学者亦指出"政策变通"的概念不局限于消极的变通行为，也包含积极的变通。然而，政策变通的概念无法涵盖政策执行主体为积极推动政策有效执行而采取的所有调适行为。

随着国家改革的深入，政策实践中出现了越来越多运用策略性行为实现有效治理的案例，"政策变通""选择性执行"等概念已不能充分反映客观实践。因此，有学者利用"政策调适"这一概念来描述政策执行过程中行动者采取一系列策略实现有效治理的过程。

郭劲光和王杰（2021）指出，"调适"是政策执行者依据任务环境的需要，形成的具有不同调适特征的政策执行手段。这种政策调适手段既是对上级政策目标优先次序的一种回应，也是对地方政策执行灵活性边界加以规范的运用。郝文强等（2023）进一步指出，"调适"揭示了政策要求与当地社会的适应性关系，目的在于使刚性政策目标和内容能够转化为适宜当地社会、目标群体能够接受的实践方案。此外，学者们还分别提出了"调适性社会动员"（王诗宗、杨帆，2018）、"适应性执行"（崔晶，2022）等概念来描述地方政府的调适行为。

根据以上研究，本书认为地方政府的政策调适是指地方政府为了促使中央政策能够在地方更好地实践，对原有的政策设计、组织内部结构、组织外部环境以及行动者网络等方面采取一系列主动调适策略，从而在一定程度上实现政策目标，或者实现地方的有效治理，主要包括政策转译、结构重塑、向上借力、社会联结四种调适策略。政策调适对于政策的有效执行具有重要作用。

与此相对，地方政府由于各种条件的约束，从而偏离原有的政策设计，无法实现政策目标，或未实现有效治理的情况，即政策执行主体通过采取政策变通、"共谋"等策略性行为，导致政策执行偏差现象的消极策略并不在本章的讨论范畴。

二 政策调适的策略

地方政府的政策调适策略是指地方政府在特定的政策情境下，为促使中央政策在地方的有效实施，而主动采取的一系列策略性行为。本章根据地方政府政策调适行为产生的组织场域，即政策调适行为是产生于组织内部还是组织外部这两个维度，将政策调适策略归纳为政策转译、结构重塑、向上借力、社会联结四种。其中，政策转译和结构重塑属于组织内部的调适行为：政策转译针对的客体为中央政策，而结构重塑则是对组织自身结构进行的调整。向上借力和社会联结则属于组织外部的调适行为：向上借力是地方政府针对上级政府采取的一种调适策略，而社会联结则是地方政府针对社会群体采取的一种策略。

（一）政策转译

政策转译是指政策执行主体为了确保政策的有效执行，根据地方实际以及自身条件，对原有的政策设计，如政策目标、政策工具、政策任务等政策内容，进行一定程度上的调整，使其转化为更加明晰化和具有操作性的政策方案，从而更好地实现政策目标。在政策实践中，这主要体现为政策方案的地方化、政策学习、话语建构、政策工具选择等具体的行动策略。

1. 政策方案的地方化

中央政策，作为国家层面的纲领性、指导性文件，对国家的发展方向和整体利益起着统筹规划的作用。中央政策需要通过地方政府的具体实施来转化为实际操作。地方政府在接到中央政府的政策指令后，不仅要深入理解中央政策的精髓，还要结合地方实际情况，制定具体的实施细则，以确保中央政策的有效落地。中央政策往往是宏观的、全局性的，具有一定的抽象性和普遍性。地方政府在制定实施细则时，需要对这些政策文本进行"再生产"，即结合地方的具体情况，将中央政策的目标清晰化、拆解为具体且可操作的政策任务，使其更具操作性和可执行性（吕芳，2023）。

地方政府在政策执行过程中具有一定的自主性，这使得地方政府能够根据自身的治理需求以及治理能力，通过对政策任务进行分解与排序（张翔，2019），明确责任分工和协作机制，提升政策的适用性和共识度（樊红敏等，2023），从而将笼统的中央政策转化为更具操作性的行动方案。地方政府通过制定地方实施方案，为自主化的政策执行行为提供合法性基础，降低被上级问责的风险，还能够促进政策的有序开展。

2. 政策学习

中央政策的多样性与复杂性，不仅体现在其政策内容的繁多上，还体现在其涵盖的广泛领域上。这使得地方政府在政策执行过程中，难以在短时间内充分理解和吸收中央的政策内容。因此，地方政府需要建立一套政策学习机制，以全面理解和有效执行中央政策。

地方政府通过深入学习和研究中央政策，确保执行者能够全面掌握政策内容，熟悉工作流程，并明确政策目标（王丛虎等，2023）。当地方政府面对模糊性政策时，会采取"集思广益"的组织学习方式，主动收集政策意见，挖掘政策智慧，并在坚持政策原则的基础上，因地制宜地解读这些模糊性政策（王丛虎等，2023）。同时，地方政府还注重学习和借鉴其他地区的先进经验，通过参观考察、交流研讨等方式，获取新的知识和信息，不断提高自身对政策的认知水平和执行能力（李辉、胡彬，2023）。政府间的政策学习，不仅能够促进地方政府之间的资源共享和优势互补，还能够推动政策执行的不断创新和进步。另外，执行者还利用和整合地方性知识（蔡长昆、李悦箫，2021），将地方的文化传统、人情关系等纳入政策理解和执行过程中，使政策更加贴近实际、更加符合民意，以此提升政策的适用性，最终达到降低政策模糊性的目的。当政策涉及众多目标群体时，地方政府部门的执行人员会扮演"政策经纪人"的角色，通过召开群众大会、座谈会等形式，积极宣传政策，提高目标群体对政策的认知水平和遵从意愿（蔡长昆、李悦箫，2021）。

3. 话语建构

在政策执行过程中，不同的执行场域会形成自身独特的话语体系，这些话语体系不仅能够识别群体中的自我身份特征，还能够观察到群体为实现活动目标而团结协作的状态（郭劲光、王杰，2021）。当中央政策进入地方场域时，中央的政策话语并不能完全适配地方的话语体系，因此，地方政府会通过话语建构的方式，实现中央政策的地方化。

首先，地方政府通过构建政治话语，加强政策的政治势能（贺东航、孔繁斌，2020），推动政策的层层传递。政府将政策任务与国家的政治目标、价值观和战略方向紧密结合起来，通过这种话语体系的形塑，促使政策执行者能够清晰地认识到自己所承担任务的重要性，从而激发其责任感和使命感。

其次，地方政府还通过"接地气"的话语建构，使政策通俗易懂，加强了政策执行者与涉及的目标群体对政策的理解和认识（郭劲光、王杰，2021）。政策执行人员在政策宣传、解读和执行过程中，更多地运用贴近民众生活、符合地方特色的语言和表达方式，减少了信息的误解和扭曲，提升了目标群体对政策的认同感和支持度。

最后，地方政府还通过"道义""人情"等方式形塑政策执行主体的行为准则和价值观念（郭劲光、王杰，2021），从而搭建了政策执行主体之间的共同话语体系，提升了行动者的凝聚力，维持了稳定的组织内部秩序。

4. 政策工具选择

地方政府在执行公共政策的过程中，政策工具的选择无疑是一个核心环节。政策工具的选择直接关系到政策执行的效果。根据不同的政策情境，地方政府会选择并设置不同的政策工具。

当地方政府面临较强的外源压力时，可能会选择设置具有广泛覆盖性和强大影响力的强制性工具，如行政命令、法规制定等，以确保政策能够迅速得到执行。地方政府通过行政控制手段，可以有效地提升政策执行者的执行力，防止其行为偏离原有的政策方向。这种行政控制手段包括但不限于对政策执行者的监督、考核、奖惩等，它们共同构成了地方政府在政策执行过程中的重要权力基础。与此同时，地方政府还通过采用混合性工具，如经济补偿、鼓励先进、树立典型等方式，提升执行主体的积极性，以弥补政策执行过程中可能出现的漏洞和缝隙（苏泽，2023）。

策略性的政策工具选择，是提升地方政府灵活应变能力、提高地方治理成效的关键。地方政府只有将不同类型的政策工具进行有机结合和灵活运用，才能有效地提升政策执行效果，从而确保政策目标的顺利实现。

（二）结构重塑

结构重塑是指政策执行主体基于自身的自主性，运用正式或非正式制度的手段，对原有的组织、利益、协作、资源等结构进行调整，从而突破原有的结构限制，重新分配责任和利益，明确责任主体，化解利益冲突，推动政策的顺利实施。具体包括组织再造、利益分配、分工协作、资源整合等具体策略。

1. 组织再造

科层组织是政策执行的重要组织基础。由于中国"条块分割"的政府结构，固有的官僚组织结构并不能有效承担复杂的政策任务。因此，当地方政府在执行涉及多元主体且责任主体不明确、具有高模糊-高冲突属性的复杂性政策时，往往通过建立专门的领导中心与指挥部、建立相应的执行机制、为组织赋权赋能等组织再造的手段，提升组织的政策执行能力。

政策执行的统筹单位通过成立专项领导小组或指挥部（樊红敏等，2023；徐明强，2021；吕芳，2023），并由党政"一把手"担任指挥长（蔡长昆、李悦箫，2021），为政策执行提供明确的指挥和协调中心，从而有效地解决执行过程中组织注意力分配不足、部门间协同困难等问题，实现各部门利益整合和行动统一。通过成立专项领导小组或指挥部，地方政府能够将政策的执行提升到"政治高度"，确保政策得到充分的重视和优先处理。同时，由党政"一把手"担任指挥长的策略，进一步提升了政策的权威性和执行力度，有利于政策的高效推进。

除了成立领导中心和指挥部外，政府部门还通过赋予这些机构及具体执行部门一定的资金管理、人事任命等权力（徐明强，2021；薛澜、张洪汇，2023），促使其在执行政策时拥有足够的权限和自主权。这种做法不仅有助于调动执行人员的工作积极性，还能够确保政策的有序开展和有效执行。通过权力的下放和授权，地方政府能够激发执行部门的创新活力和自主决策能力，从而更好地应对复杂多变的政策环境。

2. 利益分配

当中央政策涉及多个职能部门时，则需要多个部门共同协作推动政策的执行。然而，在跨部门协同中，部门利益的分化使得执行部门之间难以形成有效的合作行动。因此，政府统筹部门通过利益结构的调整，设计多样化的利益激励和利益捆绑方案，从而克服集体行动的困境，实现有效的协作。

一方面，统筹部门可以通过明确责任主体，设置"多劳多得"机制，重塑内部激励结构，给予表现出色的执行部门更多的奖励和补贴（徐明强，2023），通过将政策执行的成效与职业晋升相挂钩，从而激发各部门工作人员的工作积极性。另一方面，地方政府通过利益捆绑的方式，将政策目标与不同主体的政治利益相捆绑，实现不同职能部门以及执行主体的利益整合（蔡长昆、李悦箫，2021）。同时，地方政府还通过构建"包保责任制""目标责任制"等方式明确责任范围，实现对政策执行过程的全程控制。

3. 分工协作

地方政府在执行跨区域、跨部门的中央政策时，面临着诸多挑战和困难。这些挑战主要来自不同领域、不同行动主体之间的协作难题，以及政策执行过程中产生的各种矛盾和冲突。为了解决这些问题，需要建立多层次、全方位的协作机制来协调各方利益，共同推进政策的顺利实施。然而，实现有效协作的前提是达成统一的"共识"（丁煌等，2022）。只有在多元行动者认可政策目标，明确各自责任和角色，理解彼此的利益和需求的基础上，才能够形成有效的协作。

政策执行主体在执行政策的过程中，需要进行相互协商、相互借力和相互让利。这些行为是基于各自的利益和目标而展开的，但同时也是为了实现政策目标而作出的必要妥协和开展的合作。通过协商和沟通，各方能够明确各自的责任和角色，打破信息壁垒，减少矛盾和冲突，共同推进政策的实施。

为了形成有效的协作网络，政府部门间通过建立正式的协商组织、协调制度（包括治理办公室、联席工作会议制度等）（崔晶，2022）定期召开会议，共同商讨政策执行中的问题，制定解决方案。同时，还可以通过协商程序等方式，加强行动者之间的沟通和协商，形成更加紧密的协作关系。

在政策执行过程中，为了能够合理规避问责风险，执行部门通过构建多部门参与的集体议事机制，规范了政策执行程序，减少了不必要的矛盾纠纷。另外，执行部门还创建了容错纠错机制，鼓励工作人员敢于作为，勇于承担责任，以避免工作人员因问责压力而选择消极的行为方式（方珂等，2023）。

除了正式制度外，政府部门之间还可以通过非正式的协商手段来解决协作过程中出现的困境。例如，利用个人的"人情关系"（张建明、黄政，2021）进行协商和沟通，往往能够更加直接和有效地解决问题。此外，当执行部门之间产生利益冲突时，可以通过请示上级部门来统筹解决问题，或者通过"各退一步"的相互让利的方式达成协作。

4. 资源整合

政策执行主体通过调整组织内部资源结构的方式，实现资源的有效整合和配置，为政策的顺利执行提供有力保障。整合各种资源后，政策执行主体之间能够形成合力，提高整体的治理能力，从而确保政策能够顺利实施。

治理资源是保障政策有效执行的重要因素。地方政府利用各种方式筹措自致性资源。为了保障中央政策的顺利实施，地方政府通过内部资源动员等方式筹集和分配多方资源，从而推动治理资源的有效整合，实现资源的最优配置。

地方政府通过建立跨部门协同机制，集中大量职能部门的资源，实现财政资源的整合（李玉霞，2024）。同时，也通过内部资源动员的方式，促使政策执行网络中的干部群体最大化地将组织资源、个人资源汇集到一起（樊红敏，2023），做到"集中力量干大事"。例如，精准扶贫工作中的"干部下沉"机制，使治理资源随干部的流动实现有效配置（刘志鹏、刘丽莉，2020）。

治理资源的整合，还需要有效地配置才能更好地发挥作用。地方政府会根据政策任务的轻重缓急，优先配置政治性较强的重点任务，或者对创新性任务倾斜更多的资源，而对边缘化的任务则配置相对较少的资源，以实现资源的有效利用（张翔、陈婧，2021）。

（三）向上借力

向上借力是指地方政府通过向中央政府争取政策执行的"制度空间"和制度性资源，来提升自身的治理水平，从而推动政策执行的一种调适策略。

1. 向上争取"制度空间"

为了更好地实现中央的政策目标，地方政府需要一定的自主性和调适空间，以便更好地结合当地的实际情况，选择契合的行为策略，推动中央政策的贯彻落实。

中央政府的授权和放权是地方政府自主性的主要来源（郑永年，2010）。中央政府在制定政策时，往往难以完全兼顾各个地区的实际情况。因此，通过授权和放权，中央政府将部分决策权力下放至地方政府，使地方政府能够根据本地的具体情况进行灵活调整。除此之外，地方政府的自主性还源于地方政府在保证政策目标与中央一致的前提下，积极建构的"执行自主性"（郝文强等，2023）。地方政府通过与中央政府"讨价还价"（冯猛，2017）、"请示批示"（徐明强，2023）等正式制度手段，抑或通过"人际关系"（崔晶，2022）等非正式制度手段，争取更多的政策执行的"制度空间"，促使中央政府为地方政府的政策执行提供更多的自主性，从而使得地方政府在政策执行过程中的调适行为具备合法性，以便有效化解政策目标与地方治理能力之间的冲突，更好地推动政策的顺利实施。

2. 向上争取制度性资源

在政策执行的过程中，资源紧张是地方政府常常面临的难题。为了克服这一难题，地方政府通常会采取策略，向上争取制度性资源（徐明强，2023），以保障政策的执行具备充足的资源。这种策略的实施，既可以通过正式制度的途径，也可以通过非正式制度的途径，向中央政府"借力"。

一方面，地方政府通过正式制度，依据国家法律法规和政策规定，向中央政府提出资源申请。这些申请可能涉及资金、项目和政策等多个方面。例如，地方政府可能会向中央政府申请财政转移支付，以弥补地方财政的不足；或者申请中央政府的重点项目支持，以推动地方经济的发展。在这个过程中，地方政府需要充分展示其政策执行的必要性和紧迫性，以及所申请资源对地方经济社会发展的重要性。

另一方面，除了正式制度的途径外，地方政府还会通过非正式制度的途径向中央政府争取资源。这些途径可能包括地方政府与中央政府之间的沟通协调、地方政府之间的合作联盟，以及地方政府借助媒体和公众舆论向中央政府施加压力等。通过这些非正式制度的途径，地方政府可以更加灵活地争取到所需的资源，以应对政策执行过程中的各种挑战。

然而，向上争取制度性资源还需要地方政府充分了解中央政府的政策导向和资源分配机制，以便有针对性地提出资源申请。同时，地方政府还需要加强自身的治理能力建设，提高政策执行效率和效果，以赢得中央政府的信任和支持。

（四）社会联结

社会联结是指政策执行主体通过吸纳社会力量，与社会主体建立恰适性的协作互动关系，汲取社会资源，促进政策执行过程中的信息共享和协同合作，形成合力，从而共同推动政策的执行。

1. 吸纳社会力量

地方政府通过政治激励，促使各职能部门积极加强与区域间、层级间、城乡间相同条线部门的协同合作，旨在实现政府、市场、社会的有机结合与高效运作，从而更有效地推动中央政策的执行。为了实现这一目标，政府需要汲取社会力量，主要采取以下形式。

首先，面对日益增长的治理任务和有限的财政资金，政府通过发行地方政府债券、吸引社会资本参与基础设施建设等方式，吸引更多的社会资源加入政策执行过程（王欢明、陈佳璐，2021）。其次，在资源约束下，地方政府可以通过政府购买公共服务、政府补贴、基础设施建设与运营的PPP（公私合作伙伴关系）、凭单制等模式实现公私合作，从而减轻政府的资金压力，同时也能够充分发掘社会力量，实现共同治理（吕芳，2023）。最后，政府还可以通过制定优惠政策、提供志愿服务支持等方式，鼓励公众参与到志愿服务事业。同时，政府通过加强与慈善组织、社会团体等非政府组织的合作，汲取更多的社会力量，共同推动政策的实践（刘志鹏，2022）。

2. 目标群体的互动

政策执行的过程是多元行动者之间的互动过程。政策执行效果不仅仅取决于政策制定者和政策执行者，还取决于目标群体对政策的参与意愿和遵从程度。目标群体作为政策的直接作用对象，他们对政策的反应和态度直接决定了政策能否得到有效实施并达成预期目标。因此，政策执行者与目标群体之间的"联结"关系在政策执行中显得尤为重要（夏志强、田代洪，2022）。

在政策实践中，政策制定者往往难以完全掌握目标群体的真实需求和利益诉求，导致政策设计与实际情况存在一定的偏差。这种偏差可能引发目标群体的不满和抵触情绪，他们会通过不参与、不配合甚至其他方式来反馈自身的利益诉求（李少惠、王婷，2018；吴群芳、刘清华，2021），从而阻碍政策的顺利实施。为此，政策执行者通过与目标群体进行协商和沟通来消解矛盾。执行者通过政策营销等方式详细解读政策内容，减少目标群体的信息偏差和误解（王丛虎等，2023）。同时，政策执行者还通过增加补偿或提供其他政策支持的方式来化解矛盾，解决政策执行过程中存在的利益冲突问题（崔晶，2022）。此外，促进目标群体的参与和配合也是利益结构调整的重要方面。政策执行者需要通过"利益协商"（王丛虎等，2023）、"利益交换"等方式，积极与目标群体进行沟通和协商，了解他们的利益诉求和关切点。在此基础上，政府可以通过提供经济补偿、优化政策设计等方式来调和利益冲突，实现政策目标与目标群体利益的和谐统一。这种"联结"关系的建立和维护，不仅有助于增强目标群体对政策的信任和支持，还能促进政策的顺利实施并达成预期目标。

第二节　多样化调适策略的影响因素：一个框架

一　研究视角：政策执行策略为什么存在差异?

关于地方政府如何通过政策调适实现有效治理，现有研究主要基于制度视角、政策视角、组织视角、行动者视角展开了丰富的讨论。

（一）制度视角

制度视角的研究侧重于行政体制、政府层级结构、中央政府的激励与控制等制度性要素对地方政府行为的影响，强调自上而下的制度设计、科层体系以及行政控制等因素是引起地方政府政策调适行为的主要原因。

"中央治官、地方治民"的治理结构（曹正汉，2011）使得地方政府在执行中央政策过程中具有一定的调适空间。国家通过财政分权（Qian and Barry，1997）、行政分权（刘冲等，2014）等制度安排实现利益与治理结构的重构，使地方政府具有一定的经济自主权和地方治理权。周黎安提出

"行政逐级发包制"理论，指出中国纵向政府间关系是一种政府内部多层级之间的发包关系，中央政府作为发包方，将治理任务发包给地方政府，中央政府不直接干预地方政府的职能履行（周黎安，2008）。以上研究表明，地方政府在政府结构中的角色定位为政策执行的"调适"提供了"制度空间"。

中央政府在分权后，通过纵向政府间的问责机制，实现对地方政府的有效控制，确保地方政府的行为在中央允许的范围内（郁建兴、高翔，2012）。中央政府通过"高位推动"的方式影响地方政府的行为选择，从而推动中央政策在地方的有效实施（贺东航、孔繁斌，2019）。中央政府决策层的重视亦是实现政策有效执行的充分条件（薛立强、杨书文，2011）。除此之外，中央政府还通过"晋升锦标赛"调动地方政府及其官员的内生动力，从而激励地方政府在治理过程中结合自身特点，采取多样化的执行策略，积极推动中央政策的贯彻落实，在实现中央政策目标的同时，实现自身的有效治理。有学者进一步指出，激励机制在运作过程中还需要保证激励的适度性：若激励不足，则不能激发地方政府的动力；而激励过多，则会引发地方政府的不当行为（丁煌、定明捷，2004）。

还有学者基于中央与地方政府之间的相互博弈和互动关系，指出中国政策过程呈现"决策删减-执行协商"的特征。为了推动政策实施，上下级政府之间形成了稳定的博弈关系：在决策阶段，决策方会进行权力下放和利益让渡，以确保地方政府拥有一定的政策空间来协调各方利益；在执行阶段，上级政府通过行政推进和监督控制的手段确保政策落实，而地方政府则对政策方案进行逐步细化，并通过重新协商进行资源整合和分配，以确保政策能够在整体上向前推进（薛澜、赵静，2017）。由此可知，地方政府的政策调适行为在政策执行过程的不同阶段会呈现不同的行为特征。

（二）政策视角

政策视角的研究强调政策属性对于地方政府政策执行的影响。政策属性包含多重维度，主要包括政策类型、政策的模糊-冲突属性、政策的复杂程度以及政策适用性等方面。

公共政策根据"政府强制的可能性"和"政府强制发生作用的途径"

两个维度，可以划分为分配政策、规制政策、再分配政策、构成性政策四种类型，而不同政策的执行模式具有较大的差异。这种差异体现在执行主体在政策执行过程中会运用不同的执行策略，从而导致差异化的执行结果（Lowi，1972）。政策的模糊－冲突属性同样会对政策主体产生不同的影响，从而形成行政性执行、政治性执行、试验性执行和象征性执行等不同的执行模式（Matland，1995）。政策目标的模糊性程度及主体间的冲突性程度会对政策执行主体的行为策略产生影响，促使执行者采取不同的执行策略，进而产生不同的政策执行效果（王丛虎等，2023）。其中，政策的复杂属性，即高冲突－高模糊属性，会对政策执行模式、过程和结果产生显著的影响，促使地方政府采取多样化的机制来消解政策的"复杂性"，以促进政策的有效实施（蔡长昆、李悦箫，2021）。

除此之外，政策的其他属性也会对地方政府政策执行产生不同的影响。例如，政策的反馈性与裁量性影响着政策执行过程中协商机制的功能发挥，从而导致政策结果调适、政策结果偏移、政策结果见效、政策结果失败等四种情况的出现。只有在政策反馈性强、政策裁量性强的情境下，政策执行者才会有调适的制度空间，通过探索、细化和修正决策目标，以及调整行动者利益结构等方式，促进政策的进一步实施（赵静，2022）。另外，政策的适用性同样影响着地方政府的行为策略。由于各地区经济社会发展水平不同，中央政策在地方的适用性存在明显的差异：当政策适用度高时，地方政府才更有意愿采取适当的策略实施政策；而当政策适用度低时，地方政府更倾向于采取消极或者不作为的执行模式（梁平汉等，2023）。

（三）组织视角

组织视角的研究注重组织内部结构、组织资源与组织间关系等要素如何影响地方政府政策执行策略。

政策执行需要依托具体的官僚制组织机构，而官僚制组织的结构性要素往往会对政策执行的过程和结果产生重要影响。在中央的统一领导下，地方政府具有一定的自主治理权，因此地方政府不可避免地会形成自身的治理结构和治理需求。有学者根据政府与社会相互联结的不同程度，将治理结构区分为统合式、吸纳式、共治式三种，并指出不同的治理结构对政策执行路径和绩效产生的影响是不同的（葛天任，2018）。

在委托-代理结构下，地方政府的角色定位和利益选择的类型决定了其政策执行的路径、方式和结果。当地方政府兼具作为中央政府的代理人和追求自身利益的行动者双重角色时，会根据中央政策与自身利益契合的程度，采取相应的执行策略（赵静等，2013）。另外，还有学者指出，地方政府在执行中央政策时兼顾了"国家代理人""理性人""社会代理人"三重角色，而地方政府在三重角色上的不同侧重会影响其政策执行的主观意愿及政策目标序列，进而影响地方政府政策执行的策略及结果（赵静等，2013）。

中央政策能否进入地方政府的决策议程并得以实施，还受制于地方政府对这项任务的重视程度以及地方政府能够调动资源的水平（吕芳，2023）。地方政府可利用的资源包括制度性资源和自致性资源，不同类型资源的可获取途径存在差异。因此，为了获取不同类型的资源，地方政府会采取不同的行为策略。

组织间关系也会影响地方政府的政策执行过程和行为策略。从纵向关系来看，中央政府与地方政府之间的权责利益关系及博弈互动的空间均会影响地方政府的行为策略（张永宏，2009）；从横向关系来看，地方政府间的竞争与协作（张绍阳等，2018）、信息阻隔（陈丽君、傅衍，2017）与学习共享、权力与利益冲突（郑寰，2012）等格局亦会影响地方政府的政策执行过程。

（四）行动者视角

行动者视角的研究关注具体的执行者的主观意愿与认知、执行主体之间的协作共识程度以及政策目标群体的参与和遵从程度等要素如何影响地方政府的政策执行策略。

地方政府的决策者以及执行者在推进政策有效执行方面发挥着不可忽视的作用。官员及干部的政策偏好、施政理念、公共服务动机以及其自身的认知水平等存在差异，这会对地方政府的行为策略产生异质性的影响（崔晶，2021）。在同样的政策压力下，只有当中央政策与地方官员的内生动机相契合时，政策执行者才会采取多样化的行为策略，促使政策得到有效实施。

　　当中央政策涉及多元行动者时，地方政府的行为还受到行动者之间的权力与利益结构、协作程度和共识程度的影响。有研究指出，当中央复杂性政策涉及跨部门协作以及未明确执行主体时，地方政府的统筹部门会通过"赋权稳压"和"激励调适"的机制来传导政策压力，打破各部门之间的利益和知识壁垒，推动政策的有效开展（薛澜、张洪汇，2023）。另外，地方政府为了实现政策目标，与执行场域中的多方行动者达成不同程度的联结，从而形成不同的联结特征。当政策行动主体之间形成"松散关联式"（崔晶，2022）协作形式时，能够促进政策的有效执行。而促进多元行动者形成恰当有效的协作模式的关键在于利益与价值的合理分配。只有将不同主体的治理需求与政策目标相结合，达成"共识"（丁煌等，2022），才能更好地实现政策目标。

　　除此之外，政策目标群体的行为选择也会对地方政府的执行行为产生影响。目标群体通过考量政策遵从的收益和成本情况来决定自身的行为策略，当某一项政策的利大于弊时才会参与其中配合政策的执行；然而，当政策损害其利益时，则会通过消极或抗拒的手段来响应政策（朱光喜，2011）。目标群体不同的政策响应行为必然会影响地方政府的行为策略，从而促使地方政府根据不同情况采取政策营销、调整方案、利益协商等方式或行为策略，推动政策的有效开展（王丛虎等，2023）。

二　政策调适的策略、条件和逻辑：一个概念性框架

　　随着国家治理体系的不断健全和完善，中央政策愈发呈现复杂多元的特征，这使得地方政府在政策执行过程中面临多重挑战。为了应对这些挑战，地方政府不断探索和创新政策调适手段，以确保政策的贯彻落实，实现地方的有效治理。地方政府之所以选择不同的调适行为，是多重因素共同作用的结果。基于现有研究，综合当下各理论视角的研究成果，本章将制约地方政府政策调适的影响因素归纳为政策属性、外源压力、内生动力三个方面。在此基础上，本书建构了理解地方政府政策调适行为的概念性分析框架。

　　政策属性是影响地方政府政策调适的重要因素之一。政策的模糊性和复杂性使得地方政府在执行过程中难以准确把握政策的真实意图和具体要求。因此，地方政府需要通过政策转译等调适策略对政策进行深入解读和

阐释，明确政策的内涵和外延，使中央政策更符合地方实际，更具可操作性，从而提升政策的适应性。从这一逻辑来看，政策的模糊性和复杂性既约束了地方政府，也赋能了地方政府，使其拥有更多的可阐释和转译的空间进行执行调适。

外源压力是地方政府政策调适的重要驱动因素。外源压力来自政府内部和社会主体两个层面。政府内部的压力主要来自上级政府的考核和问责压力以及地方政府间的横向竞争，这些压力形塑了地方政府的内生动力，促使地方政府主动采取多样化的措施，确保政策的有效执行。来自社会层面的治理压力则来自民众诉求和舆论压力两个方面，这些压力要求地方政府在执行政策时能够兼顾社会利益和公众需求。

内生动力是地方政府政策调适的关键因素。内生动力主要体现在地方政府自身的治理诉求和治理能力两个方面。治理诉求是地方政府对治理效果的追求和目标设定，而治理能力则是地方政府实现这些目标的资源和手段。只有当地方政府具备了强烈的治理诉求和足够的治理能力时，才能够主动采取多样化的政策调适策略组合，促进政策的顺利实施。

政策属性、外源压力以及内生动力三重条件的不同组合构成了不同的政策情境；这些不同的政策情境对地方政府的调适行为产生了不同的影响。只有当政策情境满足一定的条件时，地方政府才会启动政策调适行为。在具体的政策执行过程中，地方政府会根据不同的政策情境，策略性地选择调适策略组合。

政策调适主要有四种具体的行为策略，即政策转译、结构重塑、向上借力和社会联结。政策转译是指地方政府将上级政策转化为适合地方实际的操作方案；结构重塑是指地方政府通过对自身的组织结构、利益结构、资源结构、协作结构进行调整和优化，以提升自身的政策执行能力，适应政策执行的需要；向上借力是指地方政府通过向中央政府争取更多的"制度空间"和制度性资源，为政策的执行提供有力的制度保障；社会联结则是指地方政府通过与社会主体建立紧密的合作关系，吸纳社会力量，形成合力，共同推动政策的执行。

四种调适策略根据不同的政策情境，形成不同的策略组合，共同作用于政策执行（见图3-1）。

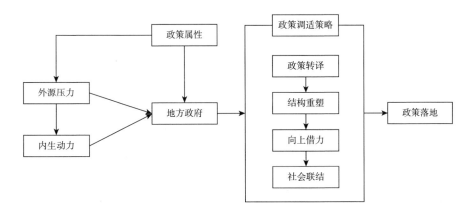

图 3-1　地方政府政策调适的理论框架

资料来源：作者自制。

第三节　地方政府政策调适策略的影响因素分析

政策属性、外源压力和内生动力是影响地方政府政策调适行为的三大要素。这三大要素相互作用、相互制约，共同塑造着地方政府在政策执行过程中的调适行为和调适策略选择。政策属性是政策调适的前提条件，外源压力是政策调适的重要驱动力，内生动力则是政策调适的内在保障。

一　政策属性

政策属性是影响政策执行过程和效果的重要因素。政策的不同属性及类型会形成不同的政策执行模式，这已然成为学界的共识。其中，政策的模糊性和复杂性是引起地方政府调适行为的关键因素。

（一）政策的模糊性

政策的模糊性是地方政府产生政策调适行为的重要前提条件。政策的模糊性是指政策内容具有高度的宏观性和抽象性，具体体现在政策目标、政策工具或手段的原则性与笼统性表述上，以及政策结果的不可预知性和政策理解上的多样性（王丛虎，2023）。

现有研究普遍认为，政策的模糊性赋予执行主体广泛的自由裁量权，使其在自由裁量权范围内选择符合组织和个体偏好的执行方式与策略（王法硕、王如一，2021）。模糊性具有"诠释灵活性"，有助于提高政策的适应性，并减少政策执行过程中的矛盾和冲突。马特兰德认为，模糊性不应被视为政策的缺陷，相反，其积极影响在于能够有效限制冲突（Matland，1995）。在中国，政策的模糊性被视为推动改革创新的重要因素。中央政府通过模糊性政策，允许地方政府结合当地实际进行灵活执行，从而有效激励地方政府的自主创新，促进科层组织形成创新政绩（刘培伟，2010）。

然而，政策的模糊性并非必然引起地方政府正向的调适行为。在不同的执行压力或内生激励的政策情境下，地方政府的行为策略必然是不同的。但是，政策的模糊性是政策调适行为的前提，若政策不具备模糊性，而是十分明确或模糊性较低的情况下，由于地方政府没有足够的调适空间，往往采取标准性执行（张翔，2023）、程序性执行（傅利平等，2021）等方式。

（二）政策的复杂性

政策的复杂性亦是影响地方政府调适行为的重要方面。政策复杂性不仅源于政策本身的属性，还涉及政策执行过程中的各种因素。有研究指出，复杂性政策是指具有高模糊性和高冲突属性的政策。其中，高冲突性指政策执行主体之间在立场、主张以及利益等方面存在高度不一致的情况，但仍保持相互依赖的关系；高模糊性指政策目标和政策工具的模糊性（蔡长昆、李悦箫，2021）。本章在已有研究的基础上，对政策的复杂属性作进一步的补充说明。政策的复杂性不仅体现在执行主体之间的利益冲突上，还体现在政策内容的丰富性、政策任务的繁重性、参与主体的多元性以及目标群体的复杂网络等方面。

在相同的政策情境下，当地方政府执行"低模糊-低冲突"政策时，地方政府在执行过程中并不存在过多的利益冲突和不确定性，因此选择"行政性执行"（Matland，1995）模式，即按照政策规定执行，不涉及过多的解释和调适。当面对复杂性政策时，地方政府需要采取多样化的调适策略。当中央政府的政策内容繁多时，地方政府往往通过政策解读、政策学习的调适策略，提升对中央政策的理解和认识；当政策任务繁重且不够明晰时，地方政府会通过政策任务的分解和排序等政策转译手段，将政策转化为更具操作性的政策方案；当中央政策为跨部门、跨地区的复杂性政策时，地方政府通过利益重塑、分工协作等结构重塑的调适策略，以期消除复杂性政策带来的协作困境；当中央政策涉及广泛的社会公众时，则通过吸纳社会力量、与目标群体互动等社会联结的调适策略，促使政策顺利实施。

二　地方政府政策调适的外源压力

外源压力是指来自地方政府外部环境的压力，其中包括来自社会层面的治理压力。而政府内部的政策执行压力则分为上级政府的考核与问责压力以及横向政府间的竞争压力两个方面；来自社会层面的治理压力体现为民众诉求和舆论压力两个方面。

（一）来自政府内部的政策压力

政策执行是地方政府实现政策目标的关键环节，而政府内部面临的多重压力对地方政府的政策执行策略选择具有深远影响。这些压力主要来自上级政府的考核与问责以及同级政府间的竞争。

1. 上级政府的考核与问责压力

来自中央政府的执行压力是影响地方政府政策执行策略选择的重要因素。在压力型体制之下，中央政府通过一系列行政控制手段，如目标管理责任制、政策监督和绩效考核等，对地方政府的政策执行行为进行严格约束，从而促使地方政府更好地实现政策目标（黄振华、杨文迪，2024）。

目标管理责任制要求地方政府明确政策目标，制定具体实施方案，并在规定时间内完成，否则将面临相应的问责和惩罚。中央政府还通过定期的监督和考核，评估地方政府的政策执行效果，并根据评估结果进行奖惩。在这种机制下，地方政府在执行政策时，为了应对中央政府的监督和考核，往往采取更加符合中央政府要求的执行策略。政策执行的压力不仅体现在任务的完成质量上，更体现在完成任务的时效性和创新性上。

中央政府施加的政策压力，压缩了地方政府消极执行的空间，强化了地方政府政策执行的内生动力。虽然并非所有的政策压力都能确保政策的有效实施（刘骥、熊彩，2015），但也有研究证明，地方政府的上级政策压力不足是产生政策执行偏差的重要原因（文宏、李风山，2021）。因此，中央的政策压力仍然是地方政府有效调适的重要前提。

2. 横向政府间的竞争压力

横向政府间的竞争压力也是影响地方政府调适策略的重要因素。中央政府通过"晋升锦标赛"（周黎安，2007）等激励机制，激发地方政府政策调适的内生动力。中央政策通过设定明确的任务目标和评比标准，为地方政府间的竞争提供了平台。地方政府为了获得更多的晋升机会和行政资源，主动采取多样化的执行策略，推动政策顺利实施。这种竞争环境促使地方政府在政策执行过程中更加注重实际效果，注重创新和效率，以期在"晋升锦标赛"中脱颖而出。

在横向政府间的竞争压力下，地方政府不仅需要关注自身政策的执行效果，还需要关注其他地方政府的政策执行情况。地方政府会通过政策学习的方式不断提升自身的政策执行能力，探索更多的政策工具和解决方案，以期在竞争中获得优势地位。

"晋升锦标赛"所产生的约束压力具有不确定性，很大程度上取决于地方政府之间政策执行绩效的对比与竞争。当地方政府面临激烈的绩效竞争时，政策执行的压力也会随之提升（李玉霞，2024）。

（二）来自社会的治理压力

在地方政府执行政策的过程中，除了受到中央政府自上而下的纵向压力外，还面临着来自社会层面的治理压力。这种压力主要来自两个方面：民众诉求和舆论压力。

1. 民众诉求

民众诉求是地方政府政策执行过程中不可忽视的重要因素。地方政府需要密切关注辖区民众的权利意识和组织化程度，因为这两者会直接影响政策执行的过程和结果（徐建牛、施高键，2021）。社会民众对一项政策的认同和遵从程度，是决定政策能否顺利实施的关键因素。当民众对政策持积极态度并愿意配合执行时，政策的实施往往会更加顺利（朱光喜，2011）。相反，如果民众对政策缺乏认同或持消极态度，往往会导致政策执行偏差（吴群芳、刘清华，2021）。

政策执行过程中往往涉及不同主体之间的资源分配。当资源分配结果不符合民众或目标群体的诉求时，他们会采取"向政府部门反映""不配合""不参与"等相对消极的方式来表达自身的利益诉求，从而影响政策的有效实施。为了缓解来自社会民众的治理压力，政府部门需要采取一系列策略。一方面，政府部门通过策略性地利用社会压力与上级政府进行讨价还价，以争取更多的资源和支持，从而达成预期的政策目标。另一方面，政府部门还通过加强沟通与协商、提供补偿等互动联结的方式来缓解矛盾和冲突，从而争取民众的理解和支持，为政策的顺利实施创造更加有利的环境。

2. 舆论压力

舆论压力也是地方政府需要面对的重要挑战。在数字治理日益成为现代社会治理重要组成部分的背景下，社会媒体和公众的社会舆论对地方政府治理过程的影响日益显著。社会舆论不仅能够触发政策议程和政策变迁（保罗·A. 萨巴蒂尔，2004），而且也会影响政策执行。地方政府在政策执行时，需要充分考虑到社会舆论的反应和期望，以确保政策能够得到顺利实施并取得良好的社会效果。

地方政府的政策执行行为往往受到社会媒体的广泛关注和监督。公众声音对地方政府的行为具有重要的影响（李乐乐等，2024）。当地方政府的行为不符合公平正义的社会伦理道德时，社会媒体往往会进行深入的调查和报道，引发公众的关注和批评。这种社会舆论的压力会迫使地方政府重新审视自身行为，并作出相应的调整，维护良好的政府形象，以期取得社会信任。

社会舆论的正向评价往往会激发地方政府的内生动机，从而使其积极采取措施，推动政策的执行，以期在公众中塑造良好的形象；然而，负面评价则会使地方政府调整自身的行为策略，比如加强政策的宣传解释、提升政策的透明度、选择更加符合民意的政策执行方案，以此来赢得公众的信任和支持，与公众建立良好的互动关系，共同推动政策的顺利实施和社会治理的进步。

三　地方政府政策调适的内生动力

内生动力是指来自地方政府内部并推动其自身发展的力量。地方政府的内生动力一方面体现为对自身发展的利益诉求，另一方面也受到其自身治理能力的限制。

（一）自身利益诉求

地方政府在执行中央政策时，常常扮演着双重角色。作为中央政府的代理人，地方政府需要忠实执行中央政策；同时，作为地方利益的维护者，地方政府又需要兼顾地方的实际需求。这种双重角色使得地方政府在执行政策时，需要兼顾中央政府的政策目标和地方的实际需求，从而展现出相对独立的适用性判断与利益诉求。这种利益诉求是地方政府内生动力的重要组成部分，它促使地方政府在执行政策时做出适应性的调整，以满足地方经济社会发展的治理需求。

首先，地方政府的任务是满足自身经济社会发展的治理需求，协调和维护地方的各方面利益。这意味着地方政府在执行政策时，必须考虑到地方的经济、社会、文化等多方面因素，确保政策符合地方的实际需要。这种治理需求是地方政府执行策略的重要驱动力，促使地方政府在执行政策时做出适应性的调整。

其次，利益契合度是影响地方政府执行策略的关键因素。利益契合度指的是上级政府的政策目标与地方利益的一致程度（徐建牛、施高键，2021）。当中央政府与地方政府的利益契合度高时，地方政府会有更强的内生动力去积极调适政策执行策略，推动政策的落实，甚至追求创造性执行。这种情况下，地方政府会充分利用自身的资源和优势，为政策的顺利实施创造有利条件。然而，当利益契合度较低时，地方政府可能会采取消极的执行策略，导致政策执行效果并不理想。

最后，地方政府的内生动力还受到外源压力的形塑（李珲，2023）。来自上级政府的晋升激励与问责压力，以及来自社会的治理压力，都会对地方政府的政策执行调适策略产生影响。这些外源压力会激发地方政府的内生动力，促使其采取积极的调适策略，以实现政策目标。

（二）治理能力

地方政府的治理能力是实现有效治理的关键所在，对政策执行过程和结果具有深远的影响。治理能力的高低直接关系到地方政府能否高效、有序地执行中央政策。地方政府的治理能力主要体现在资源水平和政策执行能力两个方面。

首先，地方政府的资源结构是治理能力的重要组成部分。治理资源是地方政府推动政策执行的基础。当地方政府拥有丰富的治理资源时，可以依靠制度性资源，如中央的财政支持等，来推动政策的顺利实施。然而，当执行部门面临治理资源不足的情况时，则需要通过资源整合，获取更多的自致性资源（吕芳，2023）。这包括整合政府内部资源以及与私营部门、社会组织、社区等合作伙伴建立合作关系，共同推动政策的执行。通过这种方式，地方政府可以充分利用外部资源，弥补自身资源的不足，确保政策的顺利执行。

其次，地方政府的政策执行能力对治理能力具有重要影响。政策执行能力体现在具体的执行人员的认知水平、职业素养、组织协调能力等方面（崔晶，2021）。在其他情境相同的情况下，当政策执行能力较强时，地方政府能够准确解读和理解政策，有效组织和协调各方资源，保障政策的顺利实施；然而，当政策执行能力较弱时，地方政府往往会通过政策学习的方式提升政策执行力，深化对政策的认识，探索和创新更多的政策执行方案，从而适应快速变化的政策环境。

第四节 地方政府的政策调适逻辑

地方政府的政策调适行为受到中央的政策属性、地方政府面临的外源压力以及地方政府自身的内生动力这三种要素的约束和影响。只有当这三种要素满足一定的条件时，才能够激发地方政府的政策调适行为，从而更好地推进政策的落实。地方政府会根据不同的条件组合采取不同的策略组合（如表 3-1 所示）。

表 3-1 政策情境条件与调适策略的适配性选择

政策属性		外源压力		内生动力		政策调适策略			
政策模糊性	政策复杂性	科层内部压力	社会压力	自身利益诉求	治理能力	政策转译	结构重塑	向上借力	社会联结
+	−	+	−	+	+	+	−	−	−
+	+	+	+	+	+	+	+	−	−
+	+	+	−	+	+	+	+	+	−
+	+	+	+	+	−	+	+	+	+

注：+表示具备该要素特征，−表示缺乏该要素特征。
资料来源：作者自制。

一　政策调适行为的必要条件

当中央政策进入地方场域时，地方政府会根据不同的政策情境采取相应的执行手段。政策情境主要是由政策属性、外源压力和内生动力三个要素的不同组合构成的。只有当地方政府面临模糊性政策、高度的政府内部压力以及与自身利益诉求高度契合的政策情境时，地方政府才会采取主动的调适策略，推进政策的落实，从而更有可能实现有效治理。

政策的模糊性是政策调适产生的必要条件之一。这是因为低模糊性政策未给予地方政府足够的调适空间，执行者只能严格按照上级的政策要求执行，而不会对原有政策情境进行调适。因此，政策模糊性是政策调适产生的前提条件。但是，这并不意味着模糊性政策必然导致政策调适，仍需要满足其他条件。

高度的政府内部压力，尤其是上级的考核问责压力或者上级的认可和同意，是政策调适的必要条件。这是由于，现有大量研究已经证明，中国的政策执行具有"高位推动"的特征（薛立强、杨书文，2011），中央政府的重视是政策顺利实施以及创新式政策执行的重要前提（庞明礼，2019）。中央的"重视"主要是通过考核与问责的行政控制手段以及控制晋升和行政资源分配的方式体现。除此之外，政策实践中仍存在一些在不具备高度的上级问责考核压力条件下，仍发生政策调适行为的情况，但地方政府在这些情况下仍然需要上级领导的批准和支持，才能获得调适行为的合法性，规避因其自主性行为产生的问责风险（陈思丞等，2024）。因此，来自上级的政策压力是引起地方政府政策调适行为的必要条件之一。然而，并非所有的外源压力都能推进政策的落实，还需要契合地方政府的内生动力。

中央政策与地方政府自身利益诉求相契合是政策调适行为产生的必要条件。这是由于当地方政府面临高度的外源压力时，若中央政策不符合地方的自身利益诉求，地方政府往往采取"上有政策、下有对策"（丁煌、定明捷，2004）等消极的政策执行策略，从而偏离原有的政策目标，无法实现有效治理。只有当中央政策与地方政府的自身利益诉求高度契合时，地方政府才会采取主动的调适策略，推动政策的顺利落实。

因此，政策调适行为的产生是政策属性、外源压力和内生动力三个要素相互作用的结果。地方政府在执行中央政策时，需要精准识别中央政策的属性、面临的外源压力，以及这些政策与自身治理诉求的契合程度，从而决定自身的行为动机，采取适当的调适行为，以确保政策顺利执行和目标的实现。

二 政策执行过程与调适策略选择

（一）作为一个过程的政策执行

政策执行是对一项基本政策决定的实施，通常蕴含在一个法规、行政命令或法院判决之中。政策执行一般从基本法令通过开始，经过执行机构的实施，到目标群体的政策遵从，再到产生（未）预期的结果，并最终导致机构和法令政策的重新调整，这是一个完整的过程（Mazmanian and Sabatier，1983）。换言之，政策执行并非理所应当的被动接受的过程，而是一个主动调适的能动过程。

政策执行过程不仅是策略选择的过程，也是地方政府应对政策任务进行组织调适的过程。地方政府需要根据自身的实际情况和资源条件，制定具体的执行方案和策略，并建立相应的执行机构和工作机制。同时，地方政府还需要积极与上级政府、目标群体和其他相关主体进行沟通和协调，以确保政策能够顺利实施并取得预期效果。

政策执行是一个包含多个基本环节和功能活动的复杂过程。政策执行通常包括准备、实施和总结三个阶段（陈庆云，2006）。在地方政府层面，这一过程可以进一步细化为计划制定、组织实施和反馈互动三个主要环节。在不同的环节，地方政府所关注的重心是不同的。具体而言，在计划制定阶段，地方政府关注的是如何将宏观且抽象的中央政策转化为更为具体、操作性强且地方化的政策方案，需要明确政策目标，并选择恰当的政策工具。因此，在此阶段，政策转译成为地方政府选择和运用的最主要的调适策略。然而，这并不意味着此阶段只能或单一地运用政策转译的调适策略，地方政府仍然会根据政策情境的变化采取相应的其他措施，以消除政策执行的困境，为政策实施提供更有利的条件。

在组织实施阶段，地方政府更多地关注如何在现有条件下最有效地执行政策。因此，它们会通过对自身的组织结构、利益结构、协作结构和资源结构等方面进行调整和整合，建立相关执行机构，明确各执行部门的职责分工，整合相应的治理资源，以推动政策的全面实施。这是由于地方政府虽然可以借助外部力量，但仍是政策执行的主要责任主体，外部力量对政策执行的作用相对有限。因此，地方政府主要通过提升自身治理能力的方式推进政策，并在此基础上，进一步通过向上借力等辅助方式，共同作用于政策的执行。

在反馈互动的阶段，地方政府更多地关注如何满足公众的诉求，以使政策的执行能够得到社会公众的遵从，并实现有效治理。因此，在此阶段，执行部门主要采取社会联结的策略，以打通政策执行的"最后一公里"。政策执行者与社会公众之间的互动，必然也会反作用于政策执行的其他阶段，例如，公众的意见被采纳进政策方案之中，公众的态度也会影响政策执行者的行为策略等。因此，地方政府的执行过程既是错综复杂的，亦是有迹可循的。

（二）执行过程与调适策略

地方政府的政策调适策略选择不仅与其所处的政策情境相关，还与政策执行过程的不同阶段有关。换言之，由于地方政府在政策执行的不同阶段关注点不同，其选择的政策调适策略亦存在一定的差异。

如上文的论述，地方政府是否会采取政策调适行为，取决于政策模糊性、政府面临的外源性压力以及政策是否契合地方政府的利益诉求这三个条件；然而，在何种政策情境下选择何种调适策略，还需要根据政策的复杂属性、社会治理面临的外源性压力以及地方政府的治理能力等条件的不同组合情况来确定。因此，地方政府在政策的不同执行阶段，会根据政策情境要素的不同情况，选择相应的政策调适策略。

首先，当中央政策传递至地方场域时，地方政府便进入了政策执行的计划制定阶段。当政策情境满足政策调适行为的三个必备条件时，地方政府会通过制定地方化的政策方案这一政策转译手段，对中央政策进行细化和分解。进而，根据政策情境其他条件的不同，选择适当的调适策略。当中央政策属性为复杂政策，或地方政府治理能力不足时，具体而言，即政策内容繁多或政策执行能力不足时，地方政府则会运用政策学习、调整政策工具选择等策略来加强对政策的认知，提升政策执行能力。当地方政府面临来自社会的压力时，则通过话语建构的方式，提升社会主体对政策的认可程度，化解与社会主体之间的矛盾和冲突。

在计划制定阶段，地方政府并非只采取单一的政策转译调适策略，可能还需要借助其他的调适策略。例如，为了使政策方案具有更高的合法性，地方政府通过向上争取更多的"制度空间"，为政策调适行为提供更多容错空间，从而避免问责的风险。

其次，当地方政府的政策执行进入组织实施阶段，并且在执行复杂政策以及面临治理能力不足的政策情境时，地方政府会采取组织内部的结构重塑等调适策略。具体而言，当复杂性政策涉及多元执行主体且存在利益冲突时，地方政府的统筹部门则会通过利益结构调整和组织再造的方式明确责任主体，实现利益的整合；当地方政府在执行跨区域、跨部门的中央政策，面临不同行动主体之间的协作难题时，则会通过构建多元、多层级的协作机制，加强不同职能部门间的沟通和协商，达成共识，形成有效的协作网络，消解政策执行过程中的矛盾和冲突；当执行主体的治理资源不足时，则会通过对自身资源结构的调整，实现资源的有效配置和整合，为政策的顺利实施提供充分的资源保障。在组织实施阶段，当地方政府无法通过自身治理资源推动政策执行时，还会通过向上级借力等方式，争取更多的治理资源，从而保障政策的执行拥有充分的治理资源。

最后，当地方政府的政策执行进入反馈互动阶段，且面临高度的社会性压力和自身治理能力不足的情境时，则会采取向上借力和社会联结的政策调适策略，以弥补治理能力的不足，缓解外部压力。具体而言，为了获取更多治理资源并投入到政策执行过程中，地方政府会通过争取制度性资源以及吸纳社会资源的方式，实现资源的整合和有效配置。为了缓解社会压力，地方政府则与目标群体等社会主体进行有效的沟通和协商，建立恰当的联结关系，从而减少与社会主体之间的信息偏差，使政策执行更符合民众的意愿。

政策执行阶段与政策调适策略选择并非严格意义上的对应关系，而是一种松散对应的关系。这是因为地方政府的政策执行是一个复杂而动态的过程，面临着许多未知和混沌的情境。然而，这并不意味着地方政府的政策执行及其调适策略选择的过程是无序的。地方政府政策执行过程与调适策略选择之间仍保持着松散的对应关系（见图3-2）。

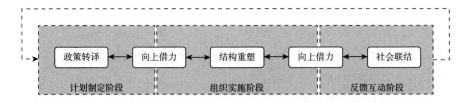

图 3-2　政策执行过程与政策调适策略选择

资料来源：作者自制。

三　条件与调适策略

在政策的实际执行过程中，地方政府选择政策调适策略是一个极为复杂的动态过程。这不仅涉及政策本身的属性、外部环境的压力，还涉及地方政府自身的利益诉求等多重因素。因此，地方政府在面对不同的政策情境时，必须灵活选择和调整策略组合，以确保政策的有效实施和目标的顺利达成。

地方政府并非处于无条件的真空情境下，而是置身于多种条件以不同序列组合而成的政策情境中。地方政府也并不只是单独运用某一调适策略，就能达到有效治理的目标，而是需要综合考量不同的政策情境条件组合，策略性地选择适当的调适策略组合，从而推动政策的有效实施，最终实现政策的真正落地。这种选择的过程，实际上是对政策情境进行深度识别和分析的过程。地方政府通过对政策属性与外源压力进行识别，进而与自身的内生动力相结合，根据政策情境的不同情况，采取多样化的调适策略，形成有机的策略组合，以推动政策的有效执行。

具体而言，地方政府在面对复杂的政策环境时，会采取多样化的策略组合（如表 3-1 和图 3-3 所示）。首先，当地方政府面临高强度的政府内部压力、高契合的内生动力以及模糊性政策时，地方政府会启动政策调适行为，而最先选择的策略则是政策转译，即将中央的政策转化为更符合地方实际的操作方案。不论政策情境的其他条件如何，地方政府都会选择使用政策转译的策略，这是政策调适的第一环节，但具体的操作方式会根据不同情境产生一定的差别。

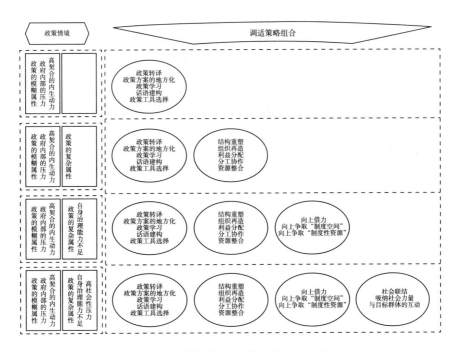

图 3-3 政策情境与政策调适策略组合

资料来源：作者自制。

其次，政策的复杂属性是影响地方政府调适策略选择的重要因素。当政策情境满足引起政策调适行为的必备条件，且地方政府执行复杂性政策时可以依靠自身力量推动政策执行，而未涉及社会压力时，地方政府则会通过政策转译和组织内部结构重塑的策略组合来推动政策的执行。地方政府通过调整自身组织结构、利益结构、协作结构以及资源结构等方面，明确政策执行的责任主体，消除冲突和矛盾，提升自身的治理能力，从而推动政策的顺利实施。

再次，地方政府的治理能力是影响其是否借助组织外部力量的重要因素。当地方政府无法依靠自身力量实现有效治理时，则需要采取更为复杂的策略组合。地方政府通过政策转译、结构重塑和向上借力的策略组合，在政策转译以及组织自身结构调整的基础上，还需要向中央政府争取更多的制度空间和制度性资源，以保障有足够的自主性和治理资源，推动政策的执行。

最后，政策执行是否面临社会压力，是影响地方政府是否选择社会联结策略的关键因素。在其他条件一致的情境下，当地方政府面临高度的社会压力时，地方政府会选择通过政策转译、结构调适和社会联结，或者政策转译、结构调适、向上借力、社会联结这两种策略组合，来推动政策的执行。地方政府无法通过调整自身结构或向上借力的策略来解决社会压力，因此，必然通过加强与社会主体之间的沟通和协调，与其建立联合互动关系，这样既能消解社会主体的矛盾和冲突，又能够汲取更多的社会力量，形成有效的执行共同体，共同推动政策的实施。

这种策略组合的选择和运用，体现了地方政府在政策执行过程中的主动性和创新性。地方政府不再是被动的执行者，而是成为政策执行的主动塑造者。地方政府不仅需要精准识别政策属性和外源性压力，还需要充分掌握地方的实际情况，从而对政策进行再创造和再执行。这种再创造的过程，就是地方政府对政策及其情境进行调适和优化的过程。总的来说，地方政府在政策实践中的调适策略选择和运用，是一个复杂而动态的过程。这不仅需要地方政府具备深厚的政策理解和分析能力，还需要具备灵活的策略选择和调整能力，以应对不断变化的政策环境和目标。

第五节　结论与讨论

在地方政府的政策执行过程中，政策调适是一项至关重要的行为策略，它对实现政策目标及达成有效治理具有决定性的影响。地方政府作出政策调适行为，是建立在政策情境符合特定适用条件的基础之上的。与此同时，地方政府会根据不同政策情境条件组合的情况，选择适当的调适策略组合，从而达到有效治理的目标。

政策调适受到政策属性、外源压力以及内生动力三种要素的共同影响。

首先，政策属性是政策调适的前提条件。政策的模糊属性和复杂属性，都会直接影响到地方政府在执行过程中的行为选择和策略调整。例如，模糊性政策往往需要地方政府在执行过程中进行更多的解释和细化，为政策调适提供了更大的空间。同时，政策类型、政策的模糊-冲突属性对外源压力产生差异化的影响。

其次，外源压力是政策调适的重要驱动力。外源压力一方面源于政府内部的考核问责，另一方面来自社会主体的治理要求和舆论压力。外源压力对政策调适的影响，不仅体现在其直接推动作用上，更体现在其对内生动力的激发上。地方政府在面对外部压力时，需要平衡各种利益诉求，调整自身动力结构，以实现政策的有效执行和调适。在这一过程中，地方政府需要展现出高度的灵活性和应变能力，根据外部环境的变化和政策执行的不同阶段，不断调整其策略组合和行为模式。

最后，内生动力是政策调适的内在保障。内生动力源自地方政府自身的治理诉求和发展需求。地方政府在执行政策时，不仅要遵循上级政府的指导和要求，还要结合本地实际情况和自身发展需求，进行政策调适和创新。内生动力的大小和方向，直接影响着地方政府在政策执行过程中的行为模式和策略选择。只有当内生动力与外源压力相契合时，地方政府才能有效地进行政策调适，推动政策的落实和施行。

地方政府根据政策属性、外源压力和内生动力的不同条件组合，主要通过采取政策转译、结构调适、向上借力、社会联结四种调适策略，推动政策的顺利实施，实现地方的有效治理。

政策执行过程中的政策调适具有动态性。随着政策执行的不同阶段和外部环境的变化，地方政府需要对其策略组合和行为模式进行不断调整。这种动态性不仅体现在策略选择上的灵活性，更体现在地方政府对政策执行效果的持续关注和优化上。例如，在政策实施的初期，地方政府可能需要更多地关注如何将中央的政策转化为更符合地方实际的政策方案，因此采取政策转译的调适策略，使中央政策更具可操作性；在政策全面实施阶段，地方政府则更多地关注如何有效地运用自身力量推动政策的执行，因此会采取结构重塑的调适策略，对政府内部的组织、利益、协作、资源等结构进行调整，从而实现政策的全面推进；而在政策实施的后期，地方政府则需要更多地关注中央反馈、社会反馈和公众需求，因此更多地采取向上借力和社会联结的调适策略，以不断优化政策效果。这种动态调适的过程，正是地方政府实现有效治理的关键所在。

此外，在评价政策执行效果时，不仅要考量是否实现了政策目标、是否符合当地的实际情况，还要充分考虑政策的执行是否真正解决了某个具体的社会问题，以及是否产生了政策执行的外部性问题。只有这样，才能更客观地反映政策执行效果，为未来的政策制定和执行提供有益的参考和借鉴。

综上所述，政策调适在地方政府政策执行过程中具有至关重要的作用。它受到政策属性、外源压力以及内生动力这三种要素的共同影响，并呈现动态性的特征。为了更好地实现政策目标和有效治理，地方政府需要充分理解并应对这些影响因素，灵活地调整其策略组合和行为模式。同时，还需要不断完善政策评价体系，以更全面地反映政策执行效果，为未来的政策制定和执行提供更有力的支持。

第四章 "通过动员进行治理":
知识图谱与分析框架

引　言

　　动员作为中国政策过程的重要组成部分,在政策议程设置方面,特别是在通过政策执行以达成政策目标的方式上,展现出非常强的中国特色。随着经济社会的发展和棘手问题的增多,动员成为提升国家治理能力的重要制度安排。动员对中国的国家及地方治理结构、治理制度变迁以及治理效能产生了复杂而深刻的影响。本章的目标是研究动员在中国治理情境中的发生与存续、动员过程的内在机理、动员与常规制度安排的关系及其转化等议题,并在此基础上尝试建构一个分析动员模式的组织学分析框架。这些研究议题对于理解中国的政策过程特色、构建多样化的治理模式、整合不同政策工具来规避治理风险和克服相应挑战而言,具有重要的理论价值和现实意义。

　　在制度化的理论视角下,动员是相对于常规制度安排的一个概念。所谓动员,是指在特定的政策部门或者治理场域之内,为了解决某项具有紧迫性的治理议题,由党或党领导下的特定层级的政府发起,超越原有政策部门内既定的治理程序和结构而构建的临时性的治理制度安排。[①] 在动员的概念范畴内体现出了典型的中国式政策过程的特征——采取"非常规化"

---

① 本书的经验现象聚焦于发生在改革开放后国家和地方/基层(中央和地方)治理实践中的动员。由于长时间跨度的实践衍生出了不同的动员经验,在当下的研究中,这一经验概念的使用较为随意,这影响了对动员的共识性理解的达成。本书将动员视为中观层次上的治理制度安排,文献综述的范围也主要限定在针对这一经验现象所展开的研究。有关文献范围的说明参见后文"数据来源及处理"和"何谓动员?"等部分。

的组织结构和组织机制以实现政策目标。具体而言，动员的"非常规化"结构具有高度紧迫性、临时倡议性、紧密协调性和明确目标性（Van Rooij，2006；Biddulph and Zhu，2012）。

本章认为，对动员的进一步讨论存在三个基本前提。首先，尽管可以通过"锚定"或参照常规制度安排或科层制来帮助我们阐释动员这一经验现象，但是由于实践中动员与常规之间存在复杂的交织关系，我们无法直接用"有界"的"非常规治理模式"来界定动员，也不能直接将动员排除在常规制度安排之外。要深入理解动员，需要把动员嵌入制度化的过程中。在制度化视角下，作为一种制度安排，动员必然包含特定的组织过程和机制；动员既是一种制度化过程，也是制度化的结果。其次，动员与常规之间的关系超越了二元结构，且存在复杂的混合、转化、演化等制度化的机制。动员的制度化机制既存在于动员发生过程之中，也存在于动员发生之前与动员消解之后的治理过程中。最后，动员内部并非呈现单一的组织模式，特定的制度环境和任务环境也会影响动员的内在组织结构和组织机制的选择；动员也会随时间推移在地方治理制度变迁的过程中展开。进一步讨论动员的制度环境和任务环境的影响，有助于进一步理解动员在地方中何以可能、何以发生以及何以演进的内在逻辑。

本章的核心目标是通过系统性文献综述，以"动员"——一种中国实现经济社会治理目标的制度安排——为对象，厘定"动员"概念的内涵与外延，理清当下国内外相关研究的学术争议及其演进逻辑，并以此为基础构建分析动员治理过程及其制度化机制的整体性理论框架。在本书中，首先，通过 CiteSpace 软件分析这一主题下所包含的核心主题群以及研究主题的演进规律；其次，结合可视化分析结果，对该主题中的核心文献进行精读，以进一步打开动员研究的"黑箱"，从整体上理清动员的内涵、研究视角与研究议题演进的脉络，并探究其原因；再次，归纳动员研究的理论要素，构建动员治理过程的理论分析框架；最后，针对现有研究的缺陷，设定未来研究的议程。

本章的贡献主要包括三个方面。其一，通过梳理动员的不同内涵，界定了动员的概念内涵及其外延，明确了其内部要素。对概念的梳理和界定可以有效清理当下研究乱象，为后续研究提供理论"锚点"。其二，梳理了动员研究的理论视角以及研究议题的演进过程和逻辑，对原有的较为复杂和分散的研究构建了知识树。这有助于降低动员研究的"内卷"程度，为后续的深入理论累积奠定知识基础。其三，基于系统的文献梳理，搭建了动员治理过程的理论分析框架，为未来的动员研究构建了新议程。这一动员治理过程的理论框架和未来的研究议程，既可以深化对通过动员进行治理这一颇具中国特色的治理模式的理解，也为国际公共管理学提供了做出理论贡献的新机会。

第一节　总体文献描述

一　数据来源及处理

本书数据主要源于 1999~2024 年 CNKI（中国知网）的北大核心期刊和 CSSCI 期刊数据库中的中文文献[①]，以及 1990~2024 年 Web of Science 核心合集数据库（以下简称"WOS"）中收录的英文期刊。

中文文献检索范围限定在以"通过动员进行治理"为研究对象的文献。检索策略为不限制起始时间，以"政治运动""运动式执法""运动式治理""政策动员""动员政治""运动型治理""动员式治理""专项治理""国家运动"为主题检索词进行检索。[②] 经过筛选和去重，最终检索出有效期刊论文 235 篇（截止日期为 2024 年 3 月 21 日）。这些文章的 CNKI 数据被处理成 CiteSpace.6.1.R6 软件可识别的数据格式，以备进一步分析。

英文文献检索范围限定在以中国治理实践中的动员为研究对象的文献。英文文献检索策略为不限制起始时间，以"((TS =（campaign-style governance))AND（TS =（China)))OR((TS =（campaign))AND（TS =（China)))OR((TS =（mobilization))AND（TS =（China)))"为检索式，依据类别"Political Science""Sociology""Social Science Interdisciplinary""Public

---

① 为了文献检索的便利性和可比性，进行文献计量的数据不包括著作、研究报告或硕博士学位论文等。

② 根据这些主题词共检索得到 794 条结果。中文文献筛选方式为：①筛除信息不完整的文章，如无作者、无摘要的文章；②筛除与政治学与行政学等学科明显不相关的研究，如地方志、史学、教育学、文学、新闻学、美术等；③筛除与主题无关的文章，如与社会主体发起的社会动员、社会运动和集体行动等相关的文章。

Administration""Management"进行提炼，筛除与研究主题不相关的研究。[①]
同时，在对所有英文文献进行全文阅读后，还通过"滚雪球"方式回溯了
未被检索到的文献，最终得到 89 篇论文（截止日期为 2024 年 3 月 23 日）。

二　数据分析方法

本书采用 CiteSpace.6.1.R6 软件进行文献计量知识图谱分析，即用数学
和统计学方法对文献的数量关系、分布结构与变化规律进行分析，通过可
视化技术描述研究进程，了解和预测学科前沿及动态。本书利用软件绘制
的知识图谱，包括基于 CNKI 的关键词共现网络聚类分析图谱、关键词共现
网络 Timeline 聚类分析图谱与突变词分析表进行分析。

通过对经典文献进行进一步回溯与精读，本书发现中文文献的演进时
间区间与英文文献存在差异。英文文献更早进入动员研究领域，且在同类
研究议题中，中英文文献研究的生命周期也存在差异。由于中文文献数据
量更大，近期研究成果更丰富，研究脉络更为系统与完整，本书选择以中
文文献的演进脉络为线索，将英文文献归入这一演进脉络中一并进行综述。
接下来，本书将结合文献计量分析结果及知识图谱，从核心概念、研究视
角、研究议题和方法等维度对过去 20 多年有关动员的研究进行系统分析。

三　关键词可视化分析

（一）关键词共现网络聚类分析

通过软件对文献的计量分析[②]，可以得到关键词共现网络聚类图谱（见
图 4-1）及其对应的聚类词表（见表 4-1）。根据关键词聚类分析的结果，

---

① 英文文献筛选方式如下。①筛除部分与"mobilization"相关，但与中国的"通过动员进行
治理"的治理实践明显不相关的文献。例如，以"social mobilization""social movements"
"participant mobilization"等为主题的文献。"通过动员进行治理"是一种国家治理安排，由
社会主体发起的动员相关主题的文献不在本书的讨论范围内。②筛除经济学、心理学等研
究领域中有关"mobilization"的研究。

② 数据分析参数设置在 CiteSpace.6.1.R6 软件中，根据数据量设置时间切片为 3，selection
criteria：g-index（k=7），LRF=2.5，L/N=10，LBY=5，e=1.0，选取 LSI 关键词聚类算
法得到关键词聚类分析与突变词探测分析结果。关键词共现网络聚类分析结果的 Modularity
Q=0.8124>0.3，聚类结果显著；Mean Silhouettte S=0.9657>0.7，聚类结果令人信服。

动员研究主要有六个核心主题群，根据群落大小依次为：运动式治理、基层治理、政策工具、国家治理、压力型体制、政治动员。对六个群落沿着时间脉络与其研究内容和路径进行对应，并进行理论主题归类，可以将有关动员的研究分为三类核心研究主题聚落：政治动员、运动式治理和政策动员。

图 4-1 关键词共现网络聚类图谱

资料来源：作者自制。

表 4-1 关键词共现网络聚类词表

ClusterID	Size	Silhouette	mean（Year）	Label（LSI）
0	22	1	2017	运动式治理；政府竞争；多重制度逻辑；目标责任制；"事责共同体" ｜ 环境政策执行；大气污染；问责压力；社会网络分析；组织僵化
1	14	0.945	2018	基层治理；政策动员；宗族型村庄；人情与面子；利益置换 ｜ 动员式治理；精准扶贫；宗族型村庄；统合治理；多元协同共治

ClusterID	Size	Silhouette	mean（Year）	Label（LSI）
2	11	0.879	2014	政策工具；社会动员；运动式治理；政府能力；思想政治工作 ｜ 专项治理；后脱贫时代；常规治理；制度性社会资本；政府能力
3	9	1	2015	国家治理；制度逻辑；权威体制；国家-地方关系；环境治理 ｜ 运动式治理；官僚体制；中央环保督察；范式转换；常规型环境治理
4	9	1	2016	运动式治理；压力型体制；激励机制；中国科层组织；组织任务过程 ｜ 新型常态治理；政治支持；建制性权力；激励机制；县域治理
5	7	0.931	2009	政治动员；公共危机治理；开放式政治动员；内控式政治动员；人身强制 ｜ 政治发展；制度式治理；运动式治理；政府治理；人身强制

资料来源：作者自制。

首先，政治动员研究聚落出现于中国改革开放后的政治转型时期，动员研究主要与中国共产党及其执政理念密切相关，一方面，包括了如使命、以人为本等思辨性主题；另一方面，也包括如危机事件应对、思想政治教育、典型示范等政治工具的讨论。在转型期，动员虽已出现工具属性，但其"主旋律"仍然围绕政治价值层面。其次，运动式治理研究聚落主要沿着国家治理的路径展开，主要在权威体制及央地关系的背景下，讨论动员与官僚体制、科层制、常规治理的关系及动员的运作逻辑、多重制度逻辑等主题。最后，政策动员主题与政策工具和地方及基层政府这一治理层级高度相关，主要在压力型体制下，讨论地方内部的动员机制，如县域治理、条块关系、属地责任制、政策执行主题。

（二）关键词共现网络 Timeline 聚类分析

关键词共现网络 Timeline 聚类分析用于分析研究主题沿时间演进的趋势，得到可视化图谱结果（见图 4-2）。根据 Timeline 聚类分析结果，随着时间的演进，有关动员的研究由政治动员聚落开始，转向运动式治理聚落再向政策动员聚落迁移。最初兴起的研究议题中，动员主要是宏观层次的，无论是政治动员还是政策工具都是以党和国家的身份为中心的，强调基于政治身份采取或不采取这一政治手段。在中期及近期兴起的研究议题中，动员主要集中在中观及微观层次，且逐渐淡化身份，强调治理的技术，聚焦于基于某种治理效果而采取或不采取这一技术性工具。其中，研究的政府层级也从最开始的国家治理逐渐转移向地方和基层，如地方的常规治理、领导小组、项目制、基层治理等研究主题。

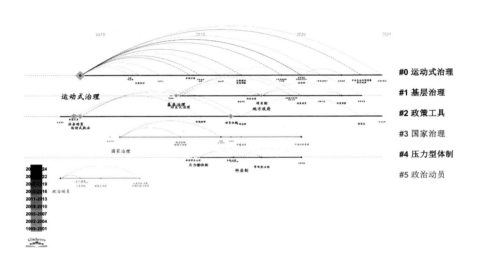

图4-2 关键词共现网络 Timeline 聚类分析图谱

注 图示颜色说明：越接近浅灰色年份越远，越接近深灰色年份越近。

资料来源：作者自制。

（三）关键词突现分析

本书进行了突变词探测①，分析了三个研究聚落及其包含的研究主题热度的持续性和生命周期。经软件计算，得到 10 个中心性较强的突现词（参见表4-2）。结合 Timeliness 聚类分析图谱和突变词探测结果，首先，在时间节点上，政治动员聚落在 2013 年逐渐走向终结；运动式治理聚落中以国家治理为研究路径的热点在 2016 年逐渐消退。政策动员聚落延续了整体上

---

① 数据分析参数设置：在 CiteSpace. 6. 1. R6 软件中，γ 值设为 0. 4，minimum duration 值设为 3。

的热度，其中，政策动员、乡村振兴、动员式治理为主题的研究仍在延续。研究热度的消退和兴起说明了动员研究从政治动员到运动式治理再到政策动员的演变路径。基于此，可以说明，学界对动员的讨论至少经历了三个阶段，不同的阶段具备不同的特征。

表 4-2　十大最热突现词

Keywords	Year	Strength	Begin	End	1999~2024
政治运动	2002	1.96	2002	2013	
政治动员	2008	4.35	2008	2013	
国家治理	2011	2.29	2011	2016	
压力型体制	2015	1.48	2015	2019	
治理现代化	2015	1.47	2015	2019	
科层制	2017	1.81	2017	2022	
精准扶贫	2017	1.42	2017	2019	
政策动员	2020	3.71	2020	2024	
乡村振兴	2021	1.83	2021	2024	
动员式治理	2014	1.56	2020	2024	

资料来源：作者自制。

第二节　动员内涵、视角与议题的演进

一　何谓动员？

从革命年代至今，以动员为研究对象的面貌非常复杂。这些研究虽共享了"动员"这一"屋檐"，却分布在多样化的研究主题之中，由此引发了大量的争论。在不同的视角下，对于什么是动员，以及动员的条件、机制、功能和影响等问题的理解都存在差异（叶敏，2013；赖诗攀，2015；王连伟、刘太刚，2015），共识远未达成。这一"屋檐"遮蔽了这些差异，阻碍了对动员现象的持续知识累积，也影响了新议题的探索。

长期以来，动员是不言自明的具有中国特色的治理技术，一个似乎不需要明确界定的经验性概念。国内外的相关研究中也缺乏对动员概念进行清晰界定的内容，对其理论内涵的阐释也存在缺失。有时候，动员直接被作为与常规治理安排相悖的治理模式提出。例如，运动式治理（唐皇凤，2007）、政治运动（冯仕政，2011）、动员式社会治理（樊红敏、周勇振，2016）、政策动员（狄金华，2019）、行政动员（Kennedy and Chen，2017）等。有时候，动员直接与中观的治理机制组合出现，如横向动员机制、资源动员网络机制、多线动员结构机制等（樊红敏、周勇振，2016；Tsai and Liao，2019）。同时，这些研究对动员内涵的讨论也较为混沌。动员有时是政治手段（Perry，2002；Perry，2011；White，1990），有时是治理工具（周雪光，2012；Zeng，2020），其界限是模糊的。针对不同主题，动员的内涵在国家运动（Kennedy and Chen，2017；Liu et al.，2015）、政策执行（周雪光，2012；彭勃、张振洋，2015）等方面也存在差异（廉如鉴，2014）。要明确界定动员的内涵与概念，需要以特定的时代和经验背景为线索，在不同的研究阶段厘清动员的概念及内涵之间的差异。

改革开放之后，动员也在中国的国家与地方/基层的治理实践中被频繁采纳。然而，随着政治经济体制的转型，动员开始更多地被视作治理技术，呈现新的特征。本书的核心是梳理改革开放后动员的概念类型及其内涵的阶段性变化。经文献统计发现，在不同研究阶段，针对不同研究主题，动员中的主体、对象、目标、方式以及对于其本质的界定等方面都存在显著差异（蔡禾，2012；欧阳静，2014；叶敏，2013）。

二 研究视角的更迭

沿着时间脉络，在不同的主题聚落下，动员研究展现出多样化的研究视角。根据关键词共现网络的 Timeline 聚类分析、突变词探测结果以及文献精读，可以发现，当前研究主要存在四个研究视角，包括：政治价值视角、功能视角、结构视角和过程-机制视角。在研究视角的演进过程中，新视角往往是对旧视角中产生的研究争议的重新阐释。这些视角之间前后交叠，它们并非互斥，也不是相互替代的。新旧视角在价值立场、逻辑起点和核心结论上都存在分异。

（一）政治价值视角

政治价值视角的研究以特定价值为起点，集中于动员的发生与存续，并基于不同的政治立场赋予动员不同的政治价值。一方面，政治价值视角认为，动员的发生与政体、中国共产党以及社会统合的合法性需要紧密相关。在以政体为中心的研究中，国家克里斯玛权威为动员提供了合法性基础（郑崇明，2014；Liu et al.，2015）。在与中国共产党相关的研究中，动员的发生继承了中国共产党源自革命年代的政治基因（Judith，1999）。由于需要持续的合法性宣誓（任星欣等，2015），动员在经历经济社会转型后仍得以存续。在有关社会统合的研究中，由于整体性社会消退，基层政权的专制性权力丧失、基础性权力未确立、行政运作资源短缺（狄金华，2010），动员成为国家提升政治合法性、促进权力再生产、实现有效治理目标的制度选择（唐皇凤，2007）。

另一方面，不少学者认为，从长期来看，动员不具备政治合法性，会随着克里斯玛权威的消失而趋于消退（冯仕政，2011）。虽然动员具备发生的土壤，但也存在政治弊端：动员会打破制度、常规和专业分工（冯仕政，2011）。因此，动员的频繁发生意味着社会运作的非常态化（唐皇凤，2007），以及治理结构的非制度化、非常规化和非专业化（李里峰，2010）。动员式社会变革与常态的社会运行之间会形成难以消解的矛盾（李里峰，2010）。

（二）功能视角

在功能视角下，动员被视为一种整体性的政策工具，是解决国家治理问题的"权宜之计"（唐贤兴，2009a）。一方面，动员具有一系列积极功能。它具备高度紧迫性，采取临时倡议，行动紧密协调，且目标明确（Van Rooij，2006；Biddulph and Zhu，2012），可以调动非常规资源（周雪光，2012；蔡禾，2012；王连伟、刘太刚，2015）。动员能够弥补行政资源的不足（陈家建，2015），降低因组织规模过大而带来的监管难度和成本（渠敬东等，2009），促进跨政府部门合作（唐贤兴，2009b；Kennedy and Chen，2017），克服政府内部碎片化问题，形成基层治理的暂时性合力（叶敏，2013）。同时，动员能提高公众的政策认知（Liang，2005）；又或者，经过多次动员的积累，可以实现治理绩效的逐步提升（Van Rooij，2006；2016）。

另一方面，大量的研究认为，动员具有诸多消极的功能性后果，并非国家治理的"长久之计"。从绩效目标来看，动员既无意也无法使治理效果达到最优。短期的改善仅仅是指标上的提升而非实质性治理能力的提升；

且"兴奋剂效应"所带来的短期绩效改进也不可持续（王礼鑫，2015；Chen et al.，2012；2013）。

（三）结构视角

结构视角下，动员作为一种治理模式或制度安排的黑箱逐渐被打开。不同于功能视角下将动员视为整体性的治理工具，在结构视角下，动员被置于自上而下的央地互动之中，相关研究更加关注动员的制度和组织形式。它不再局限于功能结果上的有效与否，而是将动员视为包含多样化的组织结构和模式的整体，这些模式包括动员型的组织、制度和网络等。

从这一视角看，在组织和制度形式上，动员主要被视为中央实现对地方进行有效控制的手段。中央动员的目标是确保地方政策执行的结果与其设定的政策目标一致。在压力型体制中，中央会通过向地方施加"正确的"激励和约束，调动地方政府及其官员的执行动力，改善央地之间的信息不对称，从而实现治理目标（杨志军，2013b；Ran，2013）。对此，中央设立了多种制度形式。例如，对地方政府实行竞争性授权、对地方官员实施晋升激励以及中央督查制度等（郑崇明，2014；苑春荟、燕阳，2020；文宏、崔铁，2015）。地方也通过多样化的组织制度形式应对来自中央的制度压力。例如，地方建构了自上而下的目标-压力控制体系，如逐级授权的目标-任务分解制等（林雪霏，2014；刘磊、吴理财，2019）。在这一激励结构下，自上而下的动员压力得到了系统性释放。作为对这一动员的回应，地方同样会建构复杂的动员结构，以整合地方资源与权力，构建组织协调机制（Liu et al.，2015）。这包括：超越原有部分职能分工结构的组织领导模式，如跨系统领导小组、集中整治和中心工作等（赖诗攀，2015；狄金华，2010；徐岩等，2015；张虎祥，2006）；超越原有行政程序变通政策执行方式，条块工作模式转换，跨层级人员-财务管理，"结对子"等（刘骥、熊彩，2015；Tsai and Liao，2019）。地方在跨国家-社会边界上的动员也存在正式或非正式的权力运作机制（吕德文，2012）。超越央-地的单向关注，也有学者关注到央-地互动链条中的层级协同（文宏、崔铁，2015）。在整体的央地互动过程中，多样化的动员模式的出现及选择与组织制度执行的成本有关。例如，交易频率、后果破坏性和事务可预见性可能影响着政府动员的程度（赖诗攀、何彬，2017）；任务属性和组织成本也可能影响中央的治理模式转化等（姚东旻等，2021）。

（四）过程-机制视角

在结构视角的基础上，过程-机制视角以动员和常规的互动关系为核心议题，从更微观的角度关注动员与常规内部治理要素间的互动。通过将动员置于特定的治理领域或情境中，过程-机制视角致力于解答动员的产生、维持、后果，及其与常规模式的混合与动态转化的过程和机制等问题。大量学者尝试超越由功能视角衍生出的动员-常规二分法，将动员视为某种混合物；或超越基于结构视角的中央偏好，从地方层面对动员进行观察。

过程-机制视角下，动员被视为与常规共生的"混合物"。其一，以治理任务为核心，将动员界定为地方的任务完成模式。任务完成从达成共识开始，通过某种结构与制度的建构来实现相应政策目标。任务维度从周期性、可预测性和可评估性等方面重新定义了动员的研究场景，从而避免了常规与动员发生场景的割裂（刘志鹏，2020）。其二，以混合治理为核心，将动员定义为与常规的混合形式。例如，将动员界定为由官僚制提供日常规范——如等级权威、程序和内部规范等，而动员则提供激励和政治势能的混合（徐明强、许汉泽，2019；Zeng，2020）。常规化治理工具所包含的治理规范会对动员进行调整与完善，二者在新的模式中相互强化、协同与共存（郝诗楠，2019）。此外，以运动为载体的新技术会嵌入基层常规治理中，进而倒逼常规组织结构发生变革，从而实现从运动式治理到常规治理的转变（黄晓星、丁少芬，2022）。其三，以网络关系为核心，将动员界定为一种新的关系模式。例如，动员使非正式权力机制与社会治理机制（如非正式制度和网络）混合进入常规治理（Wang et al.，2022），并成为常规机制的组成部分（邓燕华等，2020）；层级制与网络互相渗透，形成新的动员式治理模式（顾丽梅、李欢欢，2021；王诗宗、杨帆，2018）。在网络分析工具中，常规-动员的变化被界定为"创建网络-常态网络-回归常态治理"的网络建构和解体的演进过程（孟威、保继刚，2019）。又或者，动员过程被视为行动者围绕特定任务所构建的任务网络结构中心性的动态调适过程（Meng et al.，2019）。其四，以中国党政关系为核心，将动员界定为完成某一中心工作的党政分工模式。其中，在"党委领导，政府主导"的基本架构下，党委负责运动式地分解中心工作，条块部门负责常规运作并接受党委的监督（杨华、袁松，2018；吴春来、刘心译，2022）。

三 研究议题的演进

根据软件分析的结果以及基于文献精读的梳理，动员的核心研究议题主要包括：动员的发生与存续、动员的制度后果以及常规与动员的关系。在研究议题的演进脉络中，这三个研究议题是在四个研究视角的更迭和研究争议焦点的转变中逐渐形成的。研究议题与研究视角的更迭与现实经验情境的变化、研究争议的解决以及研究价值取向的转变有关。

（一）动员的发生与存续

动员的发生与存续这一议题的兴起，主要源于对动员政治价值和政治合法性的讨论。一方面，部分学者认为，政体中的克里斯玛权威的持续、党的合法性与权威保障以及社会统合的需要，为动员提供了合法性基础，使得动员的发生和存续成为可能（冯仕政，2011；杨志军，2012；2013b；Zhu et al.，2017；Wang，2020）。另一方面，部分学者认为动员由于种种政治弊端而不应该存续。例如动员打破制度、常规和专业分工（唐皇凤，2007；冯仕政，2011；李里峰，2010），在动员式社会变革与常态的社会运行之间会形成难以消解的矛盾（李里峰，2014）。

政治价值视角下的研究遗留了其是否应该存续的争议。这一视角认可了动员发生的合法性基础，但否定了这一基础背后所代表的非法治化、非制度化等政治立场。在复杂的经济社会发展需求下，有学者开始反思预设的动员价值立场是否符合中国公共治理的现实（唐贤兴、余亚梅，2009）。倘若延续这一视角，可能会陷入"需要却不应该"的价值困境之中，导致现实世界中大量的治理需求难以满足（杨志军，2013a），同时也无法解释通过动员所取得的治理成效，且动员背后的制度建设努力与结果也会被忽视（任星欣等，2015）。于是，后续研究的起点开始逐渐去价值化，力求挖掘出更多有助于国家实现政策目标的积极工具性功能。后续研究的议题也开始转变为对动员有效性的研究。动员的功能在于弥补或矫正常规治理或科层制在合法性及有效性方面的不足（徐岩等，2015；彭勃、张振洋，2015）——也为其在治理实践中并未消亡提供了理由。

（二）动员的制度后果

随着对动员功能的关注，关于动员的后果议题随即兴起。相较于政治价值视角对合法性的单一关注，功能视角在一定程度上弥补了治理现实与理论解释之间的差距。动员是否有效以及动员会带来何种制度效能或后果，成为这一议题的焦点。如在功能视角的讨论中，大量研究关注动员在调动资源、克服监管困难、促进跨政府部门合作、提高公众对政策的认知等方面如何有助于实现治理绩效的改善（渠敬东等，2009；唐贤兴，2009b；倪星、原超，2014）。但是，动员常规化悖论，包括动员的兴奋剂效应、仪式化、异化等（王礼鑫，2015；倪星、原超，2014；赵聚军、王智睿，2020；Chen et al.，2012；2013），使得动员因可能造成的非长效、无效或损害常规化的制度结果而饱受批评。这些争论使得动员的有效性讨论陷入僵局。

在功能视角下，由于是否有效决定了动员是否应该继续存在，长久以来，解释动员常规化悖论现象一直是遗留的争议。这一争议源于功能视角在理论预设方面的缺陷。其一，假定科层制是应然的提高绩效的工具，而动员则打破了常规，是反科层的（丁轶，2016）。然而，一方面，这一假定难以解释地方政府在治理实践中将大量工作进行运动化处理的同时，其常规运作并未被打断的现象。另一方面，这一假定也难以回答地方政府在动员过程中存在多样化目标的问题，且地方治理体系内部各行动者在互动的过程中也会消解或吸纳动员任务（刘梦岳，2019）。其二，功能视角预设了政府的政策体制是封闭的，而非开放与权变的。在这一预设下，社会问题的紧迫性与僵硬的、条块分割的科层制是矛盾的（丁轶，2016）。作为单一的、"铁板一块"的行动者，地方政府无法快速响应治理问题，在避责逻辑下不断采取无效的动员方式以完成行政任务（杨志军，2015）。但是，这一假设忽视了地方政府组织是由多层次、多主体互动构成的，过度纠结于有效性，难以理解动员在现实运作中展现的混合特征。因为动员内部具有丰富的组织与制度形式，这些复杂的组合能够实现科层制与动员在同一组织中的共存和共生。所以，后续的研究开始转向动员内部的特性分析（徐明强、许汉泽，2019），对动员的产生、维持、后果以及其与常规化之间的关系等议题进行了深入讨论，也触发了新议题的开启。

（三） 动员与常规的关系

随着结构视角的兴起，动员与常规的共生关系成为新的研究议题。这一视角试图从组织内部剖析动员的特性。在这一议题下，动员研究不再局限于合法性或有效性的探讨，转而关注动员的制度后果。它主要从中央视角出发，在委托-代理框架下，将动员的不同制度机制视为中央对地方进行引导和控制的不同手段、地方应对中央制度压力的不同策略，以及中央和地方在差异化的制度成本下做出的不同选择（杨志军，2013b；徐岩等，2015；赖诗攀、何彬，2017；姚东旻等，2021；Liu et al.，2015；Ran，2013）。

但是，结构视角遗留下"非常化"与"制度化"之间的悖论，即常规与动员是如何交替出现的？动员为什么没有打破常规？运动式治理为何"用而不废"？（郝诗楠、李明炎，2022）这一问题之所以产生，是因为结构视角下的委托-代理框架仍然以科层为参照，将动员视为一种区别于科层制、具有明确边界的模式。这不仅忽视了在动员发生时，地方不同的制度环境和条件（包括常规制度安排中的治理要素）对动员模式选择的影响，还忽视了动员是嵌入在随时间不断演进的地方治理制度变迁过程中的。此外，结构视角下动员模式的选择源于中央偏好，这忽视了动员过程中地方政府的主体性。事实上，当地方政府面临动员这一外部任务的冲击时，政府中分散的行动者会进行策略性响应，采取多样化的行动选择。地方的主体性使地方构成了一个治理场域，地方政府可以对组织内外部的治理要素进行选择、组合及调适（蔡长昆、李悦箫，2021）。这一争议使结构视角下的研究热度得以持续，同时催生了新的研究议题。

新的议题仍然围绕常规与动员的共生关系，但其主要在过程-机制视角中展开，关注地方政府进行政策动员的条件、过程及机制。首先，这一视角聚焦于动员与常规的混合机制，以阐释不同模式的成因。不同于组织-制度视角将动员视为各级政府为完成特定政策任务而采取的非常规制度安排，在地方层面，过程-机制视角进一步剖析了动员内部不同制度要素的选择、组合与运用。不仅如此，该视角还深入探讨了地方治理情境对动员的影响、动员的内在运作过程以及动员后的制度化结果。对于治理情境，已有少量研究关注治理环境的变化、部门间的利益博弈（Cai et al.，2022）以及地方政府对任务的认知差异对动员的影响（狄金华，2010）。对于动员的过程，既有研究开始将地方动员界定为渐进变迁或者路径依赖的过程（王辉，2018；文宏、杜菲菲，2021）。对于动员的制度化后果，既有研究主要关注对动员短期和长期效果的检验（Dong et al.，2024），动员的常规化、长效化机制（向淼、郁建兴，2024），以及是否会产生制度遗产的问题（王辉，2018；Meng et al.，2019）。

在过程-机制视角下，动员所代表的制度变迁过程如何发生、具有什么影响等议题仍在持续。越来越多的研究者开始关注在不同治理领域，组织-制度形式与治理效能之间的关系（姚东旻等，2021）。部分学者发现动员具有过程价值。动员不仅是一次执行的结果，还可能带来长远的制度化影响。动员不仅是一个因变量，还可能成为某一次新政策实施的自变量。尤其是在地方政府治理过程中，动员的记忆可能会重新进入新的政策领域，成为影响政策执行的新因素。从这一视角来看，对于动员的常规化现象有了新的解释：动员的技术和策略并不会在一次执行过后就消失。当然，对于这一议题的研究仍然是探索性的。

四 研究议题与视角的演进逻辑

多样化的研究议题与视角何以演进？根据知识图谱分析、文献精读与分析，本书发现，在主题聚落的牵引下，研究议题和研究视角协同演化，推动动员研究的持续深化。一方面，动员研究议题的焦点逐渐从宏观层次转移到微观层次。另一方面，随着视角的转变，研究议题的研究起点和方法也随之变化。从研究起点看，在去价值化的过程中，动员研究从关注其合法性或有效性逐渐转向中立，开始关注动员模式的适配性（郝诗楠，2019；文宏、杜菲菲，2021）。在研究方法上，动员研究也逐渐从理论阐释、个案分析逐渐丰富为多案例比较分析及基于截面数据或面板数据等的量化研究。最终，治理实践的发展、旧视角中的争议解决状态以及价值取向的变化推动着议题和视角的协同演化。

首先，现实经验情境的变化促使研究议题、视角和内涵发生转变。在研究初期，动员的经验对象主要集中于巨型的国家项目或政策，如西部大开发（Holbig，2004）等。在这些经验中，虽然地方也需要执行政策，但这些运动涉及全国，且主要以党和中央的名义发起，因此地方的微观执行行为被忽视了。随着动员开始进入不同的政策领域，如环境治理（王智睿、赵聚军，2021）、精准扶贫（蔡长昆、李悦箫，2021）和乡村振兴（连宏萍等，2021）等，动员研究关注的经验对象也逐渐拓展到了更为具体的地方政策的实施过程，研究议题也变得更具功能性，开始深入到运动式治理的制度和组织过程。

其次，新视角的出现以及原有视角中的理论争议逐渐得到解决，推动了研究议题的转变。动员的政治合法性争议被功能视角所弥补；功能视角下的动员常规化悖论被结构视角所弥合，并催生了动员与常规关系的新议题；在结构视角下，对动员的地方差异的解释存在不足，这推动了过程-机制视角的出现，并催生了动员的制度化这一新议题。从主题聚落的时间演进来看，政治运动下政治价值和功能性视角的相关研究热度已逐渐"冷却"，其争议基本上得到解决；运动式治理下结构和过程-机制视角的研究热度仍然在持续，相关研究的争议都有待进一步探讨。研究视角的更迭不仅源于经验世界中对动员不同维度的关注，还源于理论世界中研究视角和价值预设的转变。

最后，研究议题与视角的转变与研究价值取向的变化息息相关。在改革开放前，动员研究主要是进行价值批判，即从某种政治价值出发，讨论动员是否应该存续。改革开放后，动员被视为一种技术、工具、组织制度安排或治理模式。不同的价值立场为动员研究提供了不同的理论起点。若动员的发生源于政治合法性，且与政治价值紧密相关，那么，随着合法性的削弱或消失，动员的存续就成为问题；同样，在动员去价值化后，若动员的发生源于治理的有效性，当动员失效时，动员的存续就面临挑战。若动员仅仅是中央或地方政府众多工具中的一种，则动员无所谓发生与否，而是作为治理体系中的一个要素存在，因此，基于何种治理情境或条件选择动员就成为新的问题。最后，若动员是地方漫长治理制度变迁过程中的一次冲击，那么，动员如何促使制度变迁发生就成为新的研究议题。

第三节 通过动员进行治理：理论框架

一 组织理论下的动员

经过系统文献梳理，本书继续沿着过程-机制视角，进一步探讨动员的制度化过程、机制与后果。回答这些研究问题，有助于深入理解复杂的动员现象，消解结构视角下遗留的常规与动员关系悖论的争议，揭示动员过程中具有中国特色的政策过程机制，并为提高中国现代化治理能力的实践提供重要的政策启示。对此，本书以组织理论作为基础理论，从制度化的视角进一步分析动员治理过程中遗留的研究议题及争议，聚焦于回答动员如何制度化地发生以及动员产生的制度化后果。接下来，在动员治理过程的理论框架部分，本书界定了中观层次的动员概念，构建了分析动员治理过程机制的理论模型（见图 4-3）。

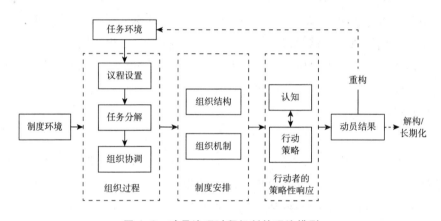

图 4-3　动员治理过程机制的理论模型

资料来源：作者自制。

动员是一种中国式的治理制度安排，通过动员进行治理也是一种具有自身特色的政策过程。本章提出的动员治理的过程-机制理论模型，可以揭示这一过程中的特征和机理。这一理论模型的基本逻辑是：在特定的政策部门或者治理场域之内，为解决某项具有紧迫性的治理议题，超越既定治理程序和治理结构，动员的治理过程通过议程设置、任务分解、组织协调等环节推动动员的制度化，构建了一系列组织机制、组织结构，以完成动员任务并推动特定的政策理念或目标落地。

本书构建了动员治理过程机制的组织学理论分析模型，并以制度化这一核心分析维度为例，探讨了动员的多样化模式。在此框架中，一方面，在某个时间节点的紧迫压力下，动员发生的政策过程包含了多样化的组织结构与组织机制，动员中的行动者也可能基于自身的认知采取多样化的响应策略。另一方面，在时间演进中，动员也嵌入在特定的制度环境和任务环境中。治理问题的属性、任务政治化的程度和原有的制度能力会影响动员的组织机制和结构的选择，以及多样化政策工具的整合方式。此外，动员制度安排所导致的制度结果也会影响动员后续的解构、重构或长期化的过程。从制度化视角来看，动员的治理过程机制的理论模型具备以下核心特点：

——动员的制度化既包含过程也包含结果；

——动员的制度化结构涵盖动员的一系列组织结构和制度安排；

——动员的制度化机制指的是动员的组织机制，既包含动员发生时的短期组织机制，也包含动员结束后消解或重构的长期演化的组织机制；

——任务环境的特征构成了特定动员模式的触发条件；

——中国的制度情境构成了动员发生的整体制度结构性前提。

二 动员：一个中观的基础定义

通过系统性分析与整合，本书给出了一个中观层次上的定义，为动员研究提供概念基础。

本书将动员视为一种临时性的制度安排，即由党组织或特定层级的政府，为解决某一政策部门或治理场域中的紧迫性议题，跨越既定组织结构和治理程序而构建的临时性制度安排。作为一种制度安排，动员必然包含特定的组织过程和机制；动员既是过程，也是结果。

作为一种治理制度安排，本书认为，中观层次的治理或政策系统是动员发生的场域。动员的基本分析单位是围绕特定政策议程所建构的政策子系统；动员是针对特定政策议题所构建的备择制度安排。动员的核心特征在于，在党的介入下，通过引入强大的政治倡议，促使某一治理事项获得更多的注意力。由此可见，这一概念摒弃了基于政治立场的"应然"价值判断。党发起动员的政治倡议具有工具性，动员产生的治理后果也是多样的、中性的。

进一步，通过对三类概念的梳理，本书可以从动员的主体、对象、目标、方式和过程等方面对其内涵进行更为明确的界定。从主体来看，动员主要是由中国共产党或党领导下的各级政府自上而下发起的。动员既可能发生在中央，也可能发生在地方。从动员的对象来看，其既可能仅仅波及政府体制之内的有限部分，如行政系统或党的组织系统，也可能将社会主体以及群众纳入其中。从目标来看，动员一般都拥有明确的目标，即解决经济社会治理领域中具有高度紧迫性、需要临时倡议和紧密协调的政策议题（冯仕政，2011；Van Rooij，2006；2016；Biddulph and Zhu，2012）。驱动动员发生的议题既可能源自上级政府所设置的政策议程，也可能源自地方治理的外部冲击——社会层面的输入或者其他危机事件。从动员的方式和过程来看，动员是在强大的政治倡议下，在特定治理议题场域中，通过在各级政府治理体系中引入强有力的激励机制和组织协调机制来实现的（唐皇凤，2007；White，1990；Ran，2013）；这些机制超越了既定的条块结构和行政程序。在发生频率和持续时间上，动员既可以是短期的，也可以是持续较长时间的，并且可以具有周期性和计划性特征。无论是一次性的中心工作，还是多次周期性的专项工作，抑或是持续较长时间的、有计划的制度化的动员，都在本书界定的中观动员概念范畴内。例如，一次环境整治运动或多次专项整治都可以被界定为动员；历时较长的计划生育、精准扶贫等政策的实施过程中采用的动员治理方式，也是通过动员进行治理的典型案例。

基于特定的政策议题领域，以中观层次的治理制度结构为基础，本书为"动员"这一概念提供了更具包容性的阐释。但是，动员的概念边界以及动员的分析单位还需要进一步厘清。一方面，西方国家的动员（mobilization）研究，即以社会力量为主体进行的社会运动或社会动员，如集体行动、抗争、群众革命运动等，并未进入本书所界定的动员范畴之内。另一方面，在微观层次上，以个体为单位的认知、情感、行动策略等属于动员的子议题。动员中个体的微观行为是嵌入在中观的治理制度安排及治理过程之中的。进一步说，本书在中观层次所界定的动员，虽然其内涵与外延较为宽泛，但可以为后续的相关研究——在国际研究中，将更多差异化的、中性的、多主体互动参与的治理结构、模式、过程和机制放在同一维度上进行考量——提供比较、对话和深入累积的"锚点"。

第四节 动员模式、环境与绩效：组织制度 化视角下的动员治理

组织学的框架为我们分析动员式治理提供了一个基础性的概念框架。为了更好地将这一概念框架运用到对动员的模式、过程和机制的分析中，本章将进一步在制度化的视角下构建一个分析动员治理模式及其选择的理论框架。之所以选择制度化这一视角，一方面，是因为组织的制度化理论既能够在结构和结果上，也能在过程上对动员模式的多样性进行剖析；另一方面，是因为在动员研究中存在常规-动员的悖论和张力，而制度化理论对于化解这一张力具有独特的理论价值。但是，需要说明的是，在广泛的组织理论背景下，剖析动员的组织过程与机制的理论视角和维度本应是多样化的。本章所选择的制度化视角既是一个有前景的切入点，也是对这一概念框架的理论拓展。这一拓展的核心目的，也是为了证明本章所提出的概念框架具有强大的分析能力。

一 动员模式：基于制度化视角

（一）核心分析要素：制度化

"制度化"是动员治理的过程-机制理论模型中的一个核心分析维度。一方面，基于组织理论，动员中的制度化涵盖动员组织的结构、程序和一系列制度安排，即制度化的结构。正如 Ruggie（1998）所言，制度化代表特定组织系统内能够通过一组特定的规范、规则来协调或解决组织内部充满冲突与矛盾的行动者及其行为选择。March 和 Olsen（1998）指出，制度化完成后，制度框架内的行动者会达到某种模式化。亨廷顿（1988）认为，制度化是组织和程序获得价值观稳定性的一种进程。Smith（2004）指出，制度化的最终状态表现为一些临时的、非正式的、机动的制度安排，最终转化为组织体系内行动者的正式的、习惯化的、共享的规范化组织行动模式。在大量关于制度化的研究基础上，我们认为，动员的组织制度化是指为解决某项具有紧迫性的议题，超越既有程序和结构，而选择或构建的可能得以协调和解决组织内部各种矛盾、冲突的一系列动员组织规范、结构

和制度安排，即动员组织的结构化。

另一方面，制度化也是一个过程。制度化涉及动员治理过程中各个主体行动选择的模式和机制，也涉及动员结构和制度的长期演化。对于行动者而言，作为过程的制度化是指组织内行动者基于其认知，通过某些策略，而获得在某个治理系统内的影响力的过程，且通过这一过程形成了特定的行动模式和机制。例如，罗德·黑格（2007）认为，通过制度化过程，某些组织和行动者会借此获得影响力，从而对未来的政府组织的决策过程产生影响。此外，就长期制度效应而言，制度化的过程也需要放在历史和未来的时间演进视野中进行讨论。Campbell（2004）将制度化过程置于制度变迁的过程中，将制度化阶段分为制度建构、再结构化和再生产的过程。Keohane（1989）和斯科特（2010）从制度化程度的不同角度说明了制度化的动态演进过程，如最高程度的制度化形式，先是组织，其次是规则，最后是规范；他们将制度化要素分为认知、规范和规制，将制度化的结果的变化归结为回报递增、承诺递增和共同信念的日益客观化三类演化机制。

（二）动员的组织过程、机制和结构

沿着动员治理过程机制的理论模型，从制度化视角出发，本章进一步揭示了动员组织过程的内部机制，并探讨了动员制度安排的理论构成要素。从制度化的宏观过程来看，动员的组织过程包含议程设置、任务分解、组织协调和反馈学习等政策环节；从中观的制度化机制来看，动员的政策过程包含特定的组织机制，且这些机制发生在特定的组织结构之中。从中观层次的动员出发，为了构建多样化动员模式的理论连续谱系，本章基于制度化的视角，进一步搭建了动员的组织过程、机制和结构的分析框架（见图 4-4）。

1. 动员的过程

与一般的政策过程模型相似，动员的治理过程也可以划分为几个基础环节，这一过程同时也是动员的组织过程。在既有文献中，我们可以找到一些描述动员发生过程的典型案例。例如，在环境治理中，动员的发生包括五个过程，即下发红头文件、组建领导小组、召开动员会议、选树典型与督察巡视和后续跟进（赵聚军、王智睿，2020）；又如，在营商环境的治

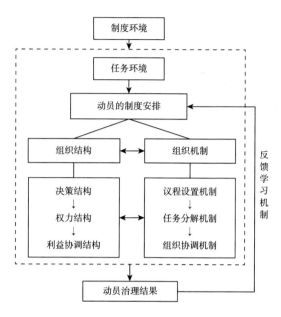

图 4-4 动员的组织过程、机制和结构的分析框架

资料来源: 作者自制。

理中, 动员可以分为注意力凝聚、形成目标共识、搭建组织运行机制、组织模式成熟、形成组织惯性五个阶段 (文宏、杜菲菲, 2021)。在描述动员的发生过程时, 我们也能从既有的中国政策过程研究中得到启发。例如, 在分析中国政策过程的"共谋"现象时, 有人将政策过程划分为"决策—执行"两个核心方面 (周雪光, 2008)。又如, 不同于传统的政策阶段论模型 (陈振明, 1998), 既有研究聚焦时间的约束条件, 认为政策过程可能会出现"决策删减"现象, 将政策过程机制的特征归纳为: 决策过程是删减的, 执行过程是协商和权衡的 (薛澜、赵静, 2017)。类似地, 动员的发生过程也同样受到时间压力的约束, 会简化决策和执行的程序, 以达到快速解决特定治理问题或推动政策目标快速落地的效果。此外, 动员的发生过程本质上是任务的组织过程, 存在特定的组织机制。经过对案例的梳理以及政策过程研究的启发, 本章提炼出动员的治理过程包括以下几个环节: 议程设置、任务分解、组织协调和反馈学习。

议程设置。动员被触发以及动员触发的意义建构过程就是动员的议程设置。政策议程开启前，来自外部制度环境以及任务环境中的治理问题、政治压力、焦点事件等都会成为动员的共同触发条件，动员的政策议程也因此得以开启。设置动员的政策议程后，动员的发起者还需要将政策理念转化并扩散到不同行动者的认知之中。动员主体可能会采取多样化的策略，改变相关行动者偏好、利益、注意力或观念，构建对政策目标的共识。例如，"下发红头文件""注意力凝聚-形成目标共识"都属于议程设置环节中塑造行动者认知、进行意义建构的方式。议程设置环节中，制度环境和任务环境如何触发动员，动员主体如何对行动主题进行意义建构是这一环节关注的重点问题。

任务分解，即将政策整体拆解为清晰的动员任务的过程，以及将这些任务进一步分解为不同执行模块的过程，构成了动员的任务分解环节。任务分解环节主要聚焦于政策如何被任务化，以及这些任务如何被分解并落实到不同的组织和行动个体上。通过一系列动员的治理制度安排，政策目标可以被转化为清晰明确的动员任务，这背后主要依赖于明确的责任界定机制。例如，在压力型体制下，动员中的目标管理责任制就是一个明确了"权力-责任-利益"关系的制度框架，是任务清晰化的重要机制之一（丁煌、马小成、梁健，2022）。此外，动员任务的执行还依赖于任务以不同形式进行的分解。其中，层层同构的领导小组制度可以通过行政发包、任务下达、分片包干等多种方式来实现任务的分解（向淼、郁建兴，2024）。

组织协调。动员任务的实施过程，也是不同行动者进行协商和利益权衡的过程，这一过程构成了动员的组织协调环节。组织协调环节的核心问题是通过什么方式吸纳相关主体参与，以及如何让各主体的行动协调一致。在设计执行中的利益协调机制时，需要考虑的原则是设置合理的激励条件和有限责任约束，以使各个层级的政府行动者的行为满足组织效能的要求（姚东旻等，2021）。在政府组织之外，不同的行动者可能会承担国家"代理人"的角色，通过协商，可能动员更多的社会主体参与到动员任务的执行过程中。

反馈学习。一个阶段的动员结束后，特定的动员治理结果可能会反馈到政策系统之中。相关的组织或部门的行动者的认知、能力及其行动选择等可能会通过动员进行学习，并借助治理结果的反馈影响下一阶段的动员或未来某个时间点的政策议程。在制度化过程的视角下，特定的组织或行动者可能会借助动员获得影响力，学习更多的治理经验和知识，对结果进行判断并改变其政治态度和行为选择的偏好、动机等，进而将这些改变反馈到未来的动员方案和政策执行的策略中。在经过一个阶段的动员过程后，动员会进入到结束的状态，或者进入持续的反馈学习过程中，例如，可能包括动员任务的消解或长期存续、动员目标的消失、内化或进一步拓展，以及动员政策的终止或扩散等（王辉，2018；向淼、郁建兴，2024）。

2. 动员的组织机制

在动员进行的不同阶段或环节，需要不同的组织机制来与既有的组织结构相匹配，共同推动动员任务的落地。

在议程设置环节，动员通过共识建构机制、注意力分配机制、政治忠诚的培育机制来促进政策理念的显化及其内化，并试图改变动员对象的动机、偏好或观念。共识建构机制是指在强大的政治压力下，原本处于博弈位置的政策执行主体（上下级政府、不同部门）在特定情景下，将促进协同的集体行动作为政策沟通的组织目标，塑造集体共识的机制（杨华、张丹丹，2022）。借助政治动员，政府能快速有效调用原有的治理经验和治理资源，构建现阶段动员的目标共识（文宏、杜菲菲，2021）。注意力分配机制是指地方政府通过政治输出和政治激励等方式，调整注意力分配以提高特定治理目标的优先性（郝诗楠、李明炎，2022）。同时，在"对上负责，对下响应"的干部管理体制特征下，动员也能将社会问题纳入行政问题范畴，再通过政治手段将行政问题上升为政治议题，进而将政治议题归结为党性问题，最终使上级意志的落实成为对每一个党员和组织政治忠诚的考验的过程（文宏、崔铁，2015）。动员期间，通过政治意识形态的宣传，强化了行政系统意志的向上集中，灌输了忠诚思想和党性意识，大大提升了相关政治思想及政策成功落地的可能。总的来看，政策理念的内化程度越高，意味着动员的制度化程度越高。

在动员的任务分解环节，一系列的制度安排——包括正式化和非正式化的任务分解机制——促成了动员任务的模块化。正式化的任务分解机制是指将特定的权力、资源、利益分配方式以正式制度的方式固定下来，它是驱动任务实施、形成组织雏形、明确资源分配的基础框架。例如，任务的正式化机制包括建立目标-责任分解制度、对地方官员的监督制度、问责制度等（林雪霏，2014；刘磊、吴理财，2019；郑崇明，2014；苑春荟、燕阳，2020）。非正式的任务分解机制是正式化机制建立后保障治理绩效的重要因素，在多数情况下发挥着完成组织任务、实现组织绩效的关键性作用。例如，在动态的情境下，政府在动员过程中会对政策工具进行动态的增减和重新选择，包括在不同阶段选择不同的政策治理工具组合，以提高动员制度安排在治理过程中的适应性（Mei，2020）。非正式的任务分解机制也体现在政策的组合与"打包"过程中。正如在政策设计中，可以通过"拆包"和"打包"的方式对原有政策进行再设计，实现新政策工具的系统整合（Howlett and Rayner，2013）。在动员任务分解的过程中，也可以通过类似的非正式策略对现有的制度工具进行打包重组。通常而言，组织模块化程度越高，意味着组织或部门分工的行政化、流程化程度越低，组织模块的临时性程度越高，相对稳定性就越低，而灵活性越高，其对应的制度化程度就越低。

组织协调环节包括利益协调机制和主体吸纳机制。利益协调机制涵盖合同规则、雇佣关系、争议解决机制以及治理合约等方面（宋琳、赖诗攀，2016）。动员中的目标责任制、项目制是典型的责任约束与激励机制。压力型体制为政策任务的实施提供了基本框架，其中自上而下逐级授权的目标-责任分解制度，首先是"政治激励"发生的具体制度运作方式和手段。随着任务的政治化，政治压力系统地扩散到动员的结构与制度过程之中，通过监督和问责制度的设置，为执行官员行为建立约束（林雪霏，2014；刘磊、吴理财，2019）。此外，动员中的项目制也提供了特定的资源分配框架及经济激励，项目参与各方的组织力量和积极性对项目资金技术配置也会造成影响（胡天祺，2022）。在新的利益协调机制下，各级干部及执行人员可能改变偏好以迎合利益，重新聚焦新的项目，重组目标，最后形成并强化新的利益联盟结构（何雪松、李佳薇，2020；Cai and Tang，2022）。主体吸纳机制是指通过多样化的方式吸纳体制内、体制外的部门、社会组织及个人等。动员对象的吸纳包括政府培养的具有较高认同感的组织内部成员，以及来自组织外部的上级机关选派的干部或"草根"能人。政府可以利用来自不同组织部门的行动者，完成资源的谈判、输送、配置等工作，从而塑造现有的权力-资源结构（刘军强、谢延会，2015）。在主体吸纳策略上，可能包括一些非正式权力的运作机制，如中心工作（吕德文，2012）、"讲政治和讲情面"、"摆平"等（狄金华，2019；耿羽，2017）等。动员的制度化程度越高，说明动员的组织协调结构化程度越高，即动员的利益协调机制、主体吸纳机制在更大程度上通过正式制度固定下来，或者形成了相对更密切和更长期的行动关系网络。

3. 动员的组织结构

在动员的发生过程中，行动者会选择或建构多样化的动员式组织结构来应对动员任务的冲击。从动员组织结构的功能维度划分，动员的组织结构可以分为决策结构、权力结构和利益协调结构。

首先，动员可以重构原有的分散的决策权，形成新的动员式决策结构。在议程设置环节，在党政结构下，动员通过党的政治承诺，将党的"政治话语"输入到地方政府的行政过程。随后，党的系统与行政系统共同围绕政治性任务，建立总的领导小组、指挥部或其他领导机构，发挥执行动员任务的总体决策作用（Cai and Tang，2022）。随着动员的推进，在决策过程中，被动员的干部或社会主体的观念和偏好可能发生变化，成为政策思想的载体。

其次，动员可以推动纵向与横向资源与权力的重新耦合，形成新的动员式资源-权力结构。在任务分解的环节，政府需要不断构建新的治理结构，挖掘、调动与治理任务匹配度高的潜在资源，从而形成新的资源-权力结构（白锐、林禹津，2022）。随着任务的政治化"拔高"，新的领导机构也会获得新的权力，整合行政体系中碎片化的执行权力，最后形成能够调动横向和纵向资源的正式与非正式组织执行的制度结构（Liu et al.，2015）。

最后，动员为在特定治理问题领域内部建立利益联盟结构提供了条件。在动员的组织协调环节，通过新的政治激励与经济激励，资源与权力结构得到重塑，形成了新的"利益粘合剂"，使得更多体制内外的行动者的行为动机可能发生改变，进而结成新的利益联盟并采取集体行动（何雪松、李佳薇，2020）。

动员的组织结构并非单一的；从组织结构的形态特征来看，根据动员的组织范围、集中化程度、紧密程度、稳定性程度等，我们可以将动员的组织结构划分为不同的类型。动员的组织范围包括动员的发起主体以及被卷入对象的范围，即上述正式权力的隶属对象以及非隶属对象的范围。集中化程度关乎权力的集中控制程度，即动员结构的集中化有助于通过等级制和压力性制度加强命令-控制的过程，反之，动员结构的扁平化、混合化则弱化了自上而下的控制，但加速了部门之间的信息传递（Kennedy and Chen，2017）。从整体的动员结构看，集中化程度更高的组织结构可能包括指挥部、领导小组等形式，而集中化程度相对较低的可能有领导包干督办、网格化管理结构、部门合作联动结构等（樊红敏、周勇振，2016；苑春荟、燕阳，2020）。行动者之间关系的紧密程度反映了行动者之间的资源依赖程度（文宏、郝郁青，2017）。动员主体与社会对象之间的历史关系（Cai et al.，2022）、互信基础以及社会资源能力（王诗宗、杨帆，2018）等都会对行动者之间关系的紧密程度产生影响。在稳定性程度上，高稳定性的结构可能与正式的结构相关，包括正式的职能部门分工、原有的条块协调结构、跨层级人员与财务管理结构等；而低稳定性的结构则与非正式的结构有关，如基于个体身份条件的资源网络结构（樊红敏、周勇振，2016）、"结对子"结构（刘骥、熊彩，2015；Tsai and Liao，2019）等。结构的稳定性也可以被理解为结构的制度化程度，而制度化程度的强弱则影响着不同权力（如专断权力、常规权力和同意权力）的维持、强化或削弱（樊红敏、周勇振，2016）。

（三）动员模式的连续谱

本书以制度化为核心维度切入，尝试为动员模式构建一个连续谱（见表4-3）。在动员过程中，制度化程度越高，意味着动员任务的持续时间越长，开展频率越高，组织的结构化、稳定化程度越高，以及动员目标的共识性或公众的认同感越强。反之，动员的制度化程度越低，则意味着时间周期更短，频率更低，动员的组织更容易被消解，动员主体对动员目标的认同程度也更低。制度化程度从低到高，动员的连续谱所对应的典型动员模式为：危机式动员、专项式动员、规制式动员、共识式动员、战略式动员。

表 4-3　动员模式的连续谱

制度化程度	低<—————————————————————————————————>高				
动员模式	危机式动员	专项式动员	规制式动员	共识式动员	战略式动员
动员治理的目标	应对危机、公众舆论或回应其他焦点事件	短期专项任务或项目的完成	政策执行中的控制、监督、问责	特定领域的治理目标或政策理念	国家战略、区域发展、民众认同
动员时间性	短期、极低频	短期、低频	短期或长期、中频或周期性	长期、高频或常规化	长期、高频或常规化、高计划性
政策理念的内化程度	低	较低	中等	较高	高
动员任务的模块化程度	高	较高	中等	较低	低
组织协调的结构化程度	低	较低	中等	较高	高
对象范围	危机事件的主体	特定政策领域内相关主体	党政系统内的主要责任主体	相关的党政主体和社会主体	广泛的党政系统与社会系统

资料来源：作者自制。

1. 危机式动员

这一模式的动员主要由公共危机事件驱动，或者由党政系统以外的公众舆论压力、其他焦点事件引发。在这一模式中，决策者面临巨大的不确定性和极高的时间紧迫性，因此需要迅速制定危机中的问题解决方案，搭建高度模块化的组织协调架构，并划定事件处置主体的权责边界。同时，决策者还需要快速且广泛地共享信息，高效且灵活地调度资源，以便在较短时间内实现行动的协调一致，并达成战略共识。由于这一模式发生的时间相对较短且频率极低，其动员的制度化程度也最低。例如，在台风灾害危机事件中，动员的任务包括应急疏散、安全转移、应急救援、恢复生产生活秩序和灾后重建等，动员的方式则需要打断常规的日常工作，将负责不同任务的人员集结起来专门处理危机，并强化任务激励。

2. 专项式动员

专项式动员主要关注短期内自上而下发布的单个专项任务的完成情况，在任务执行过程中，尽管制定了一些执行规则，但在许多重要问题的决定上都带有人格化操作的经验主义治理色彩。在动员过程中，它具备高强度、间歇反复，"集中力量打一阵，放松一阵"的特征，且不易使问题得到永久性的解决。例如，扫黄打非专项行动、安全事故专项整治、招商引资专项行动、黑车集中整治行动等。这一动员模式的制度化程度较低，政策理念的内化和共识程度不高，组织的常规化程度也较低。

3. 规制式动员

在控制、监督党政系统相关政策执行主体的目标导向下，中央（也可能是上级地方政府）自上而下发动规制性动员，如设置中央环保督察、环保约谈等制度。规制性动员模式最早可追溯到中国共产党在政权建设初期，通过督察机制以提升党的组织纪律性，例如，特派员、工作组等方式就是典型的督察形式。这类工作机制一直延续至今，且有常设的督察机构和相对稳定的制度规定，如督查机构承担着各级党委决策部署落实的督查、各级党委领导批示交办的专项工作督查、各部门工作目标的管理以及督查网络和督查队伍自身建设等职责。规制性动员的开展有一定的时间周期性，随着问题严重程度的不同，可能在较短时间内结束，也可能持续相对长的时间。规制性动员的开展依托于相对稳定的组织结构，且通过动员能让中央的政策目标和理念与特定的激励结构相容，从而使治理目标逐渐内化于行动者。但是，类似检查、督查工作也具有随机性，也可能产生"共谋"或"兴奋剂效应"并留存空间。总体而言，规制性的动员制度化程度是中等的。

4. 共识式动员

共识式动员治理目标形成的原因既可能源自外部的治理压力，也可能源自党政系统内自上而下的某个政策目标。为了实现特定领域的治理目标或政策理念，可能会自上而下出台政策规划或实施方案，相关的动员主体则围绕这些政策目标开展中心工作。在动员过程中，政策方案的制定与执行方式都较大程度地依托于原有的组织规范，或是对原有的部门分工进行借用与转化，同时，也更大程度地依赖于与社会主体原有的稳定联系。此外，共识式动员可能通过构建更高强度的命令-控制结构，或是建立更紧密的协商沟通结构、利益联盟结构，来推动相关的党政主体和社会主体达成共识。总体而言，共识式动员主要呈现动员与常规工作转化或融合的组织状态。随着政策实施周期的延长，通过动员过程中的政策反馈和学习，也可能产生长期化的政策知识，并随着时间演化被纳入未来的政策议程之中，这是一种制度化程度较高的动员模式。

5. 战略式动员

战略式动员通常是为了实现国家战略、区域发展目标或获得广泛的民众认同而采取的动员模式。这种动员模式可能持续超长的时间，具有较强的规划性，例如长期的全国范围内的计划生育、精准扶贫或生态文明建设等。在战略式动员下，动员任务几乎成为全国范围内党政系统的日常核心工作内容，同时，通过较强的政治承诺、长期的政治忠诚培育机制，战略性的动员目标逐步内化为党政系统工作人员的价值观念或意识形态。这种动员模式是制度化程度相对最高的，因为这一模式能最大限度地与党政系统内部的日常工作相结合，且最强调意义建构的过程、政策实施的长期化以及治理结果的长效化。

二 动员的任务环境

动员在特定的任务环境中发生。任务环境的多样性会导致动员情境的多样化，从而影响动员模式的选择。动员任务环境中的情境变量包括治理问题的属性、任务的政治化程度以及原有的制度能力。

（一）治理问题的属性

在动员过程中，问题的属性差异可能会导致动员的结构范围、动员机制的选择、发生时间和频率等方面的不同（Van Rooij，2006；Biddulph and Zhu，2012）。具体而言，问题的类型和领域决定了谁是动员的发起主体，以及不同主体的权责范围、动员对象的卷入范围及其协调机制，还有资源的分配方式。既有研究运用交易成本理论对任务的属性进行要素区分。例如，问题的棘手程度或不确定性程度可以通过交易频率、后果破坏性和事务可预见性等进行界定，也可以用问题的重要性与可测量性进行评估（赖诗攀，2015；赖诗攀、何彬，2017）。基于这些问题的属性，如风险程度，可以将任务划分为开发型、矫正型和避险型任务（李辉，2021）；又如从任务难度（代理方执行任务的困难程度）、验收难度（检查验收到真实产出的困难程度）、任务风险（包括固有风险与授权风险，并重点关注授权风险）三个维度区分了不同的治理模式（姚东旻等，2021）。

在这些研究的基础上，我们认为治理问题的属性可以从问题不确定性、任务的风险性、交易频率三个主要维度进行区分。其一，当问题不确定性提升时，任务的目标和工具的选择都存在较高的模糊性和冲突性。在处理的时间压力下，如果以日常规范中的流程进行问题处置，会带来协调困难、错过最佳处理时间等严重后果。因此，选择制度化程度更低的动员组织结构和机制能避免破坏性后果的产生，尽可能减少交易成本。当问题不确定性更高时，更可能采取集中化程度更高、组织范围更大、紧密程度更高、灵活性更强的组织结构。其二，当任务风险提高时，除了会带来协调过程中的更大障碍以外，更重要的是可能带来较大的破坏性后果。面对风险性更高的动员任务，动员方式的选择可能会更趋向于保守的策略。其三，交易频率更高的治理问题会抵消问题本身的不确定性和风险性，例如每年都会发生的洪涝、台风事件，由于频繁发生，我们拥有了更多的应对经验和知识，以及更小的协调成本，因此，可能会选择制度化程度相对较高的动员模式。

（二）任务的政治势能

政治势能是区分动员任务与一般行政任务的关键指标。与一般的行政化过程不同，动员任务的政治势能指动员主体在多大程度上使用政治的方式推动任务的落地与执行。生成政治势能需要经过任务的政治化过程，即指通过党的力量，将治理任务"拔高站位"，将一般的治理事务或政策事务转化为政治任务，赋予其一定的政治色彩和政治意义，并使政策理念、工具与标准显化。这种动员任务的政治化过程是政策执行的一个中国式特色经验（丁煌等，2022）。动员任务的政治势能高，意味着任务执行过程中政治权力的运用更多，即在地方党委（党组）和归口管理等制度和组织体系下，各级党委更倾向于通过更多的政治输出、政治整合和政治激励等政治性手段，改变事务的性质，推动这些治理事项自上而下执行（杨华、袁松，2018；杨华，2022；文宏、杜菲菲，2021；赖志杰，2024）。动员任务的政治势能相对较低，意味着政治化"拔高"的程度较低，政治性手段的运用相对较少，而主要通过条块转换、整合行政系统资源的方式进行动员（张虎祥，2006；刘骥、熊彩，2015）。对于动员模式的选择而言，更高的政治势能可能意味着选择制度化程度更高的动员模式。

（三）原有制度能力

从一般的行政状态切换为动员状态时，原有的制度能力可能会被融入到动员的治理制度安排中，并形成不同的动员组织结构和机制。一方面，原有的制度能力可能源自原有官僚制的分工结构、治理程序、内部规范、制度方案等。例如，既有研究已进行的讨论认为，原有官僚分工体系具有千丝万缕的联系，如进行分科设岗、分工配合的常规治理制度安排也是动员制度安排的组成部分（徐明强、许汉泽，2019）。动员过程中的治理要素，如日常规范、等级权威、程序等，都由原来的官僚体制来提供（Zeng，2020）。地方原有的制度也可能通过动员被重组和整合（Cai and Tang，2022）。

另一方面，原有的制度能力也可能源自社会能力，即社会关系、社会信任、社会资源能力以及地方性知识等。例如，动员主体与社会对象的资源依赖关系可能导致不同的动员资源分配结构（文宏、郝郁青，2017）。动员主体与社会对象之间的网络结构、互信基础、合作历史、利益冲突、资源能力等也会影响动员的方式（王诗宗、杨帆，2018；Cai et al.，2022）。此外，地方的专家系统能构成动员的行动者网络（何雪松、李佳薇，2020），地方社会组织、智库、高校等都可能产生地方性知识，推动治理资源的流动并促进治理效能的提升。在不同的社会结构中，为实现动员目标，党和政府会建构和运用多样化的、非正式的社会治理制度安排，以及采取不同的社会动员策略，从而形成了多样化的动员组织制度安排（顾丽梅、李欢欢，2021；Cai and Tang，2022）。

原有的制度能力和社会能力都可能为制度化程度更高的动员模式提供支持。例如，共识式动员和战略性动员都可能借用或转化原有的制度模式以及社会资源，将政治性手段与原有的行政系统和社会系统相结合，以推动动员任务的渐进式实施。

三 行动者的策略性响应

（一）动员中行动者

动员主体。动员中的行动者包括不同的动员主体与动员对象。推动动员发生的主体是政治权力主体，包括中共中央、中央政府部门、地方政府部门以及地方党委。不同的政治权力主体在组织性质、组织身份和权责范围上存在差异，因此它们发起的动员治理事项也各不相同。中央主导的是全国性的运动式治理，包括由中央环保部门自上而下发起的环保督察行动（Jia and Chen，2019）、计生部门发起的早期计划生育运动（White，1990），以及由中共中央、国务院或政法机关针对某一类重大社会治理问题或某项犯罪发起的专项行动（唐皇凤，2007）。地方主导的动员虽然仍在中央自上而下的体制框架下，但主要由地方政府或党委主导。在地方层面，更常见的是由地方党委领导、地方政府主导的复合主体发起的动员，如秸秆焚烧治理运动等。此外，还有地方政府部门单一主导的专项行动，如由省-市地方部门（条条）自上而下发起的专项整治行动（颜海娜、于静，2018）。

动员对象包括隶属主体和非隶属主体。隶属主体包括党委领导的组织体系、地方政府职能部门、基层政府、跨区域的官员干部，以及和政府有紧密关联的国有企业与相关事业单位（Cai and Tang，2022）。非隶属主体则包括与政府松散关联的社会组织、企业、社会精英、群众等。此外，地方的专家系统也能组成动员的行动者网络（何雪松、李佳薇，2020），地方社会组织、智库、高校等也都可能成为动员的对象。在分析动员的对象时，需要将动员对象视为动态、主动、异质且复杂的社会人，考虑社会环境的复杂性和既有的社会秩序（王刘飞、王毅杰，2017）。

（二）行动者的认知

动员中行动者的差异化认知是其行动选择的内在驱动力。动员行动者的认知既受到原有制度环境的影响，同时也在动员过程中被不断建构。行动者的认知包括宏观和微观两个层面。在宏观层面上，行动者群体的认知体现为组织或群体的制度逻辑。例如，在动员中，跨层级、跨部门的官僚体系在路径依赖的逻辑下，延续原有的认知，强化原有的组织目标，维护和扩大既有的利益和权力范围，从而生成特定的动员制度逻辑（文宏、杜菲菲，2021；白锐、林禹津，2022）。微观层面则主要指组织成员个体的认知。在特定的组织部门或考核体系中，个体基于自身偏好、观念和利益，形成了对动员过程的不同理解，例如对考核指标的不同解读、对领导偏好的领会和对形势节点的研判等（李辉，2021）。

（三）行动者的策略

伴随差异化的认知，面对动员的任务压力，动员中的行动者可能会产生不同的反应，形成不同的压力转化行动策略。行动者彼此独立但又相互依赖，面对外部压力和冲击，行动者可能会采取不同的行动策略，从而降低动员中组织协调的成本。

从宏观上看，受多种因素的影响，地方政府会形成具有不同程度主动性和自主性的应对行为（Jiang et al.，2024）。例如，在不同的核心 - 边缘部门角色导致的不同组织目标与利益差异下，面对新的动员任务冲击，不同组织部门会出现"叠加""挤出"等动员任务的处理策略（王刚、郑欣，2024）。又如，面对与原有治理技术系统的冲突，原有的官僚体制的治理要素并非简单地切换，而是会通过权威、规范、流程等，提供激励和政治势能的混合（Zeng，2020）。同时，组织也可能通过迂回策略、嵌入策略、建构策略以减少原有系统与动员系统之间的冲突、降低排异反应、加强整合（何雪松、李佳薇，2020）。

从微观上看，在个体差异化的认知和理性选择下，行动者会对任务压力、考核指标、资源约束、角色冲突进行调节，从而在特定治理结构中形成不同的个体行动策略（李辉，2021）。为降低外部冲击带来的新的协调成本，行动者会采取特定的时间分配策略，如改变工作的优先性、改良优化工作方式、延长工作时间、预留机动人员、将临时的协助性工作例行化等（倪星、黄佳圳，2016）。

四 动员的制度后果：绩效和时间

（一）动员的治理绩效

动员的治理绩效通常会被视为因变量，一般会从结果性指标和过程性指标两类来衡量。结果性指标最典型的研究是考察中央环境检查运动的有效性，直接用环境污染物变化（如水中的各类污染物、PM2.5浓度、废水排放量）的结果作为衡量动员是否有效的直接指标（Kou et al.，2022）。另外，有少数研究从过程性指标出发讨论动员的绩效，包括遵从性测量、制度化程度的描述等。例如，在环境治理动员中，将企业环境投资（CEI）

作为法规遵从性的代理变量，通过环保项目支出测度权力分配和政策遵从情况（Dong et al.，2024）。又如，通过是否改变地方层面有关环境保护的正式和非正式制度，并观察地方政府对环境规划的政治关注度是否提高，来衡量环境保护的制度化水平，进而讨论动员治理绩效（Wei and Kang，2023）。

（二）动员的时间

时间是动员治理过程机制中非常关键的维度。随着时间的演变，动员可能产生特定的治理后果，而这些后果也可能成为后续治理的自变量。动员的时间维度包含多个方面。从动员发生时的制度化机制层面看，它涉及动员的常规化属性、横跨的时间长度以及周期和频率等。动员的常规化属性指的是目标的嵌入以及科层治理中规范性和规制性要素的融入。横跨的时间长度和周期频率也是衡量制度化程度的标准。例如，当风险高时，以动员为主的治理方式出现频率高，横跨时间长；而当风险低时，动员也可以成为以一定频率发生的备选治理方案（周建青、胡健，2024）。动员会周期性地发生，如以示范城市评比为代表的常规性运动（刘志鹏，2020）。

而从动员结束后的时间阶段来看，动员可能被解构或长期化。动员的解构状态指的是，当动员产生内卷化或兴奋剂效应时，动员在结束后随即消解，体现为政策的终止、动员组织机构的解体等。当动员能产生积极的治理效果时，也存在动员的长期化机制，包括动员对宏观治理体系的影响、动员的长期治理效果（王辉，2018；Meng et al.，2019；Dong et al.，2024）、动员组织结构和组织机制的长效化，以及制度遗产（向森、郁建兴，2024；Wei and Kang，2023）。动员的长期化机制可能影响未来的政策议程，例如，动员的制度化结果可能会在另一政策子系统或未来的政策议程中发挥作用，如提供现成的政策框架和制度基础，带来相似的治理经验和知识，以及降低行动者的协调成本等（文宏、杜菲菲，2021等）；对宏观治理体系来说，动员还能够加快政治和法律发展的步伐，以构建更好的治理结构和监管机制（Liu et al.，2015；Wei and Kang，2023）。

五 拓展性讨论

沿着过程-机制视角，以组织理论作为基础理论，本章搭建了分析动员治理过程的理论模型，进一步讨论动员的制度化过程、机制与后果。以中观层次的动员概念范围为边界，在制度化视角的指引下，动员治理过程的组织学分析框架包括五个核心的组成要素，即动员的制度环境，动员的组织过程、机制和结构，动员的任务环境，行动者的策略性响应，动员的绩效和时间。

首先，动员发生的制度结构性前提包括中国的党政体制、压力型体制和国家-社会关系结构。其次，动员的组织过程是指在动员任务的冲击下，特定的政策部门通过构建动员的制度安排，推动政策理念或动员目标的落地，从而产生特定的治理结果。其中，动员使原有组织场域中的组织结构和组织机制发生了动态演化。这一组织过程涉及议程设置、任务分解、组织协调和反馈学习等政策环节，包含了特定的组织机制，且发生在特定的组织结构之中。再次，动员的任务环境会导致动员情境的多样化，从而影响动员模式的选择。情境变量包括治理问题的属性、任务的政治化程度和原有的制度能力。而后，在动员任务压力下，伴随行动者差异化的认知，各个动员主体或对象都可能出现策略性的响应。最后，在动员结束并取得特定治理结果后，动员可能消解，也可能存在长期化的机制，如动员目标的内化或进一步拓展、政策的扩散等。动员发生时的组织机制和结构，以及动员的消解或长期化，共同构成了动员的制度化过程。

以这一框架为指引，大量的基础议题可以重新得到解释；大量原有的关于动员的基础性概念、条件、过程以及常规与动员之间的转换机制等可以被纳入一个相对整合和统一的框架中进行分析。这样的框架极大地提高了未来有关动员研究的概念一致性、理论累积性以及实证检验的可能性。在这一概念框架的指引下，如下的理论议题可以得到进一步的研究。

其一，通过界定不同的任务环境来讨论动员结构的选择条件。如果将动员界定为中观的治理安排，那么动员结构内部还能进一步划分为不同的理论类型。既有研究已经初步表明，治理问题的风险程度越高，上级政府或者地方党委越有可能选择负向的激励结构，如强化问责机制（例如，赖诗攀，2015；赖诗攀、何彬，2017；李辉，2021），来进行动员的组织。在政治势能上，更强的政治势能可能带来更集中化、更紧密且更灵活的组织结构，如精准扶贫政策因拥有更高政治势能而选择了攻坚治难的结构模式（Wang et al.，2022），而地方群租治理因政治势能较低而采取了悬浮性的半常规化治理结构模式（李晓飞，2019）。此外，由于原有行政能力和社会治理能力不同，动员中形成的治理结构和治理机制等也存在差异（顾丽梅、李欢欢，2021；王诗宗、杨帆，2018）。既有研究表明，治理问题属性类型的差异、任务政治势能程度的差异、原有制度能力构成结构的不同都会导致动员组织结构选择在不同维度上的差异。

其二，基于主体的认知与行动策略差异解释了动员过程，并为不同的制度化机制提供理论指引。从动员中的行动者构成来看，一方面，在不同的政府层次，政府内部行动者可拥有的组织和制度工具是不同的。不同层次（如中央与地方）、不同治理领域（如环境、执法、社会政策等），其治理或政策领域的属性可能会影响不同主体对动员目标的认知，形成不同的利益偏好或动机，进而影响动员的策略和状态。另一方面，动员对象的隶属性不同，可能导致社会卷入程度、部门卷入程度及利益博弈等方面的差异，进而造成动员制度化过程在认知、结构和制度等层次上的差异（王辉，2018；王诗宗、杨帆，2018）。在原有的制度环境或治理系统中，面对动员任务的压力，可能会产生非常多样化的策略性响应行动，例如，采取迂回策略、嵌入策略、建构策略等以减少原有系统与动员系统之间的冲突、降低排异反应、加强整合等（何雪松、李佳薇，2020；Jiang et al.，2024）。这些研究表明，动员的制度化过程十分复杂，动员的任务环境与原有治理系统的互动是理解动员制度化过程的关键。

其三，不同的动员模式可能导致不同的制度化后果。从短期的制度后果来看，正向或负向的激励结构可能导致动员的过度执行、积极执行或消极执行（李辉，2021）。然而，既有研究对此还存在争议：有学者认为，越强的政治势能可能导致执行主体面临更多的负向激励和更集中化的制度安排，从而带来更显著且更长效的治理效果（赖志杰，2024）；但也有学者认为，负向驱动要素未必能带来积极执行（李辉，2021）。除此以外，从长期的制度后果来看，既有研究探讨了动员制度遗产与长期治理效果存在的可能性（向淼、郁建兴，2024；Wei and Kang，2023）。

第五节　结论与讨论

作为一种颇具特色的国家治理模式，动员是中国国家治理工具箱中非常重要的研究对象。利用系统的文献分析方法，本书对 20 多年来有关动员的研究进行了梳理。研究发现，动员的内涵、研究视角和研究议题经历了复杂的演变，三者相互促进，协同演化，共同构建了动员研究的丰富图景。根据文献分析结果，在长时间跨度的动员研究中，对动员内涵的界定经历了从政治运动到运动式治理，再到中/微观层次上的动员式治理的阶段性演化。从这一演进脉络来看，动员研究的视角则从宏观转向了中/微观，动员研究的三个议题在现实治理实践的变化、研究争议被解决的状态和研究价值取向变化的影响下发生更迭。

在这一基础上，本书基于组织理论建构了一个概念性框架，用以分析通过动员进行治理这一现象。同时，随着动员研究的深入，我们认为，即便是针对相同的对象，未来研究也仍需要在新的研究起点上，基于本书进一步搭建的概念框架和理论模型，从如下几个方面深入推进。

第一，如果将动员界定为一种中观层面的治理安排，那么它需要超越对常规的依赖与想象。当下的研究，无论是从组织-制度视角还是过程-机制视角，都依赖于常规-动员二分法，将动员视为某种纯粹的理论类型，并将常规与动员的相对关系作为运动式治理讨论的起点（例如，蔡禾，2012；欧阳静，2014；等等）。但是，常规是否仅仅意味着某种迷思，或者某种纯粹的理想类型呢？要超越这一迷思，我们需要在特定的治理场域内，将动员视为真实且常态化治理中的备选治理模式。同时，我们需要在常规和运动之间构建连续谱，以维度化地展现不同治理制度的差异。此外，治理制度的连续谱还需要超越行政或科层结构，纳入国家-社会关系（顾丽梅、李欢欢，2021；王诗宗、杨帆，2018）。新的研究可以根据动员对象的范围、动员的力度、制度化的程度等维度，构建理解动员制度多样性的概念框架。

第二，需要深入探讨不同政府层级以及不同政策/治理领域中动员模式、过程及其内在机制的差异。既有研究已经发现，在不同治理领域，动员的模式存在差异。在不同的政策领域，政策的复杂程度、目标群体的分布以及原有政策子系统的安排等也各不相同。这些要素都会影响动员的模式、过程以及内在机制。例如，治理能力或经验储备会影响模式的选择（文宏、杜菲菲，2021；郝诗楠，2019）。在多理论视角下，如组织理论、制度分析等，将动员纳入特定治理场域，讨论不同治理模式的影响因素，是深入理解动员模式多样性的重要方向。未来的研究还需要进一步探讨动员主体的认知与策略选择，尤其需要关注原有制度环境和任务环境对行动者的认知、动员中制度转化或建构过程的影响，以及行动者的制度策略所导致的多样化制度后果。

第三，需要关注时间的双重效应。一方面，新的研究需要关注不同时间阶段所呈现的差异化动员属性和特征，另一方面，未来的研究需要在时间维度上去理解动员的过程和机制。虽然当下的研究已经对动员如何发生进行了一些探索（徐岩等，2015），也对动员在协商和谈判的过程中如何被消解有所关注（刘梦岳，2019），但是，其制度化和去制度化的过程仍然没有得到充分讨论。例如，动员如何在治理过程中制度化地出现，最终又如何被制度化地消解？作为外生的制度冲击，它如何影响常规的治理实践？动员任务冲击被消解的过程和机制、动员任务的演变对动员的制度化过程和模式的影响，以及这一过程对地方治理的影响等问题，还需要我们进行深入研究。未来的研究仍需要结合不同的任务环境，以及不同的动员组织结构与机制来进行过程追踪研究和对长期数据的实证研究，从而深入探讨动员的长期制度化后果。

第四，需要进一步打开动员内部的黑箱，特别是明确制度背景、结构以及多样化组织机制所扮演的角色。例如，在制度背景方面，除了压力型体制和权威体制（周雪光，2011；2012；狄金华，2010），还需要关注中国党政体制的特殊性，特别是执政党在动员中所扮演的复杂角色（Cai and Tang，2022；Cai et al.，2022）。根据本书搭建的概念框架，我们认为，在不同任务环境导致的动员组织结构差异下，还需要丰富关于动员组织结构的选择与制度后果之间因果关系和机制的探讨。

第五，需要进一步讨论动员与调适的关系，以及动员对治理产生的复杂影响。作为一种治理安排，无论是动员的使用方式还是内部机制的差异，地方政府都有丰富的调适空间。即便在自上而下的动员式政策中，地方的主体性也会让行动者对动员任务有差异化的认知，从而影响动员模式的选择（李辉，2021）。同时，如果将动员视为一种制度化治理模式，其对地方治理产生的复杂、多维和长期的效应也是理解地方调适过程的重要组成部分。此时，治理场域（即不同层次的政府）和政策领域是分析动员影响的焦点。例如，动员的制度化过程是否会在特定政策领域留下长期遗产（Jia and Chen，2019）？来自外部的政策知识是否会影响动员的后果（Shen and

Ahlers，2019）？动员建构的权力结构会如何变迁（Meng et al.，2019）？动员会以何种方式和机制被延续，又在何种条件或者情境下会被唤起？

第六，将动员嵌入国际情境，在比较视野下深入分析动员模式。动员作为一种治理结构或模式，已经产生了深刻的治理影响。随着国内外挑战的加剧，复杂、棘手问题的增多，如何形成有效的治理系统和结构，成为现代国家和社会面临的重要挑战。在治理结构的构建过程中，制度环境和结构是理解国家治理安排选择的关键因素。同样，作为中国应对棘手和复杂治理问题的重要工具，理解动员模式既需要嵌入中国特有的党政体制之中，也需要纳入到国际比较的视野中，这有助于为其他国家的治理系统建构提供更多样的分析概念。国际比较既可以丰富对治理结构和模式多样化的理解，深化国际学界对制度模式嵌入性问题的认识，也可以在实践中向世界提供更多的中国经验、中国理论和中国智慧。

第五章　中国政策创新中的政策企业家：
知识进展与理论框架

引　言

政策过程往往是渐进的（Baumgartner and Jones, 2010; Lindblom, 1959）。随着政策迁移和情境变化，当政策无法满足地方化需求，或旧政策无法适应随时间推移而不断变化的需求时，就需要进行政策创新。因此，通过不断地根据情境为旧有政策赋予新的目标和工具，政策创新成为实现国家善治目标的重要基础。

政策创新是一个理性的、以证据为基础的政策制定过程，也是政策企业家有计划的、深思熟虑的博弈过程，因而兼有理性、偶然性和机会主义特性（Jarvis and He, 2020）。但是，创新往往伴随着极大的不确定性和风险，并且需要在一定程度上破坏旧制度和旧政策，建立新制度和新政策。在这样的情境下，政策企业家需要扮演非常重要的角色。

政策企业家概念在 20 世纪 70 年代初首次被提出并界定，指通过倡导某一政策议题，努力推动重大政策变革的人物（Kingdon, 2011; Mintrom and Vergari, 1996; Schneider and Teske, 1992; Walker, 1981）。根据多源流理论，政策企业家负责将问题、政治和政策三股源流汇合起来，再利用机会之窗，将创新想法提上议程（Kingdon, 1984）。最初，在多源流框架的讨论中，政策企业家主要参与议程设定和政策形成（Weissert, 1991）。但是，随着理论的发展，政策企业家的概念和作用被拓展到整个政策过程：他们投入时间、精力、声誉和金钱等资源，推动创新想法的产生，促进政策问题的确定和明晰；参与政策问题性质和解决方案的辩论；将创新想法转化为正式方案并提上日程；阐释创新想法并寻求内外部支持，直到创新政策成功实践（Kingdon，2011）。

　　政策创新一直被认为是中国改革开放和经济腾飞的主要原因之一（Florini and Tan，2012），尤其是地方层面的政策试验（Cao et al.，1999；Heilmann and Perry，2011）。与有意识的政策设计相比，地方的政策实验被认为是解释中国自 20 世纪 80 年代以来"惊人"变化的最重要因素（Mei and Liu，2014）。这种模式被界定为"等级制下的地方实验"（Heilmann，2008a；Tsai and Dean，2014；Heilmann，2008b；Mei and Liu，2014）、"因地制宜的等级制地方实验"（Tsai and Dean，2014）等。在缺乏政策共识的情况下，改革很难一蹴而就，而地方性的、小规模的实验则提供了恰到好处的创新动力。因此，政策创新是中国政策过程中相当重要的一环。政策企业家理论起源于西方国家，其研究情境也大多在西方。然而，当讨论政策企业家理论在发展中国家的应用时，最常被研究的国家便是中国（Bakir and Gunduz，2020）。作为代理人的政策企业家是中国政策创新的主要推动力（Zhu，2008；Zhu，2012；Teets，2015）。那么，不同于西方，在中国的党政体制下，政策企业家的主体到底包括哪些？政策企业家是如何在中国创新过程中发挥作用的？为了实现政策创新，政策企业家采取了哪些创新策略？又有哪些因素，通过何种机制，影响了政策企业家的行为以及创新成功的可能性？中国的独特结构和制度在政策企业家的策略选择中扮演了什么样的角色？

　　当下关于中国政策企业家的研究主要分为两个路径。一是结构论，强调情境的重要性，即结构和制度等要素对于政策企业家的制约和赋能作用。结构论将情境因素静态化，强调制度而忽略了代理人的主观能动性。二是主体论，关注政策企业家的偏好和动机在政策创新过程中扮演的角色。然而，中国政策结构被定义为"碎片化威权主义"（Mertha，2009）；政府系统中的碎片化恰恰为行动者提供了政策空间。与政策过程相关的官僚、媒体、非政府组织和个人活动家等政策企业家，通过采取必要的策略，可以在碎片化威权主义框架的结构和程序限制下，利用和操纵制度完成政策创新。由此可见，在中国的政策情境下，结构论和主体论必然是相互补充的；问题的关键不是强调结构或者主体，而是理解结构的约束和赋能如何影响政策企业家的策略和行为。

　　因而，本章首先将采用系统性文献综述的方法，对国内外研究中国政策企业家的相关文献进行系统性梳理和总结。同时，基于结构的双重性理论（Sewell，1992）和嵌入性代理人理论，本章致力于搭建一个将结构论和代理论相结合的概念性分析框架，以探讨在中国政策创新过程中，二者之间相互形塑的互动过程，即结构性因素如何赋能和约束主体，以及主体在实践中如何重塑和再生产结构和制度。最后，在这一框架的指引下，本章将对中国政策企业家的研究进行归纳与展演，从而为后续研究提供可供参考的方向，推动中国政策企业家理论的发展。

第一节 政策创新与政策企业家理论概述

一 政策创新概论

政策创新的本质是以新的方式实现政策目标（Zhu and Xiao，2015）。创新是一个动态过程，包括确定问题和挑战，提出新的创造性想法，并最终选择和实施新的解决方案（Sørensen and Torfing，2012；Roberts and King，1996）。

创新具有新颖性和解决方案有效性两个特征。新颖性既指首次创造新想法并将其转化为社会价值，也指发现、转化和调整来自其他国家、政策领域或组织的想法和解决方案的过程。在后一种情况下，情境决定了新颖性（Roberts and King，1996）。有别于发明，创新是指新事物被采用者采纳和使用（Rogers，2003）。真正原创和首创的创新并不多见（Trivellato et al.，2021）。这意味着创新并不一定是首创，只要这些思想、事物和做法对于采用的单位或部门而言是新的，那么也是创新（Aiken and Hage，1971；O'Toole，1997；Rogers，1995）。复制现有创新并使其适应新环境比完全从零开始往往更有效（Trivellato et al.，2021）。因而，创新也是一个创造、采用或发展其他组织、部门或国家对采用单位而言的新思想、新事物和新做法的过程（Moore and Hartley，2008；Walker，2008）。就有效性而言，公共组织的创新动机常常包含着寻求合法性，因而必须在采纳的基础上将创新想法付诸实践（Boyne et al.，2004；Damanpour and Evan，1984）。解决方案的有效性是指实现政策目标的程度（Rogers，2003）。

此外，政策创新不仅是内外压力的产物（Glor，2001；Rogers，1995），也是复杂的动态政治过程（Roberts，1992；Mintrom，1997）。这一过程包括理念的概念化、方案的设计、获得政策参与者的认可和支持以及政策的成功实施。据此，创新可以划分为四个核心要素或阶段：创造，即创新思想的产生和发展；设计，即创新理念演变成更为正式的声明、提案或法案，并被制定为法律；实施，即创新想法在理论上得到认可，形成新的方案，并在实践中得到检验；制度化，即创新想法成为既定的实践，以至于人们不再将其视为创新想法（Roberts and King，1991；Zhu，2013）。

二　政策创新中的政策企业家

政治领导力是寻找解决棘手复杂问题的创新政策的先决条件。政治领导力帮助设置政治议程，以新的方式建构问题，创造性地引导解决问题的过程，获得广泛支持，并提供足够的资源来实现新颖且大胆的解决方案（Torfing and Ansell，2017）。其中，政策企业家是政治领导力的重要体现。政策企业家在创新理念的提出、问题的建构、议程的设置、决策以及实施等阶段都发挥着关键作用（Roberts and King，1991；Zhu，2013）。所以，要理解政策创新，实现政策问题的创造性解决，对政策企业家的理解就成为最具理论吸引力的部分。在不同的理论视角之下，围绕政策企业家的概念、角色、策略、条件等议题，当下的研究进行了非常丰富的讨论。

（一）政策企业家的概念与发展

政策企业家是专门发现问题和寻找解决方案的人（Polsby，1984）。他们愿意投资自己的资源，包括时间、精力、声誉和金钱等，以期获得未来的回报（Kingdon，1984）。回报形式多种多样，包括提倡的政策得到落实、参与政策带来的满足感、工作保障或职业晋升等（Teets，2015）。政策企业家在识别政策问题时，既能引起决策者的注意，又能提出适当的政策反应（Kingdon，1984；Majone，1998；Polsby，1984）。公共决策的基本前提是，社会成员对辩论焦点和共同体当前面临的中心问题性质产生广泛的共识（Mintrom，1997；Majone，1998）。作为政策制定的主要参与者，政策企业家充当创新的代理人，开发新的理念，并推动政策采纳（Grinstein-Weiss et al.，2008）。在设计出政策方案后，政策企业家就其优点与相互竞争的方案开展辩论（Roberts，1992）。为了使创新的想法和首选解决方案从"孵化"

走向实施，政策企业家需要盟友和政治家的支持。因此，政策企业家与政治家形成了一种"共生关系"，政治家在定期呼吁选民时"认同问题并被选民认同"（Polsby，1984）。如此，政策企业家获取政治家的帮助去制定他们认可的政策。反过来，政治家通过这一政策获得公众信任，从而在选举中胜出（Roberts，1991）。

Kingdon 在多源流理论中将政策企业家视为在非常复杂的政策过程中发挥耦合作用的个人。多源流理论将政策过程分为问题、政策和政治三股既独立又相互联系的源流。政策企业家愿意投入自身的资源，将特定问题框架化，并根据自己的想法提出建议和方案，在正确的时间——政策窗口开启时——将三股源流结合在一起（Kingdon，1984），从而将政策成功提上议程（Roberts，1991）。

在研究的初期，学者们认为政策企业家来自政府正式职位之外，他们介绍、翻译新思想，并帮助将其落实到公共实践中（Roberts and King，1991）。随着概念的发展，政策企业家的范畴不仅限于政府内部人员，也包括政府外部人员；不仅涵盖个人，也包含集体。许多行为体和组织参与政策制定或试图影响决策者。这些参与者大多在既定的制度安排内"舒适"地工作，在不打乱现状的情况下，尽力为自己和他们的支持者争取更好的结果。政策企业家通过企图在感兴趣的领域显著改变当前的做事方式来彰显自己的不同（Mintrom and Norman，2009）。总之，政策企业家既是政策过程中的问题制定者、替代规范者和联结者，也通过新的方式组合要素，产生广泛的社会功能（Roberts and King，1991）。企业家的这一创新职能为政策体系乃至整个社会提供了学习和适应能力（Merritt and Merritt，1985；Walker，1981）。

（二）不同理论视角下的政策企业家

政策企业家这一概念源于多源流理论。然而，由于政策企业家在整个政策过程中，特别是在政策创新、政策变迁以及政策形成等环节扮演着关键角色，大量的理论框架被整合进来，为政策企业家理论的持续发展提供了丰富的新视角。为了更好地定位政策企业家相关理论，接下来，本章将把政策企业家置于其他政策过程理论中进行考察，以拓展对政策企业家的理解。

1. 政策企业家与多源流理论

多源流理论主要探讨特定政策问题为何在特定时间以及如何吸引注意力，同时也研究了创新如何通过正式和非正式途径获得支持。多流派理论源自 Kingdon 对于政府议程设置的突破性研究。该研究构建了一个解释政策形成的框架，涵盖政策过程中的问题、政策和政治三个源流。问题流包含从危机、反馈效应和指标中识别出的有关问题性质的证据。政策流包含解决"政策原汤"（Primeval Soup）中问题的建议、战略和倡议。政治流则涉及政党政治、利益压力、民族情绪或意识形态等因素。一旦这些源流因选举周期、危机、公众情绪变化或政策企业家的行动等因素而汇集在一起时，政策窗口或机会之窗便随之打开，变革成为可能（Kingdon，1995）。

政策企业家是将三股源流耦合的关键推动者。他们在利益相关的共同体中明确问题，并吸引足够的注意力，使其能够进入政府议程设置。他们利用机会之窗将问题与首选解决方案相匹配，并说服政治领导人选择创新的政策理念。政策企业家利用短暂的机会或政策窗口推动解决方案的产生或将注意力集中于某个问题，这往往需要极强的感知和把握机会的能力以及意识（Kingdon，1995）。政策企业家不仅负责向主要决策者"推销"政策，还必须确保不同政策流的融合。

虽然多源流理论尚未对企业家在政策流耦合中所起的作用进行精细的理论分析，但它描述了企业家的行动策略，尤其是在因其复杂性而表现出高度模糊性的制度环境中（如欧盟）（Ackrill et al.，2013）。政策企业家会操纵制度规则来应对多层次环境中的模糊性，并参与政策问题的构建和重构，以建立更强大的联盟（Zahariadis，2007）。成功的耦合还取决于政策企业家预测"窗口开启"时机的能力（Natali，2004）。他们通常会关注制度运作的规律性，并考虑选举或任命的时机（Howlett，1998）。

2. 政策企业家与制度主义理论

在理性人的假设下，虽然行动者被视为追求个人效用最大化的理性人，但他们的行动却被视为集体行动的结果，而集体的运作遵循其自身的内部逻辑和固定范围的"允许信念"（Permissible Beliefs）（Greif and Laitin，2004）。这反过来又支撑了制度的自我强化特性。对共识和共同信念的强调削弱了个人在制度中引入创新的能力；行动者的能动性主要被用于维护制度平衡。然而，这进一步引发了制度-行动者，或者说结构-能动性的悖论。

制度理论中的行动理论尝试化解这一悖论。行动理论认为，必须摒弃将制度视为先前政治进程的"顽固残余"的观点（Streeck and Thelen, 2005），而应将其视为"活动领域"（Leca et al., 2008）。在这一领域中，行动者参与维护制度并促进制度价值提升，推动创新和变革。这样，制度的被动结构就转变成了制度化的主动过程（Bakir, 2009; Bakir, 2013），行动者的能动性也超越了有限理性的范畴，涵盖了思想价值以及有组织、有系统的创新活动。在这一视角下，制度企业家就拥有了充分的理论发展空间。

制度企业家的概念是制度变革的内生理论之一。在这一理论中，行动者充当"结构变革的催化剂"并发挥主导作用，"推动变革并为变革指明方向"（Colomy and Rhoades, 1994）。其中，制度企业家借鉴了组织制度主义（Zucker, 1987; Powell, 1991）的相关理论，被定义为有组织的行动者。他们拥有充足的资源、社会和政治技能以及必要的社会地位，能够发起并实现组织变革（DiMaggio, 1988; Wahid and Sein, 2013）。制度企业家强调特定代理人影响和改变制度环境的能力，允许在制度背景下对个人行动和机构进行定义和框架设计（Mukhtarov, 2013; Zhou and Ching, 2018）。经过发展，新制度主义进一步强调了结构和制度对行为者行为的塑造作用，关注结构内或结构间的行动者彼此之间以及与结构之间的互动。制度是一种游戏规则，为身处其中的行为者提供行为准则（Eggertsson, 1990; North, 1990）。制度包括正式制度和非正式制度，二者同时规范和指导着制度结构内行动者的行为（Barzelay and Gallego, 2006; Elinor, 1990; Scott, 2001）。

同时，新制度主义强调了三个能显著提高政策企业家推动创新的能力的方面：对相关程序和地方规范的了解、擅长利用网络和组建多元化团队以及尊重"内部人"的感受。这要求政策企业家理解特定环境的运作方式，但又不能深陷其中而缺乏创新的动力和批判视角。同时，当政策企业家擅长利用网络（Mintrom and Vergari, 1998），或者组建既有"内部人"又有"外部人"参与的团队时，他们更容易成功创新（Brandl, 1998）。

3. 政策企业家与间断均衡理论

为了调和渐进主义和政策剧变，Baumgartner 和 Jones 提出了间断均衡理论（Baumgartner and Jones, 2010）。间断均衡理论认为，政策过程的特点是保持一段时期的稳定，间或会出现突然的剧变。虽然制度在很大程度上保持静态，但是偶尔遇到危急时刻，制度就会重新洗牌，并与旧制度发生断裂（Jones and Baumgartner，2012）。间断均衡理论将制度默认为静态的结构，认为变革必然是一个突然发生、由外部危机驱动的破坏性过程（Zhou and Ching，2018）。即使是稳定的系统，也存在创新和变革的潜力。

间断均衡理论重视政策企业家对于创新和变革的作用。政策企业家将政策问题引入公共领域和大众视野，并且协调各方利益。但是，这一理论更强调推动稳定和变革的更广泛的动力。政策企业家的作用在于挑战和破坏现有的政策形象，并且框定主要问题以创建新的政策形象（Mintrom and Norman，2009）。间断均衡理论更明确地提及企业家精神，将突变时期描述为政策垄断的瓦解期（Baumgartner and Jones，2010；Prälle，2003）。政策企业家有能力动员反对力量，以动摇并影响当前占主导地位的政策形象（Chaqués and Palau，2009），从而重新进行场域选择和问题框架设计。同时，参与国内和跨国政策共同体的政策企业家更容易充当思想调解人，完成创新（Bakir，2009）。因此，政策企业家通过不断寻找新的途径和问题定义，打破普遍的政策形象，从而构建间断均衡所预期的激进变革（Galanti，2018）。

4. 政策企业家与倡导联盟理论

倡导联盟理论的核心观点是，政策创新和政策变迁是由共享特定的信仰体系——一套基本的价值观、因果假设和问题认知——的共同体推动的。随着时间推移，这些共同体会产生协调一致的行为（Sabatier，1988），以维持和发展特定领域的政策。倡导联盟框架讨论了创新的想法如何从价值观共同体中产生并实现的过程，虽然并未直接论述政策企业家，但是为政策企业家提供了相当大的空间。政策变化通常是渐进的，但是在现有政策环境中会出现一些难以解决的问题，此时，政策企业家和政策创新的概念有助于我们理解这些创新何以发生。因而，当政策企业家和政策创业理论与政策创新和变迁理论相结合时，它们的学术价值得到进一步提升（Mintrom and Norman，2009）。

在倡导联盟框架中，政策经纪人执行的政策创业促进了内生性变化，改变了专家之间的思想框架，并最终导致了跨联盟学习。倡导联盟理论主要关注如何整合各种不同的观点和利益，从而改变认识论群体对某些问题的阐释。此外，涉及核心政策信念的创新是重大的，而涉及次要信念的创新则是微小的。这种意识形态的转变可能源自宏观层面的外生冲击，也可能源自认识论群体内部持久的学习过程。但是，仅仅通过以政策为导向的内部学习所推动的协商，无法实现重大的信念转变。此外，政策子系统的其他结构特征也会影响变革的类型，比如重大政策变革所需的共识程度以及特定国家政治制度的开放程度。关于倡导联盟中资源作用的分析，除了正式权威、公众舆论、信息、需要动员的支持者以及财政资源之外，作为政策企业家的领导者也被视为一种资源。这是因为他们创造了有吸引力的愿景，能够战略性地使用联盟资源并吸引更多资源（Sabatier and Weible，2007）。然而，在倡导联盟网络中，企业家的作用往往被静态地描述为寻求创新的特定类型的自利行为者，他们的行动受其在网络中的地位的引导（Christopoulos and Ingold，2015；Galanti，2018）。

5. 政策企业家与政策网络

建立团队、联盟和网络是政策企业家的四种行为策略之一。政策网络由若干在某一政策领域有共同兴趣的行为者组成，这些行为者彼此之间有着直接和间接的联系。政策网络成员之间的沟通和交流有利于促进新想法的诞生。在提出政策创新建议并试图兜售这些想法时，政策企业家需要寻求影响和利用网络资源的途径，以使政策创新能够说服他人并获得支持。

政策网络一般分为内部网络和外部网络。外部网络指的是国家层面，即国家间或中央与地方间的层面。外部网络相对来说更加广泛，便于传递创新信息。内部网络则由与当地政策制定社区建立联系的个人组成，通常聚焦于特定的议题。在政策过程的不同阶段，内外部网络的重要程度不同。在理念的提出阶段，政策企业家需要利用内部网络同参与者联系，了解情境性信息，并与外部网络建立连接，以扩大影响。当政策创新进入议程时，内部和外部政策网络都发挥着重要作用。外部网络是产生新想法的来源，提供了如何将创新应用于其他地方的信息。内部政策网络则能更好地实现想法的本地化和因地制宜的创新。在试图获得批准的过程中，利益集团之间的政治博弈非常重要，此时内部政策网络成为政策企业家的关键工具。政策企业家对内部政策网络成员的关注点了解得越多，就越有可能将政策创新锚定到更具吸引力的项目上，从而获得认可的可能性也就越高。而外部政策网络则是传播创新思想、展示其价值的重要机制（Mintrom and

Vergari，1998）。

三　政策企业家研究的核心议题

在充满风险的政策创新过程中，政策企业家们致力于投入时间、精力甚至财产来打破政治均衡，通过动员组织和集体权力来改变现有的公共资源分配方式（Lewis，1980），将自己的想法兜售给他人，并将想法转化为政策方案（Kingdon，1995；Schneider and Teske，1992）。政策企业家是"等待大浪淘沙的冲浪者"（Kingdon，1995），需要把握和利用政策窗口；但是，政策企业家并不是一味地被动等待时机，也会主动介入网络去创新性地塑造制度和情境（He，2018）。个人技能和资源在创业活动中起着关键作用：政策企业家必须具备政治关系、谈判技巧、技术专长、毅力、政策知识、领导能力和团队建设技能，以及拥有信誉和得到社会尊重的能力（Galanti，2018）。由此可见，政策企业家就是在制度和政策的结构性约束与个人动机、偏好和策略的接口上的"编排者"。在主体与制度环境之间，在不同的视角下，围绕政策企业家出现的可能性、他们的特质和策略、创新成功的可能性等议题，学者们进行了非常丰富的讨论。宽泛来看，围绕这些议题，这些研究主要分为两个视角：主体性视角和结构性视角。不同的视角关注的政策企业家的议题存在差异，理解这些议题的因素也存在差异。

（一）主体视角下的政策企业家

主体视角聚焦于政策企业家的主体性，侧重于讨论如下议题：政策企业家的类型，即谁（不）是政策企业家；个人特征和性格特质，即谁可以成为政策企业家；以及政策企业家的行为和行动策略，即政策企业家如何实现政策创新。在主体论之下，第一类研究主要聚焦于政策企业家的类型，包括个人和群体的政策企业家，以及不同组织身份和社会部门的政策企业家（Kingdon，1995）。第二类研究主要集中于政策企业家的个人特征，重点关注不同的人格特质（Funk，2013；Xu and Peterson，2017）及其对风险的接受和承担意愿（Teets and Hasmath，2020）。第三类研究主要关注政策企业家为了促成政策创新所采纳的行为和策略。

1. 谁是政策企业家？

谁是政策企业家？作为愿意投入时间和精力、承担风险以打破政策均衡的个体，早期的政策企业家这一概念是在个人层面被定义的。个体的政策企业家广泛分布在各个社会部门，包括政府行政机构、政党、社会组织或专家社区中的个体（Kingdon，1995）。这些个人愿意将他们的时间、声誉和知识等资源投入到政策创新中，并能够建立良好的网络关系。

但是，在实践中，大多数企业家都是集体企业家。这些团体通常由各级政府机构代表组成，能够在内部不同规模和层次的决策层与外部非政府组织和研究团体之间建立联结。群体政策企业家具有两个主要优势。首先，不同位置的政策企业家采取的策略不同。研究机构或大学的政策企业家更有可能开发和检验创新想法，而高级政策顾问或政治家则能够给予创新政策更多的支持。其次，群体政策企业家能够结成联盟，将团队成员个人的能力和特质发挥到最大。当前研究发现了三种类型的联盟。①倡导联盟，即由拥有相同或类似的思想、信仰和价值观的人组成的认识共同体。②战略联盟（Meijerink，2005），他们对实现某种特定的政策变化有着共同的兴趣，即便他们不具有相同的政策信念、价值偏好或世界观。③资源依赖联盟，他们既没有共同的信念或问题看法，也没有共同的政策偏好，但为了实现各自的目标而相互依赖（Meijerink and Huitema，2010）。政策企业家的身份也是界定政策企业家类型的维度。对于政策企业家的身份，一些学者区分了官僚企业家（Teske，1994；Howard，2001）和第三部门的政策企业家（Kendall，2000）。从广泛的意义上来讲，政策企业家可以在任何单位，即政府部门、企业和第三部门，包括科学家、活动家、官僚、顾问、倡导者和政治家，以及公司、社会组织、高峰商业协会和政党等组织的政策企业家（Bakir and Gunduz，2020；Kingdom，1995；Lewis，1980；Zhu and Xiao，2015）。这种多重身份赋予了政策企业家调动思想和话语在不同意识形态领域运作的能力，也提高了政策企业家在各个创新阶段建立不同的联盟以应对冲突的能力（Bakir，2009；Galanti，2018）。

此外，学界也讨论了政策企业家的子类型。根据对政策场域的作用，创新企业家可分为场创造者和场接受者。场创造者产生于早期阶段，并积极主动创造新的创新领域。一个领域的制定者可能参与整个政策和制度创新的过程，但可以退出这个过程，并将该领域留给其他人。场域接受者是处于接受者地位的代理人，他们在所建立的场域内不断采用新的实践，促成和适应新的变化（Shi and Frenkiel，2021）。在这一过程中，不同的政策行为者会扮演不同的政策企业家角色。政治政策企业家（Political Entrepreneur）是处于政治领导职位上的发起创新的企业家，通常在决策过程中发挥作用，往往承担起场域制造者角色。行政政策企业家（Executive Entrepreneur）是拥有行政领导职位的发起创新的企业家，也经常承担场域制造者的角色。与政治企业家一样，行政企业家通常在决策过程中发挥作用。授权型企业家（Mandated Entrepreneur）是指在上级指派其改革的领域中被证明卓有成效的创新型干部；他们可以是任何官员，包括党政官员和行政官员。授权型政治企业家往往是政策过程末端发起者，或者是政策执行者（Shi and Frenkiel，2021）。

2. 谁会成为政策企业家？

（1）政策企业家的个人特征。政策企业家的个人特征是当下研究的重点。政策企业家的个人特质会影响他们参与政策创新的意愿，以及对制度结构变化做出的反应。特别是创新人格概念的提出，使得即使结构性因素不利于创新，具有某些个性和人格特征的政策企业家仍旧会采取创新行动（Roberts and King，1991）。其中，最常提到的人格特征是风险承担能力和意愿：政策企业家要在感兴趣的领域做出变革从而脱颖而出，必须具有较高的自我效能感和风险承担意愿（Kim，2010；Lewis et al.，2021；Littunen，2000）；他们需要拥有社会敏锐性、有效理解他人的能力、参与政策对话的能力、善于框定问题的能力、擅长组建团队等特质（Mintrom and Norman，2009）。

但是，什么样的人格特质能够解释政策企业家的创新意愿呢？创新个性与承担风险的意愿以及合作能力相关（Littunen，2000）。在政治行为学研究中，人格特质中的政治取向对于解释这一问题具有重要意义（Funk et al.，2013；Xu and Peterson，2017）。政治人格理论认为，个体对新体验的开放度和自觉性与其潜在的政治取向高度相关（Carney et al.，2008）。Adorno 等首次提出了"专制人格"（Authoritarian Personality）的概念（Adorno et al.，1950），其显著特点是尊重和依附权威。专制人格具有三个基本特征：专制服从（Authoritarian Submission）、专制侵略（Authoritarian Aggression）以及传统主义（Conventionalism）（Lewis，2021；Feldman and Johnston，2014）。

在专制人格的基础上，政治行为主体的人格特征可被划分为专制型、协商型和企业家型（Hasmath et al.，2019）。专制人格主要是等级式规则的接受者，普遍具有以政府为中心的等级取向，权力和控制以等级制自上而下的方式运行。协商型人格一般利用复杂的政策网络寻求政府与社会之间的协作。企业家型个体表现出高度的自我效能感和自信，具有较强的风险承担意愿。即使制度风险不断增加，拥有企业家型人格的人仍旧愿意继续创新。专制型官员遵从中央指令，不会在中央不同意的情况下进行创新，但协商型和企业家型官员则会"悄无声息"地继续进行创新，并减小创新幅度，以免引起不必要的关注（Teets and Hasmath，2020）。

（2）政策企业家的特质。除了对创新人格进行的广泛研究外，另一派研究更关注成功的政策企业家所表现出来的特质。然而，这一派研究相对比较松散，缺乏系统的视角和框架，不同学者从不同角度对其进行了总结。

关于政策企业家的个人品质，有效的政策企业家通常表现出三种特质：准备性，即事先积极发展联盟并制定政策解决方案，而不是被动等待机会；连接性，即将问题、政策建议和政治机会三股源流进行战略耦合；灵活性，即适应外部冲击、突发事件和意外变化（Hu et al.，2020）。King 和 Roberts 确定了另外三个关键特征：特定的人际风格、权力的表达，以及高级价值和创新想法的实现（King and Roberts，1992）。同时，政策企业家具有显著区别于其他政治行为体的特征。在持续的研究下，学者们列出了政策企业家特征的诸多要点。第一，政策企业家有能力并愿意承担风险和责任。第二，政策企业家具备与政策创新相关的专门技能和对其的执着追求。第三，政策企业家是批判性的思想家、熟练的管理者、卓越的领导者。第四，政策企业家能够促进和维持创新政策方案的长期发展（Zhu and Xiao，2015）。第五，政策企业家具有明确的倡议，通常利用政策专业知识和经验代表某个组织或团体发声。第六，政策企业家利用结盟、关系或谈判技巧来推进政策，这也体现了他们的政治智慧（Kingdon，1995）和社会敏锐性（Mintrom and Norman，2009）。政策企业家结合了政治关系与社会敏锐度，展现出社会远见，能够凝聚和联结各行为体。第七，政策企业家具有坚持不懈和坚韧不拔的精神，能一直追逐所坚持的愿景和政策（Kingdon，1995）。第八，政策企业家具有动态能力，即整合、建立和重组内部和外部资源以应对快速变化环境的能力（Teece et al.，1997）。这种动态能力可以分解为感知和塑造机会与威胁、抓住机遇，并对组织的有形资产和无形资产进行提升、组合和重新配置（Trivellato et al.，2021）。

3. 政策企业家的策略和行为

要实现成功的政策创新，政策企业家会采取哪些行为和策略？这个问题是所有政策企业家理论关注的重点议题。追溯政策企业家的研究进展，我们发现，在研究初期，政策企业家就是根据其行为策略来定义的。政策企业家倡导新理念并提出建议，界定和重构问题，明确备选政策，在众多政策参与者之间进行沟通并传播创新观点，动员公众舆论（Roberts and King，1991；Cobb et al.，1983；Kingdon，1995；Polsby，1984；Walker，1981）。

（1）政策企业家的策略框架。总体来看，学界对于政策企业家行为策略的讨论分歧甚少，基本框架由 Mintrom 和 Norman（2009）提出，后续的研究主要在此基础上进行补充和细化。这一框架包含四个核心要素：展现社会敏锐性、界定问题、建立团队和以身作则。

展现社会敏锐性意味着政策企业家要具备较高的识别机会之窗的能力（Kingdon，1995），这体现在两个方面。第一，充分利用政策网络。推动创新的行动者通常会利用网络在其他领域获取相关知识（Mohr，1969；Weissert，1991），以提高创新成功的可能性（Balla，2001）。第二，在政策情境中能够及时觉察并有效回应政策参与者的想法、动机和需求（Mintrom and Vergari，1996）。

界定问题是一种政治行为，它需要建构和揭露当前政策环境中的危机和问题，以吸引广泛的注意力。政策问题往往是复杂的，甚至跨越不同的政策领域。如何界定这些问题，或者选择突出政策问题的哪些属性，会决定利益群体的关注点，从而影响政策对象如何将具体问题与自身利益相关联。因此，界定问题作为一种政治行为，需要与社会敏锐度、冲突管理和谈判技巧相结合。问题的界定还可能涉及利用迫在眉睫的危机作为论据，想方设法突出当前政策环境的不足，以及吸引问题范围之外的参与者的支持（Levin and Sanger，1994；Roberts and King，1991）。

组建团队是指政策企业家动员同盟者，利用其个人和专业的社会网络，组建一个由具备不同知识和技能的个体组成的紧密团结的团队，从而在追求变革的过程中获得强有力的支持，并降低决策者对风险的感知。此外，成功的政策企业家需要与联盟合作来推动政策变革。政策企业家最初可能是以个人身份出现的，但是，他们的力量并非仅仅源自他们的想法或者品质，相反，他们真正的力量来自与他人有效合作的能力。政策企业家建立和维持政治联盟，寻求内外部代理人的支持，规避政治风险，以确保政治创新的成功（Christopoulos，2006；Zhu and Xiao，2015）。政策企业家的团队建设活动形式多样。首先，政策企业家通常在紧密团结的团队中开展工作，该团队由拥有不同知识和技能的个人组成，彼此之间相互支持（Mintrom，2000）。其次，政策企业家会利用他们的个人和专业网络不断提升相关技能和知识水平，以推动他们的倡议（Burt，2000）。最后，发展和扩张联盟能够获得更广泛的支持（Mintrom and Vergari，1996），联盟的规模意味着创新获得支持的程度。同时，支持联盟的形成有助于转移反对创新者的论点。

以身作则是指政策企业家亲自将创新想法转化为行动，以此来展示其有效性和可行性（Shi and Frenkiel，2021）。创新往往伴随着风险，因此政策企业家需要采纳一些策略来降低决策者的风险。常见的策略是寻找合作，明确展示创新的可行性。尤其是当政策企业家以身作则，即提出想法并亲自付诸行动时，创新的有效性和实用性信息得以传递。这可以赢得他人的信任，并为创新造势。在某些情况下，创新本身会凸显政策企业家（Mintrom，1997）。此时，政策企业家会从关注创新的后果转向关注不作为的后果（Mintrom and Norman，2009）。

（2）政策企业家的策略行为。Mintrom 和 Norman 提出的政策企业家框架包含的四个要素具有一定的个人性，因此，学者们在此基础上进一步发展出了更明确的策略框架。Mintrom 进一步提出了政策企业家的四种策略：第一，定义和框定问题；第二，建立团队，挖掘相关的知识网络；第三，积累证据，表明提案的可行性；第四广泛地建立支持者的强大联盟（Mintrom，2013）。Faling 等加入了制度层面的因素，进而将这些策略确定和细化为五类：问题推广、问题框架、联盟建设、操纵制度和以身作则（Faling et al.，2019）。此外，政策过程研究也提及了类似的策略："场域选择"（Venue Shopping）、"场域提升"（Venue Lifting）和"场域操作"（Venue Manipulation），但这些策略尚未很好地融入政策企业家理论中（Meijerink and Huitema，2010；He and Ma，2020）。

具体来看，可以将当下有关政策企业家的具体策略归类到如下五个宽泛的行为类别中。

第一，问题框定。问题框定是指利用叙事和故事，寻找方法来凸显当前政策的不足，并为所感知的问题提供合理的解决方案，从而使问题变得有意义。创造性地识别问题产生的原因，并为其探索新的解决方案，是倡导新方案的重要策略（Mertha，2009；Roberts and King，1991）。对问题的精巧建构可使政策企业家利用其政策理念作为联盟联结的桥梁，重建各组织间的认同（Béland and Cox，2016）。

第二，议题推动。议题推动是指那些有助于提升议题可见性的创业行动。建立跨界合作以促进创新，需要企业家具备较强的能力，以争取其他部门和选区的支持。向不同层次和领域的利益相关者推广创新理念是一项重要战略（Faling et al.，2019）。为了得到重视和关注，政策企业家会广泛地建立网络，利用各种组织和个人的创新资产，鼓励协作和共同创造解决方案，并制定策略来向他人表达创新想法（Kingdon，1995；Bommert，2010；Trivellato et al.，2021）。在这一过程中，政策企业家通过了解政策制定共同体中各种成员的"世界观"，建立起政策网络的信任和链接。通过紧密的联系和接触，政策企业家能够确定合适的论据，以说服其他人支持他们的政策理念（Mintrom，1997；Kirst et al.，1984；Sabatier，1988）。

第三，寻求支持。政策企业家自身缺乏单独推动变革所需的资源，因此必须通过在政策竞技场内寻求集结、建立联盟的方式，以争取团队参与者的支持（Cohen，2012），从而获取政治资源。同时，在联盟和网络内部寻找支持政策创新的论据（Lavis，2005），以便成功地向潜在支持者兜售创新观念（Mintrom，1997）。来自不同背景的新参与者提升了网络中的异质性，增强了网络参与者之间的互动，这使得政策企业家更有可能获得更多的支撑性证据和资源支持（Shearer et al.，2018）。

第四，操纵或改造制度，包括改变权力分配和改造现有制度（He，2018；Meijerink and Huitema，2010）。政策企业家在围绕政策展开的辩论中，运用话语向政策制定者和参与者兜售创新理念（Mintrom and Vergari，1996），并利用符号和建构叙事来处理公众情绪。基于对制度规则的了解，在模糊性情境下，政策企业家可以通过为决策者和那些有问题偏好的人澄清或创造意义，来对决策顺序进行战略性操纵。当政策企业家发出的信息连贯一致，并由强大的联盟和团队加以塑造时，就会产生更大的影响力

（Saurugger and Terpan，2016）。

操纵制度的具体策略可分为三种：制度记忆（Institutional remembering）、制度借用（Institutional borrowing）和制度共享（Institutional sharing）。制度记忆策略是指搜寻和激活多余或"沉睡"的制度资源，重拾被遗忘或未被认定价值的制度资源，以服务于新政策目标。这些空间和冗余为应对新的或不断变化的环境提供了缓冲和机会。一味坚持"最佳实践"和加强监管反而会挤占冗余中的制度资源。制度借用是指从类似的领域转移和学习制度资源。这一策略非常适合在多个制度环境或政策领域中运作，拥有多重身份的制度企业家或跨界行动者更有可能采纳这一策略。制度借用能够结合多种规则和不同的政策参与者，以适应政策的复杂性。地方治理的制度矩阵是一个复杂的规则集合，由许多不同的博弈和无数参与者构成。地方政府存在大量尚未充分利用的机会：地方治理的管理规则和政治规则以不同的速度和方向发展，这种不均衡的发展过程为制度借用提供了重要机遇；同时，政府与政府外部主体具有不同的治理逻辑，这也能为制度借用提供资源。制度共享是指通过结构化关系网络转移其他代理人的制度。不同于制度借用——同一主体在不同政策情境之间传递经验，制度共享既不限主体也不限制度环境。从制度操纵策略的角度来看，制度记忆是"往前找"，制度借用是"往旁边看"，制度共享是"往外看"（Crouch and Farrell，2004）。

第五，以身作则。这要求创业者开展试点项目，展示典范模式，或在不同的政策层面或辖区内测试新的政策解决方案（He and Ma，2020），以证明其可行性。

除了沿袭 Mintrom 和 Norman 的政策企业家战略框架，对企业家行为策略进行细化和分类外，也有学者在其他视角下对政策企业家的策略进行了类型化。例如，政策企业家常常涉及跨越不同部门和组织的边界，以及不同的政策领域（He and Ma，2020）。Faling 等人将跨界战略的方向进一步区分为垂直、水平和对角线方式。垂直跨界是指政策企业家部署的战略跨越不同政策层面之间的界线；横向跨界指的是跨越同一政策层级中不同政策领域和问题部门之间界限的战略；对角线跨界则是指同时跨越横向和纵向边界的活动（Faling et al.，2019）。

还有学者研究了政策企业家发挥影响的三种策略。首先，政策企业家会确定如何操纵或强化有影响力的决策者的认知偏差，以使创新问题相比于其他政策问题能吸引更多注意力。其次，政策企业家深知时机的重要性。当政策问题受到高度关注时，往往缺乏足够的时间找到最佳方案，因此他们会寻求技术上和政治上均可行的解决方案，以待良机。这种解决方案更有可能在政策窗口打开时被大部分政策参与者接受。最后，政策企业家能够适应甚至塑造情境。他们不仅能够把握和利用政策窗口，更能够主动创造政策窗口，进而适时抛出早已准备好的创新方案（Cairney，2018）。

除开这些框架性的行动策略以外，部分学者还探讨了另一个重要的策略，即政策拼凑（Policy Bricolage）。这一策略类似于操纵制度，但又有所不同。政策拼凑更加系统和理论化地研究了政策企业家如何充分利用制度资源，这些资源不仅限于制度记忆、制度借用和制度共享这三种具体策略。

政策拼凑结合了制度理论，重视制度遗产和政策继承所提供的资源，并试图将这些资源用于创新目标。基于创造性重组思想（Campbell，1997）和知识生产模型（Wilder and Howlett，2014），政策拼凑这一概念揭示了政策创新的动态过程，阐释了行动者如何利用现有的制度原则创造出新的整合，从而使新制度既不同于旧制度又类似于旧制度。政策企业家通过拼凑的方式，借鉴和利用先前存在的制度和社会安排，为制度"拼凑"出一套新的叙事和价值设定，并将其嵌入到现有结构中，重塑对政策问题的理解（Schmidt，2008），以引发范式转变或形成新的理解框架，最终推动创新。政策创新对于新叙事的实践会将叙事固化为制度和结构，反过来约束并赋能政策企业家（Zhou and Ching，2018）。由此，政策拼凑能够缓解政策企业家与结构和制度之间的张力。拼凑的方式不仅取决于企业家试图影响的结构，还取决于所有其他禀赋，如文化资本、遗产和历史等。行动者很少处于单一的网络或机构中，而是处于"社会网络、组织场域和机构的间隙"之中。不同于理性的"制度工程师"（Institutional Engineers），这种渐进式的、不断跟随情境调整策略将新制度融入旧制度的拼凑方式常常被称为"自助巧匠"（Do-it-yourself Bricoleurs）（Merrey and Cook，2012），有时也被称为制度巧匠（Institutional Bricoleur），参与概念和知识的建构过程（Wilder and Howlett，2014；Zhou and Ching，2018）。拼凑体现了制度缝缝补补、勉强应付（Muddle Through）的特征。制度并非从零开始、从无到有，相反，制度通常是对原有组成部分或其他制度要素进行重组的结果（Lanzara，1998）。

总之，政策企业家会使用界定和重新建构议题、在政策网络中建立联盟和团队、操纵制度规则（包括话语）、展示方案可行性和以身作则等策略，并且在不同的情境和时间维度中不断调整自身策略，因地制宜，以完成新的政策目标。

（二）结构视角下的政策企业家

结构视角聚焦于政策企业家在面临特定的结构和制度环境时会采取的行动和策略，以推动政策创新取得成功。结构论强调环境对政策企业家行为和策略的影响。这些环境既包括结构层面更广泛的物质文化背景（Bakir and Darryl，2017）和政治体制，也包括制度层面的正式和非正式的游戏规则、组织结构（North，1990）、机构的制度分化程度、公共行政部门的政策能力水平（Wu et al.，2015），或政治竞争水平和选举时机（如频率和竞争性）（Crouch and Farrell，2004；Lowndes，2005；Lowndes and Wilson，2001）；既包括政策网络层面的社会地位（Shi and Frenkiel，2021）、权力结构（Shearer，2015；Lowndes，2005）、政治资本（Shearer，2015），也包括组织层面的资源、风格文化（Jarvis and He，2020）、组织规模、行政组织能力等（Walker，2014；Roberts，1992）。

1. 结构与政策企业家

结构是促使行动者创造新政策或制度的外部因素（Oliver，1992）。结构性有利条件是指那些具有促动性的特定宏观经济或社会趋势，是行动者和机构所处的更广泛的物质和文化背景（Bakir and Darryl，2017），包括特定政策领域政治经济的冲击或根本性突破，如技术创新、经济变革、国家机构重组、危机和社会问题等。这些结构性有利条件在很大程度上是不可预测的，但它们能塑造国内层面的物质条件，并与文化相互作用，为创新创造前所未有的机遇。结构并非外在于个人，而是在个人的实践中得以"实例化"（Giddens，1999）。各个行为者本身的参与和行动都在无形中创造了结构和规则。规则并不总是被严格遵守，在实践中可能会被"弯曲"（bend），甚至被忽视。规则既会产生标准化和一致性，也会产生变异和偏差。由于个人的认知和经验存在差异，规则的阐释和应用总是存在模糊地带。同时，规则还会在行动者为了解不断变化的环境和追求自身利益而不断调整的过程中，得到生产和再生产，并为行动者创造空间和机会（Gains et al.，2005）。简而言之，行动者与制度是相互构成的。

2. 制度与政策企业家

制度是指正式和非正式的游戏规则、组织结构和社会规范（North，1990），是稳定的、有价值的且重复出现的行为模式（Huntington，1968）。制度安排本质上是政治性的，关系到利益关系和权力分配。制度创造了分配优势和权力关系，决定了行为的正当性和适当性。这种适当性逻辑甚至超越了纯粹的理性计算。嵌入在特定的结构中，制度是促成或限制最终变革行动出现的因素。制度性有利条件是指特定政策部门的制度和治理安排的特征，如政治机构的制度分化程度、公共行政部门的政策能力水平（Wu et al.，2015）或政治竞争水平和选举时机（如频率和竞争性）。制度通过适当性或工具性逻辑指导和规范行动者的行为，同时制度也是创新的内生性来源，蕴含了促进创新的资源和隐含的创新潜力（Crouch and Farrell，2004；Lowndes，2005；Lowndes and Wilson，2001）。与结构性条件相比，这些制度性有利条件的可预测性要高得多，因此，政策企业家可以尝试操纵制度，以打开机会之窗，推广政策工具（Galanti，2018）。

政策领域的制度秩序成熟度也影响着创新的出现。在制度秩序尚未成熟的领域，政治和社会结构不稳定，对创新的抵制和反对力量不如在秩序成熟的领域那么强，且对于允许和不允许的行为之间的界限不明确，这为行动者提供了突破现有规则的机会（DiMaggio，1988；Shi and Frenkiel，2021；Lowndes，2005）。学界提出了"制度矩阵"这一概念，用以描述行动者所处的治理环境和新制度出现的情况。制度矩阵由许多分散的制度和重新设计的结果组成，即不同但相互作用的规则集，涉及不同制度层次和场域的行为者。制度矩阵的组成和结构会随着时间的推移而改变（Lowndes，2005）。制度矩阵的结构对于政策企业家的赋能和约束的可能性存在很大差异。

制度影响行为者主要通过两种方式：制度逻辑和制度惯性。制度逻辑是指制度秩序中起指导作用的中心逻辑，旨在理清制度中所固有的矛盾信念。制度逻辑是由社会建构的、为社会提供一系列价值规则的模式，个人通过这些模式进行生产和再生产（Thornton and Ocasio，2008）。行为者则是在这一特定制度下生产和再生产的代理人，可以阐述和操纵制度逻辑，让制度在制度内外部发挥作用（Friedland and Alford，1991）或发生变化。建立新的制度逻辑是实现创新的关键。制度惯性通过历史这一软性机制和路径依赖这一硬性机制发挥作用。历史汇集了传统的观点、看法、经验和文化。路径依赖即一旦制度成形，制度道路就被"锁入"既定轨道，其推出或转向的成本非常高（Pierson，2000），创新就会受到阻碍。制度一旦持续时间较长、拥有了较高的合法性，并积累了权力和资源，就会产生"制度黏性"，创新的成本就越高（Koning，2016；Jarvis and He，2020）。

制度层面的有利条件与政策制定者的多重身份有关，即政策企业家扮演着政治家和官僚等决策者、理论家和知识分子等研究者、宣传创新思想的有利解释及建构者，以及调解人等角色。政策企业家能够利用制度资源在不同的意识形态和政策领域调解、沟通和联结不同的观点，并利用话语权推动创新（Bakir，2009）。

3. 政策网络与政策企业家

在更微观的层面，政策企业家所处政策网络的社会地位、相对权力关系和政治资本也会影响其行为和策略（Shi and Frenkiel，2021）。决策并非在真空中独立做出，而是深受决策者的地位、相对权力及其相互关系的影响。网络位置反映了企业家在官僚或社会关系网络中的具体位置，以及这种位置如何影响企业家做出改变的相对权力（Shearer，2015）。

一个人的权力取决于资源，而地位则是权力考量中的一个要素。社会地位既影响对政策领域的认知，同时也影响能够获取的资源。处于各领域交叉点并能获取有形和无形资源的政策企业家，能够为不同的利益相关者提供沟通的合法性，进而获取各种资源，从而更有可能实现创新（Battilana et al.，2009）。一个领域内政策企业家所享有的社会或政治地位，决定了他们获取资源的能力和从事政策创业活动的能力（Schneider and Teske，1992）。地位较高的代理人拥有优越的资源、使其想法合法化的正式权力以及动员盟友的强大社会资本，他们通常能更好地利用自身的优势地位来制定和实施符合自己想法的规则（North，1990）。对于位于社会或政治等级制度下层的行动者来说，现有的规则通常不会提供足够的资源，但他们可能会试图说服地位较高的行动者来认可自己的项目（Shi and Frenkiel，2021）。

政治资本是指企业家的政治资产存量及其投资意愿（Shearer，2015）。政治资本通常表现为来自关键决策者的政治支持，也可通过企业家的远见卓识和局内人视角间接获得。为解决一些长期存在的政策问题，高层决策者会给予有能力的政策企业家政治支持。拥有较强的政治资本使得政策企业家能够加强其在网络中的地位，从而进一步增强其对既定制度的调适能力（He，2018）。

4. 组织与政策企业家

资源、突发事件、高级组织决策者的配置、人力资源能力、管理文化、管理风格（Jarvis and He，2020）、组织规模、行政组织能力等环境背景因素同样会促进或阻碍政策创新。其中，内部因素相较于外部因素更为重要，组织规模和行政能力尤为关键（Walker，2014）。创业企业家也会做出基于风险收益分析的理性选择，即考虑规则内的奖惩机制是否有利于创新。资源可分为四类：知识和专长、非正式网络或人际关系、动员思想和利用话语的技能，以及拥有多重身份。技术、科学知识权威以及专业经验赋予了政策企业家发现问题并提出具体解决方案的能力。政策企业家的正式职位、非正式网络和多重专业身份使他们能够在组织间、不同意识形态领域，以及问题流、政策流和政治流中运作。政策制定者利用这些资源建立联盟、解决冲突，并引导国内政策制定过程取得预期成果（Bakir and Gunduz，2020）。

四　中国的政策企业家理论

根据本书的研究数据，政策企业家理论最早于 2004 年被引入中国学界（弗吉尼亚·格雷、王勇兵，2004），随即，学界开始讨论政策企业家理论在中国的应用场景和适用性（朱旭峰、张友浪，2014）。在中国的研究中，政策企业家一般作为多源流理论的一个主体要素出现，在促进议程设置、推动政策创新和变迁等方面发挥着重要作用。许多中国学者认可政策企业家理论对于解释和深入理解中国政策过程的价值，并对政策企业家理论进行了综述（朱亚鹏，2012）。但是，目前政策企业家理论在中国的发展仍旧不成熟。一方面，大多数研究仍旧将其作为多源流的一个要素（姜艳华、李兆友，2019），并没有将政策企业家视为一个影响政策创新的基础性要素，探索其在政策创新中发挥的作用，这使得政策企业家理论在中国场景下的应用中未能发挥出全部的理论潜力。另一方面，政策企业家理论在中国政策创新领域的应用中也没有形成被普遍认可的、整合性的分析框架，导致政策企业家在研究中国政策创新时难以具有分析方面的可操作性和理论成果的累积性。因此，本章尝试在总结和梳理中国政策企业家研究的知识进展的基础上，提炼和建构出政策企业家理论的分析框架，以促进政策企业家理论在中国的发展。

第二节　中国政策企业家研究的知识进展

一　研究方法

为了全面回顾有关中国政策创新和政策企业家的文献，本章采用系统文献综述法（Systematic Literature Review，简称 SLR）。系统性综述需要清晰地界定研究问题，并用系统性且明确的方法检索相关研究、采集数据，最后对文献进行整合以及进行批判性评估（Ressing et al.，2009）。

系统综述是一种定性的文献研究方法，它将系统、透明的数据收集过程与开放、归纳的数据分析过程相结合（Petticrew and Roberts，2008）。相比于传统文献综述，系统性综述能够进行独立、完整的研究，其文献检索的过程清晰且透明，文献筛选的标准也事先确定，并以量化的处理方法进行系统证据支持。系统性文献综述能够科学可靠地总结和评估某一领域的相关文献。政策企业家相关的研究设计差异较大，并且涉及不同的变量和统计关系，因此本章采用叙事性综述，对政策企业家文献进行归纳、梳理，并结合描述性统计的方式对该领域进行评估，指出未来研究的方向。

二　资料收集与处理

（一）文献筛选

本章根据系统性综述和元分析优先报告条目（Preferred Reporting Items for Systematic Reviews and Meta-Analyses，PRISMA）以及系统性综述的 PRISMA 流程采取的步骤（Moher et al.，2009）（见图 5-1）对文献进行处理。

1. 确定初步文献范围

为了确定符合条件的研究，英文选取 Scopus 和 Web of Science 这两个最大的社会科学电子科学数据库中进行电子检索（Falagas et al.，2008），中文选取最权威和全面的 CNKI 数据库检索 CSSCI 期刊。选择关键词、标题和摘要信息作为电子检索的来源。搜索年份区间定位在 2024 年 5 月前，没有使用任何年份划分。根据本书的研究问题，重点在于政策企业家在中国政策创新

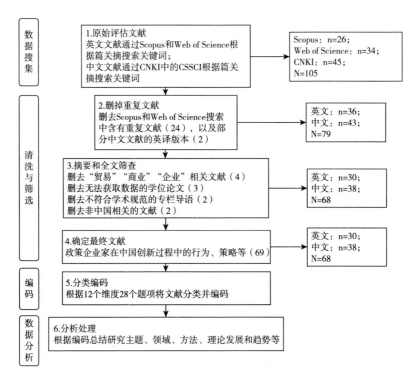

图 5-1　PRISMA 流程图

资料来源：Moher, David, et al. "Preferred reporting items for systematic reviews and meta-analyses: the PRISMA statement." *Annals of Internal Medicine* 151. 4(2009)：264-269.

中的行为和策略，于是英文搜索字符串使用"policy entrepreneur＊""chin＊"和"innovat＊"，逻辑关联词使用"AND"，初始检索结果得到 60 篇；中文搜索字符串使用"政策企业家"和"创新"，逻辑关联词使用 AND，初识检索结果得到 45 篇。因而，中英文一共得到 105 篇文献（见表 5-1）。

表 5-1　文献搜索结果

数据库	搜索结果
Scopus	26 篇
Web of Science	34 篇
CNKI	45 篇

资料来源：作者自制。

2. 筛选标准和数据清洗

鉴于探索性和文献的周延性，同时避免抽样偏差，第一步将所有文献都包括在内。此外，Scopus 和 Web of Science 两大数据库存在重合。因而，需要清洗中英文文献，去掉两个英文数据库里重复的 24 项。根据本章主题对文献的摘要和全文进行评估，排除非中国相关研究和企业商业相关研究 6 篇；根据数据可得性，排除无法获取数据的学位论文 3 篇，最终英文数据库得到 30 篇（包含 2 篇翻译成英文收入数据库的中文文献和 1 本英文书籍）。通过评估摘要和全文，排除掉中文论文翻译成英文录入英文数据库 2 篇，以及 2 篇不属于规范学术研究的专栏导语、2 篇企业和贸易相关，以及 1 篇非中国研究，最终得到中文文献 38 篇（包括 13 篇纯理论阐述或文献综述）。因而，最终得到中英文文献共 68 篇。

3. 数据编码和处理

为了分析抽样得到的定性数据，采用解释性综合法（interpretive synthesis），通过确定文献中反复出现或突出的主题，将研究中确定的概念组织成一个总的理论结构，并在不同的概念下总结主要发现（Dixon-Woods et al.，2005）。首先，随机抽样 10% 的文献，设计编码框并不断检验和完善其可操作性。通过商议总结试编码中发现的问题，并对编码框维度和题项设置进行了进一步细化和完善，最终确定编码框由 12 个维度 28 个题项组成。

编码维度的划分是为了更好地考察数据资料中蕴含的深层信息。因此，本书首先将拟考察问题划分为不同的核心模块，分别是研究成果的文献基本信息、科学性、研究设计、涉及范围和层次、理论评估五个维度。文献基本信息主要包括作者、题名、发表时间和文献来源。科学性评估包括研究问题的科学性、数据资料容量、数据时间跨度。研究设计评估主要研究范式、研究主体选择、资料搜集方法和资料分析方法等。涉及范围和层次主要是指文献研究的主体处于政府系统的层次，以及具体涉及的政策领域。理论评估主要是指中国研究处于整体政策企业家理论研究中的地位和角色，包括使用者、追随者、发展者和建构者。

（二）资料处理

为了更加清晰地展现政策企业家参与中国创新过程的基本情况和趋势，

使用 CiteSpace 文献计量分析编码，以分析和可视化研究状况。CiteSpace 作为一款科学知识图谱软件，其优势在于能够更加全面细致地筛选数据、读取信息、划分聚类。通过对文献计量的数据分析，可以探测到学科历时性的变化与知识拐点。本书主要借助 CiteSpace 软件对中国政策过程研究的关键词、作者等基础信息进行分析，由此对作者合作情况、机构分布情况、研究热点情况、主题分布情况和时间流变情况进行可视化呈现。

对编码维度进行中英文比较分析，有助于发现中国政策过程研究领域中英文成果在选题偏好、关注主体、理论运用等方面的差异和特征，从而梳理中西方学界在研究中国政策过程研究时所关注的重点和增长点的差异。

多维度交叉分析则有利于综合多维差异以捕捉研究特征，例如，通过不同议题领域间的理论贡献差异来推论研究主题的科学性差异，通过不同层级间的数据资料情况来考察政府"黑箱"的打开情况等。

三　研究结果

（一）主要作者

在英文期刊中，相关发文量最多的作者是 Jessica C. Teets（3 篇）和朱亚鹏（3 篇）。除了排名前三的主要作者外，其余作者均只发文 1 篇（见图5-2）。这从侧面说明在国外学界中只有少数学者专门研究中国的政策企业家在政策创新中的行为和作用。

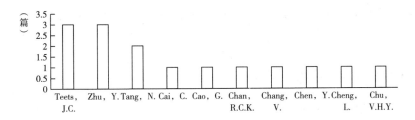

图 5-2　英文文献主要作者及文献数量

资料来源：作者自制。

在中文期刊中，相关发文量最多的作者是陈天祥（3 篇）和赵琦（3

篇），主要作者为黄扬（2篇）、顾昕（2篇）、岳经纶（2篇）、朱亚鹏
（2篇）和郑烨（2篇），其余作者均只发文1篇。由此说明，中文期刊中
相对较少学者专门研究中国的政策企业家在政策创新中的行为和作用（见
图5-3）。

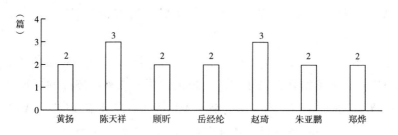

图5-3 中文文献主要作者及文献数量

资料来源：作者自制。

（二）年发文量趋势

截至2024年5月，最早关于中国创新过程中的政策企业家的英文文章
发表于2009年（1篇），中文文章发表于2012年（1篇）。中国创新过程中
的政策企业家研究的发文数量整体呈现增长趋势。虽然在2010年、2013
年、2017年偶尔回落，但落差不超过1篇。在2021年回落2篇，之后开
始激增，又于2023年回落两篇。中文研究成果稳步增长，于2019年发文
量达到顶峰，后伴有间歇性回落。英文研究成果则稳步增长，前期增长速
度落后于中文，但后劲强劲，于2023年达到顶峰，且有继续增长的潜力
（见图5-4）。

（三）政策领域分布情况

英文文献涉及最多的政策领域是社会政策，占比40%；其次是环境政
策，占比17%，再次是跨政策领域的比较分析，占比13%（见图5-5）。其
他政策领域占比10%，经济和创新政策占比7%，"三农"政策占比3%。关
于国防外交领域的文献呈现，可能是由于数据的可得性问题，中国的国防
政策保密性非常高，难以获取资料。

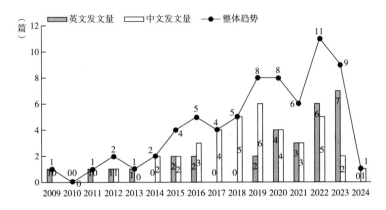

图 5-4　年发文量趋势

资料来源：作者自制。

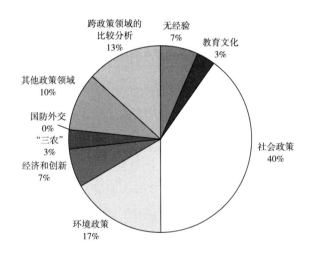

图 5-5　英文文献涉及的政策领域分布

资料来源：作者自制。

中文文献涉及最多的政策领域是社会政策领域和无经验性政策领域，占比均为 29%；其次，是经济和创新政策领域，占比 21%；其他政策领域（包括政治改革等）占比 13%，环境政策领域占比 8%。"三农"、国防外交和教育文化这三个领域没有相关文献（见图 5-6）。追随英文文献，中文研究涉及最多的领域仍是社会政策，并且无经验性政策领域的理论性文章占比最高，这表明中文学界仍旧在尝试理清和总结政策企业家的相关概念或者在中国情境下的使用情况。

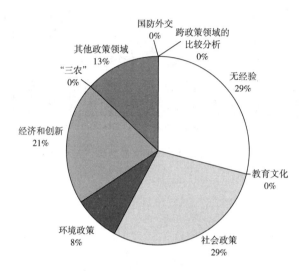

图 5-6　中文文献涉及的政策领域分布

资料来源：作者自制。

（四）研究方法

英文文献中，最常用的研究方法是质性的单案例研究法，占比 67%；其次，质性中的比较案例分析法占比 23%，量化中的计量法占比 10%，其他研究方法没有被使用（见图 5-7）。其中，质性研究多用于研究政策企业家发挥作用的机制和行动策略，而量化研究多用于研究政策企业家的个人特质对其行为的影响。

中文文献中，最常使用的研究方法也是质性中的单案例研究，占比 52%，同样超过一半；使用次数排名第二的研究方法是理论阐释，即文献综述类没有经验领域的文献，占比 37%；质性中的比较案例分析法占比 8%，混合研究中的定性比较分析（QCA）占比 3%；其他研究方法没有被使用（见图 5-8）。

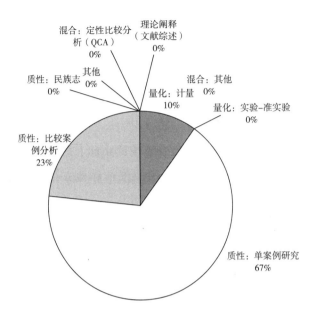

图 5-7　英文文献研究方法使用情况

资料来源：作者自制。

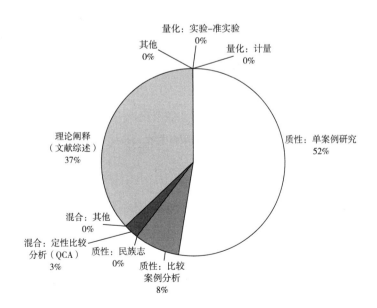

图 5-8　中文文献研究方法使用情况

资料来源：作者自制。

（五）政府层次

由于经验情境均为中国，政府层次无差别，故将英文文献和中文文献合起来评估。主要研究对象是地市级政府，占比 28%，其次是省级政府，占比（24%），县区级政府研究占比（18%），不涉及政府层次占比 18%，中央占比（5%），乡镇/街道研究占比（4%），村-居研究占比（3%）（见图 5-9）。市级政府位于中国整个政府系统的中间，既不像省级政府政策的粗线条，也不像县乡村层次政策过分关注细节和地方化，非常适合研究政府中政策企业家的特质和行为。

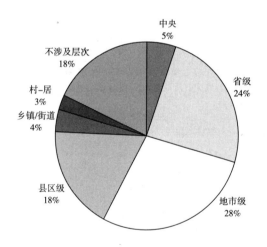

图 5-9 研究政府层次分布

资料来源：作者自制。

（六）理论目标：中国研究的贡献和地位

理论目标被分为四种。第一，使用者，包括：①借原理论分析中国某政策领域或直接迁移到其他学科，没有进行理论的反思和修正；②借以搭建其他分析框架（如：仅作为因素分析层次参考等）；第二，追随者，主要指借原理论/或国际已修正理论分析中国政策过程，有可能有反思，但没有修正理论；第三，发展者：原理论不能完全解释中国经验，对已有理论进行优化和修正以增强解释力，包括概念拓展、要素嵌入、机制修正等；第四，建构者：原理论不能完全解释中国经验，已结合其他理论构建新的解释框架。

　　理论目标涉及理论的使用情况和发展程度，因而对中外文献分开评估。英文文献中占比最高的是作为发展者的文献，占比 63%，其次是作为使用者的文献，占比 27%，作为追随者的文献占比 7%，作为建构者的文献占比 3%（见图 5-10）。由此可见，中国情境在国外期刊中是一种有益的补充，有利于探索不同制度下企业家行为逻辑差异，进一步充实和深化对于政策企业家策略选择的讨论。

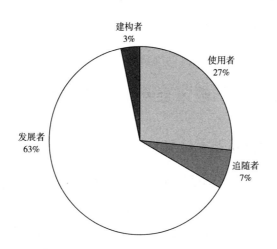

图 5-10　英文文献理论目标分布情况

资料来源：作者自制。

　　中文文献中占比最高的是作为追随者的文献，占比 53%；其次是作为使用者的文献，占比 37%；剩余是作为发展者的文献，占比 10%；没有作为建构者的文献（见图 5-11）。由此可见，中文文献中没有进一步发展政策企业家相关理论，而是沿着理论的脉络充实情境化和本地化的细节，以及验证政策企业家理论是否能够解释中国政策中的大部分现象和问题。

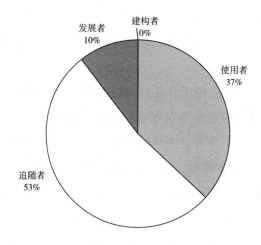

图 5-11　英文文献理论目标分布情况

资料来源：作者自制。

第三节　中国政策企业家研究：知识进展评估

一　中国政策企业家研究的核心议题

中国研究者不断尝试和探索将政策企业家理论应用于中国这一特定政治体制和制度情境中的适用性和本土化进程。由前文统计可知，中国政策企业家理论的发展者主要是"追随者"和"使用者"，其中作为"追随者"的发展程度研究超过半数。因而，中国政策企业家研究的核心议题与西方政策企业家的理论基本一致。

沿袭西方国家的政策企业家理论，中国政策企业家研究也可粗略地划分为两个视角：结构视角和主体视角。结构论研究关注政策企业家所处的结构和制度环境，探究中国的体制、制度等结构因素对政策企业家行动的影响。在结构因素中，最常被讨论的是基于中央-地方政府关系模型的分权制、等级制试验和顶层设计等结构性赋权，以及创新的风险与不确定性（Mei and Wang，2020）、晋升带来的政治激励（Hu and Kong，2021）、中央的态度（Ma and Pang，2017）和解决社会问题等制度带来的动机与激励。

政策环境的不确定性显著影响政策创新的成功与否，并且中央的态度是决定政策创新命运的关键因素。此外，官员竞争和晋升制度及其激励会影响政策企业家对于政策创新模式的选择。

主体论研究关注政策企业家作为代理人的个人层面因素。根据关注的侧重点，主体论研究又可以细分成两条路径。第一条路径重点讨论政策企业家的性格、风格特质和身份等对政策企业家的创新意愿和创新能力（Littunen，2000）的影响。根据研究思路，这一类研究又分为两种：第一种研究思路总结政策企业家具备的特征和身份，推断出在中国拥有什么特质和人格的人更容易成为政策企业家（Lewis et al.，2021），并分析了政策企业家的特质和身份与他们为成功改变政策而采取的策略之间的关系（Shi and Frenkiel，2021）。政策企业家的个人特质和偏好极大地塑造了他们认知风险的方式，从而影响他们政策创新的动力（Lewis et al.，2021）。其中，中国的政策企业家大多是政府行为者，因为政府在中国政策过程中占据主导地位（Zhu，2012）。但是，部分研究对非国家行为者更感兴趣（Almén，2015），它们强调社会力量在中国政策制定过程中的动态参与。第二种研究思路基于对成功政策企业家的案例分析，总结具备哪些特质的政策企业家更容易成功（Mintrom and Norman，2009）。第二条路径关注政策企业家的行为，即策略选择，探讨政策企业家如何在中国的体制和政治压力下选择策略和行动，以推动创新进程（Zhu，2013）。有研究发现，中国政策企业家在处理矛盾和复杂创新问题时，采取非正规性的容忍等独特策略，以提升创新成功的可能性（Hu et al.，2020）。

也有研究将结构论和主体论相结合，认为结构条件和个人特质对政策创新能否成功至关重要，并探索出行为特征、政治资本、网络地位和制度框架四个因素及其互动是政策企业家促进政策创新成功的核心所在。总而言之，虽然研究的视角总体缺乏创新，但是中国学者在结构论和主体论方面进行了更为精细化的工作。

二　困境和挑战

通过梳理中国政策企业家研究的核心议题，本章发现政策企业家理论在中国有所进展，但在理论概念发展、主体身份清晰度、理论框架构建、理论本土化进程、创新过程的嵌入性分析、研究方法创新、比较研究设计完善、行政人员作为政策企业家的角色定位、政策企业家在不同场景下的动机等方面仍存在有待进一步系统分析和探究的空间。

第一，理论和概念发展不足。从系统性文献综述的数据来看，在中国政策企业家的研究中，运用政策企业家理论最多的理论角色是"使用者"和"追随者"，"发展者"和"建构者"的理论研究较为有限。政策企业家概念最初从多源流框架中发展而来，但是，中国的研究大多没有结合多源流框架来讨论政策企业家。有些研究讨论了政治领导人在政策创新中扮演的角色，这与政策企业家的角色非常相似，却并未与政策企业家进行理论对话。例如，Zeng（2015）明确提到了政策实验中地方政治领导人的重要性，并且单独将政治领导人作为一个变量，但没有提及政策企业家这一概念。

第二，中国政策企业家主体身份不明，忽略了政府内部存在不同层级的政策企业家，无法探讨不同层级的政策企业家——如中央和地方——在特定结构和制度情境中的行为和策略。尤其是在研究地方政府作为政策企业家时，忽视了地方政府体系内部的复杂性。现有研究总是将地方政府视为一个没有内部分歧的、完整且统一的行为体，忽略或隐藏了地方政府内部官僚的利益或角色之间的差异（Chen，2002）。在研究国家层面的政策创新时也存在这样的简化倾向。相反，一些研究将创新归因于某个特定的个体，尤其是高层领导人，认为他们的想法和利益是地方层面政策创新的关键因素（Zhu and Xiao，2015）。但是，地方政府中其他行为体同样参与并发挥了作用。例如，有些研究已经观察到，地方政府是以部门为单位的"聚合体"，而使命型部门是推动创新的重要力量（Birney，2013）。

此外，地方官员是庞大而复杂的官僚体系中的个体，在任何政治体系中似乎都不是最有动力进行政策创新的主体。在中国的党政体制下，地方官员的政策创新空间似乎是受限的。关于地方官员政策创新的因果机制，学界展开了一系列的讨论：地方官员的政治需求（Fewsmith，2013）、对声誉和治理合法性的担忧（陈雪莲、杨雪冬，2009）以及中央的高层引导（Heilmann，2008a）等因素都能推动创新。但是，在不同的问题领域、不同的地理位置或不同的时间段，创新可能存在多种因果机制。这种多重机制尚未得到充分关注。

第三，关于中国政策企业家的研究，要么强调主体的作用，此时，结构和制度就变成了静态的背景板和工具，没有深入剖析政策企业家的行为被结构和制度塑造的过程和机制；要么强调结构和制度，却忽视了政策企业家的主动性和空间，以及他们对制度的主动操纵和利用。在主体论中，个性与结果之间的联系被讨论得较多（Yilmaz and Saribay，2016），但很少有研究探讨这一框架在多大程度上适用于中国的制度背景。不对制度背景进行精细和深入的分析，可能会过分夸大政策制定者的作用。结构论和制度论所采用的分析策略，是将制度结构与政策制定者的实践和策略隔离开来，这暗示特定的结构（或背景）对所有参与者和所有行动都具有同等的制约和/或促进作用（Jessop，2005），从而夸大了结构和制度的作用。即使这样，结构论的研究在多数情况下也低估了背景对创业行为和态度的影响（Bakir and Jarvis，2017）。"情境"通常被松散地定义为一个"残余类别"（Residual Category），指的是政策过程之外的一系列环境条件。更严重的是，在政策变迁理论中，背景似乎对应着截然不同的内容：新制度主义中的政治和制度因素，倡导联盟框架中的外部冲击，以及多源流框架中的时间偶然性（Galanti，2018）。这导致结构性因素或者情境性因素的界定范围存在差异；同时，这种做法静态化了结构性因素，难以深入探究结构因素发挥作用的动态机制和影响过程。

但是，结构和制度与主体之间是相互形塑的。主体在实践中的"结构双重性"揭示了制度环境如何同时赋能和约束代理人，并将制度的基本属性重新定义为动态的结构（Walgenbach and Meyer，2008）。结构并不是刚性且明确的，而是有弹性的，能够被多种方式利用。因此，主体具有一定的政策创新空间。而且，结构和制度在主体的实践中逐渐被"实例化"和制度化，甚至能在实践中被扭曲（Giddens，1999）。目前，中国政策企业家的研究还没有很好地平衡结构论和代理论，没有将二者统合到一个分析框架中。从公共政策分析和制度理论的两个视角来看，公共政策分析很少关注行动者的情境；更具体地说，它很少关注结构、制度和有利条件如何影响机会结构，而制度理论则低估了多层次行动者动员的重要性，没有考虑与联盟建设相关的政治动态（Bakir and Gunduz，2020；Galanti，2018）。

第四，中国的政策企业家理论本土化程度不够，主要还是扮演着"追随者"的角色，未能超越西方理论所预设的研究议程和框架。虽然也有少数研究关注中国的制度背景，但通常使用松散的理论框架，不加调整地分析中国的政策企业家，一定程度上忽视了不同制度安排下行动者行为之间的差异。中国的党政体制区别于政策企业家出现和发展的欧美国家情景，然而，目前对于政策企业家概念的本土化还远远不够。虽然部分学者尝试进行了一些补充和修正，但是大部分研究还处于验证原有政策企业家理论的状态，并未发展出适配中国情境的政策企业家理论。当前研究也探讨过中国政策企业家特有的策略。例如，为了推进创新政策，企业家被迫让渡利益、容忍一些非正式规则，采取被迫退让和隐忍的策略（Hu et al.，2020），以及面对象征性创新的助推策略（Zeng，2015）。这些研究固然增进了对中国政策企业家的理解，但这些研究过于零散，并未改进或完善政策企业家的分析框架。

第五，当下研究更多关注地方政策创新的制度背景、动机、激励机制以及创新分类，但很少关注政策创新过程本身，以及政策企业家与不同政治制度的嵌入式互动。这又涉及创新能力这一概念。政府虽有创新目标，但并不一定具备创新能力。政府中的政策企业家可能试图推进创新，但可能会面临创新能力不足等困境。创新能力更多地被界定为组织层面的影响因素（Walker，2014；Walker，2007；Trivellato et al.，2021）。那么，对于个人政策企业家而言，创新能力如何影响创新过程？创新能力本身应如何界定？它是作为组织层面制度背景的赋能，还是政策企业家固有的特质和能力？同时，政策企业家是如何与其他政策参与者具体互动的？

第六，研究缺乏透明严谨的设计和实施。绝大部分的研究采用了定性研究方法，包括单案例分析和比较案例分析，但部分案例的数据源于新闻报道等二手资料，其可靠性和真实性不如一手数据。部分论文甚至没有单独的方法论部分，也未说明所选案例的类型、抽样方法、数据收集方式（如三角测量）或分析过程（Bakir and Gunduz，2020）。

第七，缺乏比较的视野和方法，没有真正比较中国与欧美等其他国家的政策企业家，没有突出中国党政体制特色，同时缺乏与政策企业家理论的深度对话。这导致中国政策企业家的研究结论很难推广或拓展到其他环境中。如何构建一个框架，用以比较不同国家之间的政策企业家的行动和策略等，是需要解决的重要问题。

第八，为了更深入地理解中国的政策创新，我们必须关注政策创新的动态过程以及成功实施创新政策项目的参与者。在研究政策提及的政府层次时，频次最多的是城市级政府（占比 28%）。诚然，在中国的党政体制下，党和高层领导的支持是政策创新最重要的推动力。然而，目前的研究仅仅将政治领导人作为自变量，而忽视了地方政府行政人员的参与。如果将自变量和主体设定为地方政府行政人员，那么政治领导人则更多地成为情境或结构性因素，通过影响作为政策企业家的地方官僚来间接影响政策创新过程。鉴于许多全国性的改革都借鉴了地方的政策创新，因此，作为政策企业家推动政策创新的地方政府需要被重点关注。

第九，缺乏对政策企业家动机的进一步研究。为什么政策企业家会投入大量的时间和精力到具有巨大不确定性的创新活动中？仅仅是因为他们对风险的偏好吗？对政策企业家职业轨迹进行系统的、比较的研究，可以为动机问题提供有价值的答案，还可以进一步了解政策企业家如何培养相关的社会敏锐度，以及在定义问题、建立团队和以身作则方面的有效性（Mintrom and Norman，2009）。政策试验被普遍认为是中国政策改进和经济繁荣的灵丹妙药。然而，中国的政策试验并不总是追求政策效率（Zeng，2015）。中国的政策企业家是否会迫于政治压力，在自身不具备创新资源和能力或者出于个人利益的前提下去追求象征性变革？在这种情况下，如何判定创新是否真正地发生？象征性变革算是创新吗？如果是，在这种创新中，政策企业家的动机、行动和策略会有什么不同？

第四节　制度环境、政策企业家的类型与策略：一个新框架

政策企业家理论研究源于西方民主制度，在引进中国后，相关研究也较少探讨中国的政治体制对政策企业家理论的适用性。因此，在本章接下来的内容中，我们试图在政策企业家理论的基础上，结合中国的体制和制度环境，讨论中国政策企业家如何与制度互动，采取何种行动策略，并最终实现政策创新。

一　在结构和主体之间：概念性框架

采取政策创新的决策过程是各种利益相互竞争的过程。这一过程并非

在政治真空中发生，而是受到结构和制度的约束。政策企业家的关键作用在于他们愿意利用自身资源，巧妙地挖掘制度优势以撑开创新空间（Zhu，2013）。中国的制度并未挤压政策制定过程中企业家行为的所有可能性（Hammond，2013）。相反，精英竞争（Nathan，1973）以及政治和行政结构的分散（Mertha，2009）所带来的政治多元化和官僚体制的碎片化，为政策企业家创造了讨价还价、协商政策发展的机会和空间（Shi and Frenkiel，2021），使他们能够对制度进行运作、利用、操纵并施加影响（He，2018；Teets，2018；Hu et al.，2020；Mertha，2009）。这充分说明，政策企业家与制度环境之间存在复杂的互动关系。要理解政策企业家的策略，需要将其嵌入到政策创新的制度环境之中。

如前所言，政策创业的研究有两种竞争性解释，即结构论与主体论。结构论将结构因素和制度环境作为自变量，分析其对于政策企业家行为的影响（Ackrill and Zahariadis，2013；Zahariadis and Exadaktylos，2016；Battilana and Boxenbaum，2009）。结构论倾向于将结构和制度视为静止的，认为不同的结构和制度会导致不同的政策企业家行为。主体论则强调政策企业家这一特定行动者在政策创新中的核心作用，将其作为自变量，分析其对政策创新产生的影响。

然而，结构论过分强调结构和制度的作用，无法解释为什么在相同的结构和制度中，某些行动者能成为政策企业家并成功推动政策创新，而某些行动者却选择继续维持现有政策。主体论则过分强调行动者的作用，将政策企业家这一主体视为核心变量，低估了变革过程中结构和制度环境的影响。这同样无法解释为什么同一政策企业家在不同的政策领域或不同的政策场域中并不总是能够成功地进行创新。

结构论和代理论这两种解释均有其强调的自变量，为了弥合这两种理论的缺憾，本书引入嵌入式主体概念，将个体行动者与组织或社会结构联系起来，解释作为嵌入式行为者的政策企业家如何以及为何能够创造和发展新的制度规范或规则，并随着时间的推移而逐渐使其稳固。政策创新既要归功于主体，又受到现行制度框架、结构和安排的影响（DiMaggio and Powell，1991；Greenwood and Suddaby，2006）。嵌入式代理认为，制度的约束性和同质化会影响个人行为。但是，主体如果完全嵌入其所处的制度环境，那么制度创新就变得不可能了。为了化解结构-主体的二元张力，制度理论学者在结构化理论（Giddens，1984）的基础上提出"结构的双重性"（Barley and Tolbert，1997；Sewell，1992；Scott，2001），即结构同时具有赋能和约束的双重功能（Giddens，1984）。制度需要通过行为者在各种环境中调动规则和资源来维持，而这些规则和资源能在时间中被不断生产和再生产。规则是一种情境性因素，指的是社会互动的默认和规律性程序，它们在日常活动中被定期调用，在结构上规定了可接受的社会行为模式，加强和促进意义的建构（Giddens，1984）。资源则是将创新纳入社会实践的生产和再生产中的要素，并"转化"为行动者之间权力、制裁和沟通的方式，融入现有规则中。"结构双重性"理论不仅对制度环境如何同时赋能和约束代理人的问题作出了解释，而且还将制度的基本属性重新定义为动态的结构。结构并不总是明确地规范行为，而是与资源一样都具有弹性，可以被以多样化的方式使用。因此，主体具有一定的政策创新空间（Walgenbach and Meyer，2008；Zhou and Ching，2018）。当个体代理人受到结构和制度的赋能以及自身使能条件的驱动时，制度创新就可能发生（Bakir，2009，2013）。在这一视角下，主体能在制度内运作，并识别出引入创新的政策窗口，完成"约束创新"（Constrained Innovation）（Campbell，2004）。这也解释了结构和主体是如何共同影响政策变迁的（Zhou and Ching，2018）。

政策创业并非一个客观存在的事物，而应被视作"只能通过关系来评估"的社会建构（Jessop，1990）。换句话说，政策创业是在特定政策环境中，将潜在政策企业家与所有利益相关者相联系的社会关系的总和。从这个角度来看，政策企业家与其他行为体之间的界限是模糊的，每个人都可能同时具备创业和非创业的特征与品质。从关系的视角出发，政策创业是一个动态、充满冲突且正在进行中的项目，其应对外部机遇或限制的逻辑和理由都是具有争议性的，需要协商和调解。因此，同一个政策企业家往往会同时面临激励机制和抑制机制，他们的多重身份、战略和动机具有临时性、片面性，且在特定的环境中和/或通过特定的政策（非）干预措施得以不同程度的实现。因此，政策企业家的创业意愿就像一个"阀门"，在特定的时空交会点上，其功能会被结构/制度配置的战略选择所激活（Hu et al.，2020）。政策创业是在多层次的情境中通过各种因素的相互作用而实现的，包括结构层次，即更广泛的物质和文化情境；制度层次，即正式规则和非正式规则；主体层次，即主体的社会地位或在同一代理机构中的多重身份（Bakir and Jarvis，2017；Lu et al.，2020）。

个人、制度或系统层面的有利条件可以促进创新思想和政策工具的传播，并推动联盟围绕政策解决方案重新洗牌（Galanti，2018）。因此，政策企业家的政策创新模型关注三个层面：主体层面上的政策企业家的特质和身份，结构层面上影响政策企业家政策创新行为的因素，以及政策企业家如何将创新理念付诸实践。总体来看，在结构双重性的视角下，政策企业家的类型和特质、政策企业家面临的结构和制度环境，以及政策企业家为了实现创新所采取的策略之间的复杂互动，是这个框架的核心要素（见图 5-12）。

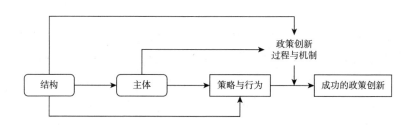

图 5-12 "环境、主体与策略"概念框架

资料来源：作者自制。

二 环境、主体与策略：中国政策企业家的分析要素

（一）环境：结构与制度

政策企业家置身于社会环境之中，结构和制度条件会影响他们的战略选择，进而影响政策创新成功的可能性（Shi and Frenkiel，2021）。政策企业家是社会环境的嵌入者，他们的行为是多种环境压力交织演变的结果（Bekkers et al.，2011），因此需要考虑广泛的社会情境对其行为的影响。结构性条件往往比较宏观且难以预测，具体到中观层面，这些条件体现为游戏规则和社会规范，即制度。制度关系到行为者的利益关系和权力分配，从而影响行为者在创新中基于风险-收益的理性行为。

1. 中国的制度背景与结构性“赋权”

中国制度背景的研究主要分为三条路径：分权制、等级制实验和顶层设计。三条路径的理论核心都是一致的，即地方权力与中央-地方关系。中国并不遵循完全单一或联邦的政治结构（Chung，2016），中国的央-地关系呈现为经济和社会责任上的分权以及组织、人事机构上的政治集中控制（Zhu，2014）。因而，中央与地方政府之间的互动确保了中央对地方的控制（Zhu and Zhang，2016），同时，二者也存在试验、认可、和解等互动机制（Zhu and Zhao，2018；Zhang and Zhu，2019）。中国政策企业家最突出的特点是政治权力在政策创新过程中发挥决定性作用。中央通过政治权力来展现其支配力和强制力，因此，政策制定者的创新理念需要得到中央的认可和支持才能获得合法性。而在执行阶段，政策制定者则利用其正式权威，以强制的方式将自己的理念强加给下级干部。因而，中国的科层制政策企业家精神是通过两种关系表现出来的：一是政策企业家与其上级之间的建议-批准关系，二是政策企业家与其下级之间的指示-执行关系。在政策形成阶段，政策企业家提出创新性的想法和项目，但其合法性由党和上级政府官员赋予；在政策执行阶段，政策企业家发号施令、分配任务，下级干部则必须服从并执行新政策（Shi and Frenkiel，2021）。

第一，分权，尤其是分税制，被认为是培育地方政府政策创新的主要制度因素（Heilmann，2008a；Jin et al.，2005）。20 世纪 80 年代，权力下放奠定了政治分权的基础，地方政府被赋予了更多的权力和政策空间。但同时，这种分权也加剧了地方政府之间的竞争，使它们争夺经济和政治资源。地方政府尝试通过政策创新在竞争中脱颖而出，以获取晋升机会和其他利益（Hu and Kong，2021；Zhu and Xiao，2015）。

第二，中国的等级制下的实验模式也在不断地发展和精细化，在等级制实验模式的基础上发展出了地方条件下的科层制实验（experimentation under hierarchy in local conditions）。这一概念的核心在于强调试点始终遵循“因地制宜”的原则，展现了在等级制中中央与地方关系的政治动态，以及地方经济环境对大规模政治改革引入的影响。这一概念解释了为何改革会发生在某些特定的地区：经济条件和中央与地方精英互动的政治动力共同决定了改革的类型和程度（Tsai and Dean，2014）。偏远地区远离政治中心，因此允许更多的实验（Saich and Yang，2003）。试点的启动和扩大只允许在那些具有有利政治和经济条件的少数省份进行，以最大限度地降低风险，并就全国范围内的创新可能性做出明智决策（Tsai and Dean，2014）。中央政府通过制定成功的政策试点，能够在全国范围内维持其对地方政府的权威性和合法性（Zhu and Zhao，2021）。

政策创新和实验本质上是中央和地方互动的结果。等级制下的实验体现了其中的关键：中国的党政体制不存在纵向制衡（vertical checks and balances），中央政府的权威无法被挑战。在实验中，中央仍然主导和控制着制定政策目标、选择地方进行实践、定义地方政策实践的"成功"标准以及决定地方实践是否升级为国家政策的权力。中央可以自行对地方实践进行过滤，并且这种过滤过程一定会受到中央政府自身利益的影响（Mei and Liu，2014；Zeng，2015）。

第三，顶层设计在一定程度上限制了自下而上的政策创新空间（Chen and Göbel，2016），但同时也由于其模糊性为地方创新留下了空间（Teets et al.，2017）。这种赋能和约束使得地方政府和中央政府处于一种微妙的平衡中。"顶层设计"（top-level design）通过"信号政治"（signal politics）重塑了地方治理的规则（Ahlers and Schubert，2022；Shen，2020）。同时，中国领导层试图将"顶层设计"与以往的"摸着石头过河"相结合。此时，一旦"顶层设计"所代表的中央控制能力得到提升，这样的战略转变可能导致自上而下的制度化方式与下层自主性之间的紧张关系（Yang and Jian，2018）。在这种环境下，政策试验可能被扼杀在地方官员的对上负责和满足中央期待的过程中（Chen and Fu，2017）。由此，地方官员感知到创新空间的缩小，进而强化了中央是创新者、地方官员主要是中央政策执行者的组织文化。此时，虽然地方的政策创新空间仍然存在，但可能主要体现为"修修补补"的适应性小型政策实验（Teets et al.，2017；Hasmath et al.，2019）。同时，地方官员可能形成一种"共同信念"，即认为可以在一定程度上"绕过中央"（Teets，2015）。从"顶层设计"的动态变化对政策创新的影响来说，中国的央地关系结构对于政策企业家的动机、创新策略、领域以及成功的可能性等都具有重要影响。

2. 制度性激励

地方治理的游戏规则并非自由浮动的，而是深深嵌入到相应的制度框架之中，这些规则由上级政府制定，同时融合了更广泛的社会和经济中流通的制度模板以及地方特有的文化和惯例。这些制度要素相互作用，通过不同的激励机制来激发政策企业家的创新精神。

（1）制度与创新的风险和不确定性。创新的过程充满不确定性和风险。首先，创新可能会打乱旧制度的权力结构，重新分配权力，从而威胁到某些政治参与者的既得利益。创新这一行为本身包含着对旧制度的否认，地方政府需要在承认失败的基础上接受创新，尤其是在创新具有明显的比较优势的情况下（Cels et al.，2012）。其次，除了挑战旧权威之外，创新本身往往伴随着不确定性和风险。创新的结果不一定总是按照预想的方向发展，意外后果常常发生；创新结果出现的时机难以预测，新政策的成功概率很难评估。

（2）创新中的政治激励：创新锦标赛。当然，创新除了存在风险，也具有回报和收益；正是这些收益的存在，政策企业家才有动力去开展创新。层级制下的实验理论认为，中央政府会不断地将地方创新经验纳入国家政策制定中，以应对治理挑战（Heilmann，2008a），并更新解决方案。这一理论认为，地方官员的创新动力源于等级权力制中的引导和激励（Zhu and Zhang，2016）。激励主要包括物质性激励、团结性激励和目的性激励。物质性激励包括职业晋升和报酬；团结性激励包括通过网络和关系的运作增加不参与的成本；目的性激励与价值观和道德有关，更多地来自精神上的奖励（Clark and Wilson，1961）。

晋升激励在中国政策试验的文献中占主导地位（Berry and Berry，1990；Heilmann，2008a）。尽管创新行为通常具有风险，但是，基于财政和人事方面的制度安排，仍有大量地方政府及其官员有动机参与其中。财政分权和干部人事管理是中央政府为激励地方政府官员而采取的有效手段，促使他们在财政收入和经济发展的"锦标赛"中展开竞争，获得的回报是职业晋升（Tsui and Wang，2008；Wu et al.，2013）。

在"创新锦标赛"的激励下，考核制、任期限制和退休制、晋升年龄限制等影响官员晋升的因素，成为影响政策创新行为的重要条件（Hu，2016）。

考核制度利用晋升作为奖励，直接影响和引导官员进行创新的类型和领域。为了在有限的资源和任职时间的限制内"展示"创新成果，干部倾向于在"显性"和更容易的政策领域里进行创新，以最大化可获得和被认可的政绩。

此外，创新指标在各省市的晋升中所占的权重不同，这会影响不同地方政府创新的动机，并造成行为差异（Teets，2015）。绩效考核指标繁多且模糊，创新仅仅是其中之一。激励制度是一个不透明且复杂的系统，其中存在多种路径和大量的不确定性，因此地方官员的政策创新和试验行为在地区间和政府层级间会存在显著差异（Teets et al.，2017）。这说明还有其他因素影响地方级官员的创新意愿，包括目标责任制中创新目标的权重、创新能力（如收入等资源）以及可能影响成本效益计算的社会因素或自下而上的因素。

总而言之，地方干部的竞争性晋升制度为地方政府培育政策创新提供了激励，形成了"创新锦标赛"。首先，晋升制度鼓励地方领导推动政策创新，以便在晋升竞争中占得先机（周黎安，2008）。其次，官员晋升评价体系鼓励官员进行政策创业，使得地方官员的职业生涯越来越依赖于地方政策创新（Göbel and Heberer，2017）。最后，地区之间的竞争推动和促进了创新的发生，即便是在创新风险较大的政治领域也存在竞争。为了获取上级的认可，地方可能愿意充当试验场——毕竟风险越大，收益也可能越大。如果试验成功，地方领导有机会更快得到提拔（Saich and Yang，2003）。虽然地方政府有可能在高风险的政治创新领域有所作为，但是，总体来看，地方政府在创新的过程中，在某些领域，比如维护国家合法性（Chen and Yang，2009）、解决切实的社会问题（Hammond，2013）等方面，表现出了更低的创新积极性。

（二）主体：政策企业家的特征及类型

结构和制度是非常重要的外部因素，但并不能构成政策企业家产生的充分条件。政策创新过程在很大程度上取决于政策企业家的特质和技能。主体性是指行动者对不同结构环境的时间建构式参与，通过习惯、想象力和判断力的相互作用，以及对不断变化的历史情况衍生出的问题做出迭代反应，来再现或改变这些结构（Emirbayer and Mische，1998）。因此，主体既具有自身目的的自主性，同时也受到行动背景的约束（Galanti，2018）。政策创新的主体即政策企业家，他们愿意投资自身资源以推动所偏好的政策创新（Kingdon，1995）。政策企业家是推动政策创新的关键行动者，他们在知识、战略、政治和行政层面上创造、设计、实施创新理念，并使之制度化（Roberts and King，1991）；他们是解决集体行动问题的创新想法的"兜售者"（Mintrom and Vergari，1996）。在这个过程中，政策企业家承担着不确定性所带来的声誉风险，同时组建并协调个人和组织网络，以获取支持（Galanti，2018）。

1. 中国政策企业家的身份：政府为主导、少量社会角色

政治领导本质上是定义社会问题和挑战，开发可能优于现有方案的新替代方案，并为实现这些方案而争取政治和公众的支持。因此，政治领导与政策创新之间存在内在的联系。政策创新依赖于政策企业家的政治领导力的发挥，而如果政治领导力无法针对政界面临的紧迫问题和挑战制定创新的解决方案或无法回应社会需求，那么就会受到损害（Torfing and Ansell，2016）。

如上所述，政策企业家具有多重身份，他们可能是政府内外的人员，也可能是民选或任命的职位持有者，还可能是利益集团、智囊团或大众媒体中的成员。或者，按照在政策过程中角色的不同，他们可分为政治家和官僚等决策者、理论家和知识分子等研究者、宣传创新思想的有利解释者（framer）或跨界协调者（spin doctor），以及调解人等（Bakir，2009a）。不同类别的政策企业家不仅角色各异，更重要的是，他们的身份差异导致他们可利用的资源不同，并且他们倾向于采取不同的策略或政策组合，以提升政策创新成功的可能性。

中国政策企业家的身份总体可以概括为三类：政府官员、社会媒体从业者以及社会组织人员。第一类是中国政府机构中反对某项政策的官员，他们的行为可能源于对政策的不同见解，而非官方组织的直接授权。第二类政策企业家是社会媒体中的记者和编辑，这类群体在日益自由和个人化的媒体环境中数量越来越多。虽然在中国的体制内，报纸、杂志、电视广播和自媒体的可接受言论范围有限，但是这些平台能够在一定程度上明晰和界定政策问题，为一些严重的社会问题和民生热点提供了发声和被关注的机会，同时能够吸引政府决策者的注意力，使相关问题得以被提上日程。反过来，中国媒体越来越多地需要为自己创造预算收入，这又强化了它们吸引社会和政府注意力的行为。第三类政策企业家是社会组织中的个人。社会组织在中国政治中取得成功的部分原因在于，其官员和工作人员中有

很大一部分曾接受过记者或编辑相关培训，这使他们与媒体的联系尤为密切。因此，社会组织对于塑造和影响中国政策环境中的企业家形象与行为模式具有不可忽视的影响力（Mertha，2009）。在这三类政策企业家中，政府和社会组织人员受到的关注度较高，而媒体由于其作用的有限性以及与政府联系的紧密性，被讨论得较少，这也符合中国的治理实际。

在分析中国的案例时，政府官员是至关重要的，因为他们能够作为有洞察力和意志力强的政治领导人，在政策制定、议程设置和实施创新中发挥主导作用（Zhu，2012；Saich and Yang，2003）。在中国，政策企业家这一角色通常由政府扮演，他们试图提高自身的组织级别，获取更多的行政资源。凭借官方地位、知识和技术专长，这些政府官员构建政策议程，提出创新思路，设计政策方案，并通过兜售、结盟、培育政绩等策略获得其他利益相关者尤其是地方领导人的支持和认可（Zhu and Xiao，2015）。拥有官方职位和决策权的政策企业家所拥有和使用的策略极大地促进了创新活动，他们的想法有更大概率成为权威政策；他们的职位带来的行政权力、政府网络中的政治资本和地位，以及他们对官方制度的了解和熟悉程度都非常有利于他们推动政策创新，获得关键决策者的支持。这是非政府政策企业家所缺乏的，但极为重要的资源（Zhu，2013）。

地方政府也是重要的参与者。在竞争机制下，地方官员在增进自身利益、贯彻中央政策或实现中央政府设定的目标方面更具创造性。中国地方政府官员积极主动地应对机遇的变化，以追求他们的集体和个人目标。他们主动制定新的地方政策，开发新的地方项目，并以创新和因地制宜的方式执行中央政策。地方官员会积极发现发展机遇，制定战略，并在竞争环境中勇于承担风险。因此，地方政府会通过政策创新来应对地方问题（Fan et al.，2012；Roberts，1992；Zhu，2013），或者以创新和独特的方式执行中央政策（Hu and Kong，2021）。

但是，组织层面的分析为地方政府是否作为一个整体的政策企业家留下了讨论空间。提到地方政府，人们很容易先入为主地假定它是一个统一的机构（Oi，1992；Tsui and Wang，2004；Walder，1995），并将重点放在地方领导的作用上。这样的预设忽视了以下问题。首先，当政策创新发生时，通常是由特定的组织部门，而不是作为整体的地方政府，来采纳和实施（Damanpour，1991；Downs，1976）。其次，政策创新具有风险和成本，尤其是事前风险和成本，因此它可能破坏或挑战地方内部的权力分配状况。对此，Birney（2014）将地方行政组织机构分解为部门，并提出"使命驱动型"地方政府部门是地方创新的重要推动力。传统的行政部门主要在正式职责的等级规则下做出反应，或者在不同行为者之间发挥调解和中介作用，以促进国家治理任务的完成。与此相反，使命驱动型组织除了完成这些任务或达成这些目标之外，还要努力实现或坚守自己的组织使命。驱动组织的使命可以是组织内在的利益追求，如功能定位或职业追求（如环境保护）、特定时间点的特殊需要（如组织生存）、组织声誉（知名度）和职业召唤（即规范或道德价值）。使命驱动型组织在履行其内部使命或回应召唤的过程中，常常突破现状和正式制度规定的职责范围来进行创新（Davis et al.，2007；Osborne and Gaebler，1992；Palmer and Short，2008）。甚至在某些情况下，它们的使命可能与其上级政府的偏好背道而驰。因此，使命驱动型组织的创新不能被简单地理解为对外部需求或激励的回应，尤其是来自强势行为体的需求或激励（Shin，2017）。

除了政府部门以外，社会组织同样能够培养出强有力的政策企业家。基于"技术不可行"模型，社会组织通过提交政治上可接受但技术上不可行的激进建议的政策提案，来推动政策创新。官员开始关注问题或想要创新，往往源于与强大的或其他具有说服力的外部力量沟通。这些强大且具有说服力的行为体所拥有的资源或权力可能足够强大，以至于能够质疑政策的合法性或特定官员的职位。其中一种典型的行为体是政策专家或智库。当社会问题吸引了足够的公众注意力时，他们会就这些社会热点或问题，提出对现有法律和制度框架进行挑战的激进政策主张（Wang，2008）。在中国，政府是政策企业家的主力军，而社会组织的政策企业家则是倡导相对激进政策理念的政策参与者。他们往往对政府政策持批评态度，并提出同样面临风险的政策替代方案。但是，在地方政府作为政策制定重要一环的情境下，第三部门能够成为政策企业家的前提是，地方政府在干部人事制度中感知到强烈的风险和不确定性。为了保全职业生涯，地方政府选择"求稳"，以免招致上级官员的不满。此时，中国政策企业家的主体便转移到了政府之外的政策流中。然而，对于相对激进的政策概念，尤其是涉及政治创新的，社会组织中的政策企业家必须在中央政治可接受性范围内选择替代方案（Zhu，2008）。

2. 中国政策企业家特质与政策偏好

由于中国治理体系中存在大量的地方自主权，代理人的领导风格和创新政策偏好强烈地影响着内部政策决策和创新过程的动态（Ahlers and Schubert，2013）。在同样的结构制度环境和运作规则下，不同的地方官员行为会呈现差异。结构压力的影响会受到个人风险倾向和个人效能感的调节（Mintrom and Norman，2009）。此时，代理人个人层面的因素成为显著因素，政策试验由作为规则制定者的个别地方官员的创新偏好驱动，中央的制裁风险和不确定性对于政策创新过程的影响降低。具有创新偏好的地方官员可能会不顾上级政府明示或暗示的命令而继续进行试验（Teets et al.，2017）。

政策偏好相关的重要因素是风险承担的能力和政治人格。风险承担者可分为三种类型：刺激寻求者、目标实现者和风险适应者。其中，只有刺激寻求者是风险主动承担者（risk-taker），而目标实现者和风险适应者则属于风险被动忍受者（risk-bearer）（Nicholson et al.，2005）。在政策企业家精神的预测水平中得分较高的官员，更能感知到创新带来的益处。即使在风险较高的情况下，他们对风险也更为宽容、更愿意冒风险以寻求创新，并且对自己的适应能力更有信心。在政治人格方面，如前所言，由于强烈地服从等级制度和自上而下的指令与信号，拥有专制人格的政策企业家对风险环境中的结构性和制度环境转变更为敏感，上述结构性因素和制度因素的影响在他们身上更为显著（Lewis et al.，2021）。

整体来看，当下政策企业家理论对于人格特质与企业家策略和行为的研究并不充分，在中国的情境下更是如此。首先，对于政策企业家人格特质的划分主要依赖于对风险的感知和对政治权威的服从程度，但是风险并不能完全解释政策企业家的创新动机，与个人效能感相关的研究也非常欠缺。其次，缺乏对政策企业家人格特质与他们的行为和策略之间因果机制的研究。什么样的人格特质更有可能激励政策企业家采取创业行为，以及什么样的特质在什么样的环境下更有可能匹配相应的策略行为，并最终导向政策创新的成功，这些问题仍然有待进一步的理论检验。

（三）中国政策企业家的策略

政策创新和变迁过程往往渐进又曲折（Baumgartner and Jones，2010），政策企业家需要根据情境和政策采取有针对性的策略或者策略组合，才能实现成功的政策创新。政策企业家往往具有多重身份，他们可以是政治家、行政人员、游说者、学者以及社会组织的工作人员。但是，政策企业家在决策过程中的身份并不是决定性因素（Brouwer and Biermann，2011）；要取得政策创新的成功，最重要的是所采取的策略（Callaghan and Sylvester，2021）。特别是，对于政策创新来说，机会窗口往往转瞬即逝，所以，时间节点对政策企业家而言非常重要。在重构议程和决策过程中，政策企业家如同等待大浪的冲浪者。他们需要构思好政策理念，等待时机的到来。在这一过程中，政策企业家需要与潜在盟友谈判资源交换、建立联盟、宣传和包装创新理念、框定问题并软化教育目标群体等，以此来实现创新。从这个意义上说，政策企业家既是思想性的，也是战略性的（Kingdon，1995；Galanti，2018）。

中国政策过程理论对于政策企业家策略的研究还停留在"使用者"和"追随者"的阶段，并未对理论做出大的调适或者修正，而是补充和发展了一些讨论视角和信息，以增强其适用性。因而，中国政策企业家的主要策略与 Mintrom 和 Norman 提出的四要素或四个策略基本一致，即展现社会敏锐性、界定问题、建立团队和以身作则。

然而，中国的"顶层设计"是必须要考虑的政治因素，即中央和上级政府是政策企业家不可忽视的主导性影响因素。因此，Mintrom 和 Norman 所描述的核心要素不能充分解释和契合中国情境。除了"展现社会敏锐度"之外，其他三个要素都需要补充更多信息以适应中国的政治体制。中国政策企业家需要辅助采取其他行动策略，以提高创新成功的可能性。这些策略包括建立官方权威、限制行动领域和利用等级优势。还有学者根据 Mintrom 提出的政策企业家四要素，发展出政策企业家在地方政策过程中的三种功能性策略：展现价值、获取知识和建构问题（Zhu，2013）。展现价值指的是让创新想法或方案的价值充分展现出来，包括提高效率、降低成本、增进利益相关者的利益等。政策企业家需要获取当地情境条件的知识以及相关行为体的利益诉求，以满足政策参与者的需求、排除反对意见、获取支持，从而推进创新。建构问题与上述界定问题一样，关键在于如何突出问题的某些特质以获取最大关注和支持。

最终，根据四个要素以及中国场域中的补充信息，中国政策企业家的策略可以被整合为：通过官方权威展现社会敏锐度，在受限的行动领域中向关键决策者表明问题的必要性，建立有专家参与的团队以及通过政策试验来检验政策并获取政治合法性。

1. 通过官方权威展现社会敏锐度

社会敏感度要求识别机会之窗，同时有效觉察并回应政策参与者的想法和需求，以提高创新成功的可能性。在中国体制下，建立官方权威能够更好地回应作为主要参与者的政府的需求，并进一步提升创新成功的概率。官方权威是指赋予行为者决策、发号施令并获得他人服从的认可权力。权威赋予行为者影响事件进程及改变他人信仰与行动的系统性权力，促进创新理念的合法化和政治认可，从而克服创新阻力和反对意见，获得更广泛的支持与合作。

2. 在受限行动领域中向关键决策者表明问题的必要性

在"定义问题"阶段，政策企业家不一定需要使用公开说服和辩论的策略来使他们的创新想法合法化。中国国家行为体的行动并不发生在公共领域；相反，他们的行动被限制在一个有限的政治-行政领域内。政策企业家的行动领域部分地对公众和其他行动者开放，但仅限于具有特定专业知识的专家或学者。专家学者可以在政策变化的过程中担任顾问和智库的角色。在这个受限的行动领域中，官方权威仍旧是重中之重，获取高职位的正式权威的支持是政策企业家获得成功的决定性步骤。创新项目需要在专家学者等咨询顾问的帮助下起草，其实施则依赖于政策企业家所拥有的正式权威。对于中国的政策企业家而言，在公众面前呈现有说服力的策略的重要性并不高。如果改革还处于试验阶段，结果和影响尚不确定，那么媒体的报道就更不受欢迎，政策创新发生的领域也会更加受限。为了获得合法性，政策企业家主要选择向关键决策者表明问题的重要性并证明自己的想法。

3. 建立有专家参与的团队

中国政策企业家更多地是以团队形式出现。他们积极地从事团队建设活动，但所寻找的团队需具有较高的正式性和科学性，以获得更高的认可度。除了主要的地方领导外，他们还邀请值得信赖且具有知识权威的专家和学者参与这一过程，并且严重依赖专家学者的专业知识来保证创新政策的质量。要实现成功的政策创新，中国政策企业家需要与专家之间密切合作（Zhu and Zhang，2016）。这些专家和学者具有多重功能：首先，他们是从创新项目的设计到实施和制度化过程中提供具体专业知识的顾问，其强大的专业知识有助于提升新政策的质量并保证其正确执行；其次，专家和学者也是合法性的来源，当政策创新在与专家和学者的密切协商中启动时，就获得了科学的合法性。同时，这些顾问还通过报告和出版物帮助政策企业家将新政策在上级政府眼中合法化，这些报告和出版物通过"内参"这一特定渠道发送给后者。最后，专家学者在中央与地方之间充当中间人的角色，他们帮助政策企业家解释中央政策，传递来自中央的信息，例如中央对创新的态度。因此，政策企业家可以据此调整改革的节奏和内容。同时，学者和专家进行了详细的田野调查，拥有直接参与的经验，所以他们向上级部门发送的报告和出版物有助于政府部门更好地掌握当地的创新成果（Shi and Frenkiel，2021）。

4. 通过政策试验来检验并获取政治合法性

在实施阶段，中国的政策企业家经常利用试点项目和地方小规模实验来检验新政策项目的可实施性，这是 Mintrom 和 Norman 所识别的"以身作则"要素。然而，在中国，创新政策项目的可实施性并不总是取决于创新政策的有效性和收益，而是取决于中央是否认可，以及创新政策是否具有政治合法性。中央主导和控制着议程设置、决策过程和执行实施的权力。因此，对于中国政策企业家来说，"以身作则"并不构成向他人证明一项新政策可行的重要说服策略。其主要功能是测试新政策本身的风险和可操作性，并作为反馈来调整相关政策（Shi and Frenkiel，2021），以获取政治合法性。

三　小结：尝试性命题

基于嵌入式主体理论，结合结构论和主体论，本章在结构和主体之间构建了环境、主体与策略的概念性框架。结构、主体以及结构和主体之间产生的互动共同影响着政策创新的过程和结果。结构因素本身影响政策创新过程，同时，结构又通过政策企业家的人格特质影响他们的风险感知和效能感，进而影响政策企业家的策略选择和行为模式，最终影响到政策创新的过程和结果（见图5-13）。进一步，本节将尝试提出一些开放性的理论命题，以探讨环境、主体和策略如何影响政策创新，即什么样的策略或策略组合更有可能导致政策成功？什么样的政策企业家类型更有可能采取何种策略？在不同的环境下，政策企业家的类型会如何影响其策略的选择？

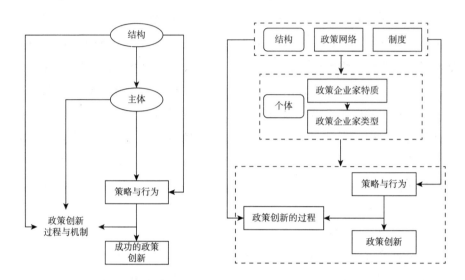

图 5-13　"环境、主体与策略"分析框架

资料来源：作者自制。

将分析框架分成四个层次和过程。层次一：政策企业家的策略和行为影响成功的政策创新。层次二：政策创新的过程。层次一和层次二共同形成了政策创新的过程与机制，同时也是促使政策创新成功的要素。层次三：个体层面，即政策企业家的类型和特质，影响层次一和层次二。层次四：结构因素，影响层次三、二和一。结构因素主要包括政策网络和制度，政策网络中的影响因素主要包括政策企业家的社会地位、相对权力关系、政治资本和资源。制度主要提供激励和风险，以影响主体基于理性的风险-收益分析。这四个层次层层递进，结构和主体的因素产生互动，并共同影响着政策创新的过程及其结果。

（一）层次一：策略或策略组合与政策创新的成功

基于 Mintrom 和 Faling 等人发展的政策企业家策略分类，中国政策企业家主要的策略可以总结为：通过官方权威展现社会敏锐度、在受限行动领域中向关键决策者表明问题必要性、建立专家团队、通过政策试验来检验并获取政治合法性、使用等级优势提高政策创新成功率五种。这五种策略补充了中国党政体制的特征和信息，使其更加适应中国情境。这五种策略的组合能够极大地提升政策创新成功率。

命题 1：同时使用通过官方权威展现社会敏锐度、在受限行动领域中向关键决策者表明问题必要性、建立有专家的团队、通过政策试验来检验和获取政治合法性、使用等级优势五种策略，能够极大地提升政策创新的成功可能性；其中，使用等级优势具有优先性。

（二）层次三：政策企业家的类型、特质和策略

中国的政策企业家类型主要是政府和社会组织。由于中国集中决策的政治体制，中央和政府在政策过程中扮演关键和主导的角色。中国政策企业家理论将政府作为主要研究对象，研究政府作为政策企业家在政策创新和决策中的作用。因而，中国关于政策企业家理论的研究大部分聚焦于政府或公共部门场域。政府拥有等级优势和政治权威，可以直接利用这两点顺利完成展现社会敏锐性、表明问题必要性、建立专家团队和政策试验以证明合法性等策略。

命题 2.1：政府利用自身的权威直接通过展现社会敏锐度、表明问题必要性、建立有专家的团队、通过政策试验来检验和获取政治合法性、操纵等级制度等策略，提高政策创新成功率。

但是，随着社会力量参与程度的提升，作为政策企业家的社会组织也受到了关注，并提出了"政治可行，但技术不可行"的策略（Zhu，2008）。相对于政府而言，社会组织不具备等级优势和正式权威，因而必须与政府合作，依托政府权威来完成其他创新功能，实现政策创新。

命题 2.2：社会组织必须与政府合作，依托政府的官方权威来完成展现社会敏锐度、在受限行动领域中向关键决策者表明问题必要性、

建立有专家的团队、通过政策试验来检验和获取政治合法性、操纵等级制度等策略，以提高政策创新成功率。

中国关于政策企业家的人格特质的相关研究还有待系统分析和提炼。当下的研究仅将地方政府作为研究对象，归纳出了不同的人格特质，并论证了具有不同类型人格特质的主体在参与政策创新意愿上的差异（Lewis et al., 2021）。但是，对于政策企业家人格特质与具体的创新行为策略之间的因果机制，还有待进一步系统性的研究。

命题 3：风险主动承担者（Nicholson et al., 2005）、政策企业家型（Lewis et al., 2021）、具有创业型人格（Hasmath et al., 2019）的行为者更有可能进行政策创新，而具有专制型人格的行为者只有在中央和上级领导的创新意愿推动下才会进行政策创新。

当下关于政策企业家的研究，还没有建立人格特质和身份之间的联系，两种主体层面要素的研究也基本上是独立进行的。基于这两个维度，本节尝试探讨人格特质和类型身份之间的联系，提出一些开放讨论性的命题。

命题 4.1：在政府部门里，风险主动承担者、政策企业家型、具有创业型人格等更愿意主动承担风险的个人更有可能进行政策创新，具有专制型人格的行为者只有在中央和上级领导的创新意愿推动下才可能会进行政策创新。

命题 4.2：在第三部门里，风险主动承担者、政策企业家型、具有创业型人格等更愿意主动承担风险的个人更有可能进行政策创新，具有专制型人格的行为者只会配合政府的政策创新。

（三）层次四：制度环境、策略选择和创新行为

除上一章讨论过的政策创新策略以外，中国政策企业家，尤其是地方政府，还会松散地根据制度情境使用容忍、让步、妥协、助推和学习等策略，以进一步推动政策创新。

第一，结构要素影响政策企业家的创新策略和形式。在中国，政策创业更多是被动的、勉强的和无意的。这种被动式政策创业提供了一种新的政策企业家行为策略，其重要性并不亚于主动的政策企业家。被动的政策企业家有效地采用让渡利益和容忍非正规操作等独特的创业策略，成功创造了一个小的政策机会窗口，促使所有政策行动者能够就共同利益进行谈判，最终达成共识。尽管关于政策企业家精神的现有文献强调问题框架、建立联盟和网络、操纵机构、通过试点项目以点带面等策略的有效性，但是作为中国城市更新政策形成和实施过程中最具权威和权力的行为体，市政府的支持是中国政策创新的关键环节（Hu et al.，2020）。中国的政策创业具有多样性和动态性，其形式和功能是由党和国家应对社会、经济和政治各领域全面转型过程中的变化和挑战的要求所决定的（Schoon，2014）。根据其相关性、有用性、地方政治经济侧重点的变化以及对地方政府优先任务的潜在威胁，作为政策企业家的地方政府可能会灵活且适时地使用积极支持、促进、利用、容忍等策略（Hu et al.，2020）。

命题 5：当环境中创新涉及的主体过多导致出现矛盾和争议的风险较大时，作为政策企业家的政府在展现社会敏锐性、界定问题、建立团队和以身作则时更可能采取容忍、妥协和让步等策略。

第二，结构因素会影响政策企业家创新的策略和结果。根据外部压力以及政策企业家的能力和意愿两个维度，政策创新或变革可分为四种类型。第一种，当外部压力强，政策企业家发动创新的能力和意愿都很强时，领导者有能力和意愿积极推动和落实创新，以实现真正的变革。第二种，当外部压力强，但领导人能力和意愿很弱的时候，就会发生助推（Nudging）式的象征性政策创新。政治行动者可能会通过宣传创新的理念来让群众的注意力聚焦到创新承诺上，而不是创新实践中的真实情况，以获得公众的支持，并产生更广泛的政治效果。在这种情况下，创新成果可能与创新理念相差甚远。第三种，当外部压力很弱，但是政治领导人创新的能力和意愿很强时，政治领导人会选择性地挑选创新要素以适应地方环境。第四种，当外部压力弱，政治领导人创新的能力和意愿都很弱的时候，则不会发生创新。

　　值得一提的是助推策略。中国的政策实验并不总是追求有效性和效率，也并不总是真正解决核心问题、产生实质性变化或进行有意义的创新，而只是利益相关方的口头和象征性行为。此时，政策创新本质上是象征性的，政策企业家对应性地采取象征性的创新策略，即助推。象征性创新往往包含政治符号，将一组积极的规范概念嵌入到构建积极语言的计划中。政治行动者操纵政策创新的符号能达到如下效果（Christensen and Lægreid，2003）：第一，象征性创新能够低成本地处理解决方案非常模糊的复杂问题；第二，政策企业家通过使用改革符号获得合法性；第三，符号在塑造利益相关方的创新认知上，起到了与实践相同的效果（Zeng，2015）。

　　命题 6.1：当外部压力强，政策企业家发动创新的能力和意愿都很强时，作为政策企业家的政府会进行实质性和有意义的创新，采取展现社会敏锐性、界定问题、建立团队和通过政策试验验证合法性等策略组合。

　　命题 6.2：当外部压力强，但政策企业家创新能力和意愿很弱的时候，会采取助推策略，进行象征性政策创新。作为政策企业家的政府在定义问题和操纵制度时，将公众的注意力聚焦到创新承诺，而不是创新实践，以获得公众的支持和预期的政治效果。但是创新结果可能与创新理念相差甚远。

　　命题 6.3：当外部压力很弱，但是政策企业家创新的能力和意愿很强时，作为政策企业家的政府会选择性地挑选创新要素以适应地方的环境，即创新程度很低、范围很小。

　　命题 6.4：当外部压力弱、政策企业家创新的能力和意愿都很弱的时候，作为政策企业家的政府不进行创新。

　　此外，学习正在成为一种新的要素，影响创新的机制和策略。学习与地方官员的晋升密切相关。学习是一种理性的、策略性的行为，地方官员会利用他人晋升的轨迹来确定获得晋升的最有效策略。学习有助于降低干部个人在实施实验性政策时所要承担的成本，即风险和不确定性，还能通过展示创新如何成为加速晋升的成功方式，以及通过展示如何设计特定的实验，来提高对成功可能性的认识。这种类型的理性学习不同于研究中要求更深层次内化的学习形式。政府官员通过观察官僚系统中其他人的经验逐渐了解到，在竞争日益激烈的体制中，创新能更稳定地带来晋升机会，从而降低创新的预期风险。作为回应，那些渴望获得更高职位的官员学会了制定创新或试验性政策。因此，创新是干部学习如何晋升而产生的一种行为。学习这种机制型策略是横向的，而非简单地响应自上而下或自下而上的激励制度。此外，对于那些不渴求晋升或奖励、只期待回应地方需求的干部来说，他们也认识到试验性政策比一次性让步更有助于从根源上解决问题。创新是一种行之有效的方法，能使自己在达到相同绩效目标的其他干部中脱颖而出，这种学习成为一种适应性竞争行为。学习这种创新策略有助于解释我们在国家以下层级行为中看到的差异，因为并非所有的经验教训都是以同样的方式获取的，也并非所有策略都适合每一种情境（Teets，2015）。

命题 7：在创新锦标赛下，作为政策企业家的政府常常会使用学习这一创新策略和机制，学习政策系统内的成功经验和失败教训以适应性地提高创新成功可能性，从而利用创新锦标赛在晋升锦标赛中胜出。

（四）层次四：制度环境、政策企业家类型与策略

由于当下关于中国政策企业家人格特质的研究还有待系统性论证和分析，且难以单独影响政策企业家的策略，因此本部分主要讨论中国政策企业家的身份类型，即政府和社会组织。政府主要面临的制度激励是创新带来的晋升风险和不确定性，以及"创新锦标赛"的政治激励。而社会组织往往针对政府未注意到的社会热点问题，通过媒体舆论或专家"上书"的方式，提出政策创新的方案。因此，社会组织在更多情况下是作为政府创新的补充。当政府部门面临的风险大于激励时，政府倾向于选择维持现状，此时游离在政府系统之外的社会组织便成为政策企业家。但社会组织也必须考虑到政治创新等领域的政治风险，必须在中央政治可接受的范围内进行政策创新（Zhu，2008）。

命题 8：在政府感知到较大风险、缺少创新动机时，社会组织就开

始扮演政策企业家的角色。作为政策企业家的社会组织需要依靠政府的正式权威去实行四种常规策略完成创新，同时也需要尽可能在中央可接受的范围内进行创新，规避政治风险，提高创新的成功可能性。

第五节　中国政策企业家：分析与展望

政策企业家理论虽然起源于西方，但是，这一理论迁移至中国情境后，仍然具有较强的解释力。首先，政策企业家在描述行政人员行为方面更具活力。在其他模式中，政府系统中的行政人员被视为静态的行为者，不具有主观能动性。但其实，政府行政人员完全有能力影响政策过程，尤其是在政策创新领域。第二，政策企业家理论部分地超越了理性人假设，允许政策行动者中出现非理性行为。例如，风险偏好型政策企业家就更倾向于迎接挑战、勇于创新，且对风险不敏感，因而会忽略部分不确定性带来的成本。第三，政策企业家理论提供了一种能够综合政策行动者和中国国家的制度特征来影响政策过程的思路（Hammond，2013）。

沿袭西方政策企业家理论，中国政策企业家的研究分为两派：结构论研究关注政策企业家所处的结构和制度环境，探究体制、制度、网络或社会地位等结构因素对政策企业家的策略和行动的影响；主体论研究则关注政策企业家作为代理人的个人层面因素，包括身份和个人特质等。本章尝试整合结构论和主体论，建构出"环境-主体-策略"分析框架，探究环境、政策企业家类型和个人特质，以及这些因素之间的互动如何影响政策企业家的创新行为和策略。在未来的研究中，可继续沿着这一思路关注个人、制度和结构因素之间的相互作用（Hopkins，2016）。在这一框架的指引下，未来的研究既需要了解政策企业家采取的具体战略与这些战略所处的政策环境之间的相互作用（Green，2017），也需要关注政策企业家的行为策略与结构之间的动态关系（Catney and Henneberry，2016）。

但是，政策企业家理论在中国的发展仍处于较初步的阶段。基于本章提出的分析框架，未来的研究可以尝试在影响因素和理论要素分析、概念清理、研究设计、分析层次以及研究细节等方面继续推进理论的发展，从而挖掘和发挥政策企业家的潜力。

　　第一，要重视时间这一因素的影响。除了宏观和微观环境背景，政策企业家创新过程的时间性同样重要。未来的研究可以尝试探索政策创新中的时间性与其他因素之间的关系，以及创新窗口作为干扰因素与政策企业家行为和策略的互动。时间这一变量会影响其他所有相关因素。情境会随着时间的变化而发生转变，体制、制度和政治氛围都会改变，甚至连问题的性质也会发生变化。政策企业家本身的年龄、性格、能力和职位等也会变化。加入时间这一变量，历史研究和涉及几十年时间框架的研究都能够为政策企业家提供新的见解（Mintrom and Norman，2009），这有助于探索创新的轨迹是如何随着时间的推移而演变的，从而深化对于政策企业家和创新的理解。

　　第二，需要进一步清理和明晰结构性因素之间的边界。结构性因素，或者说"情境"，到底是体制、制度、政治、意识形态，还是其他什么相关的因素？其中，政治、体制、制度等之间的边界在哪里？如何界定这些因素，又如何将这些情境性因素统一到同一个分析框架中，是之后政策企业家理论走向规范化的一个重要努力方向。例如，从制度的视角来看，权力关系在制度企业家的驱动和约束过程中起着什么作用？观念是如何影响政策企业家的策略的？不同制度层面的企业家各有何表现，并产生了什么样的政策影响（Lowndes，2005）？如何将这些因素纳入现有的政策企业家理论的分析框架，仍旧是一个重要议题。

　　第三，需要进行比较研究设计，包括探讨不同层次、不同情境下政策企业家行为、策略和动机的区别。政策企业家概念的可移植性和普遍性具有重要意义。目前流行的学术研究议程仍然是离散的个案研究或确定新的政策企业家类型。虽然这种研究方法突出了企业家的形成过程和机制，但也限制了比较研究议程的潜力以及理论概括和建设的可能性（Jarvis and He，2020）。进一步研究的挑战在于如何在新的背景下利用政策企业家的研究成果，从而实现概念上的突破。这就需要开展不同情境、跨国别的比较研究。国际规范如何在不同的国家政策环境中扩散和确立的证据已经出现（Mintrom and Norman，2009）。即使是在中国场域下，分析层次也是多样化的。对在本地化、离散、次国家背景下的政策进行新的深入比较研究，其价值不亚于参与国家层面经济规划或全国性社会政策的变革。然而，由于不同层次的情境在数量级和规模上存在差异，需要构建一个能够精确校准这种差异的框架。同时，需考虑到在不同制度层面上运作的政策企业家所需的多样化技能和做法，进行框架的适应性调整。同时，还需要比较不同政策领域、不同政府层级的政策创新，以及不同政策参与者所扮演的角色及其互动策略，这将有助于中国政策研究的理论化。同时，要加强对非典型制度环境的实证调查，因为在这些环境中，政策企业家的途径和策略更成问题。有关政策企业家精神的学术研究绝大多数都是在发达的、高质量的制度环境中进行的。然而，对于世界上绝大多数人口来说，制度和制度质量不仅仅运行于不同的层面，往往还会受到更多的资源限制，或者运行于信息不对称或制度能力受限的情况下。政策制定者所处的环境可能更加复杂，从而对政策创新的规模和范围产生影响。因此，未来的学术研究需要涵盖多样化制度环境范围，并将这些环境与由此产生的政策创新类型相匹配（Jarvis and He，2020）。

第四，需要深入挖掘中国政策企业家的不同策略和类型，以丰富政策企业家理论在不同场景下的应用（Zhu and Xiao，2015）。不同政治体制下的制度变迁问题是研究中国制度的学者们所关注的关键问题。在中国的政策过程中，党和中央确实扮演着非常重要的角色，自上而下的激励和压力是主要考虑的因素，自下而上的来自地方政府的力量也至关重要。地方政府及其系统内的行政人员在政策创新中仍旧是重要的参与者，他们扮演着什么样的角色、发挥什么作用，以及是如何发挥作用的，这些都是未来重要的探索方向。在个体层面上，行政人员在感知选择机制的方式，以及性格和偏好在多大程度上塑造了他们的行为方面，存在显著差异。对于地方官员而言，个人企业家精神和官僚选拔都很重要，但二者的重要性是不同的（Lewis et al.，2021）。如何区分不同类型的政策企业家在政策创新过程中动机、行动和策略的差异，同样值得关注。

同时，还有一些细节和变量有待深入研究。目前对政策企业家的动机关注有限，有必要对其动机和策略进行更深入的研究。政策企业家与其特定政策情境之间的互动关系也需要更多的探讨。创新类型同样重要，不同创新类型需要不同的资源（Walker，2007），这势必会影响政策企业家的行动策略，但是当下尚未讨论不同类型的创新是否会对政策企业家的行为造成影响。未来，在进一步理清政策创新概念和类型的基础上，我们需要进一步细化和深化对政策企业家的创新动机、创新的类型如何影响其行为策略和参与创新过程的研究。

第五，如何衡量成功或失败的政策企业家，这也是一个值得思考的问题。作为特定环境背景下的一系列活动、思想和能力的载体，政策企业家的重要性在于能够完成创新。但是，用什么来衡量政策创业的成功或失败？哪些具体的变化、结果或措施构成了成功的政策创新，或体现了成功的政策企业家精神？这一系列问题需要界定清楚所有的相关概念，例如，创新的结果一定是好的吗？如果创新达不到目标期望，甚至比创新前的情况更糟糕，那么推动这项创新的政策企业家还算成功吗？还算得上是政策企业家吗（Jarvis and He，2020）？还有关于创新的界定问题，是否只要政策发生了变化就是政策创新，无论是政策目标还是政策工具的变化？政策变化的程度会对创新产生什么影响？创新与变革应如何区分？变革到什么程度才称得上创新？所谓的政策变革或政策创新，实际上可能根本不是政策变化，而是与政策变化关系不大的其他形式活动的发生，甚至只是表面上更改了政策目标，而在政策执行的过程中，根本没有发生实质性的变化，例如象征性政策。因此，与政策企业家相关的政策变化需要更加精细且精确的类型化划分（Howlett and Cashore，2009）。

第六，发展清晰严谨且具有可操作性的分类体系，以区分政策变迁类型、制度类型以及政策企业家类型的类型学。这些概念都涉及进一步研究中的问题属性、政策企业家的技能、能力和战略。克服目前文献中存在的竞争定义和特定案例观察难题仍然是紧迫的优先事项（Jarvis and He，2020）。

结　语

政策企业家理论提供了一种潜在地能够弥合结构论和主体论之间缝隙的分析框架，能够极大地深化对中国政策创新的理解。但是目前的研究割裂为两派：一派强调环境和制度的结构论，另一派聚焦主体类型和特质的主体论，这两派并没有很好地整合主体和环境这两类重要的政策创新影响因素。同时，政策企业家理论引入中国后也并未在理论上取得显著的进展，仅仅验证了政策企业家理论在中国情境中的适用性，并补充了部分政策企业家行为和策略以适应中国的体制。

　　基于此，本章尝试使用"嵌入式主体"的概念统合结构与主体要素，在结构与主体之间建构起"环境、主体与策略"的分析框架，进一步深入探究二者之间的动态关系如何影响政策企业家的创新行为和策略。总的来看，在中国的官僚体制内运作时，政策企业家并没有将这一设定视为理所当然，而是主动地寻找政策空间，对制度进行重塑，为改革铺平道路。政策企业家通过不断推进边界的方式，证明了制度结构在地方层面的延展性。同时，政策企业家的行为策略也显著提升了结构与主体之间互动的流动性（He，2018）。

　　根据这一分析框架，本章尝试在环境、政策企业家类型和特质以及政策创新行为和策略之间建立因果关系，提出一些具有参考性和讨论性的开放性命题，以深入理解和发展政策企业家理论。这些命题尝试回答以下问题：什么样的策略或策略组合更有可能促使政策成功？什么样的政策企业家类型更有可能采取什么样的策略？政策企业家的类型会如何基于不同环境来选择相应的策略？这些命题尝试为未来的实证研究提供一些具有参考价值的因果机制，促进政策企业家理论的知识积累。诚然，本章只是提供了一个探索性和开放性的理论框架以供参考和补充，其适用性还需要更多的实证研究加以验证，这也为未来中国政策企业家的理论和实证研究指明了方向。

第六章　从试验治理到实验体制

引　言

实验主义治理理论的构建源于西方国家的治理实践。作为一种新兴的治理模式，实验主义治理得到了中西方国家的关注并被广泛应用。回溯实验主义治理模式的兴起，实验主义决策方式于 20 世纪 80 年代被引入美国，随后被应用到儿童保护服务、环境监管、社区警务等领域，形成了被称为"民主实验主义"的新政府治理形式（Dorf and Sabel，1998）。

回顾中国的试验治理发展历程，其传统可追溯到中国共产党在革命战争时期的政策创制实践，并经由改革开放时期的广泛应用，发展成为成熟的"政策试点"模式。"政策试点"极具中国特色，是标识性知识的凝练与话语的表达（李强彬等，2023）。德国学者韩博天（2008）首次将试点与政策联系起来，在试点的基础上以"由点到面"为核心方式推动了中国实验治理的发展。

战略的不确定性与权力的多元分配，是试验治理发生的前提。政策试验作为中国特色的实验治理方法，具备创新测试、示范验证的内在功能，且能够在既无现实经验可循又无既定方案可供借鉴的情况下，以局部实验的方式探索求解未知政策领域，尝试模糊性政策方案，为各级政府适应不确定性政策情景提供方法论与认识论支撑（康镇，2020）。政策试验的运行逻辑与模式更符合我国国情与体制，能够更好地发挥其对治理的推动作用（贺芒等，2023）。在国家治理体系和治理能力现代化进程中，随着"顶层设计"的不断完善，国家治理将越来越依赖于地方政府的治理创新与实践。政策试点作为上承顶层设计、下启地方创新的关键机制，将在国家治理体系和治理能力现代化进程中发挥更加积极的作用（武俊伟，2019）。

现有研究从多视角对政策试点进行了丰富的研究。总体来看，首先，现有研究多关注政策试验，将其作为解释政策适应性发展和中国经济奇迹的原因，过多强调中国政策过程的独特性与复杂性，侧重于个案经验的总结与实践介绍，较少将中国政策试验实践与公共政策过程理论对接。其次，现有研究往往对政策试验、政策创新、政策扩散等单一过程进行分散研究，但在中国试验治理实践中，中央与地方间存在大量的互动关系，因此政策试验、政策创新与政策扩散三个过程是相互影响、相互渗透的螺旋式结构（章文光等，2018）。因此，本章从央地关系着手，以现有文献为研究基础，试图对我国独特的政策过程中的实验体制进行分析。

本书强调的实验体制，是指中国在面临特定的政策问题时，通过地方政府、地方政府间以及央地之间的政策互动，建构政策体系，实现问题解决和治理体系建构的过程。从这一点来看，实验体制既是一个过程，也是一个结果。作为一个过程的实验体制，它强调央地互动建构政策应对系统的过程，并且，这个过程是嵌入在中国独特的央地关系以及府际关系系统之中的。作为一个结果的实验体制，是指中央和地方间的政策互动最终塑造的政策形态。本章的核心假设在于，原有的关于央地政策试验的研究更多地强调单一的政策试验机制或者模式，没有很好地从制度嵌入性和政策子系统的角度对中国的实验体制进行全景式的描绘，导致相关研究"内卷"于单一的个案和单一的模式。本章的核心主张在于，不同的政策试验系统的建构是与政策子系统的属性、府际互动的结构以及内在的央地政策互动模式共同作用的。

接下来，本章将对中国试验治理的大量运行机制进行梳理，为后续理解中国的试验治理并建立分析框架奠定基础。本章的第二节将建构一个基础性的分析框架，用以理解实验体制的过程-模式，以及探讨导致不同模式得以建构和选择的原因和条件。第三节将沿着不同的政策模式，选取一些启发性案例，对不同实验模式进行分析和追踪，以深入理解模式的内在过程及其选择的条件。最后为本章的结论部分。

第一节 中国试验治理的运行机制

政策试验是一种在正式实施政策之前，在有限的区域和规模内，对政策方案进行测试和评估的过程，以确保其合理性、可行性和科学性。除了提供政策工具和知识外，通过政策试验来推动政策创新已越来越成为一种常态化的工作方法（武俊伟，2019）。现有研究卓有成效，学者们从不同角度探讨政策试验在"中国之治"中的作用机制，致力于构建更为一般化的理论（刘伟，2015）。

试验机制是帮助我们理解政策试验这一中国特色政策制定方式的重要视角（赵慧，2019）。在政策试验的过程中，关于政策目标及其实现工具的明确性存在不同见解。一部分学者认为政府延续着"摸着石头过河"的思维，边干边学，在政策试验的前中期，政策目标和政策工具都不够明确，只有到了试验的后期，这些要素才会逐渐变得清晰（刘培伟，2010；徐湘林，2002；刘伟，2015）；还有学者认为政策试验是一种目标明确且行动一致的策略，其核心在于为正式政策的制定提供多种选择，以便这些政策能够被推广至全国，甚至可能被纳入国家立法体系。尽管改革的目标是确定的，但政策工具的选择却较为模糊，需要地方政府通过试验来进一步探索和确定（韩博天、石磊，2008）。本书认为，在复杂情境下，"政策目标的模糊性"与"政策工具的不确切性"共同构成了政策制定者开展政策试验的前提条件。

一 政策目标明晰，政策工具确切

（一）"试对"

在政策试验的规划中，如果政府已经确定了具体的政策工具与政策目标，那么试验过程就是一项自上而下进行的"试对"过程，旨在验证这些预设方案的可行性。虽然"试对"过程在试验设计上包含待验证的假设和对照组，但政府对试验成功的高期望往往使其更像一个示范标杆的建立过程，而非一个严格的科学实验（赵慧，2019）。

"试对"型试验旨在通过实践检验政策的有效性。政策试验能否顺利实施，是评估政策工具是否有效的关键指标。然而，地方政府的资源限制、利益群体间的冲突，以及不同层级政府间的目标冲突等因素，都可能会阻碍政策试验的顺利进行。因此，上级政府在选择"试对"试点时，会偏好那些资源充足、经验丰富、成功概率较高的地区（冯栋、何建佳，2008）。为了确保试点的成功，上级常会将资源优先分配给这些试点地区。这使得地方政府常常积极争取试点资格，并将其视为一种政绩（Zhao et al.，2016），而上级政府则对试验方案的成功推广寄予厚望。受这种期望的驱动，地方政府更专注于通过局部测试和效果评估来赋予政策工具合法性，而不仅仅是测试政策的有效性。他们的目标是通过这一流程克服现有的政策限制，在上下级政府间形成共识，以推动符合自己偏好的政策方案。此时，试验更多地成了一个形式化的合规过程，决策者的个人偏好和资源投入确保了试验的成功。但"试对"具有的倡导性和示范性，导致该机制更多地起到了"先锋""灯塔"的作用，地方政府进行政策制定的空间较小，这在某种程度上会干预知识生产，且失去了测试的本质意义（刘然，2020；陈诚诚等，2024；杨宏山等，2024）。

（二）示范

政策示范属于政策试验中的"试对"逻辑（周昕宇、杨宏山，2022）。在政策目标和工具均明晰的情境下，中央政府更多地扮演着"设计者"和"监督者"的角色，希望地方政府在其指导下积极行动，展现出忠诚和能力，以便获取关于地方经济运行和发展潜力的关键信息。对于地方政府来说，如果试验能够带来短期效益，并与上级政府达成共识，那么它们将积极完成试点任务，而选择性地忽略试验的初衷和必要性。对于那些试图通过政策试验获得晋升机会或改革红利的官员而言，他们更倾向于将试验成果标榜为"示范点""首创"，以此赋予其一种创新性和独特性，使其成为突出的示范项目。

当然，在需要应对上级任务但又无法或不愿全面推进时，地方政府可能会策略性地选择小规模、低成本、快速见效的"示范型试验"，作为选择性执行、选择性回应和选择性学习的一种方式，来应对上级的试验要求，从而规避创新风险（刘然，2020）。

二　政策目标明晰，政策工具模糊

（一）试错

所谓"试错"机制，实际上是上级政府在面对难以抉择的政策工具时，采取的一种灵活应对的方式。具体来说，就是让试点政府在自主权下进行政策创新或自主选择不同的政策方案来实施。在这一过程中，上级政府会同时观察和评估这些方案的效果，最终通过比较和筛选，淘汰那些效果不佳的方案，从而确定并推广能够实现政策目标的最佳政策工具。不同于"试对"机制，"试错"是一种观察性的知识生产，能够从多地的实践中归纳性地产生政策创新点（李娉、邹伟，2022）。

在外部环境不明朗且现实问题亟待解决的情境下，决策者多处于观望状态，以防贸然改革所带来的政治对抗或政策失败的风险。"试错"作为探索改革方案、维稳的一种选择，能够帮助政府在控制风险成本的前提下寻找出恰当的政策工具。通过不同地方政府的反复试错和政策创新，学习政策失败的"教训"，形成了多样化的政策方案。这不仅为高层政府在制定政策时提供了丰富的选择与实践经验，还帮助决策者提前识别并应对那些可能在实施过程中出现的意外挑战，从而提前准备好解决方案。同时，"试错"机制有助于缓解和减少创新过程中可能遇到的阻力和风险，有效避免了在未知环境中采取激进改革措施可能带来的严重后果（刘然，2020；桂华、夏冬，2023）。

然而，尽管地方政府提供的多样化方案为达成政策目标提供了丰富的选项，但当上级政府需要出台统一政策时，这种探索性的试验方法不可避免地会涉及地区间政策的协调与调整，从而产生额外的试错成本。在这一过程中，上级政府需要仔细权衡试验方案的利弊，评估不同方案的可行性和效果，同时兼顾政策的公平性、效率和可持续性。这不仅要求对试点地区的政策实施情况进行密切监控和评估，还需要收集和分析数据，以便更好地理解政策执行的实际情况和潜在问题。

（二）比较试验

在该机制下，中央政府首先设定了明确的政策目标，但同时面临着多种待选的政策工具，这些工具的有效性和适用性尚未得到验证。为了评估和选择最合适的政策手段，中央政府采取了一种分而治之的策略，将地方政府作为试验场，赋予它们在不同政策工具上进行试验的权力。在比较试验中，中央政府能够观察和比较不同政策工具在实际应用中的效果，进而筛选出最优的执行方案。这种方法不仅有助于提高政策的适应性和有效性，还为政策制定提供了丰富的实践经验和数据支持。

在这种政策试验的框架内，地方政府被赋予了执行中央政府既定或认可的政策目标和采用相应工具的重任。这种模式超越了传统的中央政策执行方式，地方政府并非单纯地遵从中央的指令，而是被赋予了更大的灵活性和主动性。具体来说，中央政府在这个过程中扮演着支持者的角色，不仅在宏观层面上提供指导和资源，还在具体的实验操作中允许地方政府根据自身的实际情况和需求进行创新和调整。同时，地方政府也被赋予了选择权，其可以根据自身的利益和条件决定是否参与试点项目，或者对试点方案提出自己的见解和建议。这种双向互动和协商的过程，使得政策试验不仅仅是一种自上而下的执行方式，而且是一种更为动态和具有互动性的政策制定与实施过程。地方政府的参与和反馈为中央政府提供了宝贵的第一手资料和经验，有助于政策的不断优化和完善。这种模式强调了地方与中央之间的合作与协调，使得政策更加贴近实际，更能满足不同地区的需求。值得注意的是，在比较试验中，中央政府更注重选址的代表性，而非层级下的试验，且中央政府会花费很大精力来评估不同试点地点的表现，并随时准备停止那些结果不满意或不成功的试点（Zhu and Zhao，2021）。

（三）选择性认可

在这种政策试验机制中，上级政府首先明确了政策目标，但对于具体实施的政策工具尚未有明确的方案。这种不确定性为地方政府提供了一个创新和探索的空间。地方政府直接面对民众的实际需求和社会问题，因此它们有强烈的动机和需求去尝试不同的政策创新，以期找到最适合地方实际情况的解决方案。在此过程中，上级政府采取了一种开放和包容的态度，允许地方政府在国家政策目标的框架内自主探索和实施多种政策工具。这种灵活性不仅激发了地方政府的积极性，也为中央政府提供了丰富的实践案例和经验。通过审查和评估地方政府的多项政策举措，上级政府可以从中吸取有益的思路和做法，甚至可能将一些成功的地方政府创新直接提升为国家层面的政策。

地方政府的创新为上级提供了试验场，且地方政府的自主权和创新精神也为政策的多样性和灵活性提供了保障，使得政策能够更好地适应不同地区和不同群体的需求。而上级的反馈与指导则为地方政府提供了方向与支持。与比较试验不同的是，这种模式下的上级政府在有选择地认识到根据上级政策目标执行的令人满意的地方举措之前，并不全面了解具体的政策设计（Zhu and Zhao，2021）。

三 政策目标模糊，政策工具不明晰

（一）适应性和解

与比较试验不同的是，在这种模式下，上级政府在全面了解到具体的政策设计之前，会有选择地认识到根据上级政策目标执行的令人满意的地方举措（Zhu and Zhao，2021）。

这种机制具有一定的挑战性，可能导致不同地区在政策试验上出现不一致甚至冲突。地方政府在缺乏上级统一指导的情况下，会根据自身的理解与判断采取不同的政策创新实践，这不仅会影响政策的整体试验效果，还可能在不同地区之间造成不公平与不协调的现象。但是，"适应性和解"也为地方政府提供了更大的自主权和更高的灵活性，使其能更为直接地面对现实问题，进行创新和尝试。同时，该机制也为中央提供了一个观察与动态学习的机会，通过地方政府的实践，中央政府可以逐步了解和掌握问题的本质，进而在未来的政策制定中做出更科学和合理的决策（Zhu and Zhao，2021）。

（二）组合漏斗式试验

该机制通过一个分阶段、多维度的筛选和测试流程形成具体可行的政策，它从设定一个广泛的原始目标开始，逐步通过多阶段、多维度的探索和筛选（黄冠、乔东平，2021）。具体来说，这个流程包括以下几个关键步骤。

1. 原始目标设定

中央政府在对问题进行全面审视后，设定了一个广泛的政策目标。这个目标可能包含多个方面，具有一定的不确定性和广泛性。

2. 多阶段探索

地方政府在中央政府的指导和支持下，开始在不同地区和不同领域进行政策试验。这些试验具有多阶段性，每个阶段都对应着不同的探索重点和目标。

3. 上游目标过滤

在初步试验阶段，地方政府会根据实际效果和反馈，对原始目标进行调整和优化。这一过程类似于漏斗的上游环节，通过筛选掉不切实际的目标，逐步聚焦到更具体、更可行的政策目标上。

4. 水平分流与垂直整流

在政策试验的过程中，地方政府会根据政策的不同维度（如经济、社会、环境等）进行水平分流，同时依据政策效果和反馈进行垂直整流。这种分流和整流的方式有助于政策目标从广泛的"面"逐步聚焦到具体的"点"。

5. 政策工具整合

在经过多阶段的试验和筛选后，中央政府会整合在各阶段中表现良好的政策工具，形成一个更加系统和完善的政策体系。这一步骤是政策制定过程中的关键环节，能够确保政策的连贯性和一致性。

6. 扩面测试

将整合后的政策工具在更广泛的范围内进行测试，以确保其在不同地区和不同情境下的适用性和有效性。这一步骤有助于验证政策工具的普适性和灵活性。

7. 中央政策制定

在经过充分的测试和验证之后，中央政府会根据各地的试验结果和经验，制定正式的中央政策。这一政策不仅包含了经过验证的政策工具，还充分考虑了不同地区和不同群体的需求。

8. 制度建构与扩散

最终，中央政策会通过制度建构的方式，在全国范围进行推广和实施。这一过程实现了从点到面的扩散，确保政策能够在全国范围内产生积极的影响。

通过这种组合漏斗式的试验过程，政策从最初的广泛目标逐步聚焦到具体的政策工具，最终形成全国性的制度建构。该机制是对政策试验本身的动态过程进行归纳，更加关注政策工具是如何通过试验被探索出来的。

四　小结

政策试验作为中国政策制定过程中的一种重要机制，扮演着关键的角色，它代表了一种逐步演进和多方位的治理方法。这种方法为政府提供了一个平台，在控制的规模和范围内对创新政策进行试验和评审，目的是验证其逻辑性、实施的可行性以及其科学基础。从目前的研究来看，政策试验的模式呈现多样化，涵盖了从具有清晰目标和具体执行手段的"试对"和示范型项目，到目标明确但执行手段尚不明确的试错、比较试验以及选择性认可，再到目标和手段均不明确的适应性和解和组合式漏斗试验。这一系列机制构成了一个活跃的、多级的政策探索和细化的循环。政策试验的这种多维性不仅反映了政策制定的灵活性和适应性，也体现了政府在面对不同政策问题时采取的策略性和选择性。通过这种多层次的试验过程，政策得以不断地被检验、调整和优化，以适应复杂多变的社会经济环境并满足公众的多元需求。

然而，当前对政策试验模式的研究领域仍显得分散，缺乏系统性的整合。学术界对于这些试验模式所蕴含的内在机制、多样化的表现形式以及实施条件的深入探讨尚不充分，导致对政策试验全貌的理解存在一定的模糊性。尽管已有研究开始触及政策试验的不同方面，但对于这些模式深层次的工作逻辑、它们如何根据不同情境变化以及这些变化背后的动因和条件，仍然需要进一步的明确和阐释。这种研究上的不足限制了对政策试验模式潜力的全面挖掘和有效应用。

为了推动政策试验模式研究的深化，我们需要构建更加严谨的理论框架，对现有研究成果进行梳理和整合，同时鼓励跨学科的研究合作，以促进对政策试验内在机制和多样化模式的全面理解。通过这种系统化的研究，我们可以更好地把握政策试验的复杂性，为政策制定和实施提供更加坚实的理论和实践基础。

第二节　中国试验治理的研究框架

一　从机制到模式：实验体制的基础概念

这些研究极大地拓展了对试验治理内在机制的理解，也对试验治理机制的选择进行了一些条件上的辨析。但是，这些研究面临的基础问题在于以下几个。第一，模糊了机制和模式的概念。这种模糊主要源于分析单位的不一致。简单来说，试验治理最为核心的要素是通过试验进行治理，本质上是通过试验和政策学习来解决某些问题。事实上，在解决任何复杂的政策问题时，都需要调用非常多样化的政策供给。这就意味着，一旦需要从子系统的角度解决问题，中央和地方可能需要进行非常丰富和复杂的政策知识互动，才能实现对政策子系统的重构。单一的试对或者试错，甚至是因果组合漏斗等方式，都很难真正实现通过试验建构政策系统的目标。所以，实验体制必然是通过多种央地政策试验机制的组合式应用来实现政策系统的建构的，问题的关键是这些模式是什么。

第二，当下的研究特别注重政策子系统的单一属性，即目标模糊性程度和工具模糊性程度。这样的研究极大地拓展了实验体制的研究视野。但是，这样的研究忽视了大量的央地之间政策试验互动的其他变量和考量。事实上，仅仅用工具和目标两个维度完全无法有效地解释为什么某些政策可以在地方进行试验，而有的政策只能通过中央的控制性实验来进行。同样，为什么有的政策试验最终能被有效地扩散到其他地方政府，而有的政策即便有中央的背书和干预，最终也没能真正实现政策系统的重构。同样，既然目标和工具都是模糊的，为什么中央或者地方会有激励对其进行"组合漏斗"试验呢？既然具有如此强大的不确定性，为什么地方或者中央政府还会有政策激励呢？

这些缺陷意味着，我们需要将实验体制本身嵌入政策子系统之中，将其本身视为一个基础的问题解决的过程。① 此时，围绕政策子系统建构的问题解决的知识——包括政策知识的流动、整合、选择和扬弃的过程——是分析实验体制的基础假设。同时，政策子系统中的知识流动必然是嵌入中国的央地府际关系结构系统之中的，讨论特定的政策实验模式建构也需要将这一过程嵌入央地之间的府际系统之内。正是这两个基本预设建构了本章分析框架的基础。

二 基础的研究框架

本书将中国的政策实验体制纳入到了中国的府际关系系统之中。长久以来，不同于纯粹的政策创新或政策发明的研究，无论是所谓的地方实验室的研究、政策扩散的研究，还是政策"升级"的研究，都将试验治理的研究纳入到一个由府际关系——包括横向和纵向——结构所组成的政策系统之中。在特定的政策子系统之内，地方政府的试验可能以各种方式在整个政策系统之内流动。参与的主体及其扮演的角色、政策的流动方向和机制以及政策最终呈现的制度性状态，共同构成了实验体制的分析基础。此时，在特定的由多样化的政策主体组成的政策系统之内，不同的条件可能激发不同的主体以不同形式参与到政策试验体系的建构中，进而影响试验治理系统的建构模式、实验治理的政策体系的建构以及最终的试验治理结果。基于此，本书建构了一个分析实验体制运作的过程、模式以及影响其建构的因素的分析框架（见图6-1）。

在这一框架之中，如前所言，两个基础要素构成了理解实验体制的基础。要素一：在给定的政策子系统之内，央地之间政策知识的流动轨迹构成了实验模式的基础。在第二节的基础上，图6-2详细总结了核心的试验治理的过程和机制，即实现知识流动的路径以及潜在的条件。结合图6-1和图6-2，我们可以将一个地方政府的政策发明视为政策知识的起点。这个

---

① 我们承认问题本身具有建构性特征。意即，问题是什么，以及问题需要通过什么方式去解决，这本身是可以被建构的。本书认为，问题的建构是内嵌于央地互动的过程之中的。它既可能是一个外生的变量，也可能是一个内在的机制。同时，我们也认可实验本身可能作为一种获取合法性的工具而存在。事实上，试验或示范本质上就是为了实现中央政策的合法化。但是，无论如何，这个过程最终的目标仍然是建构一个问题解决系统，或者说政策系统，以实现特定的——也许是被建构的——政策目标。

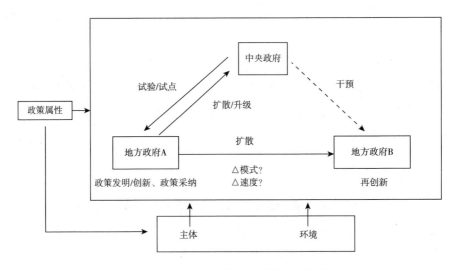

图 6-1　实验治理体制运作的分析框架

资料来源：作者自制。

知识可能经过漫长的旅程，最终可能"终止"于政策知识整合的任一阶段。例如，一个政策发明可能仅仅停留在发明的阶段；当然，一个政策发明可能最终纵向地进入中央政策之中，但不一定真正地产生实质性的横向政策影响。或者，一个政策实验最终可以在横向和纵向的系统中被不断地重构和再构。这说明，我们需要理清实验体制基础模式的多样性。

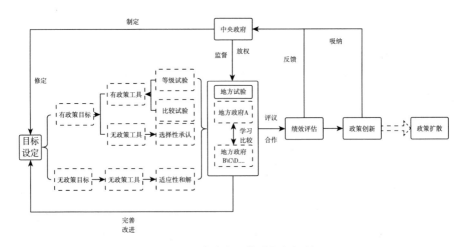

图 6-2　试验治理的过程和机制

资料来源：作者自制。

要素二，在政策子系统的层次，为什么有的政策创新最终可以实现"知识旅行"，沿着横向或者纵向的方向促进政策系统的建构，而有的政策创新却"止步于"地方政府？这个问题需要超越问题或工具本身的模糊性来探讨。本书认为，要回答这个问题，需要进一步分析政策子系统的属性，以及围绕特定的政策子系统所形成的央地关系结构，甚至是央地互动中的主体和机制。政策属性、央地结构、主体以及环境的变化构成了分析央地互动体制的基础变量。

三　多样化的试验模式

如前所言，不同于对实验治理机制的界定，本书认为，原有的研究由于概念间关系的复杂性，没有对试验治理模式和机制之间的关系进行区分，导致大量的试验治理内部的机制和模式的概念内卷。本书认为，要更为清晰地理解不同的实验治理的模式，需要通过如下两个核心的维度去梳理：地方政府和中央政府在政策试验中扮演的角色。

其中，给定地方政府作为知识生产者的角色，地方政府的"兜售"及其方向构成了地方政府角色的重要内容。地方政府的兜售可能是有意为之，也可能是无意之举；同时，地方政府的"兜售"可能包含两个方向。从横向来看，政策可能基于地方政府的"兜售"实现横向扩散，例如通过政策企业家；或者，其他地方政府基于学习、竞争或模仿等机制，进行政策的横向移植与扩散。从纵向来看，地方政府会寻求政策创新的纵向扩散，意图将自身的政策创新纳入中央政府的政策工具箱。从中央政府的角度来看，中央政府是否扮演了角色，以及是仅仅扮演了干预者——例如进行选择性控制，还是同时扮演了知识供给者，是理解试验模式的关键。在实验体制的运作过程中，中央政府可能并不扮演特定的角色，而仅仅是观望者，随时准备介入地方政府的试验。或者，中央政府可能扮演着干预者的角色，这意味着，虽然中央政府没有直接提供政策工具或政策目标，但是可能通过试验地方的选择、合法性的赋予以及选择性认可等方式，干预实验体制的运作。当然，中央政府也可能直接扮演政策知识供给者的角色，包括提供政策目标和政策工具，意图直接介入实验体制的运作过程。进一步，基于这两个维度，本章可以界定多样化的政策试验治理模式（见表6-1）。

表 6-1　多样化的政策试验治理模式

模式	地方政府的"兜售"			中央政府的角色		子模式
	无	横向扩散	纵向扩散	干预者	知识供给者	
政策发明	否	否	否	否	否	• 发明悬浮 • 政策内化
扩散式试验	是	否	否	否	否	• 制度化 • 创新悬浮 • 地方化驱异
政策升级	是	否	是	是	无关	• 政策采纳 • 选择性吸纳-建构
中央控制式试验	否	否	无关	是	是	• 试对 • 试错 • 对比试验
政策社群	否	否	是	无关	是	—
体制性试验	是	是	是	是	是	—

资料来源：作者自制。

　　基于这两个维度，可以获得五种政策创新模式。

　　模式一：政策发明，这也是最简单的试验模式。在政策发明中，地方政府基于自身问题解决的需求进行政策创新。他们不寻求这个政策创新的横向扩散，也不寻求中央政府的干预。在这个过程中，由于政策发明本身充满着不确定性，地方政府的政策发明可能因其结果是否内化到地方政府的治理过程，而产生两种子模式：发明悬浮和政策内化。

　　模式二：扩散式试验。在这一模式中，地方政府的政策发明被扩散到其他地方政府，但是，中央政府并没有扮演明确的角色，地方政府间在府际关系系统中进行主动的扩散式创新。在这个过程中，作为政策发明者的地方政府可能通过政策企业家作为政策知识和理念的"携带者"，将特定政策创新向其他地方政府"兜售"。更常见的情况是，其他地方政府可能基于学习、竞争或模仿效应，对某一地方政府的创新进行采纳。需要说明的是，地方政府创新在扩散的过程中可能存在多样化的结果。一个政府创新可能在其他地方政府得到很好的扩散，并内嵌到地方政府的治理实践中，实现了整体创新的扩散式制度化。或者，其他地方政府仅仅基于合法性的需求，在模仿的逻辑下仅仅"采纳"了创新，进而导致创新扩散的悬浮。还有一种可能，就是其他地方政府并不会成为忠实的"追随者"，而是会基于新的政策知识对其进行政策修正，实现地方化。最终，创新性政策和修正后的地方政策共同构成了创新政策系统。

模式三：政策升级。在这一模式之中，地方政府开展了一次政策创新之后，拥有非常强烈的动机将其进行纵向升级。在政策升级的过程中，中央政府至少需要扮演干预者的角色，即中央政府会响应地方政府的政策兜售。但是，中央政府可能用两种逻辑去应对这种政策兜售：中央政府要么仅仅认可地方政府的创新，并鼓励其他地方政府学习该创新；或者，将其吸纳到未来的政策工具之中，此时，我们可以将这种子模式界定为政策吸纳。中央政府也可能在纵向层面扮演更为积极的政策知识的参与者和供给者的角色。地方政府的政策创新可能被中央政府进行再整合和再吸纳，并以中央政府的行政命令的形式推广到其他地方政府，这种子模式可以称之为"选择性吸纳-建构"。

模式四：中央控制试验。在某些情况下，地方政府可能并非主动的政策实验发起者，而中央可能扮演着更为积极的角色。一般情况下，中央既可能扮演干预者的角色，也可能扮演积极的政策知识供给者的角色。此时，如前所言，根据中央政府是否有明确的目标或明确的工具，可以将政策试验的子模式划分为试对、试错以及对比试验。在这一过程中，随着试验的推进，中央政府可能还会进一步对试验结果进行选择性承认或建构性承认，然后再进一步推广。同时，这种试验可能还会被进一步组合和滚动使用，直到基本的政策系统得以建构。例如，中央可能采取多轮试点，以实现政策试验结果的明确化和更可控性。

模式五：政策社群。在某些条件下，中央政府，特别是某些条线部门，以及地方政府，可能是明确的知识供给者和参与者。在这一过程中，地方政府的政策试验并非自发；地方政府的试验本身就需要中央政府的参与。中央政府在这一过程中一般都会扮演积极的政策知识供给者的角色。本书将这种类型定义为政策社群：地方政府——既可能是单一的，也可能是一组地方政府——共同参与知识生产社区，共同定义问题，共同建构政策工具，以寻求对政策系统的建构和对政策问题的解决。

模式六：体制性试验。在试验体制中，最复杂的试验模式，本书直接将其定义为体制性试验。在体制性实验中，单一的地方政府、横向的地方政府之间、纵向的央地关系中的各级政府，以及中央政府，都扮演了非常积极的角色。在这一过程中，地方政府开展的试验在横向扩散的同时，也在寻求上级的认可。同时，中央政府在认可、选择和整合特定的政策试验知识——包括始发地政府以及其他地方政府的"调适"政策——的同时，自身也会参与选择性的控制性试验，并直接扮演知识生产者的角色。在这一模式之中，大量的试验机制被调用。这些机制在时间上的延展、在不同主体之间的多样化运用以及有序整合，构成了体制性实验的基础要素。

四 模式选择的条件

在实验体制之下，为什么会被建构出不同的试验模式？本书在政策子系统以及央地关系和府际关系系统的基础上，将核心变量置于两个层次：一是政策子系统的政策属性，二是在特定的政策子系统之中的央地关系结构。除此之外，一些不确定的因素也会影响实验过程、机制以及模式的选择，本书主要强调其中两个方面：主体和社会环境的变迁。

（一）政策属性

1. 政策系统的跨界性

不同于将政策本身的复杂性作为理解实验体制的基础，本书认为，政策系统本身的跨界性程度是分析试验模式的关键。所谓跨界性，是指特定政策领域本身是否具有强的跨界属性，这种跨界性主要体现在两个方面：跨地理区域的程度以及跨越子系统的程度。其中，政策系统的跨地理区域程度越高，地方政府作为单一的政策知识供给者的可能性就越低，中央政府进行整体的政策干预以及扮演政策知识供给者的必要性就越大。同样，政策系统的跨政策系统程度越高，意味着单一的地方政府进行知识供给的可能性越低，此时，中央政府的参与，无论是被动的还是主动的，都会变得更有必要。简单来说，不是所有的政策都能够被地方实验；大量的政策跨界程度太高，以至于地方政府可能没有能力、动力以及足够的空间进行政策实验和知识生产。

2. 政策的复杂性

目标的清晰性与模糊性。如前所言，政策的复杂性，特别是政策目标的模糊性程度以及政策工具的模糊性程度，是理解政策创新的基础。一定程度的模糊性可以被视为实验的必要条件。但是，无论是对于地方政府还是中央政府而言，目标模糊性和工具模糊性的上升都会提升中央和地方政府的介入程度。例如，对于地方政府来说，一旦目标是确定的，那么，一旦地方政府的工具实验被认为是有效的，横向的学习就越有可能出现。但是，如果地方的目标和工具的清晰性变低，那么，向上的目标附着就会变得必要；横向的目标-工具组合的差异化扩散也更有可能出现。同样，对于中央政府来说，目标的清晰意味着中央政府更有可能采取试错的方式进行。

3. 问题的新颖性

与政策复杂性高度相关的另一个维度是问题的新颖性。但是，不同于政策的复杂性，问题的新颖性的关键在于没有预先存在的政策子系统可供考量。在这一过程中，什么是合适的目标、谁是应该负责的主体（中央还是地方），以及是否存在特定的工具以及什么样的工具可以实现建构的政策目标等问题，可能都是不清晰的。在这种情况下，中央政府和地方政府都会有动机参与到政策问题的解决过程中。但是，他们会基于自己的职责、认知以及权力利益关系介入到实验过程中。最终的结果取决于非常复杂的地方政府之间以及央-地之间的互动过程。一般情况下，问题越新颖，且政策子系统的跨界性越强，实验体制越有可能被激活，以实现政策体系的重构。

（二）央地关系结构

1. 权力-利益兼容性

在特定的政策子系统之内，即便是基于学习的政策试验过程，也会产生基本的权力-责任分配以及利益关系的重构。在特定的政策子系统之内，无论是横向还是纵向的权力-利益兼容性，都会显著影响试验治理的走向。例如，从横向来看，在创新锦标赛中的地方政府之间，除非面对已经被证明了能够提升地方政府治理绩效的工具，否则，在中国的体制之下，其他地方政府极少有动机主动采纳其他地方政府在福利供给、社会治理等方面的创新。同样，从纵向来看，很多类型的创新都与更多的资源、更大的空间等相关。在这种情况下，由于最终的权力和激励分配结果是清晰的，中央政府可能缺乏足够的动机真正介入政策创新的过程。此时，地方政府的兜售努力以及中央政府的回应，就构成了试验模式运作的基础。

2. 注意力匹配

央地关系的第二个维度是中央政府和地方政府之间注意力匹配的一致性程度。事实上，央地之间的职责划分本就与央地之间对于特定问题的注意力有关。对于那些地方政府之间激励结构不兼容的政策创新，要获得充分的合法性，必然需要对其进行纵向的注意力管理。此时，地方政府的政策创新——无论是目标还是工具——是否能够与中央政府的关注具有一致性，就会显著影响中央政府的介入程度以及介入的方式。例如，对于某些社会治理创新来说，由于其资源的投入、工具的建构等足够清晰，其他地方政府缺乏动力去主动采纳特定地方政府的模式。但是，地方政府是否能将特定的创新与中央政府的注意力关切，如枫桥经验，进行对齐，最终会成为影响中央政府是否认可、干预，甚至是直接扮演政策供给者角色的关键。

（三）环境因素

1. 政策企业家

几乎所有的实验体制运作的过程中都会存在政策企业家的作用，那些愿意投入资源、承担风险以实现政策目标的主体，可能成为影响实验模式能否运转的关键条件。从横向上看，对于某些理念型的政策创新来说，即便其他地方政府没有动机主动采纳，但是，政策企业家的"兜售"，以及基于横的政策企业家作为载体的知识流动，都是促成政策横向扩散的关键因素。同样，从纵向上看，对于某些中央政府可能没有动机认可的政策，纵向上的政策企业家可能重构创新的理念，将政策创新附着在中央政府关注的议程上，从而实现中央政府的介入。所以，在实验体制的运作过程中，政策企业家的出现、它们的位置以及他们的策略会对不同的政策试验模式产生影响。

2. 社会环境的变迁

社会环境的变迁也会对政策创新的模式选择产生影响，尽管它是一个相对稳定的变量。一方面，社会环境变迁的速度会影响问题出现的方式，从而影响中央和地方政府的注意力分配方式。对于那些渐进的社会环境变迁而言，什么是问题以及什么时候是解决问题的时机，这本身就是需要建构的。另一方面，焦点事件也会对试验模式的选择产生影响。无论是对地方还是对中央，焦点事件以及围绕焦点事件的建构、解释和利益的动员都是影响试验模式运作的关键。例如，环境治理的焦点事件可能是地方性的，但也可能是全国性的；这会显著影响实验参与的主体、中央政府的介入程度以及最终试验模式的选择。

五　小结

通过将政策实验体制纳入政策子系统以及央地关系的结构之中，本书建构了一个基础的分析试验模式框架，用以理解政策试验模式的多样性、内在过程的复杂性以及选择的原因和条件。需要说明的是，本书在变量选择上可能并未穷尽所有重要的影响因素。本书将这一框架视为分析试验模式的一种尝试，旨在实现对当下有关政策试验的研究进行整合、拓展并具有累积性的探讨。

第三节　中国试验治理的模式

中央政府与地方政府间的互动关系一直是学者研究中国政策试验的基础性理论视角。央地互动被视为影响政策试验的关键性外生变量。政策试验根植于中国复杂的纵横交错的府际关系之中，其试验过程的多个方面都受到两者关系的结构性约束和动态变化的制约。从央地关系的角度出发，学者们在研究中国政策试验时，常依据中央政府在试验中的集权程度和地方政府的自主性来进行衡量。尽管在政策试验的不同阶段，中央与地方政府的影响力可能有所不同，但学者普遍认为，从过程视角来看，政策试验揭示了中央政府与地方政府间的有效互动。

政策试验之所以能够在中国持续推动政策创新，关键在于中央与地方政府在试点过程中能够实现合理的职能分配和协调合作。这种分工不仅体现了两者在政策制定和执行中的互补性，也反映了在推进政策创新和实践方面的相互依赖性。通过央地间的有效互动，政策试验成为连接中央宏观指导与地方微观实践的桥梁，促进了创新政策的优化与实践效果的提升。需要说明的是，地方政府的政策创新是所有政策试验体制得以运作的起点，也是最简单的模式，本书不准备对这一模式的具体运作和条件进行深入的拆解。因此，本书基于"中央控制权"与"地方自主权"的两个概念，对中国试验治理的模式进行探讨，并归纳出 5 种政策试验模式。

一 模式一：扩散式试验

在该模式下，中央政府扮演着选择控制者或旁观者的角色，地方政府则扮演主动创新者的角色。整个模式呈现强烈的地方政府主导特征，地方政府受到解决现实发展困境或实现未来发展愿景的驱动，自主地启动创新型探索实践，此时政策目标多是明确的，但政策工具是模糊的。地方政府是寻求解决问题的创新性方案和程序的主体，中央政府在此过程中多采取默许态度，较少给予明确支持。这种默许态度或许可以理解为一种观望，即在利益冲突较多且改革结果可控性较低的情况下，中央政府不明确地表示支持或反对。当某地自主试验取得一定成效后，与之有相似问题的其余地方政府，会通过学习、模仿等方式引入该创新政策。随着成功经验的逐渐增加，横向扩散会呈现显著增加的趋势。

（一）案例分析：河长制的早期扩散

本书选择河长制自主创新横向扩散的阶段，即早期的扩散阶段，作为分析扩散式创新的样本。2007 年的太湖蓝藻事件导致水质严重恶化；在社会公众的强大压力下，无锡市痛定思痛，首创性地开始实施河长制，并取得了良好的政策效果，辖区内水质得到显著改善。2008 年，江苏发布《关于在太湖主要入湖河流实行双河长制的通知》，进一步将河长制推广到整个太湖流域，并开始在 15 条重要入湖河道实行"双河长制"，即省厅级官员与河流所在地政府官员共同负责的制度。2010 年 12 月 17 日，《江苏省水利厅关于建立"河长制"的实施办法》正式颁布，这是我国第一个省级层面的河长制行动方案，江苏省的政策实践探索出了一种有利于充分发挥地方党委、政府积极性和责任心，实现省内部门联动的治水新模式。该阶段是水污染问题逐步加剧并集中爆发的时期，它倒逼地方政府进行政策创新，也是整个政策横向扩散过程的准备时期。

无锡经过不懈努力，于 2011～2012 年实现了主要饮用水源地水质达标率 100% 的目标。在良好政策效果的推动下，2013 年 1 月，天津市出台《关于实行河道水生态环境管理地方行政领导负责制的意见》，任命地方行政领导为河长；同年 11 月，浙江省出台《关于全面实施"河长制"进一步加强水环境治理工作的意见》，开始实施河长制，力求实现"五水共治"。之后的两年间，福建、江西、安徽等省份也陆续跟进，率先作为政策试点推行河长制，政策扩散的趋势在这一时期开始逐渐显现出来。

2011～2012年，该政策的横向扩散一直没有发生。究其原因：一方面，河长制的政策取向及政策效果尚待逐步明晰，政策内容与框架也亟待确立、修订及完善，缺乏一个完整而成熟的政策体系；另一方面，其他省份及地区进行政策学习与借鉴，并根据地方实际情况做出调整是一个长期的动态发展过程，需要持续的投入，而非短期内可以实现的事情。

（二）条件描述

地方政府在问题驱动和舆论压力的双重作用下，开始积极探索并实施河长制。以无锡市为例，该市在推行河长制后，邻近的苏州和淮安市分别在2008年和2009年迅速跟进，也实施了这一制度。这种任务驱动主要源自外部压力，包括上级行政指令的推动和社会公众舆论的监督，以及我国公共政策领域普遍存在的"互相看齐"的隐性竞争。

一方面，不同地方政府，尤其是地理位置相近的地区之间，存在绩效竞争，政策创新成为其竞争的重要内容。政府可以通过采纳创新政策来获得竞争优势或避免劣势。另一方面，地方政府行政领导面临政绩考核的压力。我国多年前已将环境治理情况纳入官员政绩考核体系，并实行"一票否决制"，这在政策制定和实施过程中，成为激励政策竞争的重要因素。这些独特的压力型政策环境在客观上推动了河长制的扩散。随着越来越多的地方政府实施河长制并取得良好成效，政策的横向扩散将通过学习、模仿和竞争等机制发生，进一步推动河长制的完善和发展。具体来说，地方政府在面临环境治理等紧迫问题时，会主动寻求有效的解决方案。在河长制取得一定成效后，其他地方政府会通过观察、学习和模仿，将这一制度引入本地实践。同时，地方政府之间也会通过竞争机制，争相实施河长制，以提高自身的环境治理水平和政绩表现。

此外，舆论监督和公众参与也为河长制的推广提供了外部动力。媒体的关注和报道，以及公众的呼声和期望，都会对地方政府形成压力，促使其采取行动。在这种压力和动力的共同作用下，河长制得以在更广泛的地区实施和推广。总之，地方政府在问题驱动和舆论压力的条件下，通过任务驱动、绩效竞争、政绩考核等机制，积极探索并实施了河长制。

二 模式二：等级制试验

该模式下，中央政府扮演着设计者、主导者或推广者的角色，地方政府则扮演执行者的角色。中央基于内生需求或外部压力，主动发起或认可地方政策试验。此时，政策试验的目标与工具均清晰明确，已形成具体的政策草案，用以有针对性地验证某一政策假设。在试验中，中央拥有垂直指挥权、干部任免权等，或通过授权、命令、指导、干预等手段直接介入地方试验运作；或基于观察、旁观的立场，通过政治动员、晋升激励等方式控制试验的范围、方向、时机、速度和形式，以激发地方政府的创新热情，并在适当的时候对地方政府的越轨行为进行矫正。在这种模式下，若地方政策试验绩效良好，且与中央关切契合程度较高，那么地方经验就会自下而上地被吸纳和学习，进而由中央主导在全国大范围推广。

（一）案例分析：后期的河长制的全国扩散

为了更好地理解政策扩散模式作为政策子系统的特征，本书继续选择河长制作为研究案例。河长制不仅是我国水治理领域的代表性成果，同时也是生态环境管理政策领域的一项重要政策创新。河长制的发展经历了两个过程：地方创新-横向扩散以及国家吸纳-纵向推广，其案例特征兼具特殊性和普遍性，且具有显著的代表性。本节仅以国家吸纳-纵向推广阶段作为案例。诸多研究将河长制的扩散视为"爆发式扩散"的案例，但事实上，对于中国的政策扩散而言，政策在不同阶段所遵循的扩散逻辑存在显著差异。在不同的阶段，中央政府和地方政府作为知识生产者和干预者的角色是不同的。这些差异可以有效地区分特定政策扩散模式被建构的过程和逻辑。

河长制，是由各级党政主要领导担任"河长"，负责综合管理、统筹实施辖区内的河湖保护与治理工作，并将其纳入年度绩效考核的水环境治理制度。河长制从地方创新到国家行动主要分为三个阶段。

第一，政策初创期（2007 年）。2007 年 5 月，太湖蓝藻暴发引发了严重的水危机。8 月，无锡市印发《无锡市河（湖、库、荡、汊）断面水质控制目标及考核办法（试行）》，将河湖治理结果和党政首长政绩考核直接挂钩，由此很快实现了水质改善。第二，地方扩散期（2008~2015年）：2008年，由于河长制治理成效显著，江苏在全省推行河长制。随后，河长制逐渐扩散至浙江、天津、云南、河北等地，形成了丰富的地方实践经验。第三，全国推广期（2016~2018年）：2016年12月11日，中共中央办公厅、国务院办公厅印发《关于全面推行河长制的意见》（以下简称《意见》），河长制从局部的地方政策创新开始进入全国推广阶段。截至2018年6月底，全国31个省（自治区、直辖市）已全面建立河长制。其中，第三个时期具有明显的等级制试验特点。

到2016年，已有90个城市采纳"河长制"这一河道治理创新经验，涉及22个省级行政单位。另外，从政府门户网站了解到，湖南省、山西省、甘肃省、吉林省和重庆市这4省1市也频繁组织地方涉水职能部门领导干部前往江苏、浙江、天津等地考察学习"河长制"创新的先进经验，并积极筹备出台本地的"河长制"实施方案。除港澳台外，在西藏、新疆、宁夏和内蒙古的政府门户网站上，未检索到关于"河长制"的相关信息。至此，"河长制"已经形成全国扩散的态势。其实，太湖污染问题早已成为国家水污染防治的重点，但经过十余年的治理，效果依然不理想。2007年太湖蓝藻污染事件的暴发也证明，此前的工程治污等手段并没能有效改善当地的水环境质量。民众日益增长的不满情绪促使中央政府采纳了河长制这一举措。

然而，这一结构性需求仅为中央最终认可河长制提供了必要条件。中央政府最终决定采纳这一治水制度的充分条件，是河长制治理蓝藻事件的实际效果及其被地方政府广为接受的现实。最终，为分散执政风险、确保民众的正常生活，在河长制历经了近十年的水平扩散之后，2016年10月召开的中央全面深化改革领导小组会议审议通过了《意见》，该《意见》于同年12月正式印发。《意见》开宗明义地指出，全面推行河长制是我国维护河湖健康生命的有效举措，是完善水治理体系保障国家水安全的制度创新。自此，河长制被中央政府成功吸纳。根据政策扩散理论，中央政府可通过激励或强制手段推进政策扩散，在这一时期，行政指令的高位推动成为河长制迅速扩散的重要原因。随着2017年初《水利部全面推行河长制工作督导检查制度》等相关督查措施的出台以及时任总理李克强在政府工作报告中的相关要求，各省份开始加快全面推行河长制各项工作的步伐，具体的行动方案在 2017 年底之前全部出台。2018 年 7 月，时任水利部部长在署名文章中指出，31 个省（自治区、直辖市）提前半年完成任务，已全部建立河长制。至此，在中央的号召和要求下，河长制的"最后一公里"得以打通。中央政府以立法的形式保障河长制在全国推行。

（二）条件描述

地方政策创新进入国家议程，本质是中央政府对地方政策创新的选择过程，而政策属性在中间扮演着重要角色。不同于第一阶段河长制的横向自主扩散，在第二阶段，河长制之所以能够进入国家议程，是因为其内在蕴含了"价值可接受性"与"技术可行性"的政策属性，使其政策方案更大程度地适应了国家环境治理的制度环境和治理需求。此时，中央政府的注意力转型和分配，是"河长制"在沉寂了两年之后被中央"重新"发现，并被建构为环境治理"利器"的基础。在看到河长制的成效后，中央认定该政策具有很大的推广价值，水利部等部门进行统筹融合，明确目标、内容、工具，形成更为成熟的政策方案，提交至中央最高决策层，再自上而下向全国推广。

具体来讲，政府对于不同创新政策属性的认识与侧重，是"形塑"政策扩散过程及其动态性的关键。不同的侧重会影响政策扩散的速度、范围，甚至导致政策内容发生变化。政策价值的可接受性是地方政策创新能够进入国家议程的首要条件。形成政策共同体内的共识对于设定政策议程至关重要，这直接影响政策创新的实施和政策经验的学习推广。如果备选政策方案与高层决策者的政治理念和需求相吻合，那么这些方案就有很大可能性被纳入国家议程。

中国的政治社会结构的超稳定性，决定了国家对于政策连贯性具有较高的要求。河长制的政策设计恰好适应了这一要求，且具有明显的政策路径依赖和渐进式调整的特征。各地河长制的创新实践，向中央证明了这一政策方案的技术可行性，并成功地引起了中央环保部门和最高领导层的注意，满足了上层对于环境治理的需求，降低了其进入国家议程的阻碍。当河长制上升为国家议程后，水利部等中央部门统筹融合，明确目标、内容、工具，形成更为成熟的政策方案，提交至中央最高决策层，再自上而下向全国推广。

三　模式三：政策升级

从议程设定方式来看，地方政府为解决某一问题而主动发起改革试验，其良好的试验成效在获得上级部门认可后，会经过层层向上推送，并最终由中央给予合法性认可，促成试验经验在全国范围内推广。在政策试验阶段，中央的干预相对较弱，这为地方提供了较为充足的行为策略空间。当基层试验取得一定的成功后，当地政府的关注及认可助推了基层创新的进一步优化提质，并帮助政策创新克服科层制的层级阻碍，上升为中央政策，实现全面政策扩散。

（一）案例分析：河北省 K 县互助幸福院

本书选取河北省某地农村互助幸福院这一基层政府创新为案例，该案例展现了一项基层政府创新上升为国家政策的全过程。

河北省 K 县位于河北省坝上高原最西北部，县域地广人稀、气候条件恶劣，是国家级扶贫开发重点县。由于城镇化进程加快以及自然环境恶劣，该县的农村青壮年劳动力几乎全部离乡务工，导致农村人口流失严重，农村空心化、人口老龄化、家庭空巢化的"三化"现象十分突出。农村留守老人在住房、医疗等方面无法得到充分保障，农村养老问题已成为该县的重要民生问题，也制约了当地脱贫攻坚的推进。2013 年，该县某村村支书兼村医在一次凌晨出诊后，对村中留守老人无人照顾的生活困境感触颇深，萌生了集中老人进行互助养老的想法。在镇党委书记的帮助和支持下，他带领某村村民探索了农村互助幸福院这一新型农村养老模式：资金源于村里的危房改造专项资金，村集体提供集中住宿房屋，老人们带着自己的生活用品入住，统一居住，互相帮助，建成了当地第一家农村互助幸福院。这种模式在基层领导日常走访中被发现，并立即得到该县政府的认可，随后该村被确定为试点。自 2013 年起，该县不断尝试并总结经验，形成了"乡镇集中共建、政府部门协作、社会力量参与"的农村互助幸福院新型互助养老模式。2018 年 10 月，河北省民政厅印发了《河北省农村互助养老幸福院管理办法（试行）》，此模式在河北省全省范围内得到推广。2021 年 11 月，《中共中央 国务院关于加强新时代老龄工作的意见》提出，鼓励以村级邻里互助点、农村幸福院为依托发展互助式养老服务。该县农村互助幸福院模式被写入国家政策文本，并在全国范围内推广。

（二）条件描述

政府注意力"对齐"是解释基层创新上升的重要动力机制。各级政府注意力是府际互动的产物。在科层体系内，地方政府具有唯上负责的特征，其行为需要经过上级政府的授权。在科层体系内，地方政府在进行政策创新时，一方面要尽量争取上级政府的认可，以避免创新过程中的不确定性风险；另一方面还要积极创新，努力发展经济，提升社会福祉，进而实现政治晋升的目标。这些都离不开上级政府持续投入的人力、资源和注意力等，以实现地方创新上升为国家创新的目标。

基层政府创新在初期阶段所面临的挑战和机遇，是一个复杂而微妙的过程。首先，由于缺乏"合法性"，基层政府在进行改革时必须在现有的制度框架内谨慎行事。这种创新往往是试探性的，因为基层政府需要规避可能因创新而产生的政治风险。因此，选择在小范围内进行试点，成为基层政府理性的选择。这样做既能测试政策的有效性，又能避免在更大范围内出现政策失败所带来的负面影响。在试点过程中，地方政府会积累经验，并形成经验总结材料。这些材料不仅记录了创新过程中的得失，也是向上级政府汇报工作成果的重要依据。通过这些汇报，基层政府希望能够吸引上级政府的注意，并获得认可。这种认可不仅是对创新本身合法性的支持，也是对基层政府政绩和治理能力的一种肯定。一旦试点项目得到了上级政府的关注和肯定，基层政府的创新就更有可能持续下去，并得到进一步的推广。上级政府的授权和支持为基层政府提供了更多的资源和政策空间，使其能够更大胆地进行创新实践。然而，如果试点项目虽然有效，但未能引起上级政府的关注，那么这些创新可能会被忽略，甚至逐渐淡化。当基层创新项目得到上级政府的认可后，这种认可往往会转化为一种制度上的压力，促使下级政府更加重视这项创新。这种压力可能通过政策指导、资金支持、人员培训等多种方式体现出来，从而推动下级政府将更多的注意力和资源投入到创新项目中。这种资源的投入和注意力的集中，有助于基层创新模式的完善和发展。基层政府可以利用这些资源来解决在创新过程中遇到的问题，优化政策设计，提高执行效率，增强政策的适应性和有效性。同时，这种制度压力也促使基层政府在创新实践中不断学习和总结经验，形成更为成熟的工作机制和操作流程。

随着创新模式的不断完善，基层政府的创新能力也会得到提升。这种提升不仅体现在政策执行层面，也体现在政策制定和问题解决等方面。基层政府能够更好地理解民众需求，更有效地解决社会问题，更积极地探索适合本地实际情况的发展路径。此外，上级政府的注意力和支持还有助于形成一种正向激励机制。当基层政府的创新项目得到认可和推广时，这不仅能够提升基层政府的声誉和影响力，也能够激发其他地区和部门的创新热情，形成一种良性的竞争和学习氛围。

四 模式四：中央的控制性试验

在该模式下，中央政府扮演着改革赋权者和选择控制者的角色，地方政府则扮演着改革探索者的角色，两者之间保持着持续的互动关系。此时，政策目标明确，政策工具模糊。在该模式下，中央始终是政策试验的主导者。国家作为权威性的改革赋权者，通过中央与地方的持续互动赋予地方充足的行为策略空间，其初衷在于鼓励地方在高度异质性的政策环境和复杂利益关系中生成符合地方情境的改革策略。改革情境的高异质性使得国家难以单纯依靠强行政指令推进改革。在国家的"背书"与试点有效性的可观测基础上，其他地方政府或机构为追求组织合法性，往往会出于规范性压力，自发地采取与试点相同的规范或惯例，从而推动改革的有序扩散。在此过程中，试点方案在不同情境中的可迁移性是其扩散的约束条件。

（一）案例分析：新高考改革

本模式以新高考改革为案例。2014年9月，国务院出台了《国务院关于深化考试招生制度改革的实施意见》，其中要求各省份积极探索新高考综合改革，并要求上海市、浙江省于2014年分别制定并颁布高考综合改革试点方案。随后，两地在当月便出台了本地试点方案。

新高考改革采用了分批次审慎推进的方式，整个过程可以分为五个阶段：第一，试点阶段，首批由浙江和上海于2014年开始实施，2017年落地；第二，扩大试点阶段，第二批由北京、天津、山东、海南4省份于2017年开始实施，2020年落地；第三，规模化推进阶段，第三批由河北、辽宁、江苏、福建、湖北、湖南、广东、重庆 8 省份于 2018 年开始实施，2021 年落地；第四，全面实施阶段，第四批由黑龙江、甘肃、吉林、安徽、江西、贵州、广西 7 省份于 2021 年开始实施，2024 年落地；第五，全面落地阶段，第五批由河南、陕西、山西、四川、云南、宁夏、青海、内蒙古 8 省份于 2022 年开始实施，预计 2025 年落地。整个高考改革呈现自上而下垂直政策扩散的模式。

（二）条件描述

在政策试验的过程中，无论是在试点的起始阶段还是扩散阶段，中央政府的信号和经济因素都持续发挥着重要作用。这种影响是多方面的，涉及政策试验的各个环节。中央政府的信号对地方政府的行为具有指导和激励作用。中央政府通过发布政策指示、提供资金支持或进行政策宣传等方式，影响地方政府的政策选择和执行力度。这种信号的传递不仅能够为地方政府指明方向，还能在一定程度上减少地方政府在政策执行过程中的不确定性和风险。然而，在利益群体关系复杂的背景下，政策试验可能会面临诸多困难，这些困难都要求政策制定者和执行者在推进试验的同时，充分考虑到各方面的利益平衡和风险控制。

但是，如果政策试验过于注重速度和幅度，而忽视了新旧政策之间的协调和过渡，可能会引发一系列政策风险。这些风险可能包括政策试验的阻力增加、社会不满情绪上升，甚至导致政策效果适得其反。因此，府际利益协调和政府间的政策学习变得尤为重要。

政府不同层级或部门之间通过沟通和协商，达成共识，协调各自的政策目标和行动，以实现政策的整体效果。这不仅需要地方政府之间的合作，也需要中央政府的协调和指导。而各级政府通过观察和借鉴其他地区或部门的成功经验，不断优化和改进自身的政策实践。这种学习不仅能够提高政策的适应性和有效性，还能够促进政策创新和经验传播。

政策试验是一个复杂且动态的过程，需要中央和地方政府之间的密切合作，以及对经济和社会因素的深入理解和有效应对。通过有效的府际协调和政策学习，可以推动政策试验的顺利进行，更好地实现政策目标的最大化。

五 模式五：体制性试验

在该模式下，中央在政策试验中扮演主导者、改革设计者的角色，地方则扮演执行者和创新者的角色。与模式一不同的是，一方面，该模式中的政策工具与政策目标均呈现模糊性的特点；另一方面，在政策知识的流动过程中，无论是地方政府还是中央政府，都在积极地扮演知识生产者的角色。中央主导自上而下地启动政策改革，主要目的在于探明改革方法的实现机制，以便采用"由点到面"的方式稳妥地推进改革。在这一过程中，地方政府之间的政策互动和交流提升了政策知识系统的完备性；而中央政府对政策知识的选择性干预和整合，则构成了政策系统建构的基础性要素。最终，扩散的、横向的政策系统，以及经由中央政府生产、选择、建构和整合之后的政策系统，被整合在一起，从而实现了对特定政策问题治理系统的重构。

（一）案例分析：大数据政策系统的建构

该模式选取大数据政策作为研究对象。大数据政策的发展经历了三个阶段。

第一阶段（2006~2012年）。在该阶段，仅有广东、陕西两省份出台了大数据的行动方案。这两个省份在此期间发生了一系列与大数据政策制定相关的铺垫性事件。此阶段，大数据政策受产业发展驱动因素的影响较大，决策者偏好发挥关键作用，竞争机制为主导，且政策的内生驱动力较强。

第二阶段（2013~2014年）。大数据政策的采纳为领先者带来了收益，比如大数据战略引发了上级政府、企业与社会公众的关注与认可，这提升了跟随者的积极性，使他们开始有意识地主动借助外部网络向领先者借鉴政策经验。府际学习与会议交流等活动发挥了重要作用，如大数据高峰论坛、中关村大数据产业联盟、京津冀大数据产业联盟等。中央开始关注大数据政策，陆续出台了一系列相关政策，自上而下地释放了积极信号，鼓励更多地方实施大数据战略。同时，在关注到大数据政策的效益后，中央开始"自上而下"地吸纳地方政府在大数据政策方面的创新经验，利用"过滤机制"筛选学习对象，将大数据政策发展提升到国家层面。一些地区在接收到中央信号后，陆续开始出台大数据政策及相关配套措施。

第三阶段（2015～2019 年）。2015 年 8 月，国务院出台《促进大数据发展行动纲要》，彰显出中央政府对大数据的高度重视，同时也从政策层面确认了大数据发展的合法性。同年 11 月，中共中央出台《关于制定国民经济和社会发展第十三个五年规划的建议》，明确提出实施国家大数据战略，再度对大数据的发展予以高度肯定与大力支持。有了国家层面的政策支持，地方政府开始积极采纳大数据政策。当年，青海、甘肃等省份便出台了大数据政策文件。次年，大数据政策扩散进入高潮期，北京、江苏等省份加入了采纳阵营。截至 2016 年底，大数据政策的累计采纳省份数达到 23 个，占全国总省份数的七成多。2016 年 12 月，工信部印发《大数据产业发展规划（2016-2020 年）》，这是继国务院出台大数据政策后，中央层面又一次重要的政策行动，持续增强了大数据政策的权威性。2017 年，天津、山西、西藏等省份加入了大数据政策的采纳行列。随后，湖南在 2019 年采纳了大数据政策。至此，大数据政策基本在全国范围内扩散开来。

（二）条件描述

大数据政策的创新扩散是一个持续演化的渐进式政策变迁过程，它在时间上呈现典型的 S 形扩散趋势，但在空间分布上并未显示出邻近扩散的特征。在前期，政策的复杂性和系统性提升了扩散的门槛，使得政策的地理分布呈现零星而非连续的特点。大数据政策的扩散受到产业发展的显著影响，其中，决策者的偏好发挥了关键作用，而竞争机制则成为主导。在信息技术快速发展的背景下，为了在产业竞争中获得优势，一些地区积极探索适应新技术发展的政策支持体系，力求实现快速的产业升级。决策者们将大数据视为一个宝贵的发展机遇，制定大数据战略成为一种有意识的"投资行为"。

随着政策的逐步推广，地方政府间的相互竞争成为推动政策创新扩散的主要动力，政策采纳者的行为选择主要由效率逻辑主导。产业发展带来了政策知识和技术的积累，同时也产生了"知识外溢"效应，这种外溢效应进一步提升了政策创新扩散的积极性，使得该阶段内政策的内生驱动力达到最强。

然而，随着强制机制的持续增强，模仿机制开始取代学习机制成为主导。中央政府通过发挥学习机制的"过滤作用"，吸纳各地的成功经验，汇总形成最佳方案，并推动政策在全国范围内的扩散。在这一阶段，效率逻辑让位于政绩合法性的需要，这种需要主要来自被上级认可和支持的价值追求，以及来自同级政府政策趋同行为所带来的压力感知。此时，政策模仿成为获取政绩合法性的策略选择。随着模仿成为主导，知识积累和技术创新的速度逐渐放缓，"外溢效应"所带来的红利不断减弱，政策的内生驱动力降至最低点。这一变化反映了政策扩散过程中从创新驱动向模仿驱动的转变，以及中央与地方在政策创新扩散中的互动关系。

结　语

作为一种颇具中国特色的政策安排，试验治理在中国治理体系建构的过程中扮演着非常重要的角色。中国的试验治理是一个动态发展的过程，它不断适应国家治理的需要。一旦面临模糊和不确定的政策问题，就可能启动实验治理。通过不断地试验和改进，以提高政策的科学性和有效性。在实验治理的过程中，中国特色政策试验逐渐在实践中演化形成一种制度安排：通过局部地区开展试点——这既可以是中央的选择，也可以是地方主动的发明；再通过高频度的政府间互动——这既包括横向的府际互动，也包括纵向的政府间互动；进而中央可以从地方经验中持续提炼概念性知识，整合形成系统性认知，并运用新的认知改进政策安排，提升公共治理的适应能力（杨宏山、周昕宇，2021）。

但是，当下有关中国政策试验治理的研究主要依赖于单案例或者比较案例分析方法，从而"累积"了大量关于试验得以展开的过程和机制的概念系统。遗憾的是，这些概念没有被很好地整合到更为统一的分析框架之中，导致这些概念之间失去了累积性，也极大地弱化了中国式试验治理模式在政策知识中的累积效应。特别是，忽视政策子系统作为基本的分析单位，极大地影响了更为动态、灵活地分析中国试验过程的可能性。

本章认为，在政策子系统的基础上，需要从实验体制的角度去理解中国的政策实验过程。实验体制能够将中国的政策试验更好地嵌入中国的体制性环境之中，便于理解其展开的逻辑。同时，对实验体制的研究也很好地分析和验证了试验最终呈现的体制性结果。在此基础上，地方的知识生产——包括政策发明、主动的政策扩散以及向上的政策"兜售"，还有中央的政策角色——包括政策干预、知识生产，都可以在特定的政策子系统和特定的治理体制之内展开。这为分析试验治理过程模式的多样性，以及影响模式建构的条件奠定了重要的分析基础。在此基础上，通过对政策子系统以及制度环境的描述，我们可以有效地理解实验治理模式被选择的因素。

需要说明的是，本书仅仅意图呈现该理论框架可能的使用方向和潜力。本章虽然梳理了不同的治理模式，也用案例对不同的模式进行了分析和展现，但是，获得确证性模式及其条件的因果解释并不是本书的目标。本书认为，"政策试验"作为中国公共政策过程中的特定名词和特有话语，体现着中国特有的政策系统建构的逻辑与治理之道，充当着"过渡区"和"缓冲区"的角色，并实现了政策制定与执行的有效衔接，是政策过程理论中的中国模式和中国经验。本书主张，沿着本章提出的理论框架对多样化的模式进行进一步的经验清理，并对不同模式产生的条件以及起作用的机制进行进一步理论追踪，是未来推进中国试验治理研究的基础和关键。中国以试验为内核的政策过程，对重新定义整个政策过程理论框架起到了实质性作用。通过对"政策试验"实践的持续追踪并提炼理论，在此基础上构建具有中国特色的政策过程分析框架和理论体系，不仅能为我们提供深入了解中国公共政策过程的机会，也将提升中国政策实践对理论的贡献度，并有利于推动政策过程理论的持续进步（周望，2011）。

第七章　政策过程中的中央与地方

引　言

在中国的政策过程中，中央政府与地方政府是整体意义上最重要的两个政策主体，中央与地方之间的关系也是尝试理解中国一统体制与有效治理之间持久矛盾的重要视角。大量的学者都对中央与地方之间的关系进行了研究，梳理了中央与地方在不同的政策过程中所发挥的作用以及两个主体间的互动关系；此外，大量的经典文献也对中央与地方的整体关系进行了探讨，提出了诸多具有启发性的概念、机制和模式。然而，中央政府与地方政府的多样角色和多种互动机制都散落在各种政策过程的具体研究之中，缺乏一个系统性的框架来分析中央与地方间多种甚至冲突的角色和机制何以同时存在，又如何相互发生作用。

总体来看，在当下对中国政策过程的研究中，有两个问题值得反思。一方面，对中国政策过程的切割，即将政策过程划分为类似于社会问题的界定、议程设定等独立的阶段，导致对中国的政策过程中议程设定、决策、扩散以及执行等的研究几乎是独立进行的。这样的割裂，即便在西方国家，其理论适应性都存在巨大的困境；而对于中国的政策过程而言，则面临更大的挑战（薛澜、赵静，2017）。特别是在中国的政策过程中，中央政府和地方政府的互动是非常紧密和复杂的。这也意味着，阶段启发性模型面临着巨大的挑战。另一方面，对中国政策过程的研究，往往以单一的"政策模式"为基础，忽略了不同类型的政策可能具备的政策模式多样性。[①] 但是，通过单一政策过程所获得的政策模型可能不能完全解释不同政策属性

[①]　例如议程设置研究中的多样性（王绍光，2006）。

下多样性政策系统的建构，以及在建构过程中中央政府和地方政府所扮演的多样化角色、身份，还有它们的互动过程和互动机制。

本章认为，要理解中央政府与地方政府在不同政策过程中扮演的迥异角色、形成的互动机制与模式，需要在政策子系统的层次上，围绕具体的政策任务属性展开分析。本质上而言，中央与地方构成了一个以问题为导向的整体性政策系统和问题解决系统，两者间的互动关系和模式体现的是针对具体任务和情境尝试选择有效治理策略的过程。因此，本章旨在通过对现有关于中央-地方互动的研究成果进行梳理，建构一个整体性的分析框架，以便更好地解释央地互动的不同机制与模式。

本章将沿着以下框架展开。首先，本章将对中央-地方互动的多种视角进行回顾和基础梳理，明确当下央地互动的诸多讨论。其次，本章集中对中央-地方互动的机制与模式进行了再归纳与再分类，并以任务属性为基础展开讨论可能的影响因素。再次，依据归纳出的因素、机制与模式，本章尝试性地构建了一个"任务-机制-模式"的整体框架，并对任务属性如何影响机制组合与互动模式进行了基础性的论证。最后，对本章得出的结论进行讨论与总结，并展示未来可以进一步研究的空间。

第一节　多种视角下的央地互动

作为理解我国政策过程的一个根本性切口，学界对中央与地方关系及其互动进行了大量探讨。中央与地方在政策过程中的互动是复杂的，有多种要素与机制在其中共同发挥了重要作用。但总体而言，目前学界对央地互动的讨论大致可以分为四种视角：权力视角、激励视角、学习视角和理念视角。

一　权力视角

权力视角是研究政策过程中中央与地方关系及互动的一个根本性视角。这起源于计划经济体制时期国家体制的全能主义因素，中央政府在政治与经济上都掌握着绝对的权威。相比之下，地方政府的力量远远弱于中央政府，因此，两者之间的关系往往被简化为"命令-执行"的模式。然而，自中央简政放权以来，中央政府对地方政府进行了一定程度的分权，使得地方政府获得了很大的自主性。分权化进程带来了"地方主义"的形成，象征着地方政府自由裁量权和自主能力的逐步增强。因此，权力视角作为研究央地互动的一条长期主线，界定了"中央控制"与"地方自主"这一对相互对立的基本关系，大量的政策过程研究也围绕这一对关系进行了深入的探讨。

（一）中央的控制性角色

尽管中央政府已经不再是支配性的形象，但其仍被认为能够有效约束地方政府的自主行为与活动空间，其中最为关键的就是单一制下的垂直指挥权与自上而下的干部任用体制，这些决定了地方政府对上负责，并尽力满足中央政府的考核与执行要求。胡象明（1996）较早在政策执行中概括了这种自上而下的中央集权体制。在这种体制下，地方的自主权是中央授予的。地方政策的执行过程必须严格在中央的监督和控制下进行，下级地方政府的政策执行过程也必须严格在上级地方政府的监督和控制下进行。中央的监督控制体现在对地方的领导、对政策执行偏差的纠正以及通过人事管理权来惩罚地方官员等方面，总体的政策过程体现出中央监控下的"点-面"模式（胡象明，1996）。"压力型体制"更为精辟地概括了中央控制下的央地互动逻辑，其最关键的机制在于"政治化机制"，即中央政府为了完成重要任务，将其确立为政治任务，并依赖"一把手"工程的方式和"一票否决"的奖惩机制作为责任实现机制，从而促使地方政府全力完成相关任务（荣敬本，1998；杨雪冬，2012）。薛立强和杨书文（2011）在关于"十一五"期间关停小火电政策的研究中，指出压力型体制与职责同构的政府间纵向职责配置模式相配合，形成了"层级加压+重点主抓型"的体制架构来推进政策执行。即中央政府利用行政指令、组织控制等技术，使得任务层层下压、分解，并配合监督、检查等机制来保证政策的落实。而政策能够得到贯彻执行的核心条件，是作为"原动力"的中央政府的决心。面对中国政府体制的多级架构以及地方政府之间的利益交错和合作困境，要推进有效政策执行，必须依赖于中央政府的纵向高位推动下的多层级治理和多属性治理（贺东航、孔繁斌，2011）。

尽管政策创新和试验被视为地方政府自发性的产物，但大量的地方创新和试点是在落实中央意图或文件的过程中而产生的，上级是否认可也被视为是影响创新可持续性与成功与否的决定性因素（陈家喜、汪永成，2013）。刘培伟（2010）认为，中国政策试验中的地方自主是建基于中央控制、为中央的政治目标而服务的，唯有符合中央政府需要的才可能成功；而即便地方试验得到了中央授权，也可能随时受到干预。

（二）地方自主性

另一派观点认为，地方政府已经拥有了充足的自主裁量空间，因此在政策过程中也可能发挥主导作用。地方政府除了具有科层的"执行者"形象外，还有精明的"自利人"形象（赵静、陈玲、薛澜，2013）。因而，它们会在向上负责的权力架构中考虑自身利益。尽管中央政府仍然通过人事任免权等手段对地方政府维持着控制，但由于行政放权和财政分权的推进，地方拥有强大的自利激励与反控制的动因（Montinola et al.，1995；Jin，Qian and Weingast，2005）。政策变通是指在政策执行过程中，政策执行者未经原政策制定者同意与准许，自行变更原政策内容并加以推行的一种政策行为，仅对原政策原则与目标进行部分地或形式上的遵从（庄垂生，2000），而政策变通的起源正被认为是"压力型体制"（刘骥、熊彩，2015）。由于压力型体制将常规任务治理转化为"政治任务"的运动性治理，省级领导容易受到较强的政治激励，形成"块块带着条条做"的模式，从而引发密集的政策变通（刘骥、熊彩，2015）。王亚华（2013）在研究用水户协会改革时发现，中央通过压力型体制层层传递政策任务，运用行政或经济手段推动政策的落实。然而，基层政府在执行政策过程中会产生千差万别的效果，呈现"层级响应-策略推动"的模式，这是由于基层政府会根据自身的资源条件以及实际需求采取不同的策略进行应对与变通。

二　激励视角

激励视角是讨论中央-地方关系的另一个重要视角，这一视角往往建立在等级制权力的基础上，探讨激励要素如何影响央地互动的行为与模式。

"目标责任制"是支持压力型体制运转的核心激励性制度安排。目标责任制通过将上级组织的总体目标层层分解为具体的、可量化的指标，为各级政府和部门设定了明确的工作目标。根据这些工作目标，目标责任制建立了一套考核评价体系，通过定期考核各级政府和部门的目标完成情况，并将考核结果与奖惩挂钩，形成了有效的激励约束机制。在具体的运行过程中，目标责任制通过签订责任书，形成了上下级政府之间的责任链条。这种责任链条不仅明确了各级政府的责任和任务，还通过考核和奖惩机制，强化了上级政府对下级政府的控制和激励。总体而言，目标责任制作为一种自上而下的、清晰的政绩考核机制，具有强大的激励效果（O'Brien and Li，1999；王汉生、王一鸽，2009）。目标责任制比较依赖央地之间的科层结构来发挥作用，相比之下，项目制则能够绕开常规的条块体制，实现中央对地方行为的直接影响。项目制的具体组织形态因专有性关系和参与选择权这两个核心因素而互有差异，其具体运行模式还取决于目标设定权、检查验收权和实施/激励权在委托方和承包方之间的分配组合。概括而言，项目制是中央对地方的一种竞争性授权，而非行政指令性授权，中央部门通过专项资金的分配（"发包"）来激励基层政府"抓包"，以实施特定的政策目标，实现中央的治理意图。项目制也赋予了地方更多的灵活性和自主权，允许地方政府"打包"项目资源来推动本地发展，从而形成了较大的资源激励效应（渠敬东，2012；周雪光，2015）。

从自下而上的角度来看，"锦标赛体制"构成了地方之间横向竞争的激励。就该概念的历史研究而言，政治锦标赛描述了中央政府高度集中了政治、经济、思想等方面的控制权，但在经济管理上又向地方政府大规模放权，鼓励地方政府在主要经济指标上展开竞赛的样态。在这种体制下，中央是竞赛的发起者和裁判者，地方政府是参赛者。中央制定规则和目标，地方政府为完成指标而竞争。这一体制的激励核心在于中央政府所掌握的人事任免权，完成指标好的地方官员有望得到提拔，落后的可能被批评或撤换（周飞舟，2009）。晋升锦标赛的运转有赖于五个条件：中央政府集中的人事权力、可客观衡量的竞赛指标、参赛官员可分离且可比较的"竞赛成绩"、参赛官员的努力程度与考核指标息息相关以及不容易形成合谋。此外，晋升锦标赛体制认为，中央政府对绩效观的隐性承诺进一步确证了锦标赛体制的合法性。一个例证就是在缺乏中央指令时，地方政府会进行自主创新试验：地方的创新和试验总是被鼓励，如果成功则会受到额外奖励，即便失败也不太会受到惩罚。晋升锦标赛在地方政府之间引入了竞争机制，其效果的实现正是通过改变政府官员的激励来实现的，它作为一种强激励的形式深刻影响着地方官员的行为（周黎安，2007）。

激励所发挥的作用在政策执行、政策创新扩散等更多政策过程中得到了充分的讨论。在政策执行方面，任丙强（2018）探讨了中央如何通过政治激励、晋升激励与财政激励影响地方政府的环境政策执行，进而促进地方的环保绩效。杨宏山（2014）通过构建"路径-激励"的政策执行分析框架，强调了预期收益对地方政府行为的约束性。在不同的路径清晰度与激励强度的组合下，地方政府可能会根据预期收益而采取行政性执行、变通性执行、试验性执行与象征性执行四种模式。在地方政府的创新扩散方面，地方政府创新被视为源于自上而下的干部任用体制、政绩考核机制以及在此基础上的干部晋升机制。而创新的学习和推广，则是由于锦标赛体制中地方创新作为"政绩突破点"的独特作用（陈家喜、汪永成，2013）。此外，中央在地方政府的创新扩散过程中，也能够通过绩效评估竞争的手段进行干预，从而形成地方政策扩散的锦标赛逻辑（Zhu，2014）。

三　学习视角

央地在政策过程之中的学习被视为是中国政治体制适应能力的关键来源，它使得中央-地方作为一个整体系统能够在面对环境变化的不确定性时，发现和弥补现有缺陷、获取新信息、学习新知识、尝试新方法、应对新挑战以及改善系统运行。政策学习和制度学习是指利用另一时间或地点的政策或制度的经验和教训，来调整此时或此地的政策或制度。中央-地方互动中的学习既可以由决策者推动，又可以由倡导者推动；既可以从政策实验中学习，又可以从政策实践中学习（Wang，2009）。

Heilmann（2008）所刻画的"分级制试验"框架（Experimentation under Hierarchy，EUH）突出了中央与地方政府完善国家政策的学习路径，它促进了广泛的创业精神的形成以及适应力和学习能力的提升。分级制试验将中国的政策试验描述成一个"试验-认可-推广-再试验"的良性政策循环过程，这一过程可以阐述为"分散的实验和临时性的中央干预相结合，并将地方经验有选择地融入国家决策之中"。中央对地方的创新试验进行选择性支持、认可，并为其提供合法性保障，同时将成功的政策试验吸纳到总体国家政策之中，并开启新一轮的试验。在 Heilmann（2013）对"火炬计划"试验区的研究中，他进一步将 EUH 框架发展成了"等级阴影下的试验"（Experimentation under the Shadow of Hierarchy），用以描述地方的反复试验（"修修补补"）和中央选择、协调之间的互动，尤其强调了地方政府在政策创新中的主动性所起的核心作用，指出这种试验和创新的规模和范围"远远不是通过中央的有意设计和推动就能够达到的效果"，是"地方对中央目标的偏离"，而正是这样的偏离为中央的政策学习提供了宝贵的信息，也为国家政策的调整提供了经验。他认为，中国的试验性治理的核心优势就在于这种对意料之外的、尝试性的地方政策选择的开放态度，而不是刻意追求一致性和标准化的模式。宏观整体政策的转变动力，源于地方探索与中央之间通过非正式、选择性和临时性的学习互动，以及其促成的跨层级纵向和横向扩散。

　　然而，中国的地方创新不能总是被视作中央主导的政策试验、地方间的竞争或是由地方领导驱动的模式。Shin（2017）强调了"任务驱动"的地方政府中行政人员群体在日常实践中的学习逻辑。在日常实践中，行政人员、专家与企业家等构成了"专业社群"，他们并不将地方治理视为自己的特权和权力，而是通过一套联合的制度实践和机制，以及一组新的专业同行，来推动地方治理。专业社群所驱动的试验性治理构成了一个共同探索、学习和试验的共享社会空间，旨在通过探索、学习和因地制宜来完善事务治理，以临时性结果灵活调整政策目标、项目和指标。专业社群所构成的实践共同体不能简单地归属于整体意义上的中央或地方，但代表了央地互动过程中的一组独特主体。它们通过实践共同体进行大量的学习，也会与中央部委、地方相关部门发生联结，其核心动力是实现他们所负责事务的更好治理（Shin，2017）。

　　学习也可能作为央地互动基于子系统运作的一种核心机制。Wen（2017）研究地方政府购买公共服务的不同模式选择时发现，中央在政策过程中仅提供了国家层面的政策意图，并未进行纵向干预。在这种情况下，地方政府基于干中学和试验的经验完善政策设计，从而发展出了不同的政府购买形式。杨宏山（2015）认为，政策学习是自上而下的激励因素与地方政策执行之间的关键变量，是激励因素对执行力产生实际影响的原因。他根据中央政策的明细度与地方政府的学习能力，划分出了调适性执行、行政性执行、试验性执行与象征性执行四种模式，这表明了学习在地方政府政策执行中的关键作用。

四　理念视角

在中央与地方互动的政策过程中，"理念"同样扮演了非常重要的角色。理念可以由中央政府倡导或建构，也可以由地方政府首创并逐步推广，还可能是由政策企业家通过政策创业活动在中央与地方之间推动新的理念进入具体的政策子系统之中。

中央政府的理念对政策中的央地互动具有重大影响。Shi（2011）在研究中国的城乡养老保险改革时发现，养老金改革这一议题涉及多个行政职能交叉的中央部门和地方政府，而不同部门、不同区域的地方政府存在利益分歧、难以整合，牵头改革的几个中央部委有着截然不同的理念和方案，这导致了改革中持续的对抗，即理念可能会成为政策冲突的来源。常成（2021）指出，中央部门对于长期照护理念的偏差通过压力型体制的层层下传，进一步导致了地方执行的种种乱象，这说明地方的执行偏差不仅是由地方变通和碎片化管理导致的，中央的政策理念对地方政府的执行也有着巨大的影响。此外，虽然地方政府的执行受到晋升激励和财政激励的重大影响，但中央的政治理念可能对地方执行产生最根本性的影响。面对一个新的、紧急的政策议题，中央政府可能并不会直接设计政策方案或是下沉到地方进行试点，而是通过"表态"来界定政策问题，策略性地运用话语框架进行社会建构，从而塑造地方政府与社会对政策问题的认知，并在一定程度上赋予地方因地制宜的自主决策权。中央通过话语的锚定和社会建构来表明自身理念，地方则会完成差异化的政策设计，实现"顶层设计-地方细则"的政策过程模式（蔡长昆、王玉，2019a；2019b）。在这一过程中，中央既不是地方经验的学习者，也不是对地方进行直接控制的强制者，而是根据具体的政策议题发挥理念建构的作用，从而建立起整体的政策解决系统。总体而言，中央政府因其特定的政治地位，其理念可以传达出不同强弱程度的"政治势能"。通过将特定的政治话语和政治理念融入政策文本，地方政府能根据这些文本背后的政治势能做出相应的执行策略调整。因此，中央理念的传达更是一种重要的政治安排，深刻影响着政策过程（贺东航、孔繁斌，2019）。

地方首创的理念往往会以政策创新与实验的形式呈现，并通过政策学习机制或政策企业家的运作上升到中央层面。在"中央-地方-企业"的互动模式下，市场中的政策企业家可以通过"企业-中央互动""企业-地方互动""联盟-中央互动""联盟-地方互动"等方式在央地之间斡旋，一方面推动地方形成新的政策，另一方面也可以通过正式或非正式途径突破层级壁垒，直接与中央政府互动，争取试点权利（李娉、杨宏山，2020）。在移动医疗支付改革的案例中，作为政策企业家的私营企业可以通过地方渐进扩散的横向策略和部委获取合法性的纵向策略，将创新理念和应用向地方乃至全国扩散（He and Ma，2020）。此外，专家学者作为理念的重要来源，对推动创新与改革有着重要的影响。在收容遣送制度的改革上，法律界和学界提出了"政治可行"但"技术不可行"的相对激进的政策理念，这种理念虽然在技术上不可行，但在政治上却为政策制定者所接受，成功地推动了变革（Zhu，2008）。在参与式创新方面，作为"民主顾问"的专家学者可以接触到地方部门和高层机构，他们通过提供专业知识、合法性、信息和联系，成为中央和地方之间的桥梁，建立了央地之间的联系，从而促进了创新的落地和发展（Almén，2016）。

五　小结

由以上的梳理可见，当下有关中央政府和地方政府间的政策互动是非常丰富和复杂的。在不同的视角下，中央和地方的互动呈现非常丰富的样态。但是，这些研究忽视的第一个问题在于：它们更多地将中央和地方视为一个主体，一个有着统一身份和一致权力利益的主体，而忽视了在政策过程中，中央或地方政府实际上是作为拥有多种身份、职责，由不同子单位组成的一个相对松散的联合体而存在的。这些研究的第二个问题在于，中央或地方作为不同身份和责任的主体，往往与他们在不同政策系统中扮演的多样化和差异化的角色有关。这意味着，特定政策系统本身扮演着非常基础的角色，牵引着特定主体"进入"和"介入"政策过程。所以，问题的关键不在于中央政府或者地方政府在政策过程中的策略选择，而在于在特定政策子系统中所扮演的多样化角色。再者，当下的研究倾向于揭示更多的机制，但是，特定的央地互动模式所呈现的是某种政策系统或政策问题解决系统的建构过程和结果。机制以及这些机制的组合是建构多样化模式的关键。

基于这些考量，本章将在这些讨论的基础上，建构一个整体的分析框架，用以分析中国央地互动的政策过程、机制和模式。进一步地，为了理解为何存在不同的央地互动模式，本章将在政策子系统的基础上建构一个概念性的分析框架，以分析不同央地互动模式的建构和选择，并为未来央地互动模式的研究提供理论指引。

第二节　中央-地方互动的机制、模式与影响因素

一　中央-地方互动的机制：互动何以运转

面对不同的政策问题，中央-地方之间展现出了多样化的互动逻辑与形态。学界当前已经充分讨论了中央与地方政府如何在一个具体的政策子系统中分工、互动，并共同形成政策结果。当我们从整体性的视角来梳理目前已经展现的经验或理论时，可以发现，当中央与地方之间发生互动时，有四种最为核心的机制支撑了互动的运转：权力机制、激励机制、学习机制与理念机制。一般而言，在具体的央地互动中，这四种机制会组合起来运转，从而支撑央地互动的持续进行，最终产出特定的政策结果。

（一）权力机制

权力机制是中央-地方互动得以运行的基础性机制，几乎在所有的互动模式上都发挥了不可或缺的作用。中国单一制以及中央集权的政治体制使得权力机制的运转总体呈现自上而下的逻辑，正是在这种纵向权力关系的领导-被领导架构中，央地互动的总体逻辑由中央政府所支配，因此中央政府也能够对地方政府的行为产生充分的影响。权力机制的运转使得中央政府可以通过正式文件、政策等方式嵌入到地方政府的决策、执行等阶段中，也可以直接介入到地方政府的政策运转之中。典型的权力机制的活动包括中央政府的规制、动员和督查等策略。

在科层系统的内部动员中，中央可以通过正式文件、会议等传达出政治信号，随后由牵头单位设计具体要求和方案等，将事项层层向下传达。通过对某项具体事务进行政治动员，该议程成为地方政府的"中心任务"，从而改变地方政府的议程优先等级，起到集中地方政府的资源和力量来完成中央所关注事项的作用，也能使得在科层体系两端的中央与地方实现政

策意图的基本对齐。督查同样体现了我国政治体制中非常重要的权力纵向运转逻辑。通过中央对地方自上而下的督查，既能加强纵向的权力贯彻，提升组织纪律性，强化政令，又能突破行政体系的层级限制，使具体的政策压力落实到执行的层级，保障政策运转的效果（余孝东，2021）。

（二）激励机制

激励机制在中央与地方的互动中也扮演了非常重要的角色，通过激励机制，中央政府能够改变地方政府的偏好，从而影响地方政府的行为。此外，与权力机制相比，激励机制是一种更为间接的影响方式，在大多数事项中不需要中央投入大量精力来实现严格的控制，从而达到节约治理成本的目的。激励机制之所以能够发挥作用，其根本原因在于自上而下的干部任用体制、政绩考核机制以及政绩导向的干部晋升机制。由于中央政府掌握着主要的资源分配权力，地方政府同样需要争取中央的资源倾斜以解决本辖区的治理问题。因此，激励机制也主要是一种自上而下的互动方式，中央能够在极大程度上影响具体事项上的激励设定。目标责任制是一种典型的激励机制。它依赖科层的上下级关系，将政策目标层层分解为可量化的具体指标，并根据这些指标设定了一整套考核评价体系，以定期考核地方政府和相关部门的任务完成情况。考核结果与奖惩挂钩，从而激励地方政府按照考核指标完成政策目标。而这种激励机制在地方政府之间又构成了横向的"晋升锦标赛"，即依据指标考核结果对不同的地方官员的政绩进行高低排序，指标完成得更好的地方官员更有可能得到提拔，而对落后的地方官员则进行批评、撤换等惩罚。基于这样的逻辑，地方官员在竞争压力下更有动力完成任务，甚至还可能层层加压，超标完成指标考核。项目制则绕开了科层逻辑，使得中央部门能够直接与某一层级的地方政府或部门产生互动。中央通过专项资金的分配对地方进行竞争性授权，激励地方政府和部门积极向上争取项目及其配套资源，以推动本地的发展。

（三）学习机制

在中央与地方的互动之中，学习往往作为一种独特的机制而存在。政策学习是一个获取和接收信息并潜在地改变理念以及采纳特定政策的过程，它依据某时某地的政策经验来适应性地调整或改革现行的政策和制度。学习机制并不完全依附于纵向科层体制，相反，它既可以表现为中央政府向地方政府的实践或试验汲取经验，也可以表现为地方政府通过中央设立的示范、典型等获取启发，即横向作用于多个地方政府之间；学习还可能发生于中央与地方整体与外部社会的互动当中。

学习机制支撑了大量的政策试验和政策创新。为了解决当地面临的治理问题，地方政府可能会进行自主探索，尝试寻找解决问题的新办法，而中央可以在分散的地方试验中挑选有价值的实践经验，将其上升为国家政策，或是完善现有的政策与制度。中央政府也可能会主导试验的过程，通过选择性的试点，有意识地将自主探索的空间授权给符合条件的地方政府，并通过对比、考察等获取改革的必要信息。此外，中央政府也会有意识地组织地方之间的交流与学习，推动成功的政策经验向全国扩散。学习机制还支撑了地方专业社群的运转，地方层面的行政人员、专家与企业家可能会因具体事务而组织起来，建构一个探索、学习的"圈子"，通过"专业社群"内部的学习以及其在中央政府和地方政府之间的运作来探索新的方案，改进具体事务的治理（Shin，2017）。

（四）理念机制

理念机制同样支撑了中央与地方互动的运转逻辑。理念机制往往可以作为一种认知模式，影响中央政府或地方政府的行为，塑造对某一具体政策议题的界定，从而深刻影响中央与地方之间的互动模式。此外，在中国的背景下，理念不仅仅是一种潜藏的影响因素，而且可以作为一种重要的政治安排而存在。中央政府所倡导的理念可以在具体的政治话语和政策文本中得以体现，地方政府则可以相应地对其做出策略性的响应（贺东航、孔繁斌，2019）。中央政府可以通过理念机制影响地方政府对某一政治议程或政策的认知，从而改善治理效果。比如在环境治理上，中央政府反复强调的生态环境理念，在长期中塑造了地方政府对此议程的重要性认知，从而在根本上对地方政府的执行产生影响（任丙强，2018）。理念机制还可能产生社会建构的效果，中央政府可以通过表态来锚定对政策问题的界定，地方政府则可以依据中央的话语因地制宜地制定地方细则（蔡长昆、王玉，2019）。

二　中央-地方互动的模式

（一）公共事务的治理属性与央地互动模式

中央-地方在对政策问题进行回应时，往往会采取多种互动机制，从而可能形成某一种具体的模式。如果将中央和地方视作一个整体的系统，基于该整体系统的特征，中央和地方的互动可能会形成三种基础的模式：中央型、地方型和互动整合型。不同类型的互动模式意味着中央与地方以不同的方式介入到政策子系统中，并扮演着不同的角色。其中，一个关键的识别特征是"谁负责"的问题，而谁承担责任与政策问题本身的属性息息相关。周黎安（2014）曾使用纵向的行政发包与横向的晋升锦标赛对公共事务治理的类别进行了划分，这可以为理解三种中央-地方互动的模式提供启发（见表7-1）。

表7-1　纵向发包与横向竞争的组合

		横向晋升竞争	
		高	低
纵向行政发包	高	招商引资、维稳、计生、竞技体育、灾害重建	医疗、教育、环境保护、社会保障、食品安全、区域合作、安全监督
	低		国防、外交、国有银行、南水北调、海关、铁路、航天工程

资料来源：周黎安. 行政发包制［J］. 社会，2014，34（06）：1-38.

高纵向行政发包与高横向晋升竞争的公共事务的一大特征是可拆解、可量化及低外溢性。在这些政策问题上，"在地化"成为一个可行的选项。在这些事务上，中央可以将事权下放给单独的地方政府以节约治理成本，因此，这些政策领域往往都是以属地管理为主的"地方型"互动模式。对于低纵向行政发包与低横向晋升竞争的公共事务而言，这些事务一般难以拆解，或者是关系重大、具有全国性的外溢性，单个地方政府难以履行职责，因此，中央政府会承担起这一部分政策领域的责任，采取垂直管理的方式统筹人、财、物的"中央型"互动模式。

而对于高纵向行政发包与低横向晋升竞争的政策领域而言，这一部分相对来说比较复杂，尽管具备一定的可拆解性，然而，这些公共事务与地方发展的关注点并不一致，地方并没有充足的激励去自发推进这些事务。

因此，这些领域中可能存在垂直管理的模式，也可能存在属地管理的模式，一些任务甚至还经历过"属地管理-垂直管理-属地管理"的多次变迁；还存在一些政策领域是实行业务职能上的垂直管理，而非业务整体的垂直管理。但不管是属地管理还是垂直管理，这些政策领域显然不能简单地交予地方政府而一劳永逸，需要中央政府进行长期或间断地干预和介入，以促进地方在这些议题上的合作或执行，因而这些领域中的中央-地方互动往往会呈现"互动整合型"的模式。

值得注意的是，随着我国发展阶段的变化，中央政府与地方政府对某些政策领域的认知已经发生了变化，因此具体的互动模式并不与表7-1呈现的一一对应。比如在环境保护领域，由于近年来中央对环保投入了大量关注并将其纳入地方考核的重要一环，环境保护越来越成为可"在地化"的政策领域。不过，一些跨区域、跨流域的环境治理可能仍然需要中央政府或相关机构牵头协调。此外，即便中央与地方面对同一政策领域，可能还有其他的影响因素，使得中央与地方针对某一具体问题采取不同的互动模式。总体而言，从具体的政策问题出发，将中央与地方视作一个解决问题的整体系统，周黎安对政策领域性质的划定与中央地方的事权划分无疑能提供较大的启发。

（二）基础互动模式界定

1. 中央型

从事权划分的角度来看，中央型的中央-地方互动模式代表着中央承担了主要的事权，中央政府会主导政策议题的事权，通过制度化设计和规范化管理，由中央部门牵头对事项直接负责，具体实施并进行严格的考核监督。地方政府在这一模式下主要扮演执行者的角色，在严格的指令和监督下较少有转圜的余地。在这类模式下，权力机制与激励机制得到了最为充分的应用。

2. 地方型

在地方型的中央-地方互动模式中，最重要的特征是治理决策权的"地方化"。在这种模式下，中央将具体执行权下放给地方政府，而可能保留最终的决策权、监督权以及政策的最终所有权。地方政府在这种模式下会被赋予一定的自主权来执行政策，但需在中央所设定的框架内行动。在这一模式中，中央政府往往希望将任务"在地化"，强调地方的灵活性和创新性，抑或将风险最小化，以保持整体的政治体制稳定。对于地方型的互动模式而言，激励机制构成了地方是否有动力将其完全"在地化"的核心安排。此外，学习机制与理念机制也可能在地方的创新和探索中运转。

"众创"实验揭示了，在面临时间压力大、地方情境差异明显的治理议题时，中央政府为了提升政策创新的效率和有效性，会通过"地方赋权"来强化"在地治理"，向下授权以充分激发地方政府的自主选择权和灵活性，而并不遵循"试点-扩散"的传统逻辑（陈昭，2022）。此外，即便在没有中央激励的情况下，也会出现大量的地方创新（Chen and Göbel，2016）。一些地方性的政策创新和探索也可能在缺乏中央政府授权的情况下涌现，它们凸显了地方的治理需求，比如政治改革和政治试验（Tony and Xuedong，2003）。但是从长期来看，中央仍然会根据自身的判断，在后续阶段对这些创新或试验进行干预，决定地方探索的命运（Ma and Pang，2017）。

3. 互动整合型

互动整合型的央地互动逻辑强调中央与地方之间的双向互动和协商，这种逻辑结构在面对新的、复杂的政策问题时尤为重要。就互动模式而言，中央与地方之间并不会预先划定好具体的事权分配，无论是中央的主导性还是地方的自主性，都是在政策过程中动态演化、逐渐确立的。此外，面对一些政策问题时，需要中央与地方之间多层级、多部门的资源整合与协同合作，因此就需要采用互动整合的总体模式。在互动整合型模式中，权力机制与激励机制是互动或整合得以持续运行的底层支撑，但更为显著的是理念机制和学习机制，中央与地方通过不断地相互学习以及理念的彼此调适，逐步实现对政策问题的认知建构、完善具体的政策方案，并实现多部门、多层级的协调一致。

在这种互动型的子系统结构下，央地之间最关键的议程是"弄清困惑"，对问题进行清晰的界定将是最起始也是最重要的一步。在这一模式中，中央与地方的权责分配是在互动中动态划定的。"顶层设计-地方细则"模式展现了中央与地方如何作为一个政策系统对新的问题做出整体性回应。在这一模式中，中央政府通过话语完成政策权力的纵向分配，重构了社会建构的逻辑。通过构建新的政治场域，加之场域内部的权力结构、上级政府的政策导向和场域内部的社会政策，塑造了地方政府进行政策设计的逻辑。地方政府则基于政策历史、政治经济情境选择不同的政策话语框架，并受到不同权力结构的影响，从而设计出不同的地方细则。这一模式中，地方拥有更多的决策权，并非仅仅是"选择性执行"或"自由裁量权"，而往往是中央政府有意赋予的。地方的自主设计本身就构成了政策的内生要素，体现了央地之间的某种互动型模式（蔡长昆、王玉，2019a；2019b）。中国的"分级制试验"同样是中央-地方互动整合型的结构。在这样的模式中，中央确定了政策议题，而地方政府则通过各种方案来探索新的政策解决方案，中央最终会从中挑选出最佳做法进行推广。在 Heilmann 看来，政策试验是中央决策者推动经济转型的一种治理手段，通过渐进完善方案、整合经验来应对不确定性和模糊性。同样，Husain（2016）在对中国新农合计划政策出台的研究中发现，地方的政策试验是一个发现和解决问题的过程，是中央制定政策原则、地方具体组织实施并进行创新的一种互动模式，关键在于找到"奏效的新理念"。在跨流域治理领域中，中央部委之间、中央与地方之间存在较大的利益冲突和职能重叠，出现了"九龙治水"的协调困境。此类问题也并不是通过加强自上而下的命令控制以及明确权力划分就能解决的，而是需要更多地授权地方参与合作，并强调部门之间的权力共享，从而实现职权的协同整合（郑寰，2012）。

（三）模式多样性

需要说明的是，本书是相对整体地对央地互动的政策模式进行分类的。事实上，根据中央政府和地方政府在政策子系统中扮演的多样化角色——例如选择性认可、选择性干预，作为知识的整合者以及知识的生产者等——可以得到更为丰富的政策互动类型。如表 7-2 所示，即便在中央型、地方型以及央地互动型这样大的类型之下，还可以对其模式的多样性进行进一步拆解。这种拆解，主要与特定的政策互动模式中所涉及的央地政策互动机制有关，而这又进一步与中央政府和地方政府在政策过程中扮演的角色和介入程度有关。所以，问题的关键可能不在于模式的类型，而是完全可以从连续谱的角度对多样化的互动模式进行分析。

表 7-2　政策互动模式的多样性

	子类型	核心机制	核心特征
中央型	动员	• 权力	主要由中央提供"政治势能"
	行政性执行	• 权力 • 激励 • 理念	主要是在权力-激励的职责结构下进行科层制的执行，此时，职责和任务可能本身就是理念的要素
	"行政发包"	• 激励 • 权力	主要是在基础的职责体系下，中央政府提供任务包，激励地方政府完成特定的治理任务
央地 互动型	中央控制性实验	• 权力 • 学习 • 理念	中央拥有基本的政策目标，问题的关键是政府是否清楚政策工具。如果目标和工具都清晰，支配性的逻辑是权力和理念，本质上是中央为了获取合法性；如果目标清晰工具模糊，那么支配性的逻辑就是学习，中央为了获得政策知识；如果二者都不清晰，支配性的逻辑是理念，目标是为了寻求基础的共识。不同的机制，导引的互动过程也是不同的
	顶层设计-地方细则	• 理念 • 学习 • 权力	中央拥有基本的目标，且希望能够向下清晰地传递政策目标和理念。但是，中央政府希望能够在地化地获得更多的政策知识
	政策社群	• 学习 • 理念	中央政府和地方政府都不清晰政策的具体目标或者具体的政策工具。它们共同介入政策过程寻求对问题的合作性解决
	实验整合	• 权力 • 激励	地方政府拥有相对清晰的目标和工具，提供了政策知识。但是，中央政府可能进行选择性的知识干预，实现对地方政策知识的整合
地方型	创新扩散	• 学习 • 激励	地方政府为了解决自身问题，可能还为了赢得竞争锦标赛进行的横向的政策知识扩散
	政策发明	• 学习 • 激励	地方政府为了解决自身的问题而进行的政策发明，可能还为了赢得竞争锦标赛
	"应付"	• 激励 • 权力	地方政府在"应对"中央政府的政策压力的过程中，为了实现自身的明确的利益，从而采取选择性执行、应付、共谋、象征性执行的策略。最终，央地整体执行的结果呈现了政策系统的结果

资料来源：作者自制。

三　中央-地方互动的影响因素

通过以上的梳理，可以发现中央-地方的具体模式以及机制选择具有强大的"切事性"。诚然，每一种机制在发挥作用的场域、运作逻辑以及产生的政策效果上都有或大或小的差异，但从宏观意义上来看，当中央政府与地方政府采取"央地互动"的逻辑进行运转时，我们可以将其视作一个整体的政策系统，或者说一个以任务为导向的问题解决系统——不管是中央政府还是地方政府，它们时时都会被"问题"所环绕。那么，当一个问题进入到政府决策议程之中，并在中央-地方的整体互动中尝试解决时，是什么因素决定了具体的机制路径的选择呢？鉴于现实公共事务的复杂性，本书难以穷举所有的具体因素及其影响路径，但总体而言，影响因素可以分为以下三大类。

（一）任务属性

一般而言，任务属性是中央-地方互动机制选择和模式构建的决定性因素，这也反映出中央-地方互动作为一个整体的问题解决系统的逻辑。通过以上讨论，我们发现任务属性中的重要因素主要包括：模糊性和溢出效应。

1. 任务的模糊性

政策议程或任务的模糊性是央地互动机制选择的一个关键因素。从内容上来说，它关乎问题是否能够被清晰界定以及会怎样被界定，从而对后续的决策、执行等过程产生实质性的影响；从时间维度上来说，一项任务是否紧迫、是短期任务还是长期任务，也构成了模糊性的来源。随着任务环境在内容维度和时间维度上变得模糊，有关政策问题的"本质"的界定将在很大程度上影响议程的设定、中央与地方在政策过程中扮演的角色以及互动逻辑。此外，任务的模糊性深刻影响着另外一个因素，即任务的可拆解性。当任务无法被清晰界定时，任务也很难以目标责任制、项目发包等方式进行拆解和运作，从而限制了任务"在地化"的可能。

2. 任务的溢出效应

一项任务一旦进入决策议程，往往会落入一个具体的政策子系统。然而，大量的议程并非都能在一个子系统内部被消化和解决，而是具有"溢出效应"，对其他地区或部门产生一定的外部性影响。在中央政府与地方政府的互动中，溢出效应的存在和程度直接影响着中央政府对地方事务介入的必要性和强度，进而影响着央地之间的权力分配与互动机制。此外，溢出效应的大小在很大程度上决定了任务转化为政策时的复杂性和冲突性。当任务存在较高的溢出效应时，中央与地方之间可能面临不同政策子系统的协调整合问题，使得职能、利益冲突变得更加显著，更多的影响因素也会卷入到中央与地方的政策过程之中，对互动产生扰动。

（二）中央-地方的体制情境

在面对一项治理任务时，中央-地方作为整体的内部因素可能会影响具体模式的选择，在一些情况下可能还会发挥决定性的作用。这些内部因素主要涉及：制度安排与制度历史、治理的成本-收益、对问题显著性与紧迫性的认知以及讨价还价。

1. 制度安排与制度历史

政策子系统之中的央地互动历史往往可以构成机制选择的起点。从历史制度主义视角出发，对于某一具体的地方政府而言，中央与地方政府之间的长期互动会形成某种"路径依赖"，甚至走向制度化。因此，即使外部环境发生变化，原有的互动模式仍可能对机制选择和互动方式具有惯性作用。在一些具体的政策领域中，曾经奏效的互动机制可能会反复被采用。最后，长期以来的央地互动塑造了不同地区间央地政府及部门间错综复杂的政治网络，这种"非正式政治"关系也可能对具体的央地互动机制选择产生更微妙的影响。

2. 治理的成本-收益

治理成本的高低深刻影响着中央政府事前治理模式的选择。中央政府在面对一项具体任务时，会基于解决问题的不同组织成本进行比较，选择成本最小的治理模式来推行任务（姚东旻等，2021）。因而，央地之间的特定互动机制在很大程度上是一个比较优势的问题。

中央时刻处在治理成本和统治风险的张力之中（周黎安，2014；周雪光，2014），因此，中央政府对治理成本的考虑应当从某一议程所对应的任务情境所带来的不同技术性的治理成本出发，同时也会关注这一任务的潜在风险，实现在可控风险下的最小治理成本。此外，从地方政府的视角出发，地方政府在很大程度上只有当具备解决问题的收益激励时，才会愿意将事项完全"在地化"。从政策执行的角度来看，只有当地方政府遵照中央政府的政策要求的净收益大于其他变通执行的净收益时，地方政府才会严格遵循中央政府的意图（殷华方等，2007）。

3. 对问题显著性与紧迫性的认知

从社会建构的视角出发，一项任务是否紧急、是否重要不仅取决于任务本身的属性，还取决于中央-地方政府对其的建构与认知。在央地互动的逻辑下，对一项任务的认知建构在很大程度上取决于中央政府层面所做出的反应。中央政府对问题的表态或者理念，会划定政策问题的性质，也会限定政策工具的选择空间。在认知建构的过程中，权力机制在"界定"中扮演了最基础的角色，决定了作为整体的政策共同体的参与者与政治位阶，进而决定了政策问题本身的强度、显著性和紧迫性（赵德余，2012）。

4. 讨价还价

面对一个具体的政策问题，地方政府也并非完全处于被动地位，其作为一方利益主体也可能会在政策过程中积极争取本地区的利益（穆军全，2015）。在中央与地方利益不一致的时候，央地关系就很可能表现为一个多阶段的讨价还价过程，中央政府与地方政府都根据上一阶段的政策执行情况和所学习到的知识来决定下一阶段的谈判策略（殷华方等，2007）。讨价还价的能力取决于双方所拥有的资源（吴少微、杨忠，2017），地方性的信息以及技术处理能力使得地方政府有可能在资源分配、考核标准、工作负荷和责任分担等方面拥有更大的议价空间（周雪光、练宏，2011）。从本质上来说，中央-地方之间的讨价还价取决于委托-代理中"信息不对称"的程度。

（三）外部压力

来自外部社会的压力同样是中央-地方整体面临的重要挑战。在许多政策问题上，外界认知与央地之间的认知存在差异，从而可能会对问题本身的强度和性质产生影响。此外，随着社会媒体、公众舆论的影响力越来越大，社会焦点事件的发声方式和剧烈程度对进入政策议程的重要性可能超越了政策议题本身的要素，使得政府议程可能更以符合公众议程的偏好进行排序，体现出"回应式"的特点（赵静、薛澜，2017）。来自外部的压力影响了中央-地方政府对问题的性质与显著性的判断，从而可能导致互动机制与互动模式的改变；一些在理论上能够被"地方化"处理的议题，也可能因为公众舆论的推动，而使得中央政府不得不介入地方议程之中，进而形成中央-地方的整体互动模式。

第三节　中央-地方的政策互动：一个整合性框架

一　理论框架：任务、机制与模式

如何解释中央-地方互动的纷繁逻辑？通过对现有研究的梳理，本书认为，决定多种互动逻辑的关键在于央地共同面对的政策问题。政策议程本身的特殊性，决定了其会通过中央-地方互动的形式进行解决，也在很大程度上影响了中央-地方之间互动的具体机制，以及最终展现出来的模式。通过将中央-地方视作一个问题导向的整体政策系统，本书尝试提出以下的理论框架（见图7-1）。

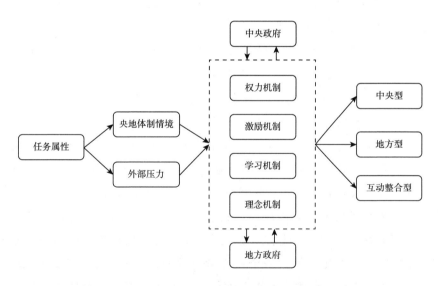

图 7-1　央地互动的框架：任务-机制-模式

资料来源：作者自制。

任务属性是决定是否采用央地互动及采取何种央地互动方式的核心要素。不同的问题或任务会归属于不同或多个政策领域，根据问题的特征，中央政府和地方政府会共同构建起相应的政策子系统。此外，基于任务本身的属性，中央与地方政府面临着具有切事性的体制情境，同时，来自社会的外部力量也对任务属性有不同的认知，这些因素共同影响了中央政府与地方政府对问题的判断、界定及解决逻辑。任务属性、央地的体制情境和外部压力这三个关键因素的组合，构成了迥异的任务情境，从而深刻影响着中央政府与地方政府互动机制的选择。

中央-地方的互动主要由四类机制支撑：权力机制、激励机制、学习机制和理念机制。机制所表明的是中央-地方得以持续互动的逻辑，以及中央-地方介入子系统的方式。根据具体任务情境，中央与地方会以这四种主要机制进行互动。在政策过程中，四种机制一般不会独立出现，而是以组合、交织的模式共同支持政策子系统的运转。在四种机制当中，权力机制是根本性、基础性的运转逻辑，这是由科层制的上下级等级关系所决定的，即便是地方性的"专业社群"的运作都始终嵌入在中央-地方的权力关系之中，只是权力机制并不一定总是作为互动的主导逻辑而存在。

中央-地方互动的不同机制的组合会构建出具体的中央-地方互动模式。正是由于机制的相似性和差异性，中央-地方的互动模式可以在整体上分成三大类：中央型、地方型与互动整合型。从本质上而言，不同的互动模式是对中央-地方对事权和责任的划分。因此，不同的互动也是"切事"的。任务情境的不同决定了央地互动模式的差异，这也可以解释为何即便是在同一个政策领域的问题中，也可能出现互动机制和模式的差异。在此理论框架中，隐含的假设是中央政府和地方政府都是"理性的"。在问题解决的过程中，中央政府的核心利益在于节约治理成本以及控制风险；而地方政府的核心利益则在于获取解决问题的收益，如晋升、财政资源等。因此，在理想情况下，对于中央政府而言，在一个具体的问题解决过程中，是否能够将问题"地方化"就是一个核心考虑的问题；而对于地方政府而言，辨析是否参与央地互动的议程以及如何参与所需承担的各种成本，就是首先要考虑的逻辑。

二 中央-地方互动的逻辑

（一）中央-地方互动的启动

作为政策过程中的决策者和主导者，大量的中央-地方互动是由中央政府所决定并启动的，因此，问题解决是否要依靠央地互动，在很大程度上取决于任务属性、央地内部情境以及外部压力是否会促使中央采取互动的逻辑。

当任务具有明显的内容模糊性和时间模糊性时，中央政府受限于有限理性，无法在短期内识别任务的性质并建构起完整的政策方案。此时，采取央地互动的模式就有助于中央政府进行渐进决策。通过将任务下放到地方探索，中央能够在长期内降低不确定性所带来的风险。溢出效应也是中央是否选择开启央地互动的关键要素之一。当一项任务明显不能单独由地方政府来负责时，中央必须扮演协调者或主导者的角色，要么通过区域性的协调来推进任务，要么直接参与到议程当中，与地方共同解决问题。相反，出于节约治理成本的考虑，如果任务是清晰可拆解的，并且是低溢出性的，中央也会开启央地互动，通过压力型体制或者项目制将任务"地方化"，使地方主要承担事务的治理权与责任。此外，对于一类事项，如果在长期过程中都是固定采取中央-地方分工共担的模式，那么当再次面对此类问题时，央地可能会默契地开始互动。

从地方政府的角度而言，地方的任务何时能进入到中央与地方互动的系统中？一方面，这有赖于地方的主动争取和"机会之窗"的开启。比如，当中央认为某一类任务确实紧迫且重要时，可能会组织开启政策试点，或是向地方寻找经验，在此种情境下，地方化的探索可能进入央地互动的进程之中。另外，一些问题发生在地方，也可以由地方解决，但若中央认定此类问题是显著且紧迫的，中央也有可能对地方的事务进行表态或者直接干预、介入。最后，一些地方性事件可能造成了广泛的社会影响，强大的外部压力使得中央不得不直接介入问题的解决，从而开启央地互动的进程。

（二）特定的互动模式何以出现：一个基础性的分析

在现实的政策过程运转中，问题或任务的具体情况是复杂的，影响中央与地方机制选择和具体模式的影响因素是难以穷举的。尽管本书尝试性地提出了数个影响中央与地方互动的重要因素，然而，由于经验缺失和实证研究的不充分，多种因素组合所导致的机制选择以及机制多种组合所形成模式的因果逻辑，无法将所有组合可能及其后果完整呈现。因此，本部分只尝试做一个基础性的分析，通过回顾学界一些具有代表性的央地互动模式研究，探讨在何种条件下特定机制如何建构起一种模式。

行政发包制是中国中央-地方互动中的又一经典模式。行政发包制具有以下三个特征：行政事务层层发包，即任务可界定、指标可分解；高度依赖各级地方政府和相关部门单位自筹资金的财政分成和预算包干制度，赋予了地方政府一定的剩余索取权；以结果导向为特征的考核与检查机制。因此，能够通过行政发包推行的任务具有较低的模糊性和溢出效应，使得任务能够"地方化"；另一方面，中央政府可以通过属地化管理缓解财政支出紧张的问题，而地方政府因获取了更多的剩余索取权而具备了较大的激励。最后，行政发包制在中国长期历史中具备一定的制度惯性，即中央将事权下放，只保留最终决定权，并在大量领域实行目标责任制的领导包干模式。在任务清晰、溢出效益低的情况下，中央政府会优先考虑将任务交由地方执行，仅采取权力机制和激励机制来控制最终的结果产出，表现为地方主导的模式（周黎安，2014）。

Heilmann（2008）提出的"分级制试验"是中国试验体制的一个经典模型。该试验重点探讨了政策试验如何推动了中国经济的腾飞，并主要选取了经济领域的数个案例：国有企业改革、私营企业建立、外国投资与贸易以及股票市场建设。这些案例凸显了中国在改革开放初期建立市场经济的渐进式努力。在当时的情境下，这些改革方向都具有高度的模糊性：一方面，中央政府并未明确具体的改革方向和改革计划，同时改革所带来的风险后果也极端不确定；另一方面，这些事项的溢出效应是可控的，都可以将改革局限在一个或几个地方进行试点。同时，改革的地方化使得中央政府能将改革的风险局限在特定的地方，避免全国性的不稳定。最后，以上的经济改革领域具有浓厚的分权色彩，再加上高层领导人作为试验的"赞助者"，地方政府对争取试点具有高度的兴趣。在政策改革过程中，分级制试验展现出了"试验-认可-推广"的良性政策循环过程，在这一过程中既为中央推动的全国改革减少了不确定性，又激发了相关领域的全面集体学习过程。总结而言，在高模糊性、低溢出性的情境下，任务难以被整体拆解、量化，因此，中央调动了权力机制、激励机制与学习机制，将任务交由地方具体探索，再根据地方探索的成效将其上升为国家政策，建构起了互动整合型的模式。

三　小结：中央-地方互动模式的选择

上文给出了一些基础案例，这些案例可以帮助我们分析本书所探讨的哪些条件作用于中国央地互动模式的选择，以及其中的条件和机制。在此基础上，本章可以得出一些基础性的、尝试性的理论模式，用以理解央地在问题解决系统中的多样化作用，以及这些模式被选择的原因（见表7-3）。需要说明的是，本书并未尝试完整罗列表7-2中界定的模式的所有条件。我们认为，基于当前研究的理论和经验储备，要完成这一理论目标，还需要进行更为深入的理论和经验探索，这也是未来可以进一步深入研究的方向。

表7-3　"央地关系"与中国政策过程

溢出效应	模糊性	支配性逻辑	中央介入程度	政策过程
低	低	权力	高度集中	政策执行
低	高	观念	高度有选择性地集中	顶层设计-细则
中	高	学习	低度有选择性地集中	层级制实验
高	–	–	分散	实验-扩散
高	高	观念	知识性分权	政策社群

资料来源：作者自制。

如前所言，要理解中国的政策过程，首先需要在"政策子系统"的逻辑下去理解。不同的政策属性，其政策子系统的结构存在系统性差异，子系统内部的互动是理解中国政策过程和政策模式的起点（Howlett et al.，2009；Adam and Kriesi，2007；Heilmann，2008；Mei and Liu，2014；Mertha，2010）。政策子系统的差异，首先体现在政策主体的卷入程度及其结构的差异上，其次，体现为政策本身的复杂性存在差异。从政策主体的视角来看，不同的政策子系统，政府部门之间、上下级政府之间以及政府与社会跨部门关系之间存在很大的差异。卷入的主体的差异，是理解政策过程差异的关键。从政策本身的复杂性来看，可以将特定政策沿着两个维度进行划分：政策系统的溢出效应和政策本身的模糊性。政策模糊性与特定政策问题、政策目标以及政策工具与政策目标之间的技术关系的清晰程度有关。模糊性对于政治过程具有重要的塑造作用：模糊性的上升意味着特定政策过程的分配效应的模糊化，政策学习效应更有可能支配政策过程（Heclo，2010；Pierson，1993）。

如本书的框架所言，在不同的条件下，可能会建构出不同的政策过程以应对政策问题。在高的溢出效应背景下，政府需要对整个社会的需求进行回应，此时，"分散回应"要么无法解决特定的政策问题，要么无法回应整体性的社会压力。在时间成为稀缺资源的情形下（薛澜、赵静，2017），"顶层设计"中的话语框架效应，以及基于话语框架所进行的政策建构，将是理解这一过程的关键（Shi，2006）。同样，对于某些已在中央层面建构了明确的政策目标、政策工具以及政策参数的整体性政策而言，这意味着政策本身的模糊性并不高，政策决策权可以高度集中，政策过程与经典的"决策-执行"过程相关，上下级政府之间的"讨价还价"是理解政策执行及其结果的关键（李元珍，2013）。在这种情况下，同样需要整体性回应，但是，一旦模糊性上升，决策权的完全集中将无法处理政策过程中的技术复杂性问题，此时，中央政府可以高度选择性地集中政策目标和政策工具，而将政策细则的决策权下放。在这一过程中，政策话语框架的锚定和建构扮演了关键角色。

进一步，如果整体性回应的需求下降，中央政府便只需针对政策目标进行回应。此时，模糊性，尤其是政策工具选择上的模糊性，将主导政策过程。中央政府会集中对政策目标的决策权，而让地方政府拥有更多选择政策工具的权力。上下级政府之间的政策学习最终会影响政策结果（Heilmann，2008；Mei and Liu，2014；苏利阳、王毅，2016；贾俊雪等，2017）。最后，如果中央政府无须整体回应特定的政策问题，那么地方政府的政策创新及其扩散将成为理解政策过程的关键。中央政府拥有极大的自主性，可以决定是否对某些政策创新进行升级；地方政府也拥有极大的自主性，能够基于地方的需要进行政策的创新和学习。

第四节　讨论与结论

作为疆域辽阔、事务复杂的大国，我国有大量的公共事务与政策领域需要依赖中央与地方的互动来推动与实现整体治理。中央与地方互动的多种机制和模式，集中展现了中国的政策过程中中央与地方实现有效治理的灵活性与调适特征。当具体事务具备特定的属性或属性组合之时，就可能以中央与地方互动的方式来进行治理。围绕具体事务的属性，中央与地方内部的要素以及来自外部的社会压力，会共同促使央地互动以不同的机制组合运行，从而展现出不同的央地互动模式。具体而言，任务属性包括模糊性、溢出效应两个核心要素。围绕具体任务，中央与地方内部情境的影响因素有制度安排与制度历史、治理的成本-收益、对问题的显著性和紧迫性的认知以及讨价还价，还包括来自社会的外部压力。任务属性、央地内部情境和外部压力会影响央地互动是否开启，其中的要素及组合也对具体的机制选择产生影响，使得央地互动由权力机制、激励机制、学习机制和理念机制四类机制及其组合支撑，并最终导致央地互动在整体上呈现三种模式：中央型、地方型和互动整合型。

　　以往对于中央-地方关系和互动的观察，在总体上关注"中央控制"与"地方自主"的对抗性二元视角。为了实现有效治理，中央构建了大量的制度设计与体制安排，而这些制度的有效机制与后果则成为核心的关注点。"压力型体制"解释了中央如何利用自己的政治权威，通过各种目标与指标层层传导政治压力与行政压力，确保中央政策在地方的贯彻执行（荣敬本，1998）。关注到地方官员在面对考核指标时的主动加码与竞争环境，"政治锦标赛"理论分析了在中央掌控政治晋升激励下，地方政府官员彼此竞争、全力追逐经济增长的动力（周飞舟，2009；周黎安，2007）。此外，地方政府的自主权也逐渐得到关注，"中国特色的财政联邦主义"理论解释了在政治集权的体制背景下，因财政包干制和行政分权所赋予地方政府的强大财政激励，也导致了地方保护主义中反中央控制的动因（Montinola et al.，1995；Jin et al.，2005）。为了进一步阐释中国集权与分权并存特征的背后动因，"行政发包制"结合"政治锦标赛"理论，阐释了中央实现向下控制与地方激励的独特机制（周黎安，2014）；而对"项目制"这一具体治理模式的研究，则更加全面地展现了央地互动的各种组织形态、条件以及博弈过程（渠敬东，2012；周雪光，2015）。然而，中央与地方作为一个整体的互动系统，通过何种治理模式以实现国家的有效治理，应当成为更重要的关切。例如，"分散烧锅炉"的上下分治模式控制了统治风险，并能根据治理需求动态调整集权程度（曹正汉，2010；曹正汉，2011）；"功能性分权"则阐释了作为整体的政党与国家在决策权、执行权、监督权上的政治分工，实现了中国整体的有效治理（陈国权，2020；2022）。中央政府与地方政府的整体设计并非因对抗而存在，而是共同致力于公共事务的治理以及政策目标的实现。

然而，大量对整体国家体制和制度的抽象关注以及"向内"的总体关照，忽略了中央与地方之间互动机制与结构因事而变的切适性，以及治理模式转变的复杂动因。中央与地方并非在真空中运作，无论是中央控制还是地方自主，都一定是基于某一项特定的公共治理事务而规定的。通过将中央与地方的互动纳入政策过程之中，并以具体任务及其子系统的相关要素作为考察互动机制与结构的起点，本书所提供的分析框架能够更具延展性地纳入多种央地互动机制及其组合，也能够进一步揭示央地互动结构的变迁动态。然而，限于实践的高度复杂性和多样性，以及现有经验和研究的有限性，本书难以纳入所有可能影响中央与地方互动的因素，也无法对每一种因素组合所导致的机制组合与模式选择进行论证。另外，央地互动的模式在实践中也是动态的、变迁的，会因机制的变化而发生模式的变迁。因此，未来的研究可以更详细地考察多种属性要素之间的相互作用，以及多重机制组合与每一种具体模式及转型的关系。

第八章　解释中国政策变迁：权力、观念与制度

引　言

　　政策变迁是政策科学领域的重要现象，政策变迁的因果逻辑是困扰政治家与学者的重要难题。当前，学术界已形成了几种主流的政策变迁理论，诸如西方经典的倡导联盟理论、多源流理论和间断均衡理论等，这些理论从不同角度分析了政策变迁的原因和动力，揭示了政策变迁是什么以及其是怎样发生的。我国政策科学研究虽起步较晚，但经过对西方经典理论的引介、述评和初步应用等阶段，目前已进入理论修正和构建阶段。国内相关研究也已经初步形成了模糊共识模型（陈玲等，2010）、"决策删减−执行协商"模型（赵静，2014）、专家参与模型（朱旭峰，2012）、双层互动决策模型（钟裕民，2018）以及公共理性决策模型（曾志敏、李乐，2014）等主流理论，这些模型可以很好地分析政策议定场所中政策主体与多元行动者之间的行为互动，并对政策变迁的过程进行分析。然而，受限于某一特定的政策情境，这些研究路径可能存在完全不同的认识论背景和方法论假设，并由此呈现"碎片化"的特征。本章首先要尝试解决的正是这样一个问题：为了更好地理解政治学中的政策科学领域以及政策变迁的问题，本章将对既有政策变迁理论及相关研究进行系统性考察，从政策变迁的整体历时性脉络出发，整合政策变迁的形态和完整动因，尝试"弥合"既有政策过程理论的碎片化现象，为政策变迁理论的系统化工作提供理解性、指引性的知识。

　　从实践发展的角度来看，公共政策理论因实践而发展，也以实践的方式存在。实践的变化发展和问题情境的不同意味着我们也许并不能够建立

起绝对完整和唯一的公共政策理论，来解释所有的实践问题，而只能依据特定政策情境来持续不断地探究问题的解释，进而探索应对策略。随着问题的解决，行动主体不但生成了自己独特的政策理解，也使其已有的政策知识得到反思和改造，新的政策知识由此得以建构，这是公共政策理论自身特殊的发展逻辑。这一逻辑要求我们不能完全以发源于西方的公共政策理论"套用"-或解释中国的政策实践，尤其是中国与西方国家有着不同的政治与行政体制。我们也许并不能以一一对应的方式来将所谓整全和普适的西方政策理论与中国政策实践相对照，而是要在具体的行动意义上来充分理解和解释中国公共政策实践的专业特性。新中国成立以来，中国政府进行了一轮又一轮广泛而深入的政策变革，这些政策变革是在层层的经济或政治"迷雾"中前行的。如何解释这些变革行为？理解这一问题构成了本章讨论的核心。因此，本章尝试说明的第二个也是更为重要的问题在于，中国的政策变迁呈现怎样特殊的发展形态，以及如何运用本章所发展的政策变迁知识来解释中国复杂且丰富的政策实践。

为了从新的角度增进不同政策变迁理论之间的辩论、交流和互相理解，并更好地解释中国的政策变迁现象，本章首先展示西方经典的政策变迁理论，并对这些理论在解释中国政策变迁实践方面的适用性进行讨论，在此基础上获得一种对政策变迁过程的整体认知，作为中国政策变迁理论建构的起点。其次，本章试图在借鉴新制度主义政治学关于制度变迁的理论基础上，构建出一个以"权力、观念与制度"为核心要素的更具综合性的政策变迁理论框架。同时，通过启发性的案例，重新审视中国政策变迁的实践经验，尽可能全面地展示中国政策变迁实践的复杂性和丰富性，以帮助人们进一步思考政策变迁理论的内在价值以及可能的政策行动方案。最后，本章将进一步阐释新框架的解释力，并加强其与既有政策变迁理论之间的对话，尝试从规范性的观点出发，推动政策变迁过程理论的发展。

第一节 经典政策变迁理论及其适用性

大部分公共政策分析的学者都认为，对政策的理解是由政治过程构建的。西方的政策过程理论建立在西方的政策议程之上，因此其对中国政策过程的解释存在局限性。而从中国的政策研究现状来看，中国的公共政策研究大多是借用西方的政策过程理论来解释中国的政策实践。同时，大部分西方的政策过程理论在中国的应用还停留在"使用者"的阶段，并未得到较为系统的发展。要理解中国政策变迁的过程和逻辑，我们需要建立一个更契合中国情境的解释框架。当前，中国的公共政策从政策设计、执行到变迁已经有了越来越丰富和成熟的实践经验，这为我们创造了充分的条件，使我们可以在结合既有理论与中国实践的基础上构建新的分析框架。

表 8-1　西方经典政策变迁理论及其适用性

经典政策 变迁理论	聚焦阶段	政策变迁的 动力因素	核心理论预设及其对中国 公共政策的适用性分析
间断-均衡理论	议程设置	利益集团活动； 动员活动； 政策图景变化； 决策者偏好以及注意力的变化	我国的政策图景反映的是相关行为主体的利益博弈，而非出于多党竞争的政治目的
倡导联盟理论	决策环节	支持联盟活动； 异质事件； 系统外部事件冲击	中国采用共产党领导下的政治协商机制，严格意义上不存在政策子系统内倡导联盟之间的力量更替，无法直接用以分析我国的政策变迁动力机制
多源流理论	变迁整体 过程	问题流、政治流、政策流的变动； 政策窗口的开启； 政策企业家大力推动	关注政策变迁的截面现象，对公共政策长时期不同幅度的政策变迁不具有解释力； 基于制度稳定背景下的理论，不适应我国长期以来体制机制改革的实践； 该理论中的三条源流在我国政治体制中不是互相独立的

资料来源：作者自制。

　　根据前文对政策阶段过程理论和政策变迁过程理论的辨析可以看出（如表 8-1 所示），除了间断-均衡理论兼顾政策整体变迁中的均衡和间断形态之外（Prindl，2012），多数理论都更侧重对决策环节的截面式分析，因此可以归为政策阶段过程理论。它们都显示出公共政策研究者们已经越来越不满足传统静态的"过程论"对现实经验世界和政策实践活动的有限解释能力，无论是多源流理论、间断均衡理论，还是倡导联盟理论，都是尝试抓住公共政策在时序中的动态发展本质。然而，这些经典理论的提出背景和应用环境大多起始于美国政策领域，理论中的制度结构和政策环境天然具备多元化政治结构特征，例如多元政治体系、分权制度、政治辩论、选举制度、联邦制度等，都是其理论话语中的特有概念。因此，对中国政策领域的变迁解释不能直接"拿来主义"，需要有机整体地分辨制度结构和政策环境的独特性以及提炼共性，尝试去构建更完整的因果链条和动力机制，并通过实证检验来进一步推动中国政策变迁理论的发展。

第二节　新制度主义政治学的制度变迁研究

一　新制度主义政治学与政策变迁

与其他政策变迁理论的建构者所做的工作相同，我们在进行政策变迁研究时也需要处理一系列基础性问题，这些问题包括政策变迁的概念基石、前提假定与分析维度。首先，公共政策的变迁指的是公共政策对原有轨迹的偏离，涉及既有形式、执行、功能等方面不同程度的变化（陈振明、薛澜，2007）。其次，在探讨政策变迁的可能性时，西方许多政策分析家都持悲观态度，他们认为政策变迁往往会侵害社会重要集团的利益或采纳该政策的政府官员的自身利益。因此，政策分析家们通常对变迁不抱太大希望，他们相信社会集团和政府官员通过政策制定获取的"经济租金"已经将他们紧密地联系在一起（陈潭，2006）。但显然，这种政治经济学的视角对政策变迁过程的洞察力是有限的。既有的研究和实践经验表明，政府官员经常在相当重大的时刻做出决定或创造"政策空间"（Wilson，2000）。尤其是，不同于西方多元化政治背景下的政策情境和制度结构特征，以及在理性经济人假设下对理性分析和最优决策的不断追求，中国的政治制度结构、政策情境、政策运行过程以及参与者的行为模式都呈现截然不同的特征。我们相信，在中国碎片化的威权体制（Marks，2010）之下，政府官员既不仅仅具有他们来自的社会或阶层的简单特征，也并不总是在狭隘的自身利益范围内活动，更不仅仅是他们工作领域内所代表的机构利益的纯粹代理人。

超出政治经济学对理性人假设的关注，我们认为中国的政治制度是理解中国式政策变迁的重要基础。新制度主义政治学以制度为内核，建立了新的政治理论，并在近年来呈现较为明显的观念转向。这为我们理解中国政策过程中政治制度与决策安排之间的互动关系提供了有益的借鉴。因此，我们尝试在新制度主义政治学的基础上，建立一套关于政策变迁因果逻辑的一般性理论。新制度主义在政治学领域的兴起源于 1984 年詹姆斯·马奇（James G. March）和约翰·奥尔森（Johan P. Olsen）在《美国政治科学评论》上发表的《新制度主义：政治生活中的组织因素》一文，该文正式揭开了新制度主义政治学研究的序幕（March and Olsen，1984）。新制度主义者认为，第二次世界大战之前的制度主义研究太重视政治结构、法律框架和程序规则等，过于注重结构和经验的描述，常常用静态的眼光看待制度，忽视了制度的动态运作过程。而新制度主义力图把旧制度主义关注制度在政治生活中的作用与行为主义关注政治行为两者结合起来（Julia，1997）。新制度主义的"新"体现在它既关注制度在政治生活中的作用，又吸收了行为主义的动态、过程、定量化的研究方法。这是新制度主义政治学的基本特点。正因为新制度主义的理论来源具有多样性，所以在其内部也造成了"分化"。最著名的、后来被学者们大体上沿用的分类是彼得·霍尔（Peter A. Hall）和罗斯玛丽·泰勒（Rosemary C. R. Taylor）于 1996 年在英国《政治研究》上发表的《政治科学和三个新制度主义》一文中的分类。他们将"新制度主义"分为"历史制度主义"（Historical Institutionalism，HI）、"理性选择制度主义"（Rational Choice Institutionalism，RI）和"社会学制度主义"（Sociological Institutionalism，SI）（朱德米，2001）。此外，政治学研究中还新近兴起了第四种"新制度主义"——"话语制度主义"（Discursive Institutionalism，DI）。新制度主义政治学在当代的兴起，不仅表现在学者从不同视角对制度进行全方位的研究（包括制度的含义、构成、起源、变迁，行为与制度的关系、制度与文化的关系等主题），而且还表现在将新制度主义理论运用到公共管理、公共治理、公共政策分析、比较政治学、国际关系等领域的研究当中。

二　四种新制度主义

（一）历史制度主义

历史制度主义是真正产生于政治学领域的新制度主义流派，在制度和政策的变迁分析中占据重要地位（马得勇，2018）。历史制度主义之所以冠之以"历史"，是因为这一学派主要研究各种制度因素对政策选择和政府表现的持久影响。他们认为，历史是克服人类理性（即工具理性，也就是手段-目的算计）局限性的一个主要途径。与传统政治学关注的结构功能主义、马克思主义等宏大且非经验的理论相比，历史制度主义致力于重大现实问题与中观层面的理论构建，这决定了其研究的传统议题：不同政治体系的差异、不同制度模式对社会政治，尤其是政策差异的因果性影响。它强调制度产生、运行、发展过程中权力的非对称性，以及路径依赖、意外后果，在解释政治结果时，强调将制度与其他因素整合起来（何俊志，2002）。关于制度变迁的动力，历史制度主义学者划分了自上而下、自下而上以及国家社会互动的变迁模型（Rhodes，2006），也提出了间断-均衡、路径依赖、关键节点、渐进转型等变迁模式（Hall，1990）。但在这一研究范式中，各类解释模式往往只关注外生因素导致的制度变迁，只关注激进的、不连续的制度变迁，对于缓慢发生但持续的变迁，历史制度主义仍然缺乏足够的解释力。

（二）理性选择制度主义

理性选择制度主义主要通过产权、寻租、交易成本等概念来探讨政治过程，以丰富自己的分析框架和研究方法。从理性选择制度主义的视角来看，制度之所以产生，是因为行动者可以从中获益。当现存的制度不能履行其形成之初被预想的功能时，人们就会对制度进行重新设计，也就是说，制度是可以人为设计的。总的来说，理性选择制度主义认为个人与制度之间的作用是双向的。一方面，制度通过塑造人的行为来影响政策结果，制度构成了一种"策略背景"；另一方面，个人也塑造了制度，制度是基于个人的需要才被创造出来的，即个体通过制度的创新来提高收益水平（魏姝，2002）。与历史制度主义不同，理性选择制度主义认为行动者可以主动塑造和选择制度，而行动者是否选择塑造制度则是基于"回报"的计算。理性选择制度主义关注到了制度对人的激励与约束，但这种形式化的理性人模型排除了结构性的影响因素，没有充分关注决策者如何在时间维度中与制度互动。

（三）社会学制度主义

社会学制度主义继承了社会学传统的组织理论，试图解释为什么有些组织会采用一系列特定的制度形式，以及这些制度形式是如何在组织之间或跨国界传播的。社会学新制度主义者也采用了一种独特的方法来阐释制度的起源与变迁问题。正如前文提到的，理性选择制度主义者在解释制度的建立时，是从制度的效率能够为接受这些制度的人带来物质性目的这一角度展开的。但是与此相反，社会学制度主义者认为，某一组织之所以会采用某一制度，并不是因为它提高了组织的目的-手段效率，而是因为它提高了组织或其参与者的社会合法性（彼得·霍尔等，2003）。换句话说，行动者会受到既定的社会文化结构的制约。社会学制度主义者认为，制度影响行为的方式是提供行为所必不可少的认知模板、范畴和模式。我们观察到的大量行为反映了人们习惯的行为方式，即人们做了他们认为应该做的，这也就是社会学制度主义所说的"恰当性逻辑"。人们的行为不是以历史为经验，也不是以"回报"来计算，而是以确认"什么是恰当的行为"为基础的。然而，社会学制度主义对制度变迁的解释有所欠缺，如果个人的偏好、资源分配和博弈规则都是内生于制度的，那么行动者又如何突破既有制度而进行创新实践呢（"嵌入式能动"悖论）？

（四）话语制度主义

和其他三种新制度主义一样，话语制度主义也将制度作为自己的核心研究对象。但与之不同的是，话语制度主义将长期被制度主义者所忽略的话语和观念等"非物质性因素"视为自己研究制度的基本切入点和载体。在话语制度主义的语境下，"观念"是话语中所蕴含的实质性内容，包括政策性观念、程式性观念和哲学性观念三种基本类型。其中，政策性观念体现在具体的政策和实施方案之中；程式性观念则为基础性的程式，可以巩固和强化政策性观念；哲学性观念则涉及宏大的世界观范畴，是更为深层次、更为稳定的观念，一般不会轻易发生转变（丁煌、梁健，2022）。在话语制度主义者看来，话语是一个过程，其最重要的特点就在于互动性和交互性。观念、价值等主观因素与既存制度环境之间的互动结构具有影响，行动者之间的对话就是传递彼此所持观念的互动过程。对话包括政策行动者之间的协作性对话（Coordinative Discourse）以及政治行动者与公众之间的沟通性对话（Communicative Discourse）。前者发生在政策领域，是政策行动者为其政策性和程式性观念辩护以期取得广泛共识从而形成新政策的过程；后者则是政治行动者向外界提出其政治观念（更多涉及的是哲学性观念）供各方一起讨论并最终得以合法化的过程。观念能否被其他行动者所接受从而成为共同话语，并最终实现制度化，就取决于对话过程的互动。

三　路径比较与分析基础的建构

从新制度主义政治学的知识基础来看，四种主要的研究路径之间的争鸣与融合，使我们提炼出一个适洽于解释政策变迁的分析框架成为可能。可以看出（如表 8-2 所示），不同理论流派的学者们都关注到了政策变迁的过程受到权力、观念、制度及其互动的影响。尽管不同流派关注权力或观念的时间有先后之别，并赋予它们不同的权重，或强调它们的互补性或竞争性，但权力、观念在政策变迁中的角色都明显得到了重视。可以肯定的是，既有制度、制度所处的环境以及行动者，必将对制度变迁的过程发挥影响。然而，在面对本土情境的诸多具体变量时，大量关于变迁过程的问题仍未得到解答。隐藏在各个制度层次背后的动态机制，以及促使特定变迁机制得以发生的条件和原因，尚不清晰。因此，我们转而使用权力、观念与制度三个概念来分析制度变迁的过程与机制。

表 8-2　四种新制度主义政治学理论流派的比较

理论流派	历史制度主义	理性选择制度主义	社会学制度主义	话语制度主义
研究切入点	历史规则、变迁及关键事件的影响	行动者的理性行为	文化规范	观念和话语
问题意识	制度如何塑造行动和建构能力	制度如何解决交易问题及集体物品的生产问题	制度如何在文化中形成并被合法化和合理化	制度如何通过话语得以形成、框架化和转变
论证逻辑	路径依赖逻辑	利益算计逻辑	适当性逻辑	话语（沟通）逻辑
解释范围	路径依赖下的制度存续	自利偏好下的制度存续	文化规范下的制度存续	交互性话语下的制度存续
对制度的定义	历史形成的模式	激励结构	社会建构的规范	内在于能动者的结构与建造物

续表

理论流派	历史制度主义	理性选择制度主义	社会学制度主义	话语制度主义
制度中的行动规则	塑造行动的路径	引导行动的激励结构	构成行动的规范	背景性观念和前景性观念
制度变迁的条件	危机与外部冲击：关键节点	成本和收益发生变化	环境中不确定性增加和政治–文化的变化	感知到政治–经济危机：出现替代性话语
制度变迁的动力机制	以利益、观念和以意识形态为基础的竞争、矛盾、协商学习、反馈以及实验	以利益为基础的竞争、冲突、协商和博弈	模仿、扩散和转化	转化、替代和拼装

资料来源：作者自制。

第三节　权力、观念与制度：政策变迁的理论框架

一　权力、观念与制度变迁

（一）权力与制度变迁

权力是政治学的核心概念。学界普遍在支配（domination）的意义上界定权力，将其视作一种支配与服从的关系。植根于政治学的历史制度主义继承了权力研究的传统，一开始就将权力问题纳入制度分析当中。政治学历来关注社会内部权力不平等的现象，但历史制度主义凸显了制度在塑造这种权力关系中的作用，即制度能够塑造特定的权力关系。后来的研究则开始强调制度与权力的交互作用：权力主体的斗争与策略也会对制度的创立、维系或变革产生影响。因此，不同集团的公开冲突一直是历史制度主义重点关注的对象（乔瓦尼·卡波奇等，2017）。不可否认，制度在不同的行动者之间不公平地分配权力，权力关系的非对称性是制度维系的有利因素。究其根源，权力的基础是资源以及动员资源的能力。资源的形式多种多样，既有物质资源，也有社会关系网络、知识与信息、文化与符号等非物质资源。在任何权力关系中，某一方之所以占据优势，最重要的原因在于其掌握了大量的关键资源。然而，资源并非固定不变的，资源的数量、分布以及不同资源的价值都可能发生变化，进而影响原有的权力关系，此

谓权力的资源效应（Pierson，2016）。

我们之所以使用权力的资源效应来描述权力影响制度变迁的机制，是因为在权力关系中，不占优势的主体并不一定是被动的服从者，他们也并不一定会一直处于劣势地位；他们也有自身有限的、能影响权力主体的资源。"非精英的行动者也能以一定的方式塑造政治与政策的方向，这些方式对于那些只看到正式决策场合的人而言是隐秘的"（Lowndes and Roberts，2013）。就潜在的资源而言，具有能动性的权力客体可以实现不同程度的资源动员，为反支配活动或改革活动积聚力量。分开来看，每一个处于劣势的群体手中掌握的资源都不足以抗衡主导性权力，但多个群体的联合以及资源整合则有望改变这种颓势。就此而言，联盟构建也是一个通过动员资源、优化资源配置来重塑权力格局的过程。具体地说，在政策变迁过程中，权力对既有资源，包括政治资源、经济资源以及社会资源分配的能力，即可称之为权力的资源效应。当特定权力可以实施政治动员、设计或改变特定制度安排、合法化或稳定化某种观念时，则意味着其具有较强的资源效应。

（二）制度变迁与观念的作用方式

观念也是政治学的基本概念。观念研究的历史并不短暂，但它在体系化的政治研究中长期处于边缘地带或蛰伏状态。不过，这一局面正在改观。如前所述，新制度主义政治学已经发展出了话语（观念）制度主义，越来越多的学者承认"观念重要"（ideas matter）。对他们而言，关键的问题不再是观念是否重要，而是观念如何重要。为此，观念研究者致力于阐明何种观念服务于何种功能、不同类型的观念如何互动、观念如何随着时间发生变化、观念如何塑造行动者的选择并被他们的选择所塑造。综观形形色色的观念研究，可以发现，用以描述观念的概念不胜枚举：看法、观点、思想、信念、意识形态、文化……毫无疑问，这些都是人类头脑中的存在，都可纳入观念的范畴（Berman，2013）。

当制度变迁被纳入正式议程时，替代性观念的供给与竞争会在一个相对短暂的时间内发生，此时行动者的轨迹清晰可见；而当制度变迁以分散、渐进的方式推进时，制度成员只能在漫长的互动与协调中逐渐达成新的共识。将观念变量纳入考量，是为了弥补新制度主义在结构上充分而在能动性上不足的缺陷。随观念而来的能动性，主要体现在观念的表达、传递、扩散等过程中。话语、叙述、框架化是我们考察观念影响政策过程的切入点，它们使头脑中的观念得以外化呈现。观念的表达与交换离不开观念承载者的解释与说服活动，学者们将这一过程称为话语或叙述（Baumgartner，2013）。经由话语，特定政策领域核心行动者的观念会发生自上而下的互动，比如政策精英产生观念后再将之传达给公众；也可能发生自下而上的互动，比如公众产生观念后再将其提上政策议程；还可能不发生互动，比如政策精英进行封闭式讨论（Schmidt，2015）。在社会现象转化为政策议题的过程中，话语所承载的观念为政策目标的界定、政策工具的选择和政策议题的建构等描绘了"路线图"（Tonkiss and Skelcher，2015）。因此，在政策变迁过程中，话语会对决策过程产生框架效应（Framing Effects）——政治行动者会通过话语的框架化来推销政策方案或政策理念。新的政策观念可以延续、发展原有的政策观念，也可以与原有政策观念产生强烈的对立和冲突。话语的框架效应是我们理解观念在政策变迁过程中扮演角色的核心机制。

（三）作为制度变迁的政策变迁

根据研究主题的需要，我们将政策纳入制度分析的范畴。从新制度主义政治学的视角来看，政策研究包含两大议题：一是解释特定的政策产出，二是解释政策的稳定或变迁。就前者而言，学者们致力于探讨制度对政策过程的影响，尤其是通过国别比较，揭示制度在不同国家所呈现的具体模式，以及这些模式对政策产出造成的影响。该类研究区分了制度与政策，二者呈现自变量与因变量的关系。就后者而言，政策是在既定的决策模式下做出的，决策制度作为更高层次的制度，影响了政策的稳定或变迁；但与此同时，政策也可以视作特定层次的制度，这使得政策与同层次制度的边界变得模糊。从概念上来讲，政策、正式制度都是由具体的规则条款构成的，只要政策形成了稳定的行为预期，结构化了相关主体的互动关系，就与制度没有根本性的差别。

公共政策变迁是制度变迁的正式且主要的形式。在任何时代和社会条件下，制度变迁基本上都是以政策及其文本形式作为载体表现出来的。如前所述，在新制度主义政治学的研究中，制度变迁已经形成了较为成熟的理论形态，这为我们研究公共政策变迁提供了重要的知识基础和理论框架。

从宏观上来讲，制度变迁既包括正式制度的变迁，也包括非正式制度的变迁。非正式制度的变迁表现和反映的是习俗、观念、价值、文化和道德等方面的变化，而正式制度变迁则表现为法律、政策、合同、产权等方面的变化。在社会进步和时代变革的过程中，政治制度变迁尤以政策变迁为甚，因为一个国家或地区的公共管理是以公共政策和法律为工具的。在这种意义上来讲，公共政策与法律是统一的，即那些必要、成熟且稳定的政策会转变为法律。因此，从本质上来看，"公共政策本质上是关于规定个体和集体选择集的制度安排的结构，政策问题关注的是那些制度安排上的变化"（陈振明、薛澜，2007）；从内涵上来看，我们基本上可以认为政策变迁以政策文本为载体和方式来展现制度变迁乃至社会变迁，可以将公共政策变迁称为一种"文本式制度变迁"（柏必成，2010）。

制度变迁的初始动力源自环境、行动者和制度本身，作为制度变迁一部分的政策变迁也不例外。新制度主义者通常从外生变迁与内生变迁、需求与供给的视角来考察这些因素。一方面，外生变迁体现了制度环境与政策的互动，环境变化会对政策的有效性或合法性构成压力；内生变迁则体现了政策与行动者的互动，政策要素冲突、政策模糊性、政策执行的不完全性、政策的自我削弱等因素或过程为变革埋下了种子。另一方面，行动者可能出于政策缺陷、政策不能满足或不再满足自身利益等原因而产生政策变革的动机，从而推动需求主导的政策变迁；而他处的政策模板、知识的进步则实现了新政策的预先供给，可以通过刺激需求来推动供给主导的政策变迁。然而，政策在受到变革压力的同时，还面临着一系列变革阻力。其中，信息处理、注意力分配的问题制约了问题的识别与归因；风险偏好、集体行动难题、权力非对称性等因素会影响成本-收益的计算，这些都可能加剧制度惰性。

关注政策变迁意味着我们要对政策制定者在看法、动机、价值、技能和机会等方面做出选择的决策过程，以及对这些选择所产生的影响给予必要的关注。各种形式的动力需要满足一定的条件，才能使政策变迁被提上正式议程，以有意或分散的方式发生。新制度主义政治学虽然长期关注制度对行为的约束力、对结果的影响力，却忽略了制度本身的变迁。但随着各流派的反思，相关的案例研究与中层理论日益增加。接下来，本章将围绕政策变迁的类型以及权力、观念与制度的关系展开讨论，并将影响政策变迁的核心构念进行框架化梳理。

二　基本原理与假设

（一）政策变迁的类型

在政策变迁研究中，学者们可以从经验上识别出各种各样的政策变迁现象，并指出特定政策发生了何种变化：政策的哪些方面发生了变化？这些变化的程度是怎样的？这些变化是否具有同等的重要性？可以说，概念界定的难度源于"政策"本身的复合性以及"变迁"本身的多样性。对于上述问题的回答，学者们的观点并不一致。在政策变迁的解释性研究中，这种不一致性关乎事实的判断与分类。每一种理论或经验研究都着眼于特定的政策变迁维度——如动力来源、变革主体、规模大小、速度快慢、整体模式等。这些不同的划分方式并不遵循单一的划分标准，不同的分类体系可能存在交织或重合。接下来，本章将列举几组常见的对照类型，以展现相应的政策变迁现象及其特征。

基于变迁的范围和性质，政策变迁可以被划分为局部变迁和整体变迁。局部变迁是指现行政策在局部范围内进行的修改，但没有实现系统性调整；整体变迁则是指现行政策在目标、原则、方式、方法等方面都进行了全面调整，政策发生了系统性的变化（杨宏山，2024）。

基于变迁动因，政策变迁可以被划分为内生变迁、外生变迁、强制性变迁以及诱致性变迁。政策变迁的"外生"与"内生"是相对于政策而言的：如果政策变迁的诱发因素是由政策自身制定的方法、原则、政策主体、相关利益等政策内部相关因素的变化所引起的，则为内生变迁；如果政策变迁的诱发因素不受政策自身的影响，而是由政策环境的变动、所涉及的外部势力变化等外部因素所导致的，则为外生变迁（张贤明、崔珊珊，2018）。诱致性变迁是指现行政策安排的变更或替代，或者是新政策的创造，它是由一个人或一群人在响应获利机会时自发倡导、组织和实行的；相反，强制性变迁则是由政府命令和法律引入并实行的。

基于变迁过程，政策变迁还可以被划分为政策创新、政策接续、政策维持、政策终结四种类型（Baumgartner and Jones，2002）。政策创新是指决策主体通过制定新政策进而形成新的制度安排（杨宏山，2024）；政策接续包括直接取代、合并、分割、部分终结、附带延续和非线性延续等具体形式；政策维持是指政策的适应与调整，但政策方向仍维持原貌；政策终结则是指某一政策或方案被放弃而终止，其原因可能来自功能结束、组织裁撤、决策者放弃现有政策或方案，或重新定义该政策并将其纳入其他政策中。

基于政策变迁的速度、持续时间、剧烈程度，政策变迁可以被划分为激进式变迁与渐进式变迁。前者发生在较为短暂的时间范围内，是一种快速、急剧地变革，表现为既有路径的中断或根本性替代。同激进变迁相关的概念主要有"大爆炸"、革命、休克疗法等。后者发生在一个较长的时间段中，具有缓慢的节奏和步调，是一种连续的、平稳的变革。同渐进变迁相关的概念主要有演化、边际调整、增量改革。在此基础上，美国学者弗兰克·鲍姆加特纳和布赖恩·琼斯于1990年代提出了"间断-均衡"理论，以描述与解释兼具渐进性和激进性的政策过程（Baumgartner, F. R., & Jones, B. D., 1993）。值得注意的是，尽管激进变迁通常表现为政策或政策体系的整体性变革，但这种分类方式并未将变迁的规模纳入划分标准之中，也即，大规模的政策转型也可能以渐进、累积的方式发生。

这些关于政策变迁类型学划分的研究在帮助我们理解政策变迁的复杂性和多样性的同时，也给予我们启示：对政策变迁的分类不必局限于某一种分类方式，也并没有某一种分类方式是普遍适用的、放之四海而皆准的。我们需要根据研究问题的性质选择合适的分类方式。如前所述，新制度主义政治学对于政策变迁的研究很少只涉及政策变迁的单一维度。为了更好地处理政策变迁的多重维度，Micelotta等人在整合既有研究的基础上，提出了一个更为综合的类型学框架，以增进对不同类型政策变迁过程和结果的理解（Micelotta et al., 2017）。具体而言，该框架以政策变迁的范围和速度作为分类标准（如图8-1所示），y轴根据变迁的速度（即渐进式变迁还是激进式变迁）来区分变迁的路径，x轴则根据变迁的范围（即转型式变迁还是发展式变迁）来区分变迁的类型。

具体来讲，政策变迁本质上是一个纵向过程，变迁过程中的时间变量需要进一步探讨。将政策变迁的速度纳入分类框架中是一个明确的起点，因为我们可以显而易见地观察到公共政策的激进式变迁和渐进式变迁在速

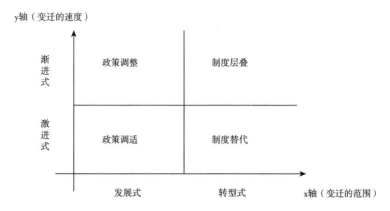

图 8-1 政策变迁的类型划分

资料来源：作者自制。

度上的差异。通常来讲，激进式变迁是由强大的宏观层面动力引发的，这些动力会打断制度再生产，并挑战维护稳定的制度力量；它们通过具有不对称力量的对立参与者，如"挑战者"和"现任者"之间的破坏性冲突、强力对抗和"制度战争"而展开（Hoffman，1999）。从这个角度来看，当变迁发生时，它是在无意的外部冲击或改革者有意的努力推动之下，以相对较快的速度发生的。相反，渐进式变迁的过程通常相对缓慢，由相对缓慢的社会变革或改革推动者有意引入的保守的、缓慢变革的力量引发。

另外，政策变迁的范围是转型式还是发展式，与特定政策系统的一致性（包括政策目标、政策工具及其精确设置）的变化有关（Hall，1993）。当特定政策领域中被普遍认同的政策目标、工具和政策观念被推翻或发生重大改变时，政策变迁就是转型式的；而当变迁的范围相对较小，涉及的政策目标是调整性的，且工具与实践是原有政策的延伸而非替代或更换时，政策变迁就是发展式的。这条轴线提供了一个更为系统化的分析框架，用于评估较低分析层次的政策变化（如实践的变化）是转型式的还是发展式的，因为当一个政策领域的制度逻辑发生变化时，支撑这一领域的组织形式（"原型"）及其相关实践的主导价值观和信念也会随之发生变化（Scott et al.，2001）。

将这两个维度结合起来，基本可以区分出四种政策变迁的类型：①制度替代；②政策调整；③政策嵌入；④制度层叠。其一，制度替代是指竞争性政策取代原有政策的现象。制度替代在速度上表现为激进式，在范围上表现为转型式。其二，政策调整是指政策形式与原有的制度系统保持一致，但外在环境的改变影响了政策的效力或作用。政策调整在速度上呈现渐进式，在范围上呈现发展式。其三，政策嵌入是指全新的制度安排在不威胁原有制度系统的情况下，使对立双方达到和谐状态，并将既有的政策导向新的目标和意图。政策嵌入在速度上表现为激进式，在范围上呈现发展式。其四，制度层叠是指将新的政策附加在旧政策之上，或在旧政策尚未覆盖的领域引入新的规则，使二者共存，从而改变初始结构化行为的方式。制度层叠在速度上呈现渐进式，在范围上表现为转型式。

既有文献中对制度替代和层叠路径的研究揭示了学者们对政策变迁中线性过程的关注。激进式的制度替代需要强大的动力（如强有力的外部冲击或强大的动员力量）来深刻地改变政策安排；同样，渐进式的制度层叠有可能通过将改革嵌入到现有的制度安排中来产生影响，进而通过渐进式的方式实现政策的系统性变革。然而，相对较少受到冲击的路径（如政策调整与政策嵌入）表明，政策变迁的非线性路径在理论上同样可行。激进式的制度替代可能会因为各种"抑制"机制（如负反馈循环、负回报增加、衰竭、崩溃等）而自我削弱，从而放慢速度；同样地，渐进式的政策调整也可能会因为类似的"促进"机制（如正反馈循环、正回报增加、自我强化、升级等）而加速（伊丽莎白·桑德斯、张贤明，2017）。因此，政策变迁研究需要纳入线性与非线性的变迁路径，以解释更为复杂的因果关系。

（二）框架的核心假设：核心构念之间的关系

如前所述，权力与观念作为重要的制度要素，是理解政策变迁动力的核心构念。在新制度主义政治学研究中，权力导向的因果解释和观念导向的因果解释分别将权力、观念视为左右变革进程、决定变革结果的核心变量，而竞争性的因素（分别对应权力、观念）至多发挥辅助作用；也有学者主张，二者之间没有绝对的优先性，在制度变迁过程中各自扮演角色，共同发挥作用（张贤明、崔珊珊，2022）。本框架并不对上述争议做出判断，而是优先着眼于从既有的研究中挖掘出权力、观念影响制度变迁的过程、机制与要素。

我们选择并构建这一分析框架有三个主要原因：①将权力与观念共同纳入制度分析的框架之中，建构了一个更为综合的视角，它能够解释发生在不同层面的政策行为和现象——既能捕捉制度概念（从宏观到微观）的细微差别，又能涵盖不同的分析层面（如个人、组织、场域），并能够补充制度研究中关于微观层面的理论；②在这一分析视角下，政策变迁的类型学划分，尤其是发展式变迁与转型式变迁之间的差异已被理论化；③在这一分析框架中，我们可以探讨制度多元化与复杂性的问题，这对于推进制度研究，尤其关于中国政策变迁的研究来说至关重要。

第一，权力、观念与制度。本章的研究框架首先指出，理解政策变迁的相对适恰的途径是关注权力与观念的互动关系以及它们所处的特定制度环境。从制度环境的角度来看，任何一个特定的政策变迁都产生于事先存在的环境之中；这种环境包括政策的历史、社会的文化传统、经济结构等。这些因素不会轻易改变，并常常影响政策决策中的系统偏好。权力与观念在制度环境中的互动嵌入性主要体现在两个方面：一方面，制度环境结构化了权力的分配；另一方面，制度环境决定了观念的结构（蔡长昆、王玉，2019）。

第二，交互制度系统。本章的研究框架界定了权力与观念影响政策变迁的机制。首先，权力主体可以通过动员、利用相关资源来影响政策变迁的议程、时机等，而政策变迁也可以通过重新分配资源来改变既有的权力结构。权力与政策变迁之间主要通过一种资源效应产生双向互动。其次，权力与观念之间会通过黏合效应产生策略性互动——与观念的黏合效应会阻碍或促进某些群体的凝聚，与权力的黏合效应也可以阻碍或促进某种观念进入政策议程。最后，观念可以通过话语的框架效应产生影响，有可能克服结构性的制约，推动政策变迁。相反，政策文本本身作为一种话语框架可以通过互动来形塑观念。权力、观念与政策变迁的交互制度系统——他们之间的复杂关系共同推动了政策变迁。

第三，历时权变性。本章的研究框架关注权力、制度与观念的历时性互动。各变量没有绝对的优先性，这一框架关注的是在特定事件的时机和脉络中，各变量之间"选择""打包""重组"的过程，特定政策变迁就是在这个基础之上动态发生的。随着时间的推移，特定政策变迁及其所产生的累积效应又构成了结构化的制度环境，如此，形成了框架的动态循环（见图8-2）。

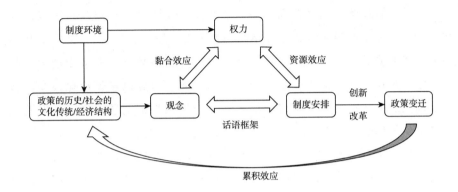

图8-2 权力、制度与观念：核心构念之间的关系

资料来源：作者自制。

第四节 结论与讨论

一 结论

过程分析是政策变迁研究中一个重要的维度。为了更好地把握该领域的研究成果，本章试图在划分不同类型政策变迁的基础上，从机制的角度考察政策变迁的全过程。在本章中，我们分析了中国政策变迁的四种典型模式的相关案例，这些政策变革大到国家发展战略的重新定位，小到为达成某个具体项目的目标而对特定措施进行的微调；政策变迁所处的环境有时是快速、冲突、动荡的，有时是渐进、平稳、日常的。通过对这些案例的阐释，我们构建了一个用以了解政策变迁中出现替代、调整、调适和层叠过程的框架。在这些过程中，政策变迁的外部条件、推动变迁的相关主体、权力与制度之间的资源效应、观念与制度之间的话语效应以及权力与观念之间的黏合效应，都会对特定的制度形成强化或削弱的作用力（如表8-3所示），需要根据具体实践展开分析。

表 8-3　不同外部条件、互动机制下的政策变迁类型

原政策系统	黏合效应	资源效应	话语框架	政策变迁类型
稳定	+	+	+	制度层叠
碎片	+	+	-	制度替代
稳定	-	-	-	政策调整
碎片	-	-	+	政策嵌入

注：在黏合效应中，+表示特定权力系统与特定观念系统之间的高度黏合，-表示特定权力系统中存在多元化观念系统，权力与观念之间的联结与互动是松散的；在资源效应中，+表示权力系统与制度系统之间的互动完全重构了原有的资源分配格局，-表示权力与制度之间的互动对资源分配格局的影响较弱；在话语框架中，+表示特定观念通过话语的框架化加强了制度成员之间的观念一致性，-表示特定观念的话语框架减弱了制度成员之间的观念一致性。

资料来源：作者自制。

首先，在渐进、转型式的制度层叠过程中，支配性要素在于强有力的行动者通过改革，对现有的权力资源分配进行重新安排，这一内生动力来源掩映于核心行动者的观念和偏好之中——核心行动者对某一制度或某一问题存在高度黏合的核心信念。然而，由于原有政策系统的安排具有高度的集中性和稳定性，引入竞争性制度可能会给既有的稳定政策系统带来激烈的动荡。考虑到既有政策安排的容忍成本与改革成本的权衡，行动者通常会对问题或压力做出渐进改革的常规反应，非常规的激进式改革并不是行动者优先选择的方案。在这一过程中，新的政策安排产生替代效应有以下几个潜在的条件：第一，需要有强有力的行动者，这些行动者与新的制度理念之间具有较强的黏合效应，会对新的制度理念进行倡导；第二，在这一观念转变的过程中，新的制度安排以一种延伸、发展的方式嵌入到原有的制度安排之中，使得新旧制度能够在短期内兼容并行；第三，新制度的权力资源分配效应不会完全重构旧制度所形成的资源结构安排，甚至会对旧制度的受益者进行资源补偿；第四，随着渐进改革的深入，新制度的权力、资源和观念都得到加强，新的政策理念不断通过话语互动、理念黏合，最终实现观念扎根，重构原有的政策系统。

其次，在激进式、转型式的制度替代过程中，竞争性政策取代了既有政策。同时，这种政策变迁会随着时间、环境的变化延伸到其他政策系统中，产生显著的替代效应。与制度层叠不同的是，制度替代具有较短的时间限制，行动者会采取激进的改革措施。在这一类型的政策变迁中，权力

系统与观念系统也具备高度一致性的黏合，积极推动改革进程。但激进的制度替代可能由危机或焦点事件触发，因为政策系统中危机事件与行动者不满的因素早已出现，并在系统内部缓慢积累，导致政策系统内部稳定性较低、碎片化程度较高。此时，当激进的改革措施被嵌入到原有的政策系统中时，原有资源分配的格局迅速被打破，这加剧了政策场域内的冲突（包括权力、观念的冲突以及受损者的不满）。在这样的条件下，新制度的运行特别依赖于制度成员与政策话语之间的有效互动。然而，这些互动也可能为行动者曲解、违背、抵制变迁提供动机，导致新政策话语的框架效应减弱，进而降低了制度成员之间的观念一致性。当此类行动者（即反叛者）越来越多时，就越有可能"倒逼"决策者重新整合特定政策系统，此时政策变迁就触及了制度的内核。

再次，在渐进、发展式的政策调整过程中，原有政策安排的路径并没有被打断，而是对既有政策安排进行了局部、适当的改变，以达到某种新的状态或目标。与制度层叠不同的是，政策调整是通过调整政策系统内部的要素，以适应客观的情况或需要。这一类型的政策变迁并不依赖于危机或重大事件的推动，在相对正常的时间里，政策变迁也能以一定的方式进入政策议程。在政策调整过程中，稳定政策系统的动力源于渐进调适，决策者秉承着某种政策问题的新知识、新观念，通过调用传统的政策工具，以期达到新的政策目标。工具调用的"规则"是制度化的，并且资源分配的变化并不影响原本的权力关系，政策变迁以一种相对稳定、渐进的方式发生。但是，在这种政策变迁类型中，原本的政策系统具备其自身的稳定性，当新的政策观念和话语进入原有的稳定系统时，渐进调适的动力可能就源于多个观念与行动之间的竞争和博弈。

最后，在激进式、发展式的政策嵌入过程中，由于外部环境的巨大冲击，新的政策目标、工具或实践等要素在较短的时间内冲突性地嵌入了原有的政策系统。与政策调整不同的是，政策嵌入的过程相对激进，改革的范围局限于特定的政策系统内部，支配性要素是权力的动员——权力与特定观念具有较强的黏合效应并对特定资源具有较强的分配效应。这一类型的政策变迁通常是由危机事件引发的有意的政策变迁。具体地说，外部环境的冲击使得特定政策系统中的权力结构及其资源分配产生了流散，对原本政策系统内部的稳定、集中状态造成了冲击；围绕特定问题，多样化的观念与话语联盟充斥其中，构成了话语框架互动的要件；在相对短暂的时间内，决策者在不同话语联盟的多样化压力或潜在严重后果的推动下，沿着特定的政策话语框架对特定问题进行"拆解""打包"，实现政策问题的整合和意义的统一。在碎片化、复杂利益网络的政策系统中，对政策问题的主观建构是决策者实现子系统再造的关键机制之一。随着政策问题的重构以及权力资源分配效应的沿袭，多样化的利益压力逐渐被中和，政策系统逐渐回归安全和稳定。

本章中，为了深入理解政策变迁及其变迁模式是如何运作和实现的，我们尝试在新制度主义政治学的基础上，构建一个更具开放性的政策变迁解释框架。此框架旨在厘清政策变迁得以发生的三个要件（权力、观念与制度），以及这些要件之间的互动机制（如黏合效应、资源效应以及话语框架），并解释了在四种类型的政策变迁模式下，理论要件与互动机制的差异化作用。从有效性上来看，首先，该框架的核心目的是揭示中国政策变迁过程的模式和内部运行机制，我们希望克服传统解释中所呈现的"过于偶然或过于决定"的色彩，使政策变迁的过程、逻辑在一定程度上得到进一步阐明。其次，该框架选取权力与观念两个核心要素，在"权力、观念与制度"的分析框架中探讨二者之间的互动关系，拓展了既有政策变迁研究中的动态性解释。最后，该框架着眼于中国经验和案例，试图通过对中国政策变迁过程的历史阐述来解释特定时空中的现象，挖掘其中的因果链条。但是，该框架是在给定政策变迁类型的基础上去阐释政策变迁是如何实现的，并未就政策变迁的结果展开讨论，因此，对于政策变迁结果的解释力可能是未来研究需要努力的方向。

二　讨论

围绕"政策变迁是如何发生的？"这一问题，西方经典的政策过程理论从不同的角度分析了政策变迁的原因和动力，揭示了各要素之间的因果关系。政策变迁的动力来源如此广泛，似乎任何一项政策都可能在环境、行动者或者自身因素的作用下走上变革的道路。然而，在西方经典的政策过程理论中，多源流理论、间断-均衡理论、倡导联盟理论对于中国经验的解释似乎都存在一定程度的局限性。由此带来的挑战是，我们需要结合更为适切的理论视角，联系中国的政策变迁过程，寻求一个更具整合性的框架。

在我们的分析框架中，任何给定的时刻，政策变迁都是在既有的制度性环境、结构性环境中展开活动的。就环境而言，它是政策运行的外部条件的总和。制度环境不仅包括经济结构、社会的文化传统以及政策历史这些相对稳定的要素，也包含着缓慢或剧烈的变动要素。最常见的情况是，环境发生了缓慢或剧烈的变化，比如焦点事件、危机情境的发生，这些都会对特定政策系统施加一定的压力。此外还有一种情况，环境本身没有变化，但政策系统内部的碎片化和不一致性导致政策的运行不断与环境发生冲突，也埋下了某种不稳定的因子。在环境诱发的政策变迁中，有两个现象需要解释。其一，焦点事件与危机情境等重大的环境变化是否一定能够引发政策变迁？环境变化能够对很多政策产生影响，但为什么真正发生变迁的只有某一特定政策？其二，有时，环境变化的频率远高于政策变迁的频率，而特定政策对环境的很多变化却无动于衷。那么，政策何时会对环境的变化做出反应呢？

这里，我们认为特定政策系统的一致性或者说耦合性充当了影响环境政策变迁的"过滤器"。首先，特定政策系统内部存在其自身的稳定性——就行动者而言，当特定政策系统中的目标、工具和实践具有高度的一致性时，由这一政策系统所构建的联盟、资源和观念结构就具有高度的稳定性。然而，当焦点事件在短时间内引入竞争性的话语、观念，使得原有的权力资源结构开始流散时，原有政策系统的稳定态就可能会被迅速打破，政策变迁可能会以激进的方式发生。相反，当政策系统内部的要素耦合度较低时（如政策系统内部的目标冲突、政策的模糊性、政策允许的自由裁量权较大），也即，环境对特定政策的影响是建立在政策系统的"碎片化空间"之上的，那么政策变迁的过程就可能会呈现长时间的调整状态。因为在这一政策系统中，焦点事件抑或危机事件的发生都需要与特定行动者的权力资源、观念话语相黏合、重组，才能充当推动政策变迁的动力。而在这一时间过程中，环境的变化又会重塑行动者的权力、观念与资源利益，导致特定的政策变迁很可能难以发生。

因此，环境的变化（缓慢或剧烈）是通过特定政策系统的一致性来对政策变迁产生影响的，焦点事件与危机情境并不是总能够打开政策之窗，特定政策系统的一致性程度在其中充当了"过滤器"，会将焦点事件与危机情境所构建的竞争性观念进行整合、重塑，这一"过滤"的结果可能会迅速打破原本呈现高稳定态的政策系统，并产生一系列替代性的效应和结果；也可能被碎片化的政策系统忽略、抵抗，或是通过不同的逻辑进行分散和消解（如图 8-3 所示）。

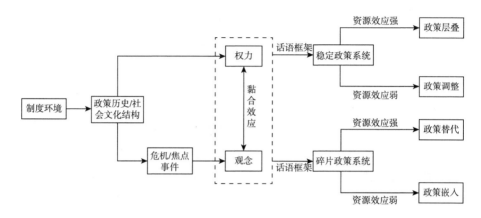

图 8-3　政策变迁过程：分叉的路径

资料来源：作者自制。

当我们关注到政策变迁过程中的环境变化、行动者行动与政策系统的一致性时，我们发现，高度一致的政策系统可能意味着权力与观念系统的相对封闭。这时，当环境出现波动，新政策的再生就会十分显著，而这种再生可能会随着时间的推移反复出现，甚至新制度会逐渐取代旧制度，从而改变场域的整体结构（中国的市场化改革即为一例）。从这个意义上来讲，我们认为，多源流理论所强调的三种源流在特定时刻交汇从而推动政策变迁的解释逻辑是可以进一步探讨的。首先，我们肯定多源流理论在解释政策变迁过程中所做出的重要贡献。问题源流、政策源流和政治源流是我们关注政策变迁现象的重要切入点和要素，但这些要素推动中国政策变迁的过程可能是有条件的。第一，在中国的政治体制之下，三条源流并不能独立发展，政策流在相当大程度上是嵌入在政治流之中的，"政策原汤"中漂浮着的政策理念可能是十分有限的。另外，特定政策问题也是可以被建构的，政策变迁也许并不是三条源流交汇开启政策之窗的偶然事件，而是政策系统内部权力系统与观念系统高度黏合的必然结果。第二，环境波动发生的时间是重要的。虽然外部环境的变化会给权力资源的分配效应带来变化的机会，但是，对于中国相对封闭的权力-观念系统而言，一次性的环境波动也许并不能使特定政策系统发生重大变化，单一的、孤立的事件并不足以引发激进的政策变迁模式。

同样，对于关注政策决策环节的倡导联盟理论来说，充分把握中国政策过程的特殊性是与这一框架对话的基本依据。按照倡导联盟框架的三大部落——外部参数、政策子系统、外部参数对政策子系统的作用机理，对中国政策过程的特殊性概括如下。①对于处于经济转型、社会转轨时期的中国来说，政策过程的外部条件在总体上保持稳定的同时，也具有较强的不稳定性，特定政策的外部系统可能本身就是充满着冲突和碎片化的空间，蕴含着更多引发变迁的因素。②中国公共政策的权力结构具有明显的一元化特征：在国家与社会的关系中，政策权力仍集中在国家一方；在政党与政府的关系中，政策权力集中在政党一方；在中央与地方的关系中，政策权力集中在中央一方。从严格意义上讲，承载多元化信念的倡导联盟并不存在，特定权力与观念高度黏合的"政府权威机构的决策"对政策系统的运作方式影响深远。③中国的政策运行过程具有相对的封闭性，识别权威决策者的观念系统、话语互动以及他们所充当的政策企业家角色，可能是打开中国政策变迁过程"黑箱"的钥匙。

最后，我们与间断-均衡理论一样，都关注政策变迁的整体过程。但间断-均衡理论所遵循的传统解释是可以被进一步拓展的：间断均衡理论认为，制度不能快速、灵活地回应环境变化，因而无法以渐进的方式发生变革；只有巨大的外部冲击或严重的危机才能够引发制度变迁。在此过程中，制度稳定与制度变迁之间有明确的界限，呈现前后相继、循环往复的关系状态。由此，焦点事件和环境变化是间断均衡理论解释政策变迁的核心变量。然而，当我们将权力与观念纳入分析范围后，政策变迁的因果链条发生了变化——突发的焦点事件并不能够在短时间内实现权力资源的重新分配以及新旧观念的重新整合，焦点事件与政策变迁之间的关系可能并不是 x-y，而是 x-a-b-c-y，也即，权力、观念与制度在中间环节的互动需要一定的时间，最初的原因与最终的结果之间可能存在时间差。因此，由初始原因及其引发的连锁反应共同构成了特定结果的完整原因。

总之，本章的尝试是一个理论的出发点，旨在使新建立的分析框架与既有理论之间进行详尽的对话。就有效性而言，本章所选取的政策变迁类型以聚焦政策变迁的速度和范围为特点，试图用权力、观念与制度这些更为综合的理论要素以及它们之间的互动关系来解释中国的政策实践，再用中国的政策变迁经验来佐证理论，以此加强中国公共政策的知识指引。不足之处在于：一是权力、观念与制度三者之间的整合尚未成熟，对此框架的解析仍存在一些模糊之处，例如，黏合效应、资源效应以及话语框架发挥作用的规律性等问题；二是通过中国政策变迁的启发性案例来验证框架时，存在用"典型性"掩盖"一般性"的质疑；三是对案例经验把握的有限性，可能会导致特定的要素没有得到充分的分析与讨论。上述研究的不足激励我们围绕权力、观念与制度这三个理论要素及其在中国的应用问题开展后续研究，在更多研究案例的基础上获取关于中国政策变迁的更具一般性的知识。

展望：构建中国的本土化政策过程理论

作为衔接治理体制与治理绩效的关键环节，理解中国治理体制的关键在于理解中国政策过程的独特运作逻辑。通过第一卷对中国政策过程进行的系统总结，以及第二卷对中国政策过程理论使用情况的分析，本卷的目标在于系统地分析和讨论中国特色的政策过程理论。通过本卷的梳理，我们发现，一方面，中国特色的政策过程研究和理论确实取得了非常丰富的成果；另一方面，我们的研究也发现，这些进展总体来说比较碎片化和松散。本书在一定程度上通过调用多样化的理论视角和工具，试图实现中国政策过程理论的重塑。我们相信，这些努力可以为未来中国特色的政策过程研究奠定一些基础并提供新的起点。

一　当下中国政策过程理论的本土化取得的成果

中国政策过程研究在不断深化和创新中，已经形成了多维度、多样化的研究路径以及本土化的概念框架。通过从政策议程设置到政策评估的全链条分析，研究者们揭示了中国政策过程的独特模式和规律。同时，在借鉴西方理论的基础上，当前的研究提出了一系列符合中国国情的理论模型，这些理论不仅丰富了政策过程研究的理论内涵，也为政策实践提供了指导。此外，中国学者在政策过程研究中逐渐形成了本体论、认识论、方法论的自觉意识，为构建自主的政策过程理论体系奠定了坚实的基础。

（一）政策过程的多维分析

研究者从不同维度分析中国政策过程，如政策议程设置、政策制定、政策执行、政策变迁、政策扩散、政策评估等，探讨这些环节在中国独特的治理体系下形成的模式特征和发展规律。

在议程设置环节，研究者探讨了政策议程设置的多种模式，包括"关门模式""内参模式""上书模式""动员模式""借力模式""外压模式"
（王绍光，2008），并分析了这些不同模式下政策问题如何引起政府关注并
进入决策层视野的过程。在政策制定环节，研究者分析了政策方案的生成、
评估和选择过程，并探讨了不同政府部门、专家学者、利益相关者在政策
制定中所起的作用及其互动方式。在政策执行环节，研究者关注政策如何
从中央到地方逐级落实，并分析了政策执行中的层级性治理、多属性治理以
及政治势能等因素对政策实施效果的影响。政策变迁的研究涉及政策随时间
的演变过程，包括政策的持续、调整、终止或替代，并分析了政策变迁的动
因、过程和模式。政策扩散的研究关注政策创新如何在不同地区或部门间传
播，并探讨了政策扩散的模式、速度和影响因素。政策评估的研究则探讨
了如何通过科学的评估方法来评价政策的效果、效率和影响。

通过对以上议题的研究，诠释了中国政策过程实践的基本面貌，并就
基本的概念、理论要素、因果机制、模式特征等形成了一定的共识，为中
国政策过程理论的进一步深入研究提供了扎实的基础。

（二）研究路径的多样化

中国政策过程研究形成了多样化的研究路径，学者们基于不同的理论
视角和方法，深入探析并解释中国特有的政策现象。中国政策过程研究主
要有以下四种路径。

一是政治学理论路径。学者们借鉴政治学理论，尤其是那些关注权力
结构、政治文化和决策机制的理论，来分析中国政策的决策过程。这包括
探讨中国特有的政治体制如何影响政策议程的设定、政策的制定与执行。
例如，研究聚焦于中国共产党的决策机制、政治局会议的作用，以及政治
领导在政策制定中的关键作用。

二是政策过程阶段论和成熟的理论路径。学者们借鉴政策过程的阶段
论，如议程设置、政策制定、政策执行、政策评估等阶段，以及成熟的政
策过程理论，如多源流理论、倡导联盟框架、间断均衡理论等，来分析中
国政策过程。这种研究路径使研究者能够系统地考察政策从产生到终结的
全过程，并探讨不同阶段间的相互作用和影响。

三是探讨政策科学与治理科学融合的路径。随着治理理论的兴起，中
国政策过程理论研究开始关注政策科学与治理科学的融合。这种融合尝试

通过吸纳治理理论来提升理论性与解释力，以解决理论抽象度与现实解释力之间的矛盾。例如，研究探讨如何在政策过程中更好地整合政府、市场和社会的力量，以及如何通过多元参与和网络治理来提高政策的有效性和适应性。

通过这些路径和方法，中国政策过程研究正在逐步形成具有自身特色和国际影响力的学术领域，为理解和改进中国乃至全球的政策制定和实施提供了重要的理论和实践贡献。

（三）概念框架的本土化

在中国政策过程的研究中，本土化的概念框架不断发展，以更好地理解和解释中国的政策过程。研究者基于中国丰富的政策实践，针对不同的研究议题，提出了众多符合中国本土政策实践的概念框架，推动了政策过程理论的本土化发展。例如，在政策议程设定的研究议题中，陈玲等（2010）提出的"共识型决策"框架强调了中国政策制定过程中寻求共识的重要性。这一框架体现了中国政策议程设定中的政治协商和集体决策特点。在政策设计的研究议题中，王绍光等（2014）提出的"集思广益型决策"框架突出了集中各方智慧进行决策的特点，揭示了中国政策设计中多方参与和意见综合的过程。在政策扩散的研究议题中，贺东航和孔繁斌（2011）研究了中国政策扩散的模式，提出了"高位推动"的概念，并分析了中央政府如何通过政策倡议和资源分配来推动政策在地方政府间的扩散。在政策执行的研究议题中，贺东航和孔繁斌（2019）提出的"政治势能"概念，用于分析中国政策执行中层级和领域的影响，以及地方政府如何根据中央政府的政策导向进行策略性响应。在政策试点的议题中，"试验性治理"框架关注中国政策试点在小范围内的试验和评估过程，这一框架体现了中国政策制定中通过试点来探索和完善政策的实践。

通过这些本土化的概念框架，研究者能够更准确地捕捉和解释中国政策过程中的关键因素和动态。这些框架不仅加深了对中国政策过程的理解，也为国际政策研究提供了新的视角和启示。

（四）理论探索与创新

研究者在借鉴西方政策过程理论的基础上，结合中国实际，提出了一系列具有中国特色的政策过程理论。这些理论不仅关注制度结构和动态过程，还重视价值理念在政策过程中的作用。同时，这些理论也在不断发展中，逐渐将社会因素纳入分析范围，形成了更为全面的解释框架。研究者从制度结构视角出发，分析了中国特有的政治体制对政策过程的影响。例如，"碎片化威权主义"理论模型指出，中国的权威体制在不同部门和层级间存在一定程度的职能重叠和权力分散现象，这种结构在一定程度上影响了政策的制定和执行效率。

学者们还关注政策过程的动态性，分析了政策议程设置、政策制定、执行、评估和反馈等各个阶段的相互作用。例如，政策执行中的"试点－推广"模式，反映了中国政策过程中的实验性和逐步推进的特点。

现有研究还强调价值理念在政策过程中的重要性。在中国，政策过程不仅受到制度结构和动态过程的影响，还深受社会主义核心价值观和国家发展战略等价值理念的指引。随着研究的深入，学者们开始将社会因素纳入政策过程分析，考虑公众意见、媒体舆论、非政府组织等社会力量是如何影响政策制定和执行的。研究者还将政策网络中的不同行动者，如政府机构、利益集团、专家学者等纳入研究范畴，分析他们是如何通过政策倡导来影响政策过程的。例如，政策倡导者通过提供专业知识、影响公众意见或直接参与政策制定等方式，对政策过程产生影响。

学者们还关注政策过程中的学习机制以及创新能力。例如，地方政府在政策试点中所积累的经验可以为中央政府提供宝贵的参考，进而促进政策的优化与创新。此外，研究还强调中央与地方关系在政策过程中所起的作用。在中国，中央政府的政策目标往往需要地方政府的配合执行，央地之间的博弈与互动对政策效果至关重要。

（五）政策过程研究的本体论、认识论、方法论的自觉

在中国政策过程研究中，中国学者逐渐形成了本体论、认识论、方法论的自觉，这有助于明确研究的立场和方法，拓展研究的深度和广度，并提升研究的科学性。在政策过程研究中，本体论涉及对政策过程本质和构成要素的理解。中国学者通过本体论的自觉，明确认识到政策过程不仅仅是一个技术性或管理性的问题，而是一个涉及权力、利益、社会结构等多重因素的复杂现象。例如，在探讨政策过程中，学者们可能会关注政策背

后的权力结构和意识形态，如"权威体制"的概念如何影响政策制定和执行。这种本体论自觉有助于揭示政策过程的深层次动力。在政策过程研究中，认识论的自觉促使学者们反思自己的知识获取方式和知识的有效性。例如，学者们可能会考虑在政策研究中如何平衡主观解释和客观数据，如何通过多元视角获取更全面的政策理解。在中国政策过程研究中，方法论的自觉意味着学者们在选择研究方法时，会考虑其适用性和局限性。例如，学者们可能会结合定性研究和定量研究，使用案例分析、比较研究、历史分析等多种方法来深入探讨政策过程的不同方面。在实证研究中，学者们意识到单一的研究方法可能无法全面捕捉政策过程的复杂性。因此，他们采用混合方法研究，结合定量数据分析和定性深度访谈，以获得更丰富的研究视角。通过这种本体论、认识论、方法论的自觉，中国政策过程研究能够更加深入地理解政策现象，提出更具解释力和应用价值的理论框架和政策建议。

二　中国政策过程本土化面临的困境

在中国政策过程理论的本土化进程中，研究者们面临着多重挑战，这些挑战主要集中在西方理论的适用性、理论框架的松散性以及研究方法和工具的局限性等方面。

（一）西方理论的适用性

中国政策过程理论在本土化过程中面临的困境之一，是西方政策过程理论的适用性问题。西方理论在解释和指导中国政策过程时，存在一定的局限性。西方政策过程理论多基于西方的民主制度和文化背景构建，而中国的政治体制、文化传统和社会发展路径与西方存在显著差异。中国实行单一制政治体制，中央政府拥有较高的权力集中度，地方政府则在很大程度上执行中央的决策。这与西方国家，尤其是联邦制国家中的央地关系，有本质的不同。在后者中，地方政府拥有更多的自治权。此外，中国共产党的领导是中国政治体制的核心特征，党对政策过程的引导和控制是全方位的，从议程设定到政策执行。这与西方的多党制国家具有本质区别。不仅如此，中国的政治体制能够实现快速的政治动员，集中力量解决重大问题。这种能力在西方国家中，可能因制度和文化差异而受到限制。这些差异对政策过程有着深远的影响，因此，西方理论在解释中国政策过程时具有一定的局限性。

例如，西方的多源流理论强调政策过程中的问题流、政策流和政治流的独立性，但在中国，政策过程更多受到顶层设计和政治势能的影响。另外，中国的政策制定和执行具有鲜明的集中性特点，政策从议程设定到执行往往由高层决策者主导，而西方理论如倡导联盟框架（ACF）更多关注政策过程中的利益集团和政策企业家的作用，这在中国的政策环境中并不完全适用。中国政策过程中存在独有的政策现象，例如，中国政策过程中常见的"试点-推广"模式是西方理论中较少涉及的。中国的政策创新往往通过在小范围内试验，评估效果后再进行推广。这种模式在西方政策扩散理论中缺乏相应的解释框架。因此，中国政策过程的理论研究需要发展具有本土特色的概念框架和分析工具，以更准确地解释和指导中国的公共政策实践。

（二）理论框架的松散性

在中国政策过程的研究中，研究者们基于多个理论视角对不同的政策议题进行了深入而广泛的研究。这种多元化的研究路径为理解复杂多变的政策环境提供了丰富的视角和深刻的见解。然而，这种理论视角的多元化也带来了一个显著的问题：研究之间各自为政、相互独立，缺乏一个整合性、具有引导性的理论框架。研究者们往往根据自身的学术背景选择特定的理论视角进行研究，如制度主义、过程追踪、政策网络、话语分析等。这些理论视角各有侧重，分别关注政策过程中的不同方面和环节。然而，由于各理论视角之间的界限相对清晰，研究者在选择理论时往往局限于某一视角，难以跨越其他视角进行综合分析。这种多样性虽然丰富了研究内容，但也造成了研究之间的隔阂和碎片化。

另外，中国的政策过程受到复杂制度环境的影响，包括政府组织结构、资源配置方式、产权结构和意识形态等。这些制度因素在政策制定、执行、评估和调整等各个环节中都发挥着重要作用。然而，由于制度环境的复杂性和多变性，研究者们难以准确把握其内在规律和影响因素，所以难以形成一个统一而稳定的理论框架。

与此同时，政策过程研究是一个跨学科的领域，需要政治学、经济学、社会学、管理学等多个学科的共同参与和合作。然而，在实际研究中，跨学科合作与交流的机会并不多见。研究者们往往在自己的学科领域内进行独立研究，缺乏与其他学科的交流和对话。这种封闭的研究方式限制了研究视野的拓展和理论框架的整合。

为了推动中国政策过程研究的深入发展，需要研究者们加强跨学科合作与交流，促进不同理论视角之间的融合与互补，并结合具体案例进行深入研究和分析，以构建一个更加全面、系统的整合性理论框架。

（三）研究方法和工具的局限性

在中国政策过程研究中，研究者在研究方法和工具的选择上可能存在局限性，这导致他们难以从宏观层面把握政策过程的整体特征。一方面，政策过程往往具有动态性和非线性特征，政策的制定和执行可能受到多种因素的影响。这些因素相互作用，使得政策过程变得难以预测和控制，研究者在选择研究方法和工具时难以适应这种复杂性。另一方面，研究者可能仅从一个或者几个特定的视角观察政策过程，或者只能观察政策过程的某一特定环节，这种研究倾向使他们无法全面捕捉政策过程的复杂性和多维性。例如，中国的政策试点过程通常是在小范围内测试新政策的有效性，然后逐步推广。研究者往往只能观察到试点阶段的政策实施情况，而难以预测政策在更广泛范围内推广后的效果。特定政策在某地区的试行可能在小范围内取得成功，但研究者可能无法掌握该政策在全国范围内实施时可能遇到的挑战和所需的调整。

此外，中国政策过程涉及的敏感性和保密性可能导致研究者难以获取全面的数据和信息。这种数据获取的限制，使得研究者难以从宏观层面对政策过程进行全面分析。某些研究方法仅适用于政策过程的特定阶段或议题。例如，案例研究方法可能适用于深入分析个别政策案例，但难以扩展到更广泛的政策过程分析。因此，研究者在研究方法和工具获取上存在的局限性，在一定程度上限制了中国政策过程理论的进一步深化和发展。

三 最佳实践：持续推动中国本土化政策过程理论的建构

中国政策过程理论的本土化需要克服西方理论适用性的局限，发展具有本土特色的理论框架和分析工具。同时，还需要基于更宽广的视野，突破现有阶段研究的局限，加强跨学科合作与交流，促进不同理论视角的融合与互补，以构建更加全面、系统的整合性理论框架。此外，研究者们还需不断探索和创新研究方法和工具，以适应中国政策过程的复杂性和动态性，推动中国政策过程理论的进一步深化和发展。

（一）更宽广的视野

将中国政策过程研究置于更宽广的视野之下，是一个深刻且必要的学术转向，它不仅能够促进我们对中国政策过程的复杂性的深刻理解，还能为理论创新与实践指导提供更为丰富的维度。政策过程是多维度、跨领域的复杂系统。

1. 跨议题、跨环节的综合性分析

全面性研究有助于揭示政策从议程设定到执行、评估和反馈的整个生命周期，而不仅仅关注某一环节。现有中国政策过程研究往往聚焦于某一具体议题（如政策创新、政策扩散）或政策过程的某一环节（如议程设置、政策执行）。然而，中国政策过程的实际运作是高度动态的，涉及多个议题之间的相互交织与影响，以及政策生命周期中不同环节的紧密衔接。因此，拓宽研究视野，采用跨议题、跨环节的综合分析方法，能够揭示政策制定背后的多元动力机制、政策间的协同效应以及政策执行中的反馈与调整机制，从而更全面地把握政策过程的整体逻辑。

2. 跨政策领域的比较分析

现有中国政策过程研究往往聚焦某个具体的政策领域，不同政策领域之间的比较分析却相对较少。不同政策领域（如经济、社会、文化等）在政策制定与执行过程中展现出不同的特点和规律。放宽视野，进行跨政策领域的比较分析，有助于提炼出具有普遍意义的政策过程规律，同时也能够发现特定政策领域的特殊性问题及其解决方案。这种比较分析不仅促进了政策科学理论的深化，也为政策制定者提供了更加全面、灵活的决策参考。

3. 宏观历史与微观个案的结合

将中国政策过程置于更宽广的视野中，还需注重宏观历史背景与微观个案研究的结合。宏观历史分析能够揭示政策变迁的长期趋势和结构性因素，而微观个案研究则能够深入地剖析具体政策过程中的细节与机制。两者相辅相成，共同构建起对中国政策过程全面而深入的理解框架。

（二）更多元的理论以及碰撞

推进中国政策过程研究的关键在于加强跨学科合作与交流，促进多元理论视角的融合与碰撞，以超越单一理论框架的局限。

1. 超越单一的理论视角

政策过程研究涉及政治学、经济学、社会学、管理学等多个学科领域，每种理论视角都有其独特的解释力和局限性。融合多元的理论，意味着不再局限于某一单一理论框架，而是鼓励跨学科的理论对话与融合。例如，结合制度主义对新制度安排的关注、过程追踪对政策动态变化的捕捉，以及网络分析对政策参与者间关系的揭示，可以构建出更加全面、立体的政策过程分析模型，深化对中国政策过程复杂性的认识。

2. 整合中央和地方视角

中国独特的政治体制决定了中央与地方在政策过程中的复杂互动关系。今后的研究不仅关注中央层面的政策决策，还需深入探究地方政府的政策执行与创新，以及两者之间的博弈与合作。这种多层次、多维度的分析框架，有助于理解政策在不同层级政府间的传递与变异，揭示政策实施过程中的地方性知识和实践经验如何影响乃至重塑中央政策，以及中央如何通过调控手段引导地方行为，共同推动政策目标的实现。

（三）更一致的分析单位：政策子系统

在探讨如何深化和积累中国政策过程理论时，统一基本概念、分析单位以及规范研究方法，无疑是推动该领域学术进步的重要基石。这一过程不仅有助于消除学术交流中的障碍，促进学者间的有效对话与合作，还能够为政策制定者提供更加科学、系统的理论指导，提升政策实践的有效性和针对性。

1. 统一基本概念

在政策过程研究中，不同学者可能对同一概念存在不同的理解和解释，可能导致学术讨论难以聚焦，甚至产生误解。统一这些基本概念，可以明确研究对象的边界，为后续的理论构建和实证分析奠定基础。统一的基本概念为学者提供了一个共同的语言体系，有助于跨越学科界限，促进不同学术背景的研究者之间的交流与合作。这不仅能够拓宽研究的视野，还能激发新的研究思路和方法。

2. 明确分析单位

政策过程并非孤立存在，而是深深嵌入于社会、经济、政治、文化等多重系统之中。将分析单位设定为政策子系统，意味着研究者需将政策视为一个由多个相互关联、相互作用的子系统所构成的复杂系统。这种系统观促使研究者不仅要关注政策本身的内容、目标与实施效果，还要考察其与外部环境的互动关系，如政策如何受到社会经济条件、政治体制、文化传统等因素的制约与影响，又如何通过其执行反过来影响这些外部环境。这种全面性的分析有助于揭示政策过程的深层逻辑和动态机制。

3. 规范研究方法

在政策过程研究中，应综合运用案例研究和定量分析的方法。案例研究能够深入挖掘政策过程的细节和内在机理，丰富理论内涵；定量研究则能够提供数据支持，验证理论假设。两者的结合可以相互补充，提高研究的全面性和准确性。此外，在政策过程研究中，还应加强对实际政策案例的深入剖析，通过数据收集、分析和解释，验证理论假设，推动理论的不断完善和发展。

四　再出发

作为整合和推动当下中国政策过程研究的尝试，本部分在识别中国特色政策过程的基础上，通过对这些特殊政策过程的知识图谱进行梳理，并在运用多样化理论视角的基础上，为构建具有中国特色的政策过程理论提供了一些指引性的分析框架。我们认为，在这些概念性框架的指引下，通过整合更多的理论视角、开展更扎实的田野调查和经验研究、提升理论自觉性，以及持续进行累积性研究，中国本土化的政策过程理论必然会出现。

参考文献

中文文献

（一）书籍

［1］布赖恩·琼斯．再思民主政治中的决策制定［M］．李丹阳，译．北京：北京大学出版社，2010.

［2］詹姆斯·安德森．公共决策［M］．唐亮，译．北京：华夏出版社，1990.

［3］保罗·A. 萨巴蒂尔．政策过程理论［M］．彭宗超等，译．北京：生活·读书·新知三联书店，2004.

［4］亨廷顿．变革社会中的政治秩序［M］．李盛平，译．北京：华夏出版社，1988.

［5］陈庆云．公共政策分析［M］．北京：北京大学出版社，2006.

［6］陈振明．公共政策学：政策分析的理论、方法和技术［M］．北京：中国人民大学出版社，2004.

［7］陈振明．政策科学［M］．北京：中国人民大学出版社，1998.

［8］理查德·斯科特．制度与组织：思想观念与物质利益［M］．姚伟、王黎芳，译．北京：中国人民大学出版社，2010.

［9］林水波，张世贤．公共政策［M］．台北：五南图书出版公司，1997.

［10］罗德·黑格．比较政府与政治导论［M］．张小劲，译．北京：中国人民大学出版社，2007.

［11］荣敬本等．从压力型体制向民主合作体制的转变：县乡两级政治体制改革［M］．北京：中央编译出版社，1998.

［12］严强，王强．公共政策学［M］．南京：南京大学出版社，2002．

［13］杨宏山．公共政策学（第二版）［M］．北京：中国人民大学出版社，2024．

［14］郑永年．中国模式——经验与困局［M］．杭州：浙江人民出版社，2010．

［15］周黎安．转型中的地方政府：官员激励与治理［M］．上海：格致出版社、上海人民出版社，2008．

［16］朱旭峰．政策变迁中的专家参与［M］．北京：中国人民大学出版社，2012．

（二）论文

［1］白锐，林禹津．以组织混合化获取资源何以可能？——基于双案例的对比研究［J］．中国行政管理，2022．

［2］柏必成．政策变迁动力的理论分析［J］．学习论坛，2010．

［3］彼得·霍尔，罗斯玛丽·泰勒，何俊智．政治科学与三个新制度主义［J］．经济社会体制比较，2003．

［4］蔡长昆，李一凡．差异化耦合与制度化整合：动员式政策的实践逻辑［J］．甘肃行政学院学报，2023．

［5］蔡长昆，李悦箫．权力重塑、政策调适与复杂政策执行：来自县域精准扶贫政策执行的经验［J］．公共管理与政策评论，2021．

［6］蔡长昆，王玉．"政策建构政治"：理解我国"顶层设计-地方细则"——以网约车政策过程为例［J］．甘肃行政学院学报，2019．

［7］蔡长昆，王玉．制度、话语框架与政策设计：以网约车政策为例［J］．公共行政评论，2019．

［8］蔡禾．国家治理的有效性与合法性——对周雪光、冯仕政二文的再思考［J］．开放时代，2012．

［9］蔡英辉．政策清理与政策整合：基于网络治理的研究［J］．北京工业大学学报（社会科学版），2012．

［10］曹海军，陈宇奇．部门间协作网络的结构及影响因素——以S市市域社会治理现代化试点为例［J］．公共管理与政策评论，2022．

［11］曹建云，李红锦，方洪．基于目标偏差的政策组合效果评价

[J]．预测，2020.

[12] 曹正汉．"分散烧锅炉"——中国官民分治政治体制的稳定机制探索 [J]．领导科学，2010.

[13] 曹正汉．中国上下分治的治理体制及其稳定机制 [J]．社会学研究，2011.

[14] 常成．结构-机制视角下长期照护政策执行偏差研究 [J]．社会保障评论，2021.

[15] 陈宝胜．邻比冲突治理政策工具的有效性评价：一个理论框架 [J]．学海，2022.

[16] 陈冠宇，王佃利．迈向协同：跨界公共治理的政策执行过程——基于长江流域生态治理的考察 [J]．河南师范大学学报（哲学社会科学版），2023.

[17] 陈贵梧，林晓虹．网络舆论是如何形塑公共政策的？一个"两阶段多源流"理论框架——以顺风车安全管理政策为例 [J]．公共管理学报，2021.

[18] 陈国权，皇甫鑫．广义政府及其功能性分权 [J]．政治学研究，2022.

[19] 陈国权．经济基础、政府形态及其功能性分权理论 [J]．学术月刊，2020.

[20] 陈家建．督查机制：科层运动化的实践渠道 [J]．公共行政评论，2015.

[21] 陈家喜，汪永成．政绩驱动：地方政府创新的动力分析 [J]．政治学研究，2013.

[22] 陈姣娥，王国华．网络时代政策议程设置机制研究 [J]．中国行政管理，2013.

[23] 陈丽君，傅衍．人才政策执行偏差现象及成因研究——以 C 地区产业集聚区创业创新政策执行为例 [J]．中国行政管理，2017.

[24] 陈玲．官僚体系与协商网络：中国政策过程的理论建构和案例研究 [J]．公共管理评论，2006.

[25] 陈玲，赵静，薛澜．择优还是折衷？转型期中国政策过程的一个解释框架和共识决策模型 [J]．管理世界，2010.

［26］陈升，王鹏，罗伟华．国家重大区域公共政策决策过程研究——以成渝地区双城经济圈建设规划纲要为例［J］．中国行政管理，2023.

［27］陈思丞，阎颖超，赵家鑫．政策网络与创造性执行效能——基于 J 省 M 村盐碱地改良政策执行过程的历时研究［J］．中国行政管理，2024.

［28］陈潭．公共政策变迁的过程理论及其阐释［J］．理论探讨，2006.

［29］陈学飞，张蔚萌．一个上下互动的政策议程设置：中国创办世界一流大学政策制定过程分析［EB/OL］．北大教育经济研究（电子季刊），2004.

［30］陈雪莲，杨雪冬．地方政府创新的驱动模式——地方政府干部视角的考察［J］．公共管理学报，2009.

［31］陈永杰，胡沛验．激励失衡、多权威中心与基层跨部门协作困境——基于 X 县的治砂案例［J］．中国行政管理，2022.

［32］陈昭．"众创"试验：理解中国政策创新的新视角——基于干部容错纠错机制演化的案例研究［J］．公共行政评论，2022.

［33］陈振明，和经纬．政府工具研究的新进展［J］．东南学术，2006.

［34］陈振明，黄元灿．智库专业化建设与公共决策科学化——当代公共政策发展的新趋势及其启示［J］．公共行政评论，2019.

［35］陈振明，薛澜．中国公共管理理论研究的重点领域和主题［J］．中国社会科学，2007.

［36］陈振明，张敏．国内政策工具研究新进展：1998—2016［J］．江苏行政学院学报，2017.

［37］崔晶．基层治理中的政策"适应性执行"——基于 Y 区和 H 镇的案例分析［J］．公共管理学报，2022.

［38］崔晶．政策执行中的压力传导与主动调适——基于 H 县扶贫迎检的案例研究［J］．经济社会体制比较，2021.

［39］崔先维．渐进主义视阈中政策工具的选择［J］．行政论坛，2010.

［40］戴卫东，余洋．中国长期护理保险试点政策"碎片化"与整合路径［J］．江西财经大学学报，2021.

［41］邓集文.中国城市环境治理信息型政策工具效果评估的实证研究［J］.行政论坛，2015.

［42］邓集文.中国城市环境治理信息型政策工具选择的机理——基于政治学的视角［J］.湘潭大学学报（哲学社会科学版），2012.

［43］邓集文.中国城市环境治理信息型政策工具选择的政治逻辑——政府环境治理能力向度的考察［J］.中国行政管理，2012.

［44］邓燕华，王颖异，刘伟.扶贫新机制：驻村帮扶工作队的组织、运作与功能［J］.社会学研究，2020.

［45］狄金华."权力—利益"与行动伦理：基层政府政策动员的多重逻辑——基于农地确权政策执行的案例分析［J］.社会学研究，2019.

［46］丁煌，定明捷."上有政策、下有对策"——案例分析与博弈启示［J］.武汉大学学报（哲学社会科学版），2004.

［47］丁煌，梁健.话语与公共行政：话语制度主义及其公共行政价值评析［J］.上海行政学院学报，2022.

［48］丁煌，马小成，梁健.从观念到行动：公共政策的共识型执行及其逻辑——以贵州数字经济发展政策为例［J］.贵州社会科学，2022.

［49］丁煌，杨代福.政策工具选择的视角、研究途径与模型建构［J］.行政论坛，2009.

［50］丁轶.反科层制治理：国家治理的中国经验［J］.学术界，2016.

［51］董石桃，蒋鸽.渐进性调适：公众议程、网媒议程和政策议程互动的演进过程分析——以"网约车"政策出台为研究对象［J］.中国行政管理，2020.

［52］樊红敏，王怡楚，许冰.县域精准扶贫政策执行中的干部主动性：一个创造性执行的解释框架［J］.中国行政管理，2023.

［53］樊红敏，周勇振.县域政府动员式社会治理模式及其制度化逻辑［J］.中国行政管理，2016.

［54］樊鹏.论中国的"共识型"体制［J］.开放时代，2013.

［55］方浩，杨建.基于多源流模型视角的政策议程分析——以共享单车为例［J］.电子政务，2019.

［56］方珂，张翔，蒋卓余，等.从"自保式执行"到有效治理——地

方自主性实践的制度路径转换［J］．社会学研究，2023．

［57］方琦，范斌．多元关系与运作逻辑：社会组织扶持政策设计基点分析［J］．理论与改革，2016．

［58］方卫华，周华．新政策工具与政府治理［J］．中国行政管理，2007．

［59］房莉杰．中国卫生政策的议程设置——以合作医疗制度为例［J］．社会发展研究，2017．

［60］费久浩．公共政策的间断式变迁何以发生？——以全面"禁野"政策的出台为例［J］．公共管理学报，2021．

［61］费久浩．政策议程设置中网民触发模式的基本要素分析［J］．四川师范大学学报（社会科学版），2015．

［62］冯栋，何建佳．政策试验的要件构成及其优化对策［J］．行政论坛，2008．

［63］冯猛．政策实施成本与上下级政府讨价还价的发生机制 基于四东县休禁牧案例的分析［J］．社会，2017．

［64］冯仕政．中国国家运动的形成与变异：基于政体的整体性解释［J］．开放时代，2011．

［65］弗吉尼亚·格雷，王勇兵．竞争、效仿与政策创新［J］．经济社会体制比较，2004．

［66］傅利平，陈琴，董永庆，等．技术治理何以影响乡镇干部行动？——基于 X 市精准扶贫政策执行过程的分析［J］．公共行政评论，2021．

［67］葛天任．治理结构与政策执行：基于 3 个城市社区建设资金使用案例的实证研究［J］．中国行政管理，2018．

［68］耿羽．行政遮蔽政治：基层治理动员机制的困境——以白沙区征迁工作为例［J］．甘肃行政学院学报，2017．

［69］官晓辰，孙涛．节能减排政策工具降低碳强度影响机制研究——基于 30 省（市、自治区）数据的模糊集定性比较分析［J］．城市问题，2021．

［70］顾建光．公共政策工具研究的意义、基础与层面［J］．公共管理学报，2006．

［71］顾建光，吴明华．公共政策工具论视角述论［J］．科学学研究，2007．

［72］顾丽梅，李欢欢．行政动员与多元参与：生活垃圾分类参与式治理的实现路径——基于上海的实践［J］．公共管理学报，2021．

［73］管兵，夏瑛．政府购买服务的制度选择及治理效果：项目制、单位制、混合制［J］．管理世界，2016．

［74］桂华，夏冬．央地关系中的政策试点——方法与条件［J］．北京工业大学学报（社会科学版），2023．

［75］郭劲光，王杰．"调适性联结"：基层政府政策执行力演变的一个解释［J］．公共管理学报，2021．

［76］郭磊，胡晓蒙．住房公积金缴存比例的调整对谁有利？——基于社会建构理论的分析［J］．公共行政评论，2020．

［77］郭磊，金慧颖．新就业形态劳动者社会保险政策演进与创新——基于政策体制视角的分析［J］．甘肃行政学院学报，2022．

［78］郭磊，沈劲苦．降低基本养老保险费率能促进企业年金参保和缴费吗？——基于政策体系视角的分析［J］．公共行政评论，2021．

［79］郭沁，陈昌文．政策工具是否能有效改善水环境质量——基于30个省份的面板数据分析［J］．社会科学研究，2023．

［80］郭随磊，魏淑艳．政策工具研究的过程论视角：优势、逻辑与框架［J］．东北大学学报（社会科学版），2017．

［81］韩博天，奥利佛·麦尔敦，石磊．规划：中国政策过程的核心机制［J］．开放时代，2013．

［82］韩博天，石磊．中国经济腾飞中的分级制政策试验［J］．开放时代，2008．

［83］韩冬梅．论中国水污染点源排放控制政策体系的改革——基于排污许可证制度的政策整合［J］．中国软科学，2016．

［84］韩志明．问题解决的信息机制及效率——以群众闹大与领导批示为中心的分析［J］．中国行政管理，2019．

［85］郝诗楠，李明炎．运动式治理为何"用而不废"——论作为一种治理工具的运动式治理［J］．探索与争鸣，2022．

［86］郝诗楠．理解运动式与常规化治理间的张力：对上海与香港道路

交通执法案例的比较［J］. 经济社会体制比较，2019.

［87］郝文强，叶敏，刘伟. 执行自主性：地方政府如何实现硬性政策的"软着陆"？［J］. 中国行政管理，2023.

［88］何俊志. 结构、历史与行为——历史制度主义的分析范式［J］. 国外社会科学，2002.

［89］何小舟，刘水云. 教师道德形象建构与政策设计——基于目标群体社会建构与政策设计框架理论［J］. 教育学报，2021.

［90］何雪松，李佳薇. 专家系统驱动的技治主义运动式治理——基于F市创建禁毒示范城市的转译社会学解释［J］. 吉首大学学报（社会科学版），2020.

［91］何艳玲，肖芸. 问责总领：模糊性任务的完成与央地关系新内涵［J］. 政治学研究，2021.

［92］何裕捷. 政策组合复杂程度如何影响政策效能——基于新能源汽车推广的分析［J］. 公共管理学报，2024.

［93］贺东航，孔繁斌. 公共政策执行的中国经验［J］. 中国社会科学，2011.

［94］贺东航，孔繁斌. 中国公共政策执行中的政治势能——基于近20年农村林改政策的分析［J］. 中国社会科学，2019.

［95］贺东航，孔繁斌. 重大公共政策"政治势能"优劣利弊分析——兼论"政治势能"研究的拓展［J］. 公共管理与政策评论，2020.

［96］贺芒，闫博文. 政策试点推动国家治理现代化：何以可能与何以可为——基于"试点——推广"的方法论视角［J］. 求实，2023.

［97］胡赛全，刘展余，雷玉琼，等. 公众对助推型减碳政策的偏好研究：基于联合实验与机器学习方法［J］. 公共行政评论，2022.

［98］胡天祺. 项目制帮扶驱动共同富裕：一个分析框架——基于杭州市"联乡结村"帮扶项目的实证研究［J］. 浙江社会科学，2022.

［99］胡项连. 行动者认知、制度结构与政策工具选择——基于广东省J市低收入人口识别机制设计过程的分析［J］. 求实，2024.

［100］胡象明. 地方政策执行：模式与效果［J］. 经济研究参考，1996.

［101］胡业飞. 组织内协调机制选择与议事协调机构生存逻辑——一

个组织理论的解释 [J]．公共管理学报，2018．

　　[102] 黄冠，乔东平．组合漏斗式试验：中国儿童福利领域政策试验的试点机制及优化研究 [J]．中国行政管理，2021．

　　[103] 黄红华．政策工具理论的兴起及其在中国的发展 [J]．社会科学，2010．

　　[104] 黄伟．试析政策工具研究的发展阶段及主题领域 [J]．国家教育行政学院学报，2008．

　　[105] 黄晓星，丁少芬．基层治理结构与政府数据治理——以 Z 市 T 区网格化管理及其专项行动为例 [J]．公共行政评论，2022．

　　[106] 黄新华，于潇．环境规制影响经济发展的政策工具检验——基于企业技术创新和产业结构优化视角的分析 [J]．河南师范大学学报（哲学社会科学版），2018．

　　[107] 黄振华，杨文迪．地方改革试点的实践样态与行动逻辑——基于"激励—问责"协同性框架的多案例分析 [J]．河南师范大学学报（哲学社会科学版），2024．

　　[108] 季建林．执政成本的公共政策制定 [J]．上海市经济管理干部学院学报，2008．

　　[109] 贾俊雪，秦聪，刘勇政．"自上而下"与"自下而上"融合的政策设计——基于农村发展扶贫项目的经验分析 [J]．中国社会科学，2017．

　　[110] 贾路南．公共政策工具研究的三种传统 [J]．国外理论动态，2017．

　　[111] 江亚洲，郁建兴．重大公共卫生危机治理中的政策工具组合运用——基于中央层面新冠疫情防控政策的文本分析 [J]．公共管理学报，2020．

　　[112] 姜国兵．对公共政策工具五大主题的理论反思 [J]．理论探讨，2008．

　　[113] 姜玲，叶选挺，张伟．差异与协同：京津冀及周边地区大气污染治理政策量化研究 [J]．中国行政管理，2017．

　　[114] 姜艳华，李兆友．多源流理论在我国公共政策研究中的应用述论 [J]．江苏社会科学，2019．

［115］蒋俊杰．跨界治理视角下社会冲突的形成机理与对策研究［J］．政治学研究，2015．

［116］靳永翥，刘强强．从公众话语走向政策话语：一项政策问题建构的话语分析［J］．行政论坛，2017．

［117］靳永翥，刘强强．政策问题源流论：一个发生学的建构逻辑［J］．中国行政管理，2016．

［118］康镇．政策试点的实验主义治理逻辑与转型进路［J］．求实，2020．

［119］赖诗攀，何彬．动员模式与普通官员行为：以公共危机管理为例［J］．中国行政管理，2017．

［120］赖诗攀．强激励效应扩张：科层组织注意力分配与中国城市市政支出的"上下"竞争（1999～2010）［J］．公共行政评论，2020．

［121］赖志杰．强政治势能下的运动式治理及其常规化转型——基于全国农村低保专项治理的研究［J］．公共管理学报，2024．

［122］李超显，黄健柏．流域重金属污染治理政策工具选择的政策网络分析：以湘江流域为例［J］．湘潭大学学报（哲学社会科学版），2017．

［123］李丹林．媒介融合时代传媒管制问题的思考——基于"公共利益"原则的分析［J］．现代传播（中国传媒大学学报），2012．

［124］李辉，胡彬．"混合型"政策创新：我国地方政府政策创新的解释框架——以J市"老楼加梯"为例［J］．山东大学学报（哲学社会科学版），2023．

［125］李辉．理性选择与认知差异：运动模式下基层政策执行的变与不变——基于专项行动的多案例研究［J］．中国行政管理，2021．

［126］李珺．外源压力、内生动力与基层政府政策执行行为选择——基于A市生态环境治理的案例比较分析［J］．公共管理学报，2023．

［127］李乐乐，张雨晴，古德彬．地方政府对中央政策响应差异化的影响因素及机制分析——基于医保支付方式改革的多案例比较［J］．公共管理学报，2024．

［128］李里峰．工作队：一种国家权力的非常规运作机制——以华北土改运动为中心的历史考察［J］．江苏社会科学，2010．

［129］李里峰．群众运动与乡村治理——1945-1976年中国基层政治的

一个解释框架 [J]．江苏社会科学，2014．

[130] 李玲玲．论政策工具与公共行政 [J]．理论探讨，2008．

[131] 李棉管．自保式低保执行——精准扶贫背景下石村的低保实践 [J]．社会学研究，2019．

[132] 李娉，杨宏山．政企互动与规制重建：企业家如何推进政策创新？——基于深圳改革经验的实证分析 [J]．公共管理学报，2020．

[133] 李娉，邹伟．权威调控与知识生产：中国政策试验的双重逻辑——基于能源领域四项试点的案例比较 [J]．中国行政管理，2022．

[134] 李强彬，刘敏婵．论表达自由与公共政策问题的构建 [J]．理论探讨，2008．

[135] 李强彬，支广东，李延伟．中央推进政策试点的差异化政策工具选择逻辑——基于 20 个案例的定性比较分析 [J]．公共行政评论，2023．

[136] 李强，王亚仓．长江经济带环境治理组合政策效果评估 [J]．公共管理学报，2022．

[137] 李少惠，王婷．多元主体参与公共文化服务的行动逻辑和行为策略——基于创建国家公共文化服务体系示范区的政策执行考察 [J]．上海行政学院学报，2018．

[138] 李斯旸，朱亚鹏．目标群体社会建构的转型与政策变迁——基于两种传染病的比较研究 [J]．公共管理与政策评论，2021．

[139] 李文钊．民主的政策设计理论：探究政策过程中的社会建构效应 [J]．学海，2019．

[140] 李文钊．政策过程的决策途径：理论基础、演进过程与未来展望 [J]．甘肃行政学院学报，2017．

[141] 李晓飞．特大城市的群租治理模式转型：从运动式治理走向包容性治理 [J]．行政论坛，2019．

[142] 李旭．议程管理与政治认同 [J]．南通大学学报（社会科学版），2017．

[143] 李雪伟，唐杰，杨胜慧．京津冀协同发展背景下的政策协同评估研究——基于省级"十三五"专项规划文本的分析 [J]．北京行政学院学报，2019．

［144］李亚．协商式智库：理论框架与实践探索［J］．公共管理与政策评论，2021．

［145］李尧磊．运动式环境治理中的"环保军令状"——重塑地方环保责任的政策工具选择［J］．吉首大学学报（社会科学版），2023．

［146］李毅．社会建构类型转换与公共政策变迁——以中国网约车监管政策演变为例［J］．公共管理与政策评论，2019．

［147］李玉霞．借势赋能：地方政府运动式政策执行与公共治理困境——以鄂东H县为例［J］．农业经济问题，2024．

［148］李元珍．央地关系视阈下的软政策执行——基于成都市L区土地增减挂钩试点政策的实践分析［J］．公共管理学报，2013．

［149］连宏萍，贾平，刘志鹏．如何走好"最后一公里"？——基层政府创新的"制度适应"机制［J］．中国行政管理，2021．

［150］廉如鉴．作为社会动员手段的"斗争式运动"——兼评冯仕政、周雪光、蔡禾四篇文章［J］．学海，2014．

［151］练宏．注意力竞争——基于参与观察与多案例的组织学分析［J］．社会学研究，2016．

［152］梁平汉，赵玉兰，章智琦．"一波三折"何以发生：竞技体育"体能测试"政策执行的波动逻辑与调适机制［J］．公共管理与政策评论，2023．

［153］林雪霏．扶贫场域内科层组织的制度弹性——基于广西L县扶贫实践的研究［J］．公共管理学报，2014．

［154］刘冲，乔坤元，周黎安．行政分权与财政分权的不同效应：来自中国县域的经验证据［J］．世界经济，2014．

［155］刘骥，熊彩．解释政策变通：运动式治理中的条块关系［J］．公共行政评论，2015．

［156］刘军强，谢延会．非常规任务、官员注意力与中国地方议事协调小组治理机制——基于A省A市的研究（2002~2012）［J］．政治学研究，2015．

［157］刘磊，吴理财．精准扶贫进程中地方政府的动员式治理及其改进——鄂西H县政府扶贫行为分析［J］．南京农业大学学报（社会科学版），2019．

［158］刘梦岳．治理如何"运动"起来？——多重逻辑视角下的运动式治理与地方政府行为［J］．社会发展研究，2019．

［159］刘培伟．基于中央选择性控制的试验——中国改革"实践"机制的一种新解释［J］．开放时代，2010．

［160］刘培伟．政策设计对执行行为的影响——基于 B 县 W 村干部对低保和新农保政策执行的比较［J］．贵州社会科学，2014．

［161］刘鹏，刘志鹏．工作专班：新型议事协调机构的运行过程与生成逻辑［J］．中国行政管理，2022．

［162］刘然．并非只为试验：重新审视试点的功能与价值［J］．中国行政管理，2020．

［163］刘然．网络舆论触发政策议程机制探讨——在对三起网络公共事件的比较中质疑多源流模型［J］．理论与改革，2017．

［164］刘伟．论我国政策议程设置模式的演进与优化［J］．江苏行政学院学报，2012．

［165］刘伟．政策试点：发生机制与内在逻辑——基于我国公共部门绩效管理政策的案例研究［J］．中国行政管理，2015．

［166］刘伟．政策议程创建模式转型与政府治理能力提升［J］．改革，2008．

［167］刘鑫，汪典典．整合与转型：改革开放以来的知识产权公共政策演进研究［J］．中国软科学，2021．

［168］刘媛．西方政策工具选择理论的多途径研究述评［J］．国外社会科学，2010．

［169］刘志鹏．常规开展的"运动"：基于示范城市评比的研究［J］．公共管理与政策评论，2020．

［170］刘志鹏，康静，果佳．社会组织：民众政策遵从的催化剂——以宁夏云雾山自然保护区为例［J］．公共管理学报，2022．

［171］刘志鹏，刘丽莉．"干部下乡"背后的"政策落地"——基于"精准扶贫"中干部互动视角的分析［J］．中国行政管理，2020．

［172］鲁先锋．网络条件下非政府组织影响政策议程的场域及策略［J］．理论探索，2013．

［173］吕德文．中心工作与国家政策执行——基于 F 县农村税费改革

过程的分析 [J] . 中国行政管理，2012.

[174] 吕芳 . 资源约束、角色分化与地方政府的政策执行——基于公共文化服务示范区建设的案例研究 [J] . 管理世界，2023.

[175] 吕志奎 . 公共政策工具的选择——政策执行研究的新视角 [J] . 太平洋学报，2006.

[176] 罗哲，单学鹏 . 研究共识与差异取向：国内外政策工具研究的比较分析 [J] . 西南民族大学学报（人文社会科学版），2022.

[177] 马得勇 . 历史制度主义的渐进性制度变迁理论——兼论其在中国的适用性 [J] . 经济社会体制比较，2018.

[178] 孟威，保继刚 . 从运动式治理到常态治理：5A景区治理的政策网络分析 [J] . 旅游学刊，2019.

[179] 穆军全 . 政策试验的机制障碍及对策 [J] . 中国特色社会主义研究，2015.

[180] 倪星，黄佳圳 . 工作打断、运动式治理与科层组织的应对策略 [J] . 江汉论坛，2016.

[181] 倪星，原超 . 地方政府的运动式治理是如何走向"常规化"的？——基于S市市监局"清无"专项行动的分析 [J] . 公共行政评论，2014.

[182] 宁骚 . 中国公共政策为什么成功？——基于中国经验的政策过程模型构建与阐释 [J] . 新视野，2012.

[183] 欧阳静 . 论基层运动型治理——兼与周雪光等商榷 [J] . 开放时代，2014.

[184] 庞明礼 . 领导高度重视：一种科层运作的注意力分配方式 [J] . 中国行政管理，2019.

[185] 彭勃，杨铭奕 . 合法性与有效性冲突及其化解：基层公共服务的政策工具选择 [J] . 华中师范大学学报（人文社会科学版），2023.

[186] 彭勃，张振洋 . 国家治理的模式转换与逻辑演变——以环境卫生整治为例 [J] . 浙江社会科学，2015.

[187] 彭向刚 . 多源流模型视角下城市治理的政策议程设置——以非首都功能疏解为例 [J] . 学术研究，2020.

[188] 钱再见 . 论多维理论视角中的政策问题构建 [J] . 学术

界，2013.

[189] 钱再见. 论公共政策冲突的形成机理及其消解机制建构 [J]. 江海学刊，2010.

[190] 乔瓦尼·卡波奇，R. 丹尼尔·凯莱曼，彭号阳，等. 关键节点研究：历史制度主义中的理论、叙事和反事实分析 [J]. 国外理论动态，2017.

[191] 渠敬东. 项目制：一种新的国家治理体制 [J]. 中国社会科学，2012.

[192] 渠敬东，周飞舟，应星. 从总体支配到技术治理——基于中国30年改革经验的社会学分析 [J]. 中国社会科学，2009.

[193] 任丙强. 地方政府环境政策执行的激励机制研究：基于中央与地方关系的视角 [J]. 中国行政管理，2018.

[194] 任星欣，余嘉俊，施祖麟. 制度建设中的运动式治理——对运动式治理的再思考 [J]. 公共管理评论，2015.

[195] 苏竣，郭跃，汝鹏. 从精英决策到大众参与：理性视角下的科技决策模式变迁研究 [J]. 中国行政管理，2014.

[196] 苏利阳，王毅. 中国"央地互动型"决策过程研究——基于节能政策制定过程的分析 [J]. 公共管理学报，2016.

[197] 苏泽. 教育政策基层执行中的"调适式变通"：一个组织学解释——以S县义务教育均衡发展政策执行为例 [J]. 教育发展研究，2023.

[198] 孙发锋. 问题界定的政策效应研究：以党政领导干部兼任社会组织职务问题治理为例 [J]. 中国行政管理，2021.

[199] 孙峰. 参与式议程设置中的信任：从流失到精准修复——基于网约车议程的实证研究 [J]. 中国行政管理，2020.

[200] 孙志建. 政府治理的工具基础：西方政策工具理论的知识学诠释 [J]. 公共行政评论，2011.

[201] 唐斌. 企业如何推开基层治理中的"政策之窗"？——多源流理论的地方实践及其政治逻辑 [J]. 公共管理学报，2017.

[202] 唐皇凤. 常态社会与运动式治理——中国社会治安治理中的"严打"政策研究 [J]. 开放时代，2007.

[203] 唐庆鹏，钱再见. 公共危机治理中的政策工具：型构、选择及

应用 [J]. 中国行政管理, 2013.

[204] 唐贤兴, 田恒. 分权治理与地方政府的政策能力: 挑战与变革 [J]. 学术界, 2014.

[205] 唐贤兴, 余亚梅. 运动式执法与中国治理的困境 [J]. 新疆大学学报 (哲学人文社会科学版), 2009.

[206] 唐贤兴. 政策工具的选择与政府的社会动员能力——对 "运动式治理" 的一个解释 [J]. 学习与探索, 2009.

[207] 唐贤兴. 中国治理困境下政策工具的选择——对 "运动式执法" 的一种解释 [J]. 探索与争鸣, 2009.

[208] 田华文. 生活垃圾强制分类是否可行? ——基于政策工具视角的案例研究 [J]. 甘肃行政学院学报, 2020.

[209] 田华文, 魏淑艳. 政策论坛: 未来我国政策变迁的重要动力——基于广州市城市生活垃圾治理政策变迁的案例研究 [J]. 公共管理学报, 2015.

[210] 王丛虎, 侯宝柱, 祁凡骅. "高模糊-高冲突" 政策实质性执行: 一个创新性的中国方案——以重庆市公共资源交易服务组织 "事转企" 改革为例 [J]. 公共管理学报, 2023.

[211] 王法硕, 王如一. 中国地方政府如何执行模糊性政策? ——基于 A 市 "厕所革命" 政策执行过程的个案研究 [J]. 公共管理学报, 2021.

[212] 王刚, 郑欣. "叠加" 抑或 "挤出": 累加任务影响地方政府行为的多重效应分析. 公共管理学报, 2024.

[213] 王国华, 武晗. 从压力回应到构建共识: 焦点事件的政策议程触发机制研究-基于 54 个焦点事件的定性比较分析 [J]. 公共管理学报, 2019.

[214] 王汉生, 王一鸽. 目标管理责任制: 农村基层政权的实践逻辑 [J]. 社会学研究, 2009.

[215] 王红梅, 王振杰. 环境治理政策工具比较和选择——以北京 PM2.5 治理为例 [J]. 中国行政管理, 2016.

[216] 王红梅. 中国环境规制政策工具的比较与选择——基于贝叶斯模型平均 (BMA) 方法的实证研究 [J]. 中国人口·资源与环境, 2016.

［217］王欢明，陈佳璐．地方政府治理体系对 PPP 落地率的影响研究——基于中国省级政府的模糊集定性比较分析［J］．公共管理与政策评论，2021．

［218］王辉，刘惠敏．政策整合的研究议题与本土展望［J］．上海行政学院学报，2023．

［219］王辉．运动式治理转向长效治理的制度变迁机制研究——以川东 T 区"活禽禁宰"运动为个例［J］．公共管理学报，2018．

［220］王辉．政策工具视角下多元福利有效运转的逻辑——以川北 S 村互助式养老为个案［J］．公共管理学报，2015．

［221］王辉．政策工具选择与运用的逻辑研究——以四川 Z 乡农村公共产品供给为例［J］．公共管理学报，2014．

［222］王家峰．作为设计的政策执行——执行风格理论［J］．中国行政管理，2009．

［223］王礼鑫．动员式政策执行的"兴奋剂效应"假说［J］．武汉大学学报（哲学社会科学版），2015．

［224］王连伟，刘太刚．中国运动式治理缘何发生？何以持续？——基于相关文献的述评［J］．上海行政学院学报，2015．

［225］王刘飞，王毅杰．转型社会中运动式治理的价值探讨——以元镇环境治理为例［J］．南京农业大学学报（社会科学版），2017．

［226］王培杰，彭雨馨，张友浪．政策设计、政策认同和生育偏好——基于"独生子女"政策的反馈效应分析［J］．公共行政评论，2022．

［227］王庆歌，孔繁斌．政策目标群体的身份建构逻辑——以户籍政策及其改革为例［J］．公共管理与政策评论，2022．

［228］王庆华，张海柱．社会管理创新的政策学解读：基于社会建构论的理论探讨［J］．社会科学战线，2012．

［229］王绍光，樊鹏．政策研究群体与政策制定——以新医改为例［J］．政治学研究，2011．

［230］王绍光．学习机制与适应能力：中国农村合作医疗体制变迁的启示［J］．中国社会科学，2008．

［231］王绍光，鄢一龙，胡鞍钢．中国中央政府"集思广益型"决策模式——国家"十二五"规划的出台［J］．中国软科学，2014．

［232］王绍光.中国公共政策议程设置的模式［J］.开放时代，2008.

［233］王绍光.中国公共政策议程设置的模式［J］.中国社会科学，2006.

［234］王诗宗，杨帆.基层政策执行中的调适性社会动员：行政控制与多元参与［J］.中国社会科学，2018.

［235］王婷.政策工具的权变主义研究——基于农村社会养老保险政策的考察分析［J］.社会科学，2018.

［236］王婷.政策问题建构研究——基于中国农村社会养老保险政策的验证［J］.中国行政管理，2017.

［237］王晓红，陈云顺，赵美琳.中国省域科技成果转化政策组合效应研究［J］.科学学研究，2024.

［238］王亚华.中国用水户协会改革：政策执行视角的审视［J］.管理世界，2013.

［239］王英伟.权威应援、资源整合与外压中和：邻避抗争治理中政策工具的选择逻辑——基于（fsQCA）模糊集定性比较分析［J］.公共管理学报，2020.

［240］王铮.政府部门间协作的影响因素及其组织逻辑：基于组织角度的分析［J］.公共管理与政策评论，2023.

［241］韦彩玲，杨臣.政策工具理论的研究状况及其在我国的应用前景——以国内外文献为研究对象［J］.江西社会科学，2012.

［242］魏姝.政治学中的新制度主义［J］.南京大学学报（哲学·人文科学·社会科学版），2002.

［243］魏淑艳，孙峰."多源流理论"视阈下网络社会政策议程设置现代化——以出租车改革为例［J］.公共管理学报，2016.

［244］魏淑艳.中国的精英决策模式及发展趋势［J］.公共管理学报，2006.

［245］文宏，崔铁.运动式治理中的层级协同：实现机制与内在逻辑——一项基于内容分析的研究［J］.公共行政评论，2015.

［246］文宏，杜菲菲.借势赋能："常规"嵌入"运动"的一个解释性框架——基于 A 市"创文"与营商环境优化工作的考察［J］.中国行政管理，2021.

[247] 文宏，郝郁青．运动式治理中资源调配的要素组合与实现逻辑——以武汉市创建"全国文明城市"活动为例 [J]．吉首大学学报（社会科学版），2017.

[248] 文宏，李风山．地方政府危机学习的政策工具偏好及其异质性——基于 2012—2022 年 191 份事故调查报告的实证分析 [J]．理论探讨，2023.

[249] 吴春来，刘心译．党委整合条块：县域统合治理的权力过程与运行机制——以 T 县"美丽乡村建设领导小组"为例 [J]．党政研究，2022.

[250] 吴法．论影响政策工具有效选择的因素 [J]．行政论坛，2004.

[251] 吴群芳，刘清华．目标群体的政策规避与政策悬浮：生活垃圾分类何以不能落地生根？——以天津市滨海新区为例 [J]．城市发展研究，2021.

[252] 吴少微，杨忠．中国情境下的政策执行问题研究 [J]．管理世界，2017.

[253] 吴文强，岳经纶．分散化的行动者如何推动政策变迁？——广东省医疗控费过程中的"碎片化"政策反馈 [J]．经济社会体制比较，2022.

[254] 武晗，王国华．注意力、模糊性与决策风险：焦点事件何以在回应型议程设置中失灵？——基于 40 个案例的定性比较分析 [J]．公共管理学报，2021.

[255] 武俊伟．政策试点：理解当代国家治理结构约束的新视角 [J]．求实，2019.

[256] 武祯妮，李燕玲，尹应凯．区域污染产业转移治理的环境规制工具选择研究——基于新结构经济学视角 [J]．城市问题，2021.

[257] 夏志强，田代洪．恰适性联结：政策认同如何促成政策变现——对"耿车绿色转型"政策执行过程的追踪分析 [J]．甘肃社会科学，2022.

[258] 向淼，郁建兴．运动式治理的长效化：短期性中心工作何以嵌入长期发展战略？[J]．经济社会体制比较，2024.

[259] 向玉琼．政策问题建构线性模式及其解构 [J]．江苏行政学院

学报，2012.

[260] 肖滨，费久浩. 专家-决策者非协同行动：一个新的解释框架——以 A 市政府决策咨询专家的政策参与为例 [J]. 公共管理学报，2020.

[261] 谢小芹，姜敏. 政策工具视角下市域社会治理现代化政策试点的扎根分析——基于全国 60 个试点城市的研究 [J]. 中国行政管理，2021.

[262] 谢小芹，张春梅. 我国数字乡村试点的政策工具偏好及区域差异——基于全国 72 个试点县域的扎根分析 [J]. 东北师大学报（哲学社会科学版），2024.

[263] 邢华，邢普耀. 大气污染纵向嵌入式治理的政策工具选择——以京津冀大气污染综合治理攻坚行动为例 [J]. 中国特色社会主义研究，2018.

[264] 徐国冲，江佳颖，刘燕娜. 制度约束、行动者与政策工具的引入——基于 X 市调查队"扫描数据应用"的案例追踪 [J]. 甘肃行政学院学报，2023.

[265] 徐建牛，施高键. 相机执行：一个基于情境理性的基层政府政策执行分析框架 [J]. 公共行政评论，2021.

[266] 徐明强，许汉泽. 运动其外与常规其内："指挥部"和基层政府的攻坚治理模式 [J]. 公共管理学报，2019.

[267] 徐明强. 指挥部如何指挥？——精准扶贫中地方政府的组织型变与政策执行 [J]. 经济社会体制比较，2021.

[268] 徐湘林. "摸着石头过河"与中国渐进政治改革的政策选择 [J]. 天津社会科学，2002.

[269] 徐晓新，张秀兰. 共识机制与社会政策议程设置的路径——以新型农村合作医疗政策为例 [J]. 清华大学学报（哲学社会科学版），2016.

[270] 徐岩，范娜娜，陈那波. 合法性承载：对运动式治理及其转变的新解释——以 A 市 18 年创卫历程为例 [J]. 公共行政评论，2015.

[271] 徐勇. "政策下乡"及对乡土社会的政策整合 [J]. 当代世界与社会主义，2008.

[272] 许阳. 网络话语影响下的中国公共政策议程建构研究——基于扩散议题战略模型的分析 [J]. 社会科学辑刊, 2014.

[273] 薛金刚. 中国政策过程的西方视角与本土化构建——一个文献述评 [J]. 北京工业大学学报（社会科学版）, 2020.

[274] 薛澜, 陈玲. 中国公共政策过程的研究：西方学者的视角及其启示 [J]. 中国行政管理, 2005.

[275] 薛澜, 林泽梁. 公共政策过程的三种视角及其对中国政策研究的启示 [J]. 中国行政管理, 2013.

[276] 薛澜, 张洪汇. 赋权稳压与激励调适：地方营商环境建设何以有效开展？——基于 A 市的案例观察 [J]. 行政论坛, 2023.

[277] 薛澜, 赵静. 转型期公共政策过程的适应性改革及局限 [J]. 中国社会科学, 2017.

[278] 薛立强, 杨书文. 论中国政策执行模式的特征——以"十一五"期间成功关停小火电为例 [J]. 公共管理学报, 2011.

[279] 鄢一龙, 王绍光, 胡鞍钢. 中国中央政府决策模式演变——以五年计划编制为例 [J]. 清华大学学报（哲学社会科学版）, 2013.

[280] 颜海娜, 于静. 网络订餐食品安全"运动式"治理困境探究——一个新制度主义的分析框架 [J]. 北京行政学院学报, 2018.

[281] 杨斌. 地方政府的政策整合如何促进政策有效执行——云南省 S 县政策"组合拳"的案例研究 [J]. 公共管理学报, 2024.

[282] 杨代福, 丁煌. 中国政策工具创新的实践、理论与促进对策——基于十个案例的分析 [J]. 社会主义研究, 2011.

[283] 杨代福. 政策工具选择的网络分析——以近年我国房地产宏观调控政策为例 [J]. 新疆社会科学, 2009.

[284] 杨代福. 政策工具选择理性分析的理论基础与实证检验 [J]. 华中科技大学学报（社会科学版）, 2009.

[285] 杨光斌. 中国决策过程中的共识民主模式 [J]. 社会科学研究, 2017.

[286] 杨宏山. 创制性政策的执行机制研究——基于政策学习的视角 [J]. 中国人民大学学报, 2015.

[287] 杨宏山. 政策执行的路径—激励分析框架：以住房保障政策为

例［J］. 政治学研究，2014.

［288］杨宏山，周昕宇. 中国特色政策试验的制度发展与运作模式［J］. 甘肃社会科学，2021.

［289］杨华，袁松. 中心工作模式与县域党政体制的运行逻辑——基于江西省 D 县调查［J］. 公共管理学报，2018.

［290］杨华，张丹丹. 沟通式动员：县域上下级政府间政策协商机制及其功能［J］. 华中农业大学学报（社会科学版），2022.

［291］杨雪冬. 压力型体制：一个概念的简明史［J］. 社会科学，2012.

［292］杨志军. 运动式治理模式研究：基于三项内容的考察［J］. 厦门特区党校学报，2013.

［293］杨志军. 中央与地方、国家与社会：推进国家治理现代化的双重维度［J］. 甘肃行政学院学报，2013.

［294］姚东旻，崔琳，张鹏远，等. 中国政府治理模式的选择与转换：一个正式模型［J］. 社会，2021.

［295］姚海琳，张翠虹. 政策工具视角下中国城市矿产政策效果评估［J］. 城市问题，2018.

［296］要蓉蓉，郑石明，邹克. 政策工具何以缓解环境不平等？［J］. 中国人口·资源与环境，2023.

［297］叶敏. 从政治运动到运动式治理——改革前后的动员政治及其理论解读［J］. 华中科技大学学报（社会科学版），2013.

［298］叶托，薛琬烨. "在执行中规划"：软性社会政策的政策规划模式——以 Z 市全民公益园建设为例［J］. 中国行政管理，2019.

［299］伊丽莎白·桑德斯，张贤明. 历史制度主义：分析框架、三种变体与动力机制［J］. 学习与探索，2017.

［300］殷华方，潘镇，鲁明泓. 中央—地方政府关系和政策执行力：以外资产业政策为例［J］. 管理世界，2007.

［301］尹明. 招商引资政策工具对区域创新能力的影响效应——以中山市为例的实证研究［J］. 学术研究，2017.

［302］于永达，药宁. 政策议程设置的分析框架探索——兼论本轮国务院机构改革的动因［J］. 中国行政管理，2013.

[303] 余孝东. 试点改革的运作逻辑与政策化路径——以五轮农村集体产权制度改革试点为例 [J]. 云南社会科学, 2021.

[304] 郁建兴, 高翔. 地方发展型政府的行为逻辑及制度基础 [J]. 中国社会科学, 2012.

[305] 苑春荟, 燕阳. 中央环保督察: 压力型环境治理模式的自我调适——一项基于内容分析法的案例研究 [J]. 治理研究, 2020.

[306] 岳经纶, 范昕. 幼有所育: 新时代我国儿童政策体制的转型 [J]. 北京行政学院学报, 2021.

[307] 臧雷振, 任婧楠. 从实质性政策工具到程序性政策工具: 国家治理的工具选择 [J]. 行政论坛, 2023.

[308] 臧雷振, 徐湘林. 理解"专项治理": 中国特色公共政策实践工具 [J]. 清华大学学报（哲学社会科学版）, 2014.

[309] 曾明, 姜正华. 外部压力下共识形成的政策逻辑 [J]. 江西社会科学, 2021.

[310] 曾志敏, 李乐. 论公共理性决策模型的理论构建 [J]. 公共管理学报, 2014.

[311] 翟文康, 谭西涵. 多重委托代理关系下政策工具的选择逻辑——基于 1069 份突发性公共卫生事件的政策文本分析 [J]. 甘肃行政学院学报, 2022.

[312] 湛中林. 交易成本视角下政策工具的选择与创新 [J]. 江苏行政学院学报, 2015.

[313] 湛中林, 严强. 交易成本视角下政策工具失灵的根源与对策 [J]. 南京社会科学, 2015.

[314] 张程. 数字治理下的"风险压力–组织协同"逻辑与领导注意力分配——以 A 市"市长信箱"为例 [J]. 公共行政评论, 2020.

[315] 张帆, 薛澜. 弥合碎片化的政策设计: 从提升专业性的角度深化公务员制度改革 [J]. 中国行政管理, 2015.

[316] 张海柱. 话语建构与"不决策": 对改革开放初期合作医疗解体的一个理论解释 [J]. 公共行政评论, 2015.

[317] 张海柱. 西方公共政策话语研究: 回顾与展望 [J]. 公共管理与政策评论, 2013.

［318］张海柱 . 政策设计与民主：目标群体的社会建构理论述评 [J] . 公共管理与政策评论，2017.

［319］张海柱 . 政策议程设置中的社会建构逻辑——对"农村义务教育学生营养改善计划"的分析 [J] . 学术论坛，2013.

［320］张虎祥 . 动员式治理中的社会逻辑——对上海 K 社区一起拆违事件的实践考察 [J] . 公共管理评论，2006.

［321］张建明，黄政 . "结构—利益—关系之网"与基层政策执行——对华北 D 镇散煤回收工作的考察 [J] . 社会学评论，2021.

［322］张剑，李鑫 . 复杂情境下系统性政策问题的应对：政策组合理论的研究评述 [J] . 公共管理与政策评论，2022.

［323］张军涛，马宁宁 . 城镇化进程中财政政策工具影响效应分析 [J] . 西南民族大学学报（人文社科版），2018.

［324］张康之，向玉琼 . 从"多元主义"向"政策网络"的转变——考察政策问题建构视角演变的路径 [J] . 江海学刊，2014.

［325］张楠迪扬，张子墨，丰雷 . 职能重组与业务流程再造视角下的政府部门协作——以我国"多规合一"改革为例 [J] . 公共管理学报，2022.

［326］张润君，任伊扬 . 公共政策科学研究中的"问题"范式 [J] . 西北师大学报（社会科学版），2012.

［327］张绍阳，刘琼，欧名豪 . 财政竞争、引资竞争与土地约束性指标管控政策执行偏差 [J] . 中国人口·资源与环境，2018.

［328］张贤明，崔珊珊 . 规制、规范与认知：制度变迁的三种解释路径 [J] . 理论探讨，2018.

［329］张翔，陈婧 . 再论地方政府的政策变通执行：意义结构、组织逻辑与行动策略 [J] . 天津社会科学，2021.

［330］张翔 . 地方政府的创造性执行何以可能——基于"智慧 T 市"项目执行过程的个案分析 [J] . 中国行政管理，2023.

［331］张翔 . 基层政策执行的"共识式变通"：一个组织学解释——基于市场监管系统上下级互动过程的观察 [J] . 公共管理学报，2019.

［332］张新文，杜春林 . 政策工具研究路径的解构与建构——兼评《公共政策工具：对公共管理工具的评价》[J] . 公共管理与政策评

论，2014.

［333］张新文．政策工具中的志愿者途径浅谈［J］．学习与实践，2008.

［334］张永宏．从组织间关系看政策执行差距：L镇农民工保护个案分析［J］．广西民族大学学报（哲学社会科学版），2009.

［335］张永军，梁东黎．晋升激励、官员注意力配置与公共品供给［J］．理论导刊，2010.

［336］张友浪，王培杰．政策如何塑造大众？基于最近三十年国际政策反馈研究的元分析［J］．公共行政评论，2024.

［337］章文光，宋斌斌．从国家创新型城市试点看中国实验主义治理［J］．中国行政管理，2018.

［338］赵德余．政策共同体、政策响应与政策工具的选择性使用——中国校园公共安全事件的经验［J］．公共行政评论，2012.

［339］赵慧．政策试点的试验机制：情境与策略［J］．中国行政管理，2019.

［340］赵静，陈玲，薛澜．地方政府的角色原型、利益选择和行为差异——一项基于政策过程研究的地方政府理论［J］．管理世界，2013.

［341］赵静．决策删减—执行协商：中国山西煤炭产业政策过程研究［D］．清华大学博士学位论文，2014.

［342］赵静，薛澜，回应式议程设置模式-基于中国公共政策转型一类案例的分析［J］．政治学研究，2017.

［343］赵静．执行协商的政策效果：基于政策裁量与反馈模型的解释［J］．管理世界，2022.

［344］赵聚军，王智睿．职责同构视角下运动式环境治理常规化的形成与转型——以S市大气污染防治为案例［J］．经济社会体制比较，2020.

［345］赵新峰，袁宗威．京津冀区域政府间大气污染治理政策协调问题研究［J］．中国行政管理，2014.

［346］赵新峰，袁宗威，马金易．京津冀大气污染治理政策协调模式绩效评析及未来图式探究［J］．中国行政管理，2019.

［347］郑崇明．论克里斯玛、职业激励与国家运动［J］．电子科技大学学报（社科版），2014.

［348］郑寰．跨域治理中的政策执行困境——以我国流域水资源保护为例［J］．甘肃行政学院学报，2012．

［349］郑石明，罗凯方．大气污染治理效率与环境政策工具选择——基于 29 个省市的经验证据［J］．中国软科学，2017．

［350］郑石明．嵌入式政策执行研究——政策工具与政策共同体［J］．南京社会科学，2009．

［351］钟裕民．双层互动决策模型：近十年来中国政策过程的一个解释框架［J］．南京师大学报（社会科学版），2018．

［352］周飞舟．锦标赛体制［J］．社会学研究，2009．

［353］周建青，胡健．互联网型运动式治理的运行逻辑、策略限度与推进理路——基于 Z 市的案例分析［J］．电子政务，2024．

［354］周建青，张世政．政策工具"理性"回归：突发公共卫生事件应对的逻辑进路与效用检视［J］．求实，2023．

［355］周黎安．行政发包制［J］．社会，2014．

［356］周黎安．中国地方官员的晋升锦标赛模式研究［J］．经济研究，2007．

［357］周望．如何"先试先行"？——央地互动视角下的政策试点启动机制［J］．北京行政学院学报，2013．

［358］周望．中国"政策试验"初探：类型、过程与功能［J］．理论与现代化，2011．

［359］周昕宇，杨宏山．中国政策创新的竞争性试验模式［J］．地方治理研究，2022．

［360］周雪光．基层政府间的"共谋现象"——一个政府行为的制度逻辑［J］．社会学研究，2008．

［361］周雪光，练宏．政府内部上下级部门间谈判的一个分析模型——以环境政策实施为例［J］．中国社会科学，2011．

［362］周雪光．权威体制与有效治理：当代中国国家治理的制度逻辑［J］．开放时代，2011．

［363］周雪光．项目制：一个"控制权"理论视角［J］．开放时代，2015．

［364］周雪光．行政发包制与帝国逻辑 周黎安《行政发包制》读后感

[J]．社会，2014.

[365] 周雪光．运动型治理机制：中国国家治理的制度逻辑再思考[J]．开放时代，2012.

[366] 周义程，刘伟．协合型政策议程建构的话语民主分析[J]．理论探讨，2009.

[367] 朱春奎，毛万磊．议事协调机构、部际联席会议和部门协议：中国政府部门横向协调机制研究[J]．行政论坛，2015.

[368] 朱春奎，舒皋甫，曲洁．城镇医疗体制改革的政策工具研究[J]．公共行政评论，2011.

[369] 朱德米．构建流域水污染防治的跨部门合作机制——以太湖流域为例[J]．中国行政管理，2009.

[370] 朱德米．新制度主义政治学的兴起[J]．复旦学报（社会科学版），2001.

[371] 朱光喜．政策"反协同"：原因与途径——基于"大户籍"政策改革的分析[J]．江苏行政学院学报，2015.

[372] 朱水成，李正明．网络民意在政策问题建构中的作用研究[J]．上海行政学院学报，2012.

[373] 朱旭峰，张友浪．地方政府创新经验推广的难点何在——公共政策创新扩散理论的研究评述[J]．人民论坛·学术前沿，2014.

[374] 朱旭峰，赵慧．自下而上的政策学习——中国三项养老保险政策的比较案例研究[J]．南京社会科学，2015.

[375] 朱亚鹏，李斯旸．目标群体社会建构与政策设计框架：发展与述评[J]．中山大学学报（社会科学版），2017.

[376] 朱亚鹏．网络社会下中国公共政策议程设定模式的转型——基于"肝胆相照"论坛的分析[J]．中山大学学报（社会科学版），2010.

[377] 朱亚鹏，肖棣文．谁在影响中国的媒体议程：基于两份报纸报道立场的分析[J]．公共行政评论，2012.

[378] 朱亚鹏．政策过程中的政策企业家：发展与评述[J]．中山大学学报（社会科学版），2012.

[379] 庄垂生．政策变通的理论：概念、问题与分析框架[J]．理论探讨，2000.

[380] 庄贵阳. 中国低碳城市试点的政策设计逻辑 [J]. 中国人口·资源与环境, 2020.

[381] 卓越, 郑逸芳. 政府工具识别分类新捋 [J]. 中国行政管理, 2020.

英文文献

(一) 书籍

[1] Adorno, T., Frenkel-Brunswik, E., Levinson, D. J., & Nevitt Sanford, R. (1950). *The authoritarian personality.* Harpers.

[2] Bache, Ian. (2012). *Multi-level governance in the European Union. In the Oxford handbook of governance, ed. David Levi-Faur, 628-641.* Oxford: Oxford University Press.

[3] Bakir, Caner. (2013). *Bank Behaviour and Resilience: The Effect of Structures, Institutions and Agents.* Basingstoke: Palgrave Macmillan.

[4] Bakir, C. (2013). *Bank behaviour and resilience: The effects of structures, institutions and agents.* Basingstoke: Palgrave Macmillan.

[5] Baumgartner, Frank R., and Bryan D. Jones. (2010). *Agendas and Instability in American Politics.* University of Chicago Press.

[6] Baumgartner, F. R., & Jones, B. D. (1993). *Agendas and Instability in American Politics.* University of Chicago Press.

[7] Bekkers, V. J. J. M., J. Edelenbos and B. Steijn. (2011). *Innovation in the Public Sector: Linking Capacity and Leadership.* Palgrave Macmillan.

[8] Bendor, J. (2015). *Bounded Rationality and Politics.* University of California Press.

[9] Birkland, Thomas A. (2019). *An introduction to the policy process: Theories, Concepts, and Models of Public Policy Making.* Routledge.

[10] Bob Jessop. (1990). *State Theory: Putting the Capitalist State in its Place.* Cambridge: Polity Press.

[11] Brandl, John E. (2010). *Money and Good Intentions are not Enough: or, Why a Liberal Democrat Thinks States Need both Competition and Community.* Brookings

Institution Press.

[12] Campbell, John L. (2004). *Institutional Change and Globalization.* Princeton University Press.

[13] Campbell, John L. (1997). *Mechanisms of Evolutionary Change in Economic Governance: Interaction, Interpretation and Bricolage. Evolutionary Economics and Path Dependence.* Edward Elgar Publishing.

[14] Cels, Sanderijn, Jorrit De Jong, and Frans Nauta. (2012). *Agents of Change: Strategy and Tactics for Social Innovation.* Rowman and Littlefield.

[15] Cobb, Roger W., and Elder, Charles D. (1983). *Participation in American Politics: The Dynamics of Agenda Building, 2nd ed.* Boston: Allyn and Bacon.

[16] Downs Jr, George Woodrow. (1976). *Bureaucracy, Innovation, and Public Policy.* University of Michigan.

[17] Easton, D. (1999). *The Political System: An Inquiry into the State of Political Science.* University of Chicago Press.

[18] Fewsmith, Joseph. (2013). *The Logic and Limits of Political Reform in China.* Cambridge University Press.

[19] Florini, Ann M., Hairong Lai, and Yeling Tan. (2012). *China Experiments: From Local Innovations to National Reform.* Washington: Brookings Institution Press.

[20] Giddens, Anthony. (1984). *The constitution of society: Outline of the theory of structuration.* University of California Press.

[21] Gunningham, Neil, Peter Grabosky, and Darren Sinclair. (1998). *Smart Regulation: Designing Environmental Policy.* Oxford University Press.

[22] Guston, David H. (2000). *Between Politics and Science: Assuring the Integrity and Productivity of Research.* Cambridge: Cambridge University Press.

[23] Heclo, Hugh. (2010). *Modern Social Politics in Britain and Sweden.* ECPR Press.

[24] Howlett, M., & Ramesh, M. (2003). *Studying Public Policy: Policy Cycles and Policy Subsystems(2nd ed.).* Oxford: Oxford University Press.

[25] Huntington, S. (1968). *Political Order in Changing Societies.* New Haven, CT: Yale University Press.

[26] Jones, Bryan D., and Frank R. Baumgartner. (2005). *The Politics of Attention: How Government Prioritizes Problems*. University of Chicago Press.

[27] Kingdon, John. (2011). *Agendas, Alternatives, and Public Policies*. Boston, MA: Longman.

[28] Kingdon, John W. (1984). *Agendas, Alternatives, and Public Policies*. Boston: Little, Brown and Company.

[29] Kingdon, J. W. (1995). *Agendas, alternatives, and public policies (2nd ed.)*. New York, NY: Harper Collins.

[30] Kingdon J W. (2003). *Agendas, Alternatives and Public Policies*. New York: Longman.

[31] Lasswell, H. D. (1956). *The decision process : seven categories of functional analysis*. Bureau of Governmental Research, College of Business and Public Administration, University of Maryland.

[32] Leca, Bernard, Julie Battilana, and Eva Boxenbaum. (2008). *Agency and Institutions: A Review of Institutional Entrepreneurship*. Cambridge, MA: Harvard Business School.

[33] Levin, Martin A., and Mary Bryna Sanger. (1994). *Making Government Work: How Entrepreneurial Executives Turn Bright Ideas into Real Results*. Jossey-Bass Inc Pub.

[34] Lewis, Elmer Eugene. (1980). "Public Entrepreneurship: Toward A Theory of Bureaucratic Political Power." *The Organizational Lives of Hyman Rickover, J. Edgar Hoover and Robert Moses*. Bloomington, IL: Indiana University Press.

[35] Lieberthal, Kenneth, and Michel Oksenberg. (1988). *Policy making in China: Leaders, Structures, and Processes*. Princeton University Press.

[36] Lowndes, Vivien, and Mark Roberts. (2013). *Why Institutions Matter: The New Institutionalism in Political Science*. Bloomsbury Publishing.

[37] Majone, Giandomenico. 1988. "*Policy Analysis and Public Deliberation.*" *In The Power of Public Ideas, Chap. 7, ed.* Robert B. Reich. Cambridge, MA: Harvard University Press. P160.

[38] March, J. P. Olsen, eds. (1976). *Ambiguityand Choice in Organizations*.

Bergen, Norway: Universitetsforlaget.

［39］Mazmanian, D. A. , P. A. Sabatier, eds. （1983）. *Implementation and Public Policy*. Glenville: Scott, Foresman.

［40］Merritt, Richard L. , and Merritt, Anna J. , eds. （1985）. *Innovation in the Public Sector. Beverly Hills*, Sage.

［41］Mintrom, Michael. （2000）. *Policy entrepreneurs and school choice*. Georgetown University Press.

［42］North, Douglass C. （1990）. *Institutions, Institutional Change and Economic Performance*. Cambridge University Press.

［43］Osborne, David, and Ted Gaebler. （1992）. *Reinventing Government: How the Entrepreneurial Spirit is Transforming the Public Sector*. Reading: Addison-Wesley Pub.

［44］Ostrom, Elinor. （1990）. *Governing the Commons*: *The Evolution of Institutions for Collective Action*. Cambridge University Press.

［45］Petticrew M. and Roberts H. （2006）. *Systematic Reviews in the Social Sciences: A Practical Guide*. Oxford: Blackwell Publishing.

［46］Pfeffer, J. and Salancik, G. R. （1978）. *External control of organizations*. New York: Harper and Row.

［47］Polsby, Nathan W. （1984）. *Political innovation In America: The Polities of Policy Initiation*. New Haven, Conn. Yale University Press.

［48］Powell, Walter W. , and Paul DiMaggio. （1991）. *The New Institutionalism in Organizational Analysis*. University of Chicago Press.

［49］Rhodes, R. A. W. , S. Binder, and B. Rockman. （2006）. *The Oxford Handbook of Political Institutions*. Oxford University Press.

［50］Roberts, Nancy Charlotte, and Paula J. King. （1996）. *Transforming Public Policy*: *Dynamics of Policy Entrepreneurship and Innovation*. San Francisco, CA: Jossey-Bass.

［51］Rogers, E. M. （2003）. *Diffusion of Innovations*. 5*th edn*. New York: The Free Press.

［52］Rogers, Everett. （1995）. *Diffusion of innovation*. New York: The Free Press.

[53] R. O. Keohane. (1989). Neoliberal Institutionalism: A Perspective on World Politics. in Robert O. Keohane ed. *International Institutions and State Power: Essays in International Relations Theory*. Colorado: Westview Press, Inc.

[54] Sabatier, P. A. (2017). *Theories of the Policy Process*, 4*nd ed*. Boulder: Westview Press.

[55] Scott, W. R. (2001). *Institutions and Organizations (2nd ed.)*. Los Angeles, CA: Sage Publications.

[56] Shapiro, Judith. (2001). *Mao's war against nature: Politics and the environment in revolutionary China*. New York: Cambridge University Press.

[57] Simon, H. A. (1997). *Administrative Behavior: A Study of Decision-Making Processes in Administrative Organization(4th ed.)*. Free Press.

[58] Smith, Michael E. (2004). *Europe's Foreign and Security Policy: The Institutionalization of Cooperation*. Cambridge University Press.

[59] Streeck, Wolfgang, and Kathleen Thelen, eds. (2005). *Beyond continuity: Institutional Change in Advanced Political Economies*. Oxford University Press.

(二)论文

[1] Adam, S. and H. Kriesi. (2007). "The network approach. "*Theories of the Policy Process*, xx-xx.

[2] Ahlers, Anna L., and Gunter Schubert. (2022). "Nothing new under 'top-level design'? A review of the conceptual literature on local policymaking in China. "*Issues and Studies*, 58(1), 1-34.

[3] Ahlers, Anna L., and Gunter Schubert. (2013). "Strategic modelling: 'Building a new socialist countryside' in three Chinese counties. " *The China Quarterly*, 21(6), 831-849.

[4] Aiken, Michael, and Jerald Hage. (1971). "The organic organization and innovation. "*Sociology*, 5(1), 63-82.

[5] Almén, O. (2018). "Participatory innovations under authoritarianism: Accountability and responsiveness in Hangzhou's social assessment of government performance. "*Journal of Contemporary China*, 27(110): 165-179.

[6] Almén, Oscar. (2015). "Local Participatory Innovations and Experts as

Political Entrepreneurs: The Case of China's Democracy Consultants. " *Democratization*. 23(3), 478-497.

[7] Almén, Oscar. (2016). "Local participatory innovations and experts as political entrepreneurs: The case of China's democracy consultants. " *Democratization*, 23(3), 478-497.

[8] Anderies, J. M., Janssen, M. A. (2013). "Robustness of social-ecological systems: Implications for public policy. " *Policy Studies Journal*, 41(3): 513-536.

[9] Bakir, Caner, and Darryl SL Jarvis. (2017). "Contextualising the context in policy entrepreneurship and institutional change. " *Policy and Society*, 36(4), 465-478.

[10] Bakir, Caner, and K. Aydin Gunduz. (2020). "The importance of policy entrepreneurs in developing countries: A systematic review and future research agenda. " *Public Administration and Development*, 40(1), 11-34.

[11] Bakir, Caner. (2009). "Policy entrepreneurship and institutional change: Multilevel governance of central banking reform. " *Governance*, 22(4), 571-598.

[12] Balla, Steven J. (2001). "Interstate Professional Associations and the Diffusion of Policy Innovations. " *American Politics Research*, 29(3), 221-245.

[13] Barley, Stephen R., and Pamela S. Tolbert. (1997). "Institutionalization and structuration: Studying the links between action and institution. " *Organization Studies*, 18(1), 93-117.

[14] Barzelay, Michael, and Raquel Gallego. (2006). "From 'New Institutionalism' to 'Institutional Processualism': Advancing Knowledge about Public Management Policy Change. " *Governance*, 19(4), 531-557.

[15] Battilana, Julie, Bernard Leca, and Eva Boxenbaum. (2009). "How actors change institutions: towards a theory of institutional entrepreneurship. " *Academy of Management Annals*, 3(1), 65-107.

[16] Baumgartner, Frank R., and Bryan D. Jones, eds. (2002). *Policy Dynamics*. University of Chicago Press.

[17] Baumgartner, Frank R. (2013). "Ideas and policy change. " *Governance*, 26(2), 239-258.

[18] Berry, Frances Stokes, and William D. Berry. (1990). "State lottery

adoptions as policy innovations: An event history analysis. "*American political science review*, 84(2), 395-415.

[19] Biddulph, Sarah, Sean Cooney, and Ying Zhu. (2012). "Rule of law with Chinese characteristics: The role of campaigns in lawmaking. "*Law and Policy*, 34(4), 373-401.

[20] Biesbroek, G. Robbert, et al. (2013). "On the nature of barriers to climate change adaptation. "*Regional Environmental Change*, 13(5), 1119-1129.

[21] Birkland, Thomas A. (1998). "Focusing events, mobilization, and agenda setting. "*Journal of Public Policy*, 18(1), 53-74.

[22] Birney, Mayling. (2013). "Decentralization and veiled corruption under China's rule of mandates. "*World Development*, 53, 55-67.

[23] Black, Julia. (1997). "New institutionalism and naturalism in socio-legal analysis: Institutionalist approaches to regulatory decision making. "*Law and Policy*, 19(1), 51-93.

[24] Béland, Daniel, and Robert Henry Cox. (2016). "Ideas as coalition magnets: coalition building, policy entrepreneurs, and power relations. "*Journal of European Public Policy*, 23(3), 428-445.

[25] Bommert, Ben. (2010). "Collaborative innovation in the public sector. " *International Public Management Review*, 11(1), 15-33.

[26] Boyne, George, Steve Martin, and Richard Walker. (2004). "Explicit reforms, implicit theories and public service improvement. " *Public Management Review*, 6(2), 189-210.

[27] Brouwer, Stijn, and Frank Biermann. (2011). "Towards adaptive management: examining the strategies of policy entrepreneurs in Dutch water management. "*Ecology and Society*, 16(4), Article 5.

[28] Burt, Ronald S. (2000). "The network structure of social capital. " *Research in Organizational Behavior*, 22, 345-423.

[29] Cai, Changkun, and Na Tang. (2023). "China's campaign-style implementation Regime: how is "Targeted poverty Alleviation "being achieved locally?. "*Journal of Chinese Political Science*, 28(4), 645-669.

[30] Cai, Changkun, Weiqi Jiang, and Na Tang. (2022). "Campaign-style

crisis regime: How China responded to the shock of COVID-19. "*Policy Studies*, 43 (3), 599-619.

[31] Cairney, Paul. (2018). "Three habits of successful policy entrepreneurs." *Policy and Politics*, 46(2), 199-215.

[32] Callaghan, Timothy, and Steven Sylvester. (2021). "Private citizens as policy entrepreneurs: Evidence from autism mandates and parental political mobilization. "*Policy Studies Journal*, 49(1), 123-145.

[33] Candel, Jeroen JL, and Robbert Biesbroek. (2016). "Toward a Processual Understanding of Policy Integration. "*Policy Sciences*, 49(3), 211-231.

[34] Cao, Yuanzheng, Yingyi Qian, and Barry R. Weingast. (1999). "From federalism, Chinese style to privatization, Chinese style. "*Economics of Transition*, 7 (1), 103-131.

[35] Capano, Giliberto, and Michael Howlett. (2020). "The knowns and unknowns of policy instrument analysis: Policy tools and the current research agenda on policy mixes. "*Sage Open*, 10(1), 2158-2440.

[36] Carney, Dana R., et al. (2008). "The secret lives of liberals and conservatives: Personality profiles, interaction styles, and the things they leave behind. "*Political Psychology*, 29(6), 807-840.

[37] Carter Wilson. (2000). "Policy regime and policy change. "*Journal of Public Policy*, 20(3), 247-274.

[38] Catney, Philip, and John M. Henneberry. (2016). "Public entrepreneurship and the politics of regeneration in multi-level governance. " *Environment and Planning C: Government and Policy*, 34(7), 1324-1343.

[39] Cejudo, G. M., and Trein, P. (2023). "Policy integration as a political process. "*Policy Sciences*, 56(1), 3-8.

[40] Chaqués, Laura, and Anna Palau. (2009). "Comparing the dynamics of change in food safety and pharmaceutical policy in Spain. "*Journal of Public Policy*, 29 (1), 103-126.

[41] Charles, Lindblom. (1959). "The science of muddling through. "*Public Administration Review*, 19(2), 79-88.

[42] Chen, Lijun, and Yan Fu. (2017). "Dynamics of the rise of the privately-

run and government-subsidised think tank and its influence in talent policy making-Case study of the zhejiang institution of talent development. "*Journal of Chinese Governance*, 2(1), 50–67.

[43] Chen, Tianxiang. (2002). "The roles and the ways of institutional innovation of local government in China. "Journal of Sun Yat-sen University (Social Science Edition), 3, 111–118.

[44] Chen, X., and X. Yang. (2009). "The innovative model of local government: Local cadres' perspectives and considerations. "*Public Administration*, 6 (3), 1–11.

[45] Chen, Xuelian, and Christian Göbel. (2016). "Regulations against revolution: Mapping policy innovations in China. "*Journal of Chinese Governance*, 1 (1), 78–98.

[46] Chen, Yuyu, et al. (2012). "Gaming in air pollution data? Lessons from China. "*The BE Journal of Economic Analysis and Policy*, 12(3), 1–43.

[47] Chen, Yuyu, et al. (2013). "The promise of Beijing: Evaluating the impact of the 2008 Olympic Games on air quality. " *Journal of Environmental Economics and Management*, 66(3), 424–443.

[48] Christensen, Tom, and Per Lægreid. (2003). "Administrative reform policy: The challenges of turning symbols into practice. "*Public Organization Review*, 3(1), 3–27.

[49] Christopoulos, Dimitrios C. (2006). "Relational attributes of political entrepreneurs: a network perspective. "*Journal of European Public Policy*, 13 (5), 757–778.

[50] Christopoulos, Dimitris, and Karin Ingold. (2015). "Exceptional or just well connected? Political entrepreneurs and brokers in policy making. "*European political science review*, 7(3), 475–498.

[51] Chung, J. H. (2016). "China's Local Governance in Perspective: Instruments of Central Government Control. "*The China Journal*, 75, 38–60.

[52] Clark, P. B., Wilson, J. Q. (1961). "Incentive systems: A theory of organizations. "*Administrative Science Quarterly*, 6(2), 129–166.

[53] Cobb, Roger, Jennie-Keith Ross, and Marc Howard Ross. (1976).

"Agenda building as a comparative political process. " *American Political Science Review*, 70(1), 126-138.

[54] Cohen, Michael D. , James G. March, and Johan P. Olsen. (1972). "A garbage can model of organizational choice. "*Administrative Science Quarterly*, 17(1), 1-25.

[55] Cohen, Nissim. (2012). "Policy entrepreneurs and the design of public policy: The case of the national health insurance law in Israel. "*Journal of Social Research and Policy*, 3(1), 5-26.

[56] Colebatch, Hal K. (2018). "The idea of policy design: Intention, process, outcome, meaning and validity. "*Public Policy and Administration* , 33(4), 365-383.

[57] Colomy, Paul, and Gary Rhoades. (1994). "Toward a micro corrective of structural differentiation theory. "*Sociological Perspectives*, 37(4), 547-583.

[58] Crouch, Colin, and Henry Farrell. (2004). "Breaking the path of institutional development? Alternatives to the new determinism. "*Rationality and Society*, 16(1), 5-43.

[59] Damanpour, Fariborz. (1991). "Organizational innovation: A meta-analysis of effects of determinants and moderators. "*The Academy of Management Journal*, 34(3), 555-590.

[60] Damanpour, F. , Evan, W. M. (1984). "Organizational innovation and performance: The problem of ' organizational lag. "*Administrative Science Quarterly*, 29 (3), 392-409.

[61] David M. Lampton. (1987). "Chinese politics: The bargaining treadmill. "*Issues and Studies*, 3(3), 11-41.

[62] Davis, James H. , et al. (2007). "Mission possible: Do school mission statements work?. "*Journal of Business Ethics*, 70(1), 99-110.

[63] DiMaggio, Paul J. (1988). "Interest and agency in institutional theory. " *Institutional patterns and organizations: Culture and Environment*, 3-21.

[64] Dong, Di, et al. (2024). "Recentralization and the long-lasting effect of campaign-style enforcement: From the perspective of authority allocation. "*Review of Policy Research*, 41(1), 239-275.

[65] Dorf, M. C. , Sabel, C. F. (1998) . "A Constitution of Democratic Experimentalism. "*Columbia Law Review*, 98(2) , 267–473.

[66] Emirbayer, Mustafa, and Ann Mische. (1998) . "What is agency?" *American Journal of Sociology*, 103(4) , 962–1023.

[67] Falagas, Matthew E. , et al. (2008) . "Comparison of PubMed, Scopus, web of science, and Google scholar: strengths and weaknesses. "*The FASEB Journal*, 22(2) , 338–342.

[68] Faling, Marijn, et al. (2019) . "Policy entrepreneurship across boundaries: A systematic literature review. "*Journal of Public Policy*, 39(2) , 393–422.

[69] Fan, Bonai, Zhongxian Duan, and Lei Jiang. (2012) . "Literature review on innovation policy. "*Soft Science*, 26(11) , 43–47.

[70] Feiock, R. C. (2013) . "The institutional collective action framework. " *Policy Studies Journal*, 41(3) : 397–425.

[71] Feldman, Stanley, and Christopher Johnston. (2014) . "Understanding the determinants of political ideology: Implications of structural complexity. " *Political Psychology*, 35(3) , 337–358.

[72] Funk, Carolyn L. , et al. (2013) . "Genetic and environmental transmission of political orientations. "*Political Psychology*, 34(6) , 805–819.

[73] Gains, Francesca, Peter C. John, and Gerry Stoker. (2005) . "Path dependency and the reform of English local government. "*Public Administration*, 83 (1) , 25–45.

[74] Galanti, Maria Tullia. (2018) . "Enablers and Time: How Context Shapes Entrepreneurship in Institutional and Policy Change. " *Institutional Entrepreneurship and Policy Change*. 41–61.

[75] Göbel, Christian, et al. (2017) . "The policy innovation imperative: changing techniques for governing China's local governors. " *To Govern China*: *Evolving Practices of Power*, 283–308.

[76] Giddens, Anthony. (1999) . "Elements of the theory of structuration. " *The Blackwell Reader in Contemporary Social Theory*. Blackwell, 119–130.

[77] Givoni, Moshe. (2014) . "Addressing transport policy challenges through policy-packaging. "*Transportation Research Part A*: *Policy and Practice*, 60, 1–8.

[78] Glor, Eleanor D. (2001). "Key factors influencing innovation in government." *The Innovation Journal*, 6(2), 1-20.

[79] Goldthau, Andreas, and Michael LaBelle. (2016). "The power of policy regimes: explaining shale gas policy divergence in Bulgaria and Poland." *Review of Policy Research*, 33(6), 603-622.

[80] Green, Jessica F. (2017). "Policy entrepreneurship in climate governance: Toward a comparative approach." *Environment and Planning C: Politics and Space*, 35(8), 1471-1482.

[81] Greenwood, Royston, and Roy Suddaby. (2006). "Institutional entrepreneurship in mature fields: The big five accounting firms." *Academy of Management Journal*, 49(1), 27-48.

[82] Greif, Avner, and David D. Laitin. (2004). "A theory of endogenous institutional change." *American Political Science Review*, 98(4), 633-652.

[83] Gunningham, Neil, and Darren Sinclair. (1999). "Regulatory pluralism: Designing policy mixes for environmental protection." *Law and Policy*, 21(1), 49-76.

[84] Gunter Schubert, Bjorn Alpermann. (2019). "Studying the Chinese Policy Process in the Era of 'Top-Level Design': the Contribution of 'Political Steering' Theory." *Journal of Chinese Political Science*, 24, 199-224.

[85] Hall, P. A. (1990). "Policy paradigms, Social learning, and the state: The case of economic policymaking in Britain". *Comparative Politics*, 25(3), 275-296.

[86] Hammond, Daniel R. (2013). "Policy entrepreneurship in China's response to urban poverty." *Policy Studies Journal*, 41(1), 119-146.

[87] Hasmath, Reza, Jessica C. Teets, and Orion A. Lewis. (2019). "The innovative personality? Policy making and experimentation in an authoritarian bureaucracy." *Public Administration and Development*, 39(3), 154-162.

[88] He, Alex Jingwei, and Liang Ma. (2020). "Corporate policy entrepreneurship and cross-boundary strategies: How a private corporation champions mobile healthcare payment innovation in China?." *Public Administration and Development*, 40(1), 76-86.

[89] He, Alex Jingwei. (2018). "Local policy entrepreneurship in

authoritarian China: The case of a ' model' health care reform. " *Institutional Entrepreneurship and Policy Change*: *Theoretical and Empirical Explorations*. Palgrave Macmillan, 113-138.

[90] He, Alex Jingwei. (2018) . "Manoeuvring within a fragmented bureaucracy: Policy entrepreneurship in china's local healthcare reform. " *The China Quarterly*, 23(6) , 1088-1110.

[91] Heikkila, T. , Gerlak, A. (2013) . "Building a conceptual approach to collective learning: Lessons for public policy scholars. " *Policy Studies Journal*, 41(3) : 484-512.

[92] Heilmann, Sebastian, and Elizabeth J. Perry. (2011) . "Embracing uncertainty: Guerrilla policy style and adaptive governance in China. " *Mao's Invisible Hand*, 1-29.

[93] Heilmann, Sebastian. (2008) . "From local experiments to national policy: the origins of China's distinctive policy process. " *The China Journal*, 59, 1-30.

[94] Heilmann, Sebastian, Lea Shih, and Andreas Hofem. (2013) . "National planning and local technology zones: Experimental governance in China's Torch Programme. " *The China Quarterly*, 216, 896-919.

[95] Heilmann, Sebastian. (2008) . "Policy experimentation in China's economic rise. " *Studies in Comparative International Development*, 43(1) , 1-26.

[96] Hoffman, Andrew J. (1999) . "Institutional evolution and change: Environmentalism and the US chemical industry. " *Academy of Management Journal*, 42(4) , 351-371.

[97] Hogl, Karl, Daniela Kleinschmit, and Jeremy Rayner. (2016) . "Achieving policy integration across fragmented policy domains: Forests, agriculture, climate and energy. " *Environment and Planning C: Government and Policy*, 34(3) , 399-414.

[98] Holbig, Heike. (2004) . "The emergence of the campaign to open up the West: Ideological formation, central decision-making and the role of the provinces. " *The China Quarterly*, 178, 335-357.

[99] Hopkins, Vincent. (2016) . "Institutions, incentives, and policy entrepreneurship. " *Policy Studies Journal*, 44(3) , 332-348.

[100] Howard, Cosmo. (2001). "Bureaucrats in the social policy process: Administrative policy entrepreneurs and the case of working nation." *Australian Journal of Public Administration*, 60(3), 56-65.

[101] Howlett, Michael, and Benjamin Cashore. (2009). "The dependent variable problem in the study of policy change: Understanding policy change as a methodological problem." *Journal of Comparative Policy Analysis*, 11(1), 33-46.

[102] Howlett, Michael, and Jeremy Rayner. (2006). "Convergence and divergence in 'new governance' arrangements: Evidence from European integrated natural resource strategies." *Journal of Public Policy*, 26(2), 167-189.

[103] Howlett, Michael, and Jeremy Rayner. (2007). "Design principles for policy mixes: Cohesion and coherence in 'new governance arrangements'." *Policy and Society*, 26(4), 1-18.

[104] Howlett, Michael, and Jeremy Rayner. (2013). "Patching vs packaging in policy formulation: Assessing policy portfolio design." *Politics and Governance*, 1(2), 170-182.

[105] Howlett, Michael, Joanna Vince, and Pablo del Río González. (2017). "Policy integration and multi-level governance: Dealing with the vertical dimension of policy mix designs." *Politics and Governance*, 5(2), 69-78.

[106] Howlett, Michael. (1998). "Predictable and unpredictable policy windows: Institutional and exogenous correlates of Canadian federal agenda-setting." *Canadian Journal of Political Science/Revue canadienne de science politique*, 31(3), 495-524.

[107] Huang, Ying, et al. (2023). "The dynamics of policy coordination: The case of China's science and technology policy-making." *Science and Public Policy*, 50(2), 177-193.

[108] Hu, Fox ZY, et al. (2020). "Reluctant policy innovation through profit concession and informality tolerance: A strategic relational view of policy entrepreneurship in China's urban redevelopment." *Public Administration and Development*, 40(1), 65-75.

[109] Husain, Lewis. (2016). "Looking for 'New Ideas That Work': County innovation in China's health system reforms-the case of the New Cooperative

Medical Scheme. "*Journal of Contemporary China*, 25(9), 438−452.

[110] Hu, Xiaobo, and Fanbin Kong. (2021). "Policy innovation of local officials in china: The administrative choice. "*Journal of Chinese Political Science*, 26 (4), 695−721.

[111] Jacob, Torfing, Christopher, & Ansell. (2016). "Strengthening political leadership and policy innovation through the expansion of collaborative forms of governance. "*Public Management Review*, 19(1): 37−54.

[112] Jarvis, Darryl SL, and Alex Jingwei He. (2020). " Policy entrepreneurship and institutional change: Who, how, and why?. " *Public Administration and Development*, 40(1), 3−10.

[113] Jessop, Bob. (2005). "Critical realism and the strategic-relational approach. "*New Formations*, 56, 40−53.

[114] Jia, Kai, and Shaowei Chen. (2019). " Could campaign-style enforcement improve environmental performance? Evidence from China's central environmental protection inspection. "*Journal of Environmental Management*, 24(5), 282−290.

[115] Jiang, Yating, et al. (2024). "How does central-local interaction affect local environmental governance? Insights from the transformation of central environmental protection inspection in China. " *Environmental Research*, 24 (3), 117668.

[116] Jin, Hehui, Yingyi Qian, and Barry R. Weingast. (2005). "Regional decentralization and fiscal incentives: Federalism, Chinese style. "*Journal of Public Economics*, 89(9/10), 1719−1742.

[117] Jochim, Ashley E., and Peter J. May. (2010). "Beyond subsystems: Policy regimes and governance. "*Policy Studies Journal*, 38(2), 303−327.

[118] Jones, Bryan D., and Frank R. Baumgartner. (2012). "From there to here: Punctuated equilibrium to the general punctuation thesis to a theory of government information processing. "*Policy Studies Journal*, 40(1), 1−20.

[119] Kefeli, Daniel, et al. (2023). "Environmental policy integration in a newly established natural resource-based sector: the role of advocacy coalitions and contrasting conceptions of sustainability. "*Policy Sciences*, 56(1), 69−93.

[120] Kendall, Jeremy. (2000). "The mainstreaming of the third sector into public policy in England in the late 1990s: whys and wherefores."*Policy and Politics*, 28(4), 541–562.

[121] Kennedy, John James, and Dan Chen. (2017). "State capacity and cadre mobilization in China: The elasticity of policy implementation."*Journal of Contemporary China*, 27(111), 393–405.

[122] Kern, Florian, and Michael Howlett. (2009). "Implementing transition management as policy reforms: a case study of the Dutch energy sector."*Policy Sciences*, 42(4), 391–408.

[123] Kim, Y. (2010). "Improving performance in U. S. state governments: Risk-taking, innovativeness, and proactiveness practices."*Public Performance and Management Review*, 34(1), 104–129.

[124] King, Paula. J., and Roberts. (1992). "An Investigation into the Personality Profile of Policy Entrepreneurs."*Public Productivity and Management Review*, 16(2), 173–190.

[125] Kirst, Michael W., Gail Meister, and Stephen R. Rowley. (1984). "Policy issue networks: Their Influence on State Policymaking."*Policy Studies Journal*, 13(2), 247–263.

[126] Knill, Christoph, Christina Steinbacher, and Yves Steinebach. (2020). "Policy integration: Challenges for public administration."*Oxford Research Encyclopedia of Politics*, xx–xx.

[127] Kong, Bo. (2009). "China's energy decision-making: Becoming more like the united states?"*Journal of Contemporary China*, 18(62), 789–812.

[128] Koning, Edward Anthony. (2016). "The three institutionalisms and institutional dynamics: Understanding endogenous and exogenous change."*Journal of Public Policy*, 36(4), 639–664.

[129] Kou, Po, Ying Han, and Xiaoyuan Qi. (2022). "The operational mechanism and effectiveness of China's central environmental protection inspection: Evidence from air pollution."*Socio-Economic Planning Sciences*, 81, 101–215.

[130] Lafferty, William, and Eivind Hovden. (2003). "Environmental policy

integration: towards an analytical framework. "*Environmental Politics*, 12(3), 1–22.

[131] Lambelet, Sébastien. (2023). "Unintended policy integration through entrepreneurship at the implementation stage. "*Policy Sciences*, 56(1), 161–189.

[132] Lanzara, Giovan Francesco. (1998). "Self-destructive processes in institution building and some modest countervailing mechanisms. "*European Journal of Political Research*, 33(10), 1–39.

[133] Lavis, John, et al. (2005). "Towards systematic reviews that inform health care management and policy-making. "*Journal of Health Services Research and Policy*, 10(1), 35–48.

[134] Lewis, Orion A., Jessica C. Teets, and Reza Hasmath. (2021). "Exploring political personalities: The micro-foundation of local policy innovation in China. "*Governance*, 35(1), 103–122.

[135] Liang, Bin. (2005). "Severe strike campaign in transitional China. "*Journal of Criminal Justice*, 33(4), 387–399.

[136] Lieberthal, Kenneth. (1989). "Authoritarianism in China: Theories and Realities. "*World Politics*, 41(3), 370–412.

[137] Lindblom, Charles E. (1979). "Still muddling, not yet through. "*Public Administration Review*, 39(6), 517–526.

[138] Littunen, Hannu. (2000). "Entrepreneurship and the characteristics of the entrepreneurial personality. "*International Journal of Entrepreneurial Behavior and Research*, 6(6), 295–310.

[139] Liu, J., Xu, Y., Zhang, X., Yu, W., & Zhong, H. (2024). How international are public administration journals? An analysis of the persistent Anglo-American dominance in public administration journals. *Public Administration*, 1–23. https://doi.org/10.1111/padm.13018

[140] Liu, Nicole Ning, et al. (2015). "Campaign-style enforcement and regulatory compliance. "*Public Administration Review*, 75(1), 85–95.

[141] Lowi, Theodore J. (1972). "Four systems of policy, politics, and choice. "*Public Administration Review*, 32(4), 298–310.

[142] Lowndes, Vivien, and David Wilson. (2001). "Social capital and local governance: exploring the institutional design variable. "*Political Studies*, 49 (4),

629-647.

[143] Lowndes, Vivien. (2005). "Something old, something new, something borrowed…: How institutions change (and stay the same) in local governance. " *Policy Studies*, 26(3/4), 291-309.

[144] Lu, Hongmei, et al. (2020). "Can the dual identity of policy entrepreneur and policy implementer promote successful policy adoption? Vertical greening policymaking in Shanghai, China. "*Journal of Asian Public Policy*, 13(1), 113-128.

[145] Ma, Deyong, and M. Rosemary Pang. (2017). "The rise and fall of electoral democracy: a social evolutionary approach to direct election experiments in local China. "*Journal of Chinese Political Science*, 22, 601-624.

[146] March, James G., and Johan P. Olsen. (1998). "The institutional dynamics of international political orders. " *International Organization*, 52 (4), 943-969.

[147] March, James G., and Johan P. Olsen. (1984). "The new institutionalism: Organizational factors in political life. " *American Political Science Review*, 78(3), 734-749.

[148] Marks, Danny. (2010). "China's climate change policy process: Improved but still weak and fragmented. "*Journal of Contemporary China*, 19(67), 971-986.

[149] Matland, Richard E. (1995). "Synthesizing the implementation literature: The ambiguity-conflict model of policy implementation. "*Journal of Public Administration Research and Theory*, 5(2), 145-174.

[150] May, Peter J., and Ashley E. Jochim. (2013). "Policy regime perspectives: Policies, politics, and governing. " *Policy Studies Journal*, 41 (3), 426-452.

[151] May, Peter J., Ashley E. Jochim, and Joshua Sapotichne. (2011). "Constructing homeland security: An anemic policy regime. " *Policy Studies Journal*, 39(2), 285-307.

[152] May, Peter J. (2015). "Implementation failures revisited: Policy regime perspectives. "*Public Policy and Administration*, 30(3/4), 277-299.

[153] Mei, Ciqi, and Xiaonan Wang. (2020). "Wire – Walking: Risk Management and Policy Experiments in China from a Comparative Perspective." *Journal of Comparative Policy Analysis: Research and Practice*, 22(4): 360–82.

[154] Mei, Ciqi, and Zhilin Liu. (2014). "Experiment-based policy making or conscious policy design? The case of urban housing reform in China." *Policy Sciences*, 47(3), 321–337.

[155] Mei, Ciqi. (2020). "Policy style, consistency and the effectiveness of the policy mix in China's fight against COVID-19." *Policy and Society*, 39 (3), 309–325.

[156] Meijerink, Sander, and Dave Huitema. (2010). "Policy entrepreneurs and change strategies: lessons from sixteen case studies of water transitions around the globe." *Ecology and Society*, 15(2), 1–19.

[157] Meijerink, Sander. (2005). "Understanding Policy Stability and Change. the Interplay of Advocacy Coalitions and Epistemic Communities, Windows of Opportunity, and Dutch Coastal Flooding Policy 1945 – 20031." *Journal of European Public Policy*, 12(6): 1060–77.

[158] Meng, Fanrong, Zitao Chen, and Jiannan Wu. (2019). "How are anti-air pollution policies implemented? A network analysis of campaign-style enforcement in China." *Sustainability*, 11(2), 1–17.

[159] Merrey, D., and Simon Cook. (2012). "Fostering institutional creativity at multiple levels: Towards facilitated institutional Bricolage." *Water Alternatives*, 5(1), 1–19.

[160] Mertha, Andrew. (2009). "'Fragmented authoritarianism 2. 0': Political pluralization in the Chinese policy process." *The China Quarterly*, 200, 995–1012.

[161] Mertha, A. (2010). "Society in the state: China's nondemocratic political pluralization." *Chinese Politics: State, Society and the Market*, 69–84.

[162] Micelotta, Evelyn, Michael Lounsbury, and Royston Greenwood. (2017). "Pathways of institutional change: An integrative review and research agenda." *Journal of Management*, 43(6), 1885–1910.

[163] Michal Grinstein – Weiss, Karen Edwards, Pajarita Charles, and Kristen Wagner. (2008) "Adoption of a Policy Innovation: The Case of Individual

Development Accounts(IDAs) , ''*Journal of Policy Practice*, 8(1) : 34 - 53.

[164] Mintrom, Michael, and Phillipa Norman. (2009) . " Policy entrepreneurship and policy change. ''*Policy Studies Journal*, 37(4) , 649 - 667.

[165] Mintrom, Michael, and Sandra Vergari. (1996) . "Advocacy coalitions, policy entrepreneurs, and policy change. ''*Policy Studies Journal*, 24(3) , 420 - 434.

[166] Mintrom, Michael, and Sandra Vergari. (1998) . "Policy networks and innovation diffusion: The case of state education reforms. ''*The Journal of Politics*, 60 (1) , 126 - 148.

[167] Mintrom, Michael. (2013) . "Policy entrepreneurs and controversial science: governing human embryonic stem cell research. ''*Journal of European Public Policy*, 20(3) , 442 - 457.

[168] Mintrom, Michael. (1997) . "Policy entrepreneurs and the diffusion of innovation. ''*American Journal of Political Science*, 41(3) , 738 - 770.

[169] Mohr, Lawrence B. (1969) . " Determinants of innovation in organizations. ''*American Political Science Review*, 63(1) , 111 - 126.

[170] Montinola, Gabriella, Yingyi Qian, and Barry R. Weingast. (1995) . "Federalism, Chinese style: the political basis for economic success in China. ''*World Politics*, 48(1) , 50 - 81.

[171] Moore, M. , & Hartley, J. (2008) . "Innovations in governance. ''*Public Management Review*, 10(1) : 3 - 20.

[172] Mukhtarov, Farhad. (2013) . "Translating water policy innovations into Kazakhstan: The importance of context. ''*Water Governance, Policy and Knowledge Transfer*, 113 - 127.

[173] Natali, David. (2004) . "Europeanization, policy arenas, and creative opportunism: the politics of welfare state reforms in Italy. ''*Journal of European Public Policy*, 11(6) , 1077 - 1095.

[174] Nathan, A. J. (1973) . "A Factionalism Model for CCP Politics. ''*The China Quarterly*, 53, 34 - 66.

[175] Nicholson, Nigel, et al. (2005) . "Personality and domain-specific risk taking. ''*Journal of Risk Research*, 8(2) , 157 - 176.

[176] Nordbeck, Ralf, et al. (2023) . "Conflicting and complementary policy

goals as sectoral integration challenge: An analysis of sectoral interplay in flood risk management. "*Policy Sciences*, 56(3), 595-612.

[177] O'Brien, Kevin. J., and Lianjiang Li. (1999). Selective Policy Implementation in Rural China. *Comparative Politics*, 31(2), 167-186.

[178] Oi, Jean C. (1992). "Fiscal reform and the economic foundations of local state corporatism in China. "*World Politics*, 45(1), 99-126.

[179] Oliver, Christine. (1992). "The antecedents of deinstitutionalization. " *Organization Studies*, 13(4), 563-588.

[180] O'Toole Jr, Laurence J. (1997). "Implementing public innovations in network settings. "*Administration and Society*, 29(2), 115-138.

[181] Palmer, Timothy B., and Jeremy C. Short. (2008). "Mission statements in US colleges of business: An empirical examination of their content with linkages to configurations and performance. "*Academy of Management Learning and Education*, 7 (4), 454-470.

[182] Perry, Elizabeth J. (2011) " From mass campaigns to managed campaigns: constructing a new socialist countryside. "*Mao's Invisible Hand*, 30-61.

[183] Perry, Elizabeth. (2002). "Moving the masses: Emotion work in the Chinese revolution. "*Mobilization*: *An International Quarterly*, 7(2), 111-128.

[184] Peter Bachrach and Morton S. Baratz. (1962). "Two Faces of Power. " *American Political Science Review*, 56(4): 947-52.

[185] Pierson, Paul. (2000). "Increasing returns, path dependence, and the study of politics. "*American Political Science Review*, 94(2), 251-267.

[186] Pierson, Paul. (2016). "Power in historical institutionalism. "*The Oxford Handbook of Historical Institutionalism*. Oxford University Press, 124-141.

[187] Pierson, Paul. (1993). "When effect becomes cause: Policy feedback and political change. "*World Politics*, 45(4), 595-628.

[188] Pralle, Sarah B. (2003). "Venue shopping, political strategy, and policy change: The internationalization of Canadian forest advocacy. "*Journal of Public Policy*, 23(3), 233-260.

[189] Prindle, David F. (2012). "Importing concepts from biology into political science: The case of punctuated equilibrium. "*Policy Studies Journal*, 40(1),

21-44.

[190] Qian, Y. , & Weingast, B. R. (1997). "Federalism as a Commitment to Persevering Market Incentives. "*Journal of Economic Perspectives,* 11(4): 83-92.

[191] R. Ackrill, A. Kay, and N. Zahariadis. (2013) . "Ambiguity, multiple streams, and EU policy. "*Journal of European Public Policy*, 20(6), 871-887.

[192] Ran, Ran. (2013) . "Perverse Incentive Structure and Policy Implementation Gap in China's Local Environmental Politics. " *Journal of Environmental Policy and Planning,* 15(1), 17-39.

[193] Rayner, Jeremy, and Michael Howlett. (2009) . "Conclusion: Governance arrangements and policy capacity for policy integration. "*Policy and Society* , 28(2), 165-172.

[194] Rayner, Jeremy, and Michael Howlett. (2009) . "Introduction: Understanding integrated policy strategies and their evolution. "*Policy and Society*, 28 (2), 99-109.

[195] Ressing, Meike, Maria Blettner, and Stefanie J. Klug. (2009) . "Systematic literature reviews and meta-analyses: part 6 of a series on evaluation of scientific publications. "*Deutsches Arzteblatt international*, 106(27), 456-463.

[196] Rittel, H. W. J. , and Webber, M. M. (1973). Dilemmas in a general theory of planning. *Policy Sciences*, 4(2), 155-169.

[197] Roberts, Nancy C. , and Paula J. King. (1991). "Policy entrepreneurs: Their activity structure and function in the policy process. "*Journal of Public Administration Research and Theory*, 1(2), 147-175.

[198] Roberts, Nancy C. (1992). "Roberts: public entrepreneurship and innovation. "*Review of Policy Research*, 11(1), 55-74.

[199] Ruggie, John Gerard. (1998). "International Organization'I wouldn't start from here if I were you' . " *Constructing World Polity*: *Essays on International Institutionalization*, 54-55.

[200] Runhaar, Hens, et al. (2012). "Adaptation to climate change-related risks in Dutch urban areas: stimuli and barriers. "*Regional Environmental Change*, 12 (4), 777-790.

[201] Runhaar, Hens, et al. (2018). "Mainstreaming climate adaptation: taking

stock about "what works" from empirical research worldwide." *Regional Environmental Change*, 1201-1210.

[202] Sabatier, Paul A. (1988). "An advocacy coalition framework of policy change and the role of policy-oriented learning therein." *Policy Sciences*, 21 (2), 129-168.

[203] Sabatier, Paul A., and Christopher M. Weible. (2007). "The advocacy coalition framework: Innovations and clarifications." *Theories of the Policy Process, Second Edition*, 189-220.

[204] Saich, Tony, and Xuedong Yang. (2003). "Innovation in China's local governance: 'open recommendation and selection'." *Pacific Affairs*, 76 (2), 185-208.

[205] Sarti, Francesco. (2023). "The policy integration game? Congruence of outputs and implementation in policy integration." *Policy Sciences*, 56(1), 141-160.

[206] Saurugger, Sabine, and Fabien Terpan. (2016). "Do crises lead to policy change? The multiple streams framework and the European Union's economic governance instruments." *Policy Sciences*, 49(1), 35-53.

[207] Scharpf, Fritz W. (1989). "Politische Steuerung und Politische Institutionen." *Politische Vierteljahresschrift*, 30(1), 10-21.

[208] Schattschneider, E. E. (1960). *The Semisovereign People*. New York: Holt, Rinehart and Winston.

[209] Schmidt, Vivien A. (2008). "Discursive institutionalism: The explanatory power of ideas and discourse." *Annu. Rev. Polit. Sci.*, 11(1), 303-326.

[210] Schmidt, Vivien A. (2015). "Discursive institutionalism: Understanding policy in context." *Handbook of critical policy studies. Edward Elgar Publishing*, 171-189.

[211] Schneider, Mark, and Paul Teske. (1992). "Toward a theory of the political entrepreneur: Evidence from local government." *American Political Science Review*, 86(3), 737-747.

[212] Schoon, Sonia, and Uwe Altrock. (2014). "Conceded informality. Scopes of informal urban restructuring in the Pearl River Delta." *Habitat International*, 43, 214-220.

[213] Sewell Jr, William H. (1992). "A theory of structure: Duality, agency, and transformation. "*American Journal of Sociology*, 98(1), 1-29.

[214] Shanahan, E. A., Jones, M. D., McBeth, M. K., et al. (2013). "An angel on the wind: How heroic policy narratives shape policy realities. " *Policy Studies Journal*, 41(3): 453-483.

[215] Shearer, Jessica C, John Lavis, Julia Abelson, Gill Walt, and Michelle Dion. (2018). "Evidence-informed policymaking and policy innovation in a low-income country: does policy network structure matter?. " *Evidence and Policy*, 14 (3), 381-401.

[216] Shearer, Jessica C. (2015). "Policy entrepreneurs and structural influence in integrated community case management policymaking in Burkina Faso. "*Health Policy and Planning*, 30(2), 46-53.

[217] Shen, Yang, and Bingqin Li. (2022). "Policy coordination in the talent war to achieve economic upgrading: the case of four Chinese cities. "*Policy Studies*, 43(3), 443-463.

[218] Shen, Yongdong, and Anna L. Ahlers. (2019). "Blue sky fabrication in China: Science-policy integration in air pollution regulation campaigns for mega-events. "*Environmental Science and Policy*, 94, 135-142.

[219] Shi, Chunyu, and Emilie Frenkiel. (2021). "Policy entrepreneurship under hierarchy: how state actors change policies in China. "*Journal of Chinese Governance*, 6(3), 351-374.

[220] Shin, Kyoung. (2017). "Mission-driven agency and local policy innovation: empirical analysis from baoding, China. "*Journal of Chinese Political Science* 22(4), 549-580.

[221] Shi, Shih-Jiunn. (2006). "Left to market and family-again? Ideas and the development of the rural pension policy in China. " *Social Policy and Administration*, 40(7), 791-806.

[222] Shi, Shih-Jiunn. (2011). "The contesting quest for old-age security: institutional politics in China's pension reforms. "*Journal of Asian Public Policy*, 4(1), 42-60.

[223] Sørensen, Eva, and Jacob Torfing. (2012). "Introduction: Collaborative

innovation in the public sector. ”*The Innovation Journal*, 17(1) , 1-14.

[224] Teece, David J. , Gary Pisano, and Amy Shuen. (1997) . “Dynamic capabilities and strategic management. ” *Strategic Management Journal*, 18 (7) , 509-533.

[225] Teets, Jessica C. , and Reza Hasmath. (2020). “The evolution of policy experimentation in China. ”*Journal of Asian Public Policy*, 13(1) , 49-59.

[226] Teets, Jessica C. , Reza Hasmath, and Orion A. Lewis. (2017) . “The Incentive to Innovate? The Behavior of Local Policymakers in China. ”*Journal of Chinese Political Science*, 22(4) , 505-517.

[227] Teets, Jessica C. (2015) . “The Politics of Innovation in China: Local Officials as Policy Entrepreneurs. ”*Issues and Studies*, 51(2) , 79-109.

[228] Termeer, Catrien JAM, et al. (2015) . “Governance Capabilities for Dealing Wisely with Wicked Problems. ” *Administration and Society*, 47 (6) , 680-710.

[229] Teske, Paul, and Mark Schneider. (1994) . “The Bureaucratic Entrepreneur: The Case of City Managers. ”*Public Administration Review*, 54(4) , 331-340.

[230] 't Hart, P. and A. Boin. (2001) . “Between Crisis and Normalcy: The Long Shadow of Post-Crisis Politics. ” in Managing Crises: Threats, Dilemmas, Opportunities, eds. U. Rosenthal, A. Boin, and L. C. Comfort. Springfield, IL: Charles C. Thomas, 28-46.

[231] Thornton, Patricia H. , and William Ocasio. (2008) . “Institutional logics. ”*The Sage Handbook of Organizational Institutionalism*, 99-128.

[232] Tonkiss, Katherine, and Chris Skelcher. (2015) . “Abolishing the audit commission: Framing, discourse coalitions and administrative reform. ” *Local Government Studies*, 41(6) , 861-880.

[233] Torfing, Jacob, and Christopher Ansell. (2017) . “Strengthening Political Leadership and Policy Innovation through the Expansion of Collaborative Forms of Governance. ”*Public Management Review,* 19(1) : 37-54.

[234] Trivellato, Benedetta, Mattia Martini, and Dario Cavenago. (2021) . “How do organizational capabilities sustain continuous innovation in a public

setting?. "*The American Review of Public Administration*, 51(1), 57-71.

[235] Tsai, Wen-Hsuan, and Xingmiu Liao. (2019). "Mobilizing cadre incentives in policy implementation: Poverty alleviation in a Chinese county." *China Information*, 34(1), 45-67.

[236] Tsui, Kai-Yuen, and Youqiang Wang. (2008). "Decentralization with political trump: Vertical control, local accountability and regional disparities in China."*China Economic Review*, 19(1), 18-31.

[237] Van den Dool, Annemieke, and Jialin Li. (2023). "What do we know about the punctuated equilibrium theory in China? A systematic review and research priorities."*Policy Studies Journal*, 51(2), 283-305.

[238] Van Rooij, Benjamin. (2006). "Implementation of Chinese environmental law: regular enforcement and political campaigns. "*Development and change*, 37(1), 57-74.

[239] Van Rooij, Benjamin. (2016). "The campaign enforcement style: Chinese practice in context and comparison." *Comparative Law and Regulation*, 217-237.

[240] Wahid, Fathul, and Maung K. Sein. (2013). "Institutional entrepreneurs: The driving force in institutionalization of public systems in developing countries."*Process and Policy*, 7(1), 76-92.

[241] Walgenbach, Peter, and Renate E. Meyer. (2008). "Institutional entrepreneurship and the structuring of organizations and markets."The Institutions of the Market: Organizations, Social Systems, and Governance. Oxford, 180-201.

[242] Walker, Jack L. (1981). "The diffusion of knowledge, policy communities and agenda setting: The relationship of knowledge and power."*New Strategic Perspectives on Social Policy*, 75-96.

[243] Walker, Richard M. (2008). "An empirical evaluation of innovation types and organizational and environmental characteristics: Towards a configuration framework."*Journal of Public Administration Research and Theory*, 18(4), 591-615.

[244] Walker, Richard M. (2014). "Internal and external antecedents of process innovation: A review and extension." *Public Management Review*, 16(1), 21-44.

[245] Walker, R. M. (2007). "An Empirical Evaluation of Innovation Types and Organizational and Environmental Characteristics: Towards a Configuration Framework. "*Journal of Public Administration Research and Theory* 18(4) : 591-615.

[246] Wang, Hansheng, and Yige Wang. (2009). "Target management responsibility system: the practical logic of local party-State in rural China. " *Sociological Studies*, 2(6), 1-9.

[247] Wang, Peng. (2020). "Politics of crime control: How campaign-style law enforcement sustains authoritarian rule in China. " *The British Journal of Criminology*, 60(2), 422-443.

[248] Wang, Shaoguang. (2008). "Changing models of China's policy agenda setting. "*Modern China*, 34(1), 56-87.

[249] Weaver, Kent. (2010). "Paths and forks or chutes and ladders?: Negative feedbacks and policy regime change. "*Journal of Public Policy*, 30 (2), 137-162.

[250] Wei Li, Christopher M. Weible. (2019). "China's Policy Processes and the Advocacy Coalition Framework. "*Policy Studies Journal*, 49(3) : 703-730.

[251] Wei, Qianqian, and Ning Kang. (2023). "Creating institutions to protect the environment: the role of Chinese central environmental inspection. " *Journal of Environmental Policy and Planning*, 25(4), 386-399.

[252] Weiss, Andrew, and Edward Woodhouse. (1992). "Reframing incrementalism: A constructive response to the critics. " *Policy Sciences*, 25 (3), 255-273.

[253] Weissert, Carol S. (1991). "Policy entrepreneurs, policy opportunists, and legislative effectiveness. "*American Politics Quarterly*, 19(2), 262-274.

[254] Wen, Zhuoyi. (2017). "Government purchase of services in China: Similar intentions, different policy designs. " *Public Administration and Development*, 37(1), 65-78.

[255] White, Tyrene. (1990). "Postrevolutionary mobilization in China: The one-child policy reconsidered. "*World Politics*, 43(1), 53-76.

[256] Wilder, Matt, and Michael Howlett. (2014). "The politics of policy anomalies: Bricolage and the hermeneutics of paradigms. " *Critical Policy Studies*, 8

(2), 183-202.

[257] Wu, Jiannan, Liang Ma, and Yuqian Yang. (2013). "Innovation in the Chinese public sector: Typology and distribution." *Public Administration*, 91 (2), 347-365.

[258] Wu, Xun, Michael Ramesh, and Michael Howlett. (2015). "Policy capacity: A conceptual framework for understanding policy competences and capabilities." *Policy and Society*, 34(3/4), 165-171.

[259] Xiaobo, Hu. (2016). "Local government entrepreneurship: Public goods, public risks and public administration." *China: An International Journal*, 14 (3), 67-87.

[260] Xu, Xiaowen, and Jordan B. Peterson. (2017). "Differences in media preference mediate the link between personality and political orientation." *Political Psychology*, 38(1), 55-72.

[261] Yang, Guobin. (2010). "Brokering environment and health in China: Issue entrepreneurs of the public sphere." *Journal of Contemporary China*, 19(63), 101-118.

[262] Yang, Guobin. (2020). "The Networked Authoritarianism Model: How the Chinese Government Controls the Internet." *Information, Communication and Society*, 23(2), 243-258.

[263] Yang, Xuedong, Yan Jian, and Nele Noeselt. (2018). "Top-level design, reform pressures, and local adaptations." *Governance Innovation and Policy Change: Recalibrations of Chinese Politics under Xi Jinping*, 3(1): 25-48.

[264] Yilmaz, Onurcan, and S. Adil Saribay. (2016). "An attempt to clarify the link between cognitive style and political ideology: A non-western replication and extension." *Judgment and Decision Making*, 11(3), 287-300.

[265] Yu, Hongyuan. (2004). "Global environment regime and climate policy coordination in China." *Journal of Chinese Political Science*, 9(2), 63-77.

[266] Zahariadis, Nikolaos, and Theofanis Exadaktylos. (2016). "Policies that succeed and programs that fail: Ambiguity, conflict, and crisis in Greek higher education." *Policy Studies Journal*, 44(1), 59-82.

[267] Zahariadis, Nikolaos. (2007). "The multiple streams framework:

Structure, limitations, prospects. " *Theories of The Policy Process (Second Edition)* . Routledge. 65-92.

[268] Zeng, Jinghan. (2015) . "Did policy experimentation in China always seek efficiency? A case study of Wenzhou financial reform in 2012. " *Journal of Contemporary China*, 24(92) , 338-356.

[269] Zhang, Jingjing, Guifang Luo, and Yan Yan. (2023) . " Toward an effective policy mix for domestic waste management in China: Interdepartmental cooperation as an enabler. " *Review of Policy Research*, xxx, 1-24.

[270] Zhang, Yongliang, Bing Zhang, and Jun Bi. (2012) . "Policy conflict and the feasibility of water pollution trading programs in the Tai Lake Basin, China. " *Environment and Planning C: Government and Policy*, 30(3) , 416-428.

[271] Zhang, Youlang, and Xufeng Zhu. (2019) . "Multiple mechanisms of policy diffusion in China. " *Public Management Review*, 21(4) , 495-514.

[272] Zhou, Yishu, and Leong Ching. (2018) . "Embedding innovation: Bricolage and the case of the Phnom Penh water supply authority. " *Institutional Entrepreneurship and Policy Change: Theoretical and Empirical Explorations*, 221-242.

[273] Zhu, X. F. (2013) . "Local government entrepreneurship, official turnover, and organizational innovation: Diffusion of administrative licensing system reform in China. " *Workshop on Local Government Entrepreneurship in China: Dynamics, Achievement and Risks.*

[274] Zhu, Xufeng, and Hui Zhao. (2021) . "Experimentalist governance with interactive central-local relations: Making new pension policies in China. " *Policy Studies Journal*, 49(1) , 13-36.

[275] Zhu, Xufeng, and Hui Zhao. (2018) . "Recognition of innovation and diffusion of welfare policy: Alleviating urban poverty in Chinese cities during fiscal recentralization. " *Governance*, 31(4) , 721-739.

[276] Zhu, Xufeng, and Peipei Zhang. (2016) . "Intrinsic motivation and expert behavior: Roles of individual experts in Wenling participatory budgeting reform in China. " *Administration and Society*, 48(7) , 851-882.

[277] Zhu, Xufeng, and Youlang Zhang. (2016) . "Political mobility and dynamic diffusion of innovation: The spread of municipal pro-business

administrative reform in China. "*Journal of Public Administration Research and Theory*, 26(3), 535-551.

[278] Zhu, Xufeng. (2011). "Government advisors or public advocates? Roles of think tanks in China from the perspective of regional variations. " *The China Quarterly*, 207, 668-686.

[279] Zhu, Xufeng. (2014). "Mandate versus championship: Vertical government intervention and diffusion of innovation in public services in authoritarian China. "*Public Management Review*, 16(1), 117-139.

[280] Zhu, Xufeng. (2008). "Strategy of Chinese policy entrepreneurs in the third sector: Challenges of 'technical infeasibility'. " *Policy Sciences*, 41(4), 315-334.

[281] Zhu, Yapeng, and Diwen Xiao. (2015). "Policy entrepreneur and social policy innovation in China. "*The journal of Chinese Sociology*, 2(1), 1-17.

[282] Zhu, Yapeng, and Hui Ding. (2022). "Social construction of target groups and policy design. "*China Review*, 22(4), 231-262.

[283] Zhu, Yapeng. (2012). "Policy entrepreneur, civic engagement and local policy innovation in China: housing monetarisation reform in Guizhou province. " *Australian Journal of Public Administration*, 71(2), 191-200.

[284] Zhu, Yapeng. (2013). "Policy entrepreneurship, institutional constraints, and local policy innovation in China. "*China Review*, 13(2), 97-122.

[285] Zucker, Lynne G. (1987). "Institutional theories of organization. " *Annual Review of Sociology*, 13, 443-464.

后　记

　　政策过程是理解国家治理体系运作的重要窗口。深化政策过程理论研究、推动中国政策过程实践，是讲好中国故事、理解中国之治的重要表现，也是新时代深受学科危机困扰的中国公共管理学科亟待聚焦的重要议题。在过去三十年，中国的公共政策学研究虽然是"显学"，也取得了大量的研究成果，但是，这些成果对中国政策过程的解释力、研究的累积性和系统性以及对中国治理体系的穿透性似乎都不充分。

　　在这一背景下，2022年10月，我们系统地筹划和启动了"中国政策过程研究基础工程"，以期通过系统梳理和回顾中国政策过程的研究进展，评估西方政策过程理论在中国的应用情况，继而提炼和建构中国特色政策过程理论框架，助力中国政策过程理论体系的建构与实践应用的高质量发展。带着满腔的热情，历时两年，我们终于在2024年底完成了写作。

　　完成三卷本的写作是一个充满艰辛和冒险的旅程。从整体内容的谋划，到数据的搜集、整理、编码和分析，再到每个章节内容的排布、写作，协调每一章的内容和进度等，都非常耗时耗力。在这一过程中，每一个人的精诚合作和艰辛付出是最终能够实现这一目标的关键。其中，全书的框架和内容的系统谋划以及写作安排和协调由徐增阳和蔡长昆负责；每一章的框架和内容主要由蔡长昆和具体的写作者谋划，并由蔡长昆最终梳理和定稿；最终全书的梳理和统稿由徐增阳和蔡长昆负责。具体章节写作分工如下。

　　第一卷：王楚（第一章），许益甜（第二章），张婧君（第三章），何春芳（第四章），毕旬（第五、六章），汤蕾（第七章），张磊（第八章）。

　　第二卷：王楚（第一章），张婧君（第二章），毕旬（第三章），王程乙（第四章），汤蕾（第五章），张磊（第六章），何春芳（第七章），杜亚楠（第八章），张宇（第九章）。

第三卷：余子凡（第一章），张婧君（第二章），何春芳（第三章），杨哲盈（第四章），余子凡（第五章）、汤蕾（第六章），贾璧瑄（第七章），徐小丰（第八章）。

本书的写作和出版得到了华中师范大学政治学世界一流学科建设经费、华中师范大学中央高校基本科研业务费（CCNU24ZZ064）以及华中师范大学公共管理学院出版基金的大力支持，特此致谢。

在公共管理和公共政策急需走向中国治理实践，建构中国公共政策的知识脉络和话语体系的关键节点，本书所做的努力对于推进中国政策过程的研究具有基础性意义。我们希望，通过这样的理论重构，能够促进中国政策过程研究从知识的消费者向知识的生产者转变，从而实现对政策过程理论的反向建构。我们坚信，在这些概念性框架的指导下，通过融合更多理论视角、进行更深入的田野调查和经验研究、增强理论自觉以及持续进行累积性的研究工作，中国本土化的政策过程理论必然会出现！

当然，尽管我们全力以赴，系统的文献梳理、理论知识的评估以及研究框架的建构等不可避免地存在疏漏、不当以及可能的错误之处。我们真诚地欢迎来自各界的批评和指正，以便我们不断改进和完善。

图书在版编目（CIP）数据

政策过程理论与实践研究：全三卷／徐增阳等著.
北京：社会科学文献出版社，2024.12. --（理解中国
公共政策丛书）. -- ISBN 978-7-5228-4860-0

Ⅰ. D601

中国国家版本馆 CIP 数据核字第 2024BZ8108 号

理解中国公共政策丛书

政策过程理论与实践研究（全三卷）

著　　者／徐增阳　蔡长昆　等

出 版 人／冀祥德
责任编辑／岳梦夏　刘同辉
责任印制／岳　阳

出　　版／社会科学文献出版社·马克思主义分社（010）59367126
　　　　　地址：北京市北三环中路甲 29 号院华龙大厦　邮编：100029
　　　　　网址：www.ssap.com.cn
发　　行／社会科学文献出版社（010）59367028
印　　装／三河市龙林印务有限公司

规　　格／开　本：787mm×1092mm　1/16
　　　　　印　张：91.5　字　数：1496 千字
版　　次／2024 年 12 月第 1 版　2024 年 12 月第 1 次印刷
书　　号／ISBN 978-7-5228-4860-0
定　　价／498.00 元（全三卷）

读者服务电话：4008918866